제 4호

법률의 지평

법무법인[유] 지평

박영사

발간사

　지평은 2000년에 창립한 이래 도약과 성장을 거쳐 현재 확장기에 접어들었는데, 지금도 꾸준히 다수의 프로를 영입하여 규모를 확대하고 디지털혁신팀, ESG센터, 중대재해대응센터 등 신분야에 선제적으로 대응하고 있으며, 2022. 2. 21. 본사를 이전하여 "숭례문－서울역 시대"를 역동적으로 열어가고 있습니다.

　"법률의 지평"은 지평이 발간하는 잡지로 2019년 1호를 발간한 이래 이번에 4호를 내게 되었습니다. 이번 호는 지난 1년 동안 다양한 분야에서 지평 구성원들이 기고하거나 처리한 소송사건의 경험과 주요 쟁점에 관한 논문을 공유하고 새로운 분야인 ESG 분야를 소개하는 특집을 싣는 등 참고할 내용이 많습니다. 더욱이 마지막에 있는 "법률가의 글쓰기"는 좋은 글을 쓰는 스무 꼭지의 고려사항이 잘 정리되어 있어 글쓰기가 대부분인 우리에게 많은 도움을 주리라 생각합니다.

　지평의 구성원들은 "믿고 맡길 수 있는 로펌"이 되기 위한 과제로서 "탁월한 고객경험 제공", "차별적 고객가치 실현" 및 "친밀한 고객관계 유지"를 목표로 설정하고, 그 실현을 위한 꾸준한 노력을 다하고 있는데, 이번 "법률의 지평"의 발간 역시 이러한 노력의 일환으로서 지평의 비전을 달성하는 데 크게 기여할 것이라 생각합니다.

　끝으로, 바쁜 가운데 훌륭한 글을 써 주신 집필진과 출판을 위해 고생하신 지평의 모든 관계자들의 노고에 경의를 표하고 수고 많았습니다.

대표변호사 윤성원

차 례

칼 럼

건설 · 부동산

인근 건물 외벽 '태양 반사광으로 인한 생활방해'와 불법행위 책임/
　　강민제　　　　　　　　　　　　　　　　　　　　　　　　3
감정에 대하여/ 유현정　　　　　　　　　　　　　　　　　　5
부동산 등기사항전부증명서 하단 열람 일시의 의미/ 오승재　　10

형사

검경수사권 조정 법령 본격 시행/ 신재형　　　　　　　　　　12
경찰의 수사협조요청에 응해야 할까요?/ 위계관　　　　　　　14

노동 · 중대재해

중대재해처벌법 해설(중대산업재해)의 몇 가지 쟁점/ 김동현　　16
채용 시 유의해야 할 관련 법령 및 쟁점/ 장현진　　　　　　24
소멸시효에 관한 임금소송 실무/ 구자형　　　　　　　　　　31

환경

환경사건에서 양벌규정과 과학적 증거/ 송경훈　　　　　　　36
풍력발전 후류효과 문제에 대한 대응 필요성/ 신민　　　　　40
EU 공급망 인권·환경실사 의무화가 국내 기업에 미치는 영향/ 이지혜　42
건설로 인한 사법私法상 환경권 침해/ 한재상　　　　　　　　45

금융규제

특금법 개정과 암호화폐 규제의 방향성/ 유정한   51

기술 · 지적재산권

AI 규제 동향과 기업의 대응/ 신용우   55

고객의 개인정보 수집과 실질적 동의권/ 최명지   59

일반

판결과 승복/ 곽경란   62

소송사례

[대법원 파기환송판결] 이동통신사의 경쟁 기업메시징서비스 사업자에 대한

    이윤압착 사건/ 김지형 · 김지홍 · 전상용   67

[공익소송] 발달장애인의 참정권 보장을 위한 임시조치 신청 사건/

    배기완 · 고세훈 · 허종 · 민지영 · 이주언 · 최초록   97

논 문

[건설 · 부동산] 관리처분계획 하자의 유형과 일부취소/ 정원   123

[건설 · 부동산] 장기계속공사계약에서의 공기연장 간접비에 관한 판례 동향/ 박승진   141

[민사] 건조중선박에 대한 양도담보권의 성립과 관련한 법적 쟁점/ 배성진 · 박봉규   170

[상사] 동반매도청구권Drag-Along Right에 대한 연구/ 이유진   191

[공정거래] 온라인 플랫폼의 '자기우대'와 경쟁법상 쟁점/ 장품   221

[기술 · 지적재산권] 메타버스 관련 법적 쟁점/ 신용우   235

특집: ESG

ESG 경영의 핵심: 이해관계자 통합 관점의 신뢰경영/ 이준희   251

2022년 ESG의 키워드는?/ 지현영   260

인권경영과 ESG/ 민창욱   262

ESG와 노사관계/ 임성택   264

ESG와 PEF 투자/ 안중성   270

법률가의 글쓰기/ 김지형   275

법/률/의/지/평/

칼 럼

인근 건물 외벽 '태양 반사광으로 인한 생활방해'와 불법행위 책임*

강민제

'빛 공해'는 빛에 의한 공해로서, 자연광과 인공광에 의한 피해로 구분할 수 있습니다. '인공광'에 대해서는 '인공조명에 의한 빛공해 방지법(약칭: 빛공해방지법)'에 따른 규제·관리가 이뤄지고 있지만, 햇빛에 의한 '자연광'에 대해서는 특별히 규제하는 입법이 없습니다.

자연광 중 태양 직사광에 의한 피해는 불가항력적이라 볼 수 있겠습니다. 그러나 반사광에 의해 피해를 입은 경우에는 반사광의 원인을 찾아 원인제공자에게 적극적으로 손해배상청구를 하는 경우가 늘고 있습니다.

대표적으로 고층 건물 전체 외벽을 유리로 마감하는 경우, 인근 주민들이 건물 외벽 반사광으로 인한 피해를 호소하는 사례들이 발생하고 있습니다.

최근 우리 대법원은 '태양 반사광으로 인한 피해'에 대하여도 불법행위 책임을 인정하였습니다(대법원 2021. 3. 11. 선고 2013다59142 판결). A건설사(시행자 겸 시공사)는 복층유리가 벽면을 뒤덮는 외관의 초고층 B건물을 신축했습니다. 약 300미터 떨어진 인근 C아파트 주민들은, 'B건물의 햇빛 반사로 인해 눈이 부셔 외부 경관을 바라보기 어렵고, 시력도 많이 나빠졌다'고 호소하며 A건설사에게 불법행위 책임을 물었습니다.

---

* 이 글은 『대한전문건설신문』(2021. 5. 17.)에 실린 칼럼이다.

쟁점은 'B건물에서 반사되는 태양광 수준이 C아파트 주민들의 참을 한도를 넘는지' 여부였습니다. 대법원은, '인접 토지에 외벽이 유리로 된 건물 등이 건축되어 과도한 태양반사광이 발생하고 이러한 태양반사광이 인접 주거지에 유입되어 거주자가 이로 인한 시야방해 등 생활에 고통을 받고 있음을 이유로 손해배상을 청구하려면, 그 건축행위로 인한 생활방해의 정도가 사회통념상 일반적으로 참아내야 할 정도를 넘는 것이어야 한다'고 판단하면서, 구체적 판단기준을 제시했습니다. 건축된 건물 등에서 발생한 태양반사광으로 인한 생활방해의 정도가 사회통념상 참을 한도를 넘는지는, 태양반사광이 피해 건물에 유입되는 강도와 각도, 유입되는 시기와 시간, 피해 건물의 창과 거실 등의 위치 등에 따른 피해의 성질과 정도, 피해이익의 내용, 가해 건물 건축의 경위 및 공공성, 피해 건물과 가해 건물 사이의 이격거리, 건축법령상의 제한 규정 등 공법상 규제의 위반 여부, 건물이 위치한 지역의 용도와 이용현황, 피해를 줄일 수 있는 방지조치와 손해 회피의 가능성, 토지 이용의 선후관계, 교섭 경과 등 모든 사정을 종합적으로 고려해 판단해야 한다는 것입니다. 이러한 기준하에서, 'A건설사가 일반유리보다 반사율이 매우 높은 유리를 외장재로 사용했고, 건물 외관이 전체적으로 완만한 곡선인 타원형으로 저녁 무렵 상당한 시간 동안 태양반사광이 C아파트에 유입돼 빛반사 시각장애의 정도가 참을 한도를 넘어선다'고 본 원심 판단을 유지했습니다.

한동안 통유리 건물이 유행했는데, 앞으로 건물 전체 외벽을 유리로 덮는 등 빛 반사율이 높은 외장재를 사용할 때에는 태양 반사광으로 인한 인근 주민의 피해에 대해서도 더욱 고심할 필요가 있겠습니다.

감정에 대하여[*]

유현정

I. 감정사항의 특정

건설공사와 관련된 분쟁에서 감정은 매우 중요하며, 자주 사용되는 증거방법입니다. 감정 결과에 따라 사건의 승패가 달라질 수 있으므로, 당사자로서는 여러 방면으로 감정을 잘 준비해야 합니다. 앞으로 본지에서는 감정의 의미 및 감정 신청과 감정인 지정의 절차, 감정을 신청할 때에 미리 준비해야 할 부분 등에 관해 말씀드리고자 합니다.

민사소송법이 정하는 증거방법 중, 사건과 관련이 없는 제3자의 전문적인 의견을 구하는 절차를 감정이라고 합니다. 최종 결론을 내리는 것은 법관이지만, 법관의 판단능력을 보충하기 위해 전문가를 감정인으로 선정하여 그 의견을 묻는 것입니다. 통상적으로 건설공사와 관련해서는 ① 부동산 기타 재산권의 시가나 임대료, ② 토지나 건물의 경계측량, ③ 공사의 하자와 그 정도, 수리비용 ④ 기성고감정 등이 이루어지게 됩니다.

감정은 법원이 직권으로 명할 수도 있으나, 보통 당사자가 신청합니다. 당사자는 감정을 신청할 때에는 감정을 구하는 사항을 적은 서면을 함께 제출해야 합니다. 실무상 전자소송에서 감정신청은 'E-form'(이폼, 전자소송홈페이지에서 요구하는 사항을 빈칸 채

---

[*] 이 글은 『대한전문건설신문』(2021. 7. 12.; 2021. 10. 25.; 2021. 11. 22.)에 실린 칼럼이다.

우기 방식으로 입력하는 것을 의미합니다) 방식으로 진행됩니다. 전자소송홈페이지는 ① 감정의 목적, ② 감정의 목적물, ③ 감정사항을 입력하도록 하고 있습니다.

이때 감정의 목적에는 증명취지, 즉 어떤 사항을 증명하기 위해 감정을 신청하는 것인지를 기재하면 됩니다. 감정의 목적물은 감정의 대상인 토지나 건축물, 신체를 적으면 됩니다. 감정의 목적과 감정의 목적물을 특정하는 것은 비교적 간단합니다. 그러나 '감정사항'을 정리하는 것은 까다롭습니다. 시간과 노력이 많이 들기도 하고, 감정인에게 판단을 받고자 하는 지점을 포착하는 것 자체가 쉽지 않을 때도 있습니다. 통상적으로 이루어지는 감정의 경우에는 감정사항도 전형화되고 있습니다만, 감정의 목적과 대상이 일반적이지 않을수록 감정사항을 특정하는 것이 어려워집니다. 일방이 신청한 감정사항에 관해서는 상대방도 의견을 제출할 수 있습니다. 법원은 신청된 감정사항 및 상대방의 의견, 무엇보다 감정인의 의견을 반영하여 감정사항을 특정하게 됩니다. 감정 과정에서 당사자의 의견 제출은 수시로 이루어집니다.

법원은 신청된 감정으로써 증명하려는 사실이 증명될 수 있고, 그 사실이 쟁점 판단에 필요하다고 판단되면 감정을 채택하는 결정을 합니다. 감정 채택 결정이 이루어지면, 그 다음으로는 감정인 지정이 필요합니다. 감정인은 법원이 지정합니다. 그러나 감정인으로서의 전문성과 공정성, 그리고 당사자의 선택권을 보장하기 위한 절차가 마련되어 있습니다. 다음에는 감정인 선정 절차에 관해 구체적으로 살펴보겠습니다.

II. 감정인의 지정과 감정비용 예납

감정 채택 결정이 이루어지면, 그 다음 단계는 감정인의 지정입니다. 법원은 공정한 감정인 선정 절차를 위해 재판예규를 두고 있습니다(감정인등 선정과 감정료 산정기준 등에 관한 예규). 감정인 선정에 관한 기본적인 내용은 위 예규를 통해 확인할 수 있습니다.

개략적으로 설명하면 다음과 같습니다. 법원은 자격을 갖춘 사람들의 신청을 받거나, 추천을 받아서 매년 '감정인 명단'을 작성하여 관리합니다. 그렇게 작성된 감정인 명단에 있는 감정인들 중에서 공평하게 무작위로 후보자를 추출하는 '감정인선정전산프로그램'으로 후보자를 선정합니다. 일반적으로 3명의 후보자가 선정됩니다.

감정인후보자가 선정되면, 감정인후보자는 '예상감정료'를 산정하여 법원에 제출합니다. 신청된 내용대로의 감정을 진행하기 위해서 얼마나 비용이 소요되는지를 적어 제출하는 것입니다. 예상감정료를 법원에 납부해야지만 감정을 위한 후속 절차가 진행되고, 원칙적으로 감정을 신청한 당사자에게 감정료를 예납할 의무가 있습니다.

유의할 점은 법원에 예납하여야 하는 비용은 모두 현금으로 납부해야 한다는 점입니다. 사안에 따라 다르지만, 감정비용이 수천만 원에 이를 수도 있어 소송당사자는 예상감정료의 액수에 민감하게 반응할 수밖에 없습니다. 예상감정료를 산정하는 방법 역시 재판예규에서 대강을 정하고 있고, 감정료의 상한도 정하고 있습니다. 그러나 제출된 예상감정료를 보면, 후보자별로 그 편차가 상당한 경우가 많습니다. 전형적이지 않은 감정사항에 대한 것일수록 그렇습니다.

보통은 자신의 주장을 증명하기 위한 방법 중 하나로서 감정을 신청하는 것이므로, 이로 인해 이익을 받게 되는 신청인이 비용을 우선 부담하는 것은 일견 타당합니다. 감정을 위한 비용은 소송비용에 포함되고, 소송비용은 재판확정 후 소송의 승패에 따라 소송비용 확정 절차를 거쳐 패소한 당사자가 종국적으로 부담하게 되므로 비용을 보전받을 방법도 있습니다. 다만 당사자의 재정상태와 증명해야 하는 사안의 성격에 따라, 주의해야 할 필요도 있습니다. 예컨대 당사자가 여럿이거나 사실상 자력이 없는 경우, 소송에서 이기더라도 나중에 소송비용을 추심하는 것이 쉬운 일은 아니기 때문입니다. 이러한 점을 고려하여, 예상감정료 산정 단계부터 감정료 산정의 적정성과 감정료 예납 의무의 분담에 대해 적극적으로 의견을 개진할 필요가 있습니다.

감정인후보자는 예상감정료 산정서를 제출하면서 자신의 약력 및 감정사항에 대한 업무경험 또한 함께 제출하므로, 감정을 신청한 당사자와 상대방은 감정인의 특성과 감정인이 제출한 예상감정료를 감안하여 어떤 후보자가 감정인으로 지정되었으면 하는지에 관해서도 함께 의견을 제출하면 됩니다.

재판장은 감정인을 지정하고, 감정의 대상, 방법, 감정인 등이 제출한 예상감정료 산정서, 감정신청인이 제시한 의견 등을 종합하여 감정료의 예납액을 정하게 됩니다. 감정료가 예납되면 비로소 감정기일이 지정됩니다. 감정의 대상과 방법에 대해 본격적으로 논의가 이루어지는 것이 감정기일입니다.

Ⅲ. 감정기일의 진행

민사소송법상 감정기일이란, 감정인에게 선서를 하게 하고(제338조), 재판장 등이 감정인을 신문하는 날입니다(제339조의2). 다른 점보다 당사자에게 있어서 감정기일은 감정인 신문을 거쳐 감정사항을 확정한다는 점에서 실질적인 의미가 있습니다.

당사자가 느끼는 감정기일의 밀도는 감정의 종류에 따라 매우 달라집니다. 측량감정이나 시가감정처럼 감정사항이 정형적이라면 다툼이 있을 여지도 없습니다. 신청인이 구하는 대로 감정사항도 결정됩니다. 이 때의 감정기일은 감정인의 선서 후에 재판장이 감정인의 경험을 묻는 형식적인 신문으로 끝이 납니다.

그러나 건축하자감정이나 신체감정, 환경사건이나 공해사건 등에서 사고원인에 대한 감정 등의 경우에는 이야기가 달라집니다. 이러한 종류의 감정의 경우에는 감정사항이 다양하게 구성될 수 있습니다. 질문에 따라 특정한 답변을 유도할 수 있는 것처럼, 감정사항을 구성하기에 따라 감정결과도 달라질 수 있습니다. 당사자는 최대한 자신에게 유리한 방향으로 감정사항을 확정하려고 합니다.

이러한 감정의 경우, 법원은 신청인이 구하는 사항 그대로 감정을 진행하게 두지 않습니다. 법원은 신청인이 감정사항을 적어서 제출하면 이를 상대방에게도 송달하여 의견을 제출하게 합니다. 상대방은 '감정에 관한 의견'이라는 제목의 서면을 제출하여 감정신청의 대상과 감정사항 등에 관해 다툽니다. 법원은 감정신청서와 이에 관한 상대방의 의견을 감정인에게도 전달합니다.

감정기일에서 구두로도 감정의 대상과 기준 등에 관해 신청인과 상대방 사이에 치열한 공방이 이루어지기도 합니다. 감정인은 전문적 지식과 경험을 갖춘 자이므로, 자신의 지식과 경험에 비추어 타당한 감정사항에 관한 자신의 의견을 말합니다. 법원은 양 당사자의 의견과 감정인의 의견 등을 종합하여 최종적으로 감정사항을 결정한 뒤, 감정인에게 감정을 명합니다(민사소송규칙 제101조). 드디어 본격적으로 감정이 시작됩니다.

마지막으로 당사자가 해야 할 일이 있습니다. 감정기일이 지나면 감정인은 감정을 준비하기 위해 당사자에게 감정에 필요한 자료를 요청합니다. 당사자는 감정에 필요한 자료를 직접 감정인에게 건네줄 수 있는데(민사소송규칙 제101조의2), 요즘은 이메일을 통해 송부하기도 합니다. 필요한 경우 감정인은 '감정착수회의'라고 불리는 회의를 주최하여, 양 당사자를 참석하게 한 뒤 감정 진행 방식을 조율합니다.

이러한 과정까지도 모두 거치고 나면 감정인이 법원에 의견을 제출할 때까지, 기일은 추정되고 당사자는 숨죽여 기다립니다. 감정인의 의견은 실무상 서면으로 작성하여 법원에 제출되는 것이 보통인데, 이를 '감정서'라고 합니다. 감정서가 제출되면, 당사자는 다시 분주해집니다. 다음에는 법원에 감정서가 제출된 이후 당사자가 해야 하는 일에 관해 살펴보겠습니다.

부동산 등기사항전부증명서 하단 열람 일시의 의미[*]

오승재

A는 B로부터 돈을 빌리면서 어머니 명의 부동산에 근저당권설정등기, 소유권이전 담보가등기를 설정해 주었습니다. 한편, A는 위 근저당권설정등기 등이 마쳐지기 전에 위 부동산에 관한 깨끗한 등기사항전부증명서를 미리 출력해 두었습니다.

A는 C로부터 다시 돈을 빌리면서 위 부동산을 재차 담보로 제시하고자 하였습니다. A는 미리 출력해 둔 깨끗한 등기사항전부증명서 하단의 열람 일시를 수정 테이프로 지우고 복사한 후, 이를 C에게 교부하였습니다.

A는 공문서변조죄, 변조공문서행사죄, 사기죄로 재판을 받게 되었습니다. 공문서 변조죄는 "권한 없는 자가 공무소 또는 공무원이 이미 작성한 문서내용에 대하여 동일 성을 해하지 않을 정도로 변경을 가하여 새로운 증명력을 작출케 함으로써 공공적 신 용을 해할 위험성이 있을 때 성립"하는 범죄입니다(형법 제225조).

항소심 법원은 A의 사기죄에 대하여 유죄를 선고하고, 공문서변조죄, 변조공문서 행사죄에 대하여는 무죄를 선고하였습니다. 항소심 법원은 "인터넷을 통하여 출력한 등기사항전부증명서 하단의 열람 일시 부분을 수정 테이프로 지우고 복사한 행위는 공공적 신용을 해할 위험이 있는 정도의 새로운 증명력을 작출한 것으로 단정할 수 없 다"고 보았던 것입니다.

---

* 이 글은 『대한전문건설신문』(2021. 6. 21.)에 실린 칼럼이다.

항소심 법원은 ① 부동산 등기사항전부증명서는 누구든지 인터넷 등을 통하여 열람하거나 발급받을 수 있고, ② A가 열람 일시의 기재가 없는 등기부를 작출하였을 뿐이었는바, 본래 등기부의 증명력을 넘어 새로운 증명력이 창출되었다고 보기는 어려우며(적극적으로 허위의 일시를 추가 기재한 것은 아니라는 취지), ③ A가 위와 같은 행위로 사기죄의 처벌을 받게 된 점 등을 고려한 것으로 보입니다.

그러나 대법원의 판단은 달랐습니다. 대법원은 등기사항전부증명서의 열람 일시는 등기부상 권리관계의 기준 일시를 나타내는 역할을 하는 것으로서 권리관계나 사실관계의 증명에서 중요한 부분에 해당하고, 열람 일시의 기재가 있어 그 일시를 기준으로 한 부동산의 권리관계를 증명하는 등기사항전부증명서와 열람 일시의 기재가 없어 부동산의 권리관계를 증명하는 기준 시점이 표시되지 않은 등기사항전부증명서 사이에는 증명하는 사실이나 증명력에 분명한 차이가 있다고 판단하였습니다(대법원 2021. 2. 25. 선고 2018도19043 판결).

나아가 대법원은 법률가나 관련 분야의 전문가가 아닌 평균인 수준의 사리분별력을 갖는 일반인의 관점에서 볼 때 그 등기사항전부증명서가 조금만 주의를 기울여 살펴보기만 해도 그 열람 일시가 삭제된 것임을 쉽게 알아볼 수 있을 정도로 공문서로서의 형식과 외관을 갖추지 못했다고 보기 어려운 점 또한 고려할 때, A가 등기사항전부증명서의 열람 일시를 삭제하여 복사한 행위는 등기사항전부증명서가 나타내는 권리·사실관계와 다른 새로운 증명력을 가진 문서를 만든 것에 해당하고 그로 인하여 공공적 신용을 해할 위험성도 발생하였다고 보아야 한다는 취지로 판단하였습니다.

부동산 등기사항전부증명서 하단에는 열람 일시(발행일)가 기재되어 있고, 그 일시를 기준으로 한 권리관계 등이 기재되어 있습니다. 부동산 등기사항전부증명서를 검토하실 때에는 열람 일시(발행일)를 확인함으로써 최신 등기부가 맞는지 또는 확인하고자 하는 일자를 기준으로 한 등기부가 맞는지 꼭 살펴 보시기 바랍니다.

검경수사권 조정 법령 본격 시행[*]

신재형

2020년까지는 범죄의 유형을 불문하고 검찰청에 고소·고발장을 접수할 수 있었습니다. 왜냐하면 검찰은 모든 범죄에 대해 직접 수사를 개시할 수도 있었고, 경우에 따라 경찰에 수사지휘해 사건을 진행할 수 있는 재량이 있었기 때문입니다. 그러나 제도 변경으로 인해 2021년부터는 검찰에서 접수해 직접 수사를 개시하는 범죄가 제한되게 됐습니다.

검사가 직접 수사를 개시할 수 있는 범죄는 부패범죄, 경제범죄, 공직자범죄, 선거 범죄, 방위사업범죄, 대형참사 등 소위 '6대 중요범죄'와 경찰공무원이 범한 범죄로 한 정됩니다(또한 위 두 가지 범죄와 관련된 범죄도 일정 부분 직접 수사할 수 있습니다). '검사의 수사개시 범죄 범위에 관한 규정'은 범죄액수나, 행위 주체의 직위까지도 구별해 수사 개시 범위를 나누고 있으므로 만약 검찰청에 고소·고발장을 제출하고 싶다면 그 구체 적 내용까지도 잘 살펴봐야 합니다.

검사의 직접 수사개시 대상 범죄가 위와 같다면, 경찰은 그와 겹치지 않는 나머지 범죄에 대해서만 직접 수사를 개시할 수 있을까요. 아닙니다. 검사가 직접 수사를 개 시할 수 있는 범죄는 위와 같이 제한이 있는 반면에, 경찰이 직접 수사를 개시할 수 있는 범죄는 제한이 없습니다. 검경수사권 조정의 취지는 원칙적으로 경찰이 수사권

---

* 이 글은 『대한전문건설신문』(2021. 4. 5.)에 실린 칼럼이다.

을 행사하고, 검사는 직접 수사를 최소화하면서 경찰의 수사를 사법통제하는 방향으로 바뀐 것이기 때문입니다. 수사권 개정 관련 법령의 방향성을 한마디로 요약하자면, '경찰 수사 원칙, 검찰 수사 예외'라고 할 수도 있을 것입니다.

예를 들어 살펴보겠습니다. 사기죄의 경우 검사는 피해금 5억 원 이상의 범죄에 대해서만 직접 수사를 개시할 수 있습니다. 그렇다면 경찰은 5억 원 미만의 사기죄만 수사할 수 있는 것일까요. 아닙니다. 경찰은 당연히 5억 원 이상의 사기범죄에 대해서도 직접 수사를 개시할 수 있습니다. 따라서, 피해액 5억 원 이상의 사기나 횡령, 배임 피해자는 그 고소장을 검찰에도 제출할 수 있고, 경찰에도 제출할 수 있습니다. 검사가 직접 수사를 개시할 수 있는 범죄에 대한 고소·고발장을 경찰에 제출해 경찰에서 수사를 개시하게 할 수도 있다는 사실에 주의해야 할 것입니다.

검사 직접 수사개시 대상 범죄가 아닌 경우인데 잘못해 고소·고발장을 검찰에 접수하러 간 경우 어떻게 처리될까요. 해당 고소·고발장은 접수가 반려됩니다(우편으로 보내는 경우는 반려가 사실상 불가능하므로 일단 검찰에서 접수했다가 경찰 등 다른 수사기관으로 이송합니다). 따라서 민원인은 직접 해당 고소·고발장을 피고소인의 주거지 등 관할 경찰서에 접수시켜야 합니다. 이처럼 고소·고발장의 접수 단계에서부터 달라진 형사절차가 충분히 고려돼야 하겠습니다.

경찰의 수사협조요청에 응해야 할까요?*

위계관

A건설회사는 B건설회사와 장비매매 거래를 해 왔는데, B건설회사는 A건설회사의 담당자인 C가 허위로 장비를 매매했다는 이유로 C를 D경찰서에 사기죄로 고소했습니다. 이와 별개로 B건설회사는 A건설회사를 상대로 민법 제756조에 따라 사용자 배상책임에 따른 손해배상청구를 제기했습니다. 그런데, D경찰서의 담당 경찰관인 E는 A건설회사에 다른 회사와 체결한 장비매매거래와 관련된 총 매출매입현황, 연도별 총 외상매출매입금 계정별 원장, 입출거래내역, 세금계산서 발취내역 자료 등을 송부해 줄 것을 요청하는 수사협조요청서를 보내왔습니다. A건설회사는 담당 경찰관인 E의 자료제공요청에 응해야 할까요?

경찰의 수사협조요청은 형사소송법 제199조, 경찰관직무집행법 제8조 제1항에 따른 사실조회로서 임의수사이기 때문에, 위 고소사건의 참고인 신분인 A건설회사는 사실조회에 대한 자료제출 협조의무가 없어 반드시 응해야 하는 것은 아닙니다. 따라서 A건설회사는 E경찰관이 요청한 자료를 모두 제공하지 않아도 되고, 자료를 선별적으로 제출하는 것도 가능합니다.

그렇다면 경찰의 자료제공요청에 대해 A건설회사가 불응할 경우 A건설회사에 법률상, 실무상 어떤 문제가 발생할까요?

---

* 이 글은 『대한전문건설신문』(2021. 4. 12.)에 실린 칼럼이다.

사실조회는 임의수사이기 때문에, A건설회사가 이를 불응하더라도 E가 자료제공을 강제할 수단은 존재하지 않습니다. 다만 A건설회사가 사실조회에 불응하는 경우, E는 위 자료가 위 고소사건 혐의유무 수사에 있어 중요한 자료라고 판단하는 경우, 판사가 발부한 압수·수색·검증 영장을 가지고 압수수색을 할 가능성을 배제할 수 없습니다. 압수·수색·검증은 강제처분이므로 원칙적으로 영장주의 원칙이 적용되고, 압수·수색·검증을 함에 있어서도 범죄에 대한 혐의가 인정돼야 하나, 범죄의 혐의는 구속의 경우처럼 상당한 혐의가 아니라 최초의 혐의 또는 단순한 혐의로 족합니다.

반대로, A건설회사가 경찰이 요청한 자료를 모두 제공할 경우 A건설회사에게 불리하게 작용할 부분은 없을까요?

법원은 형사소송에서는 "합리적인 의심이 없는 정도의 증명"이 없으면 무죄판결을 선고할 수밖에 없는데(형사소송법 제307조 제2항), 민사소송에서는 자유로운 심증으로 판단한다는 차이가 있습니다(민사소송법 제202조). A건설회사가 경찰이 요구하는 자료를 제출하는 경우, B건설회사는 향후 민사소송에서 위 고소사건의 형사기록에 대해 문서송부촉탁 제도(민사소송법 제352조)를 활용해 관련자료(A건설회사의 제출자료)를 확보할 수 있습니다. 따라서 B건설회사가, 위 자료들을 'A건설회사는 C의 불법행위에 대한 사용자책임이 인정된다'는 주장에 대한 증거자료로 활용할 가능성이 존재합니다.

중대재해처벌법 해설(중대산업재해)의 몇 가지 쟁점[*]

김동현

I. 고용노동부의 중대재해처벌법 해설자료 배포

고용노동부가 2021. 11. 17. 중대재해처벌법 해설(중대산업재해 관련) 자료를 배포하였다. 중대재해처벌법 시행령안이 2021. 7. 공개되고 그 주요 내용을 설명한 자료나 안전보건관리체계에 관한 가이드북을 발간하고서도 법령상 불명확한 부분들에 관한 논란이 계속되자, 이를 명확히 하기 위하여 별도의 해설을 발간한 것이다. 위 해설을 통하여 그간 법령상 모호했던 내용이 명확해진 부분도 있는가 하면, 여전히 불명확한 상태로 남아있는 부분도 있어 보인다.

고용노동부 해설에서 내용상 명확한 부분을 반복할 필요는 없으므로, 이 글에서는 위 해설에서도 여전히 모호하거나 쟁점이 될 만한 내용 위주로 살펴보기로 한다.

---

[*] 이 글은 ㈜중앙경제의 『월간 노동법률』 제367호(2021. 12.)에 실린 칼럼을 수정·보완한 것이다.

Ⅱ. 중대재해처벌법 해설의 몇 가지 쟁점

1. 정의 규정

가. 중대산업재해

중대산업재해에는 산업안전보건법에 따른 산업재해로서 '사망자가 1명 이상 발생'한 경우가 포함된다(제2조제2호 가목). 고용노동부 해설에서는 위 사망자 발생의 중대산업재해의 원인에 관하여 별다른 요건을 두고 있지 않으므로, 사고에 의한 사망뿐만 아니라 직업성 질병에 의한 사망도 포함된다는 점을 분명히 하였다.

여기서의 '직업성 질병'이 같은 조항 다목과 시행령 제2조 및 별표 1에서 정한 '직업성 질병'으로 한정되는지가 문제될 수 있다. 중대재해처벌법 제2조제2호 다목에서 '대통령령으로 정하는 직업성 질병자가 1년 이내에 3명 이상 발생'한 경우로 규정하고 있는 반면, 가목의 '사망자가 1명 이상 발생'한 경우에는 '직업성 질병'의 개념 범위에 관한 아무런 규정을 두고 있지 않으므로 그와 같이 한정된다고 해석하기는 어려울 것으로 보인다. 고용노동부도 사망 원인으로서의 직업성 질병은 산업안전보건법의 산업재해에 해당해야 하므로 업무와 관계되는 유해·위험요인에 의하거나 작업 또는 그 밖의 업무로 인하여 발생하였음이 명확한 것이어야 한다고 하여, 산업재해에 해당하는 직업성 질병이라면 위의 '대통령령으로 정하는 직업성 질병'의 범위에 한정되지 않음을 전제로 하고 있어 보인다.

그렇다 보니 '사망자가 1명 이상 발생한 경우'의 범위가 지나치게 넓어질 수 있다. 예컨대, 근로자가 재직 중에 있었던 직업성 요인으로 인하여 퇴직 후에 직업성 질병이 발병하였고, 그에 대하여 근로복지공단으로부터 산재승인을 받은 뒤에 사망한 경우 '중대산업재해'로 인정될지의 문제이다. 직업성 요인이 존재하였다고 하더라도 시간적 간격을 고려할 때 그 요인만을 원인으로 발병 및 사망의 결과가 발생하였다고 단정하기 어렵기 때문이다. 고용노동부도 해설에서 질병과 사망 사이에 '직접적인 인과관계'가 인정되어야 한다는 점을 지적하였다.

산재승인을 받았다고 하더라도 그 자체로 중대산업재해라고 단정하기도 어렵다. 법원은 입법 목적상 산업재해보상보험법은 근로자의 업무상 재해를 신속하고 공정하게 보상할 것을 주된 목적으로 하는 반면, 산업안전보건법은 산업안전·보건에 관한 기준을 확립하고 그 책임의 소재를 명확하게 하여 산업재해를 예방하고 쾌적한 작업 환경의 조성을 목적으로 하는 점에서 서로 다르며, 입법 형식 및 규정에서도 양자가 달라 산재보험법 상의 '업무상 재해'로 인정되더라도 그러한 사실만으로 바로 산업재해에도 해당한다고 단정할 수 없다고 보았다(부산고등법원 2019. 5. 1. 선고 2018누23893 판결-확정). 고용노동부도 해설에서 산업안전보건법상의 산업재해를 개념요소로 한 중대재해처벌법의 중대산업재해에는 해당하지 않아도 산재보험법의 업무상 재해에는 해당할 수 있음을 명시하였다.

나. 경영책임자 등

중대재해처벌법의 제정 때부터 지속적으로 쟁점이 되어 온 '경영책임자 등'의 의미가 이번 해설에서도 논란이 되는 듯하다. 고용노동부는 해설에서 '사업을 대표하고 사업을 총괄하는 권한과 책임이 있는 사람'은 해당 사업에서의 ① 직무, ② 책임과 권한 및 ③ 기업의 의사결정 구조 등을 종합적으로 고려하여 경영책임자 등에 해당하는지를 판단하여야 한다고 설명하였다. 한편, '이에 준하여 안전보건에 관한 업무를 담당하는 사람'이란, 사업 또는 사업장 전반의 안전 및 보건에 관한 조직·인력·예산 등에 관하여 대표이사 등 경영책임자에 준하여 총괄하는 권한과 책임을 가지는 등 최종 결정권을 가진 사람을 의미한다고 보았다. 그러면서도 해설에서는 사업을 대표하고 총괄하는 권한과 책임이 있는 사람 외에 안전 및 보건에 관한 업무를 담당하면서 그에 관한 최종적인 의사결정권을 행사할 수 있는 사람이 있다면 '그 역시' 경영책임자 등에 해당할 수 있다고 설명하였다.

이러한 설명에 따르면, 안전 및 보건에 관한 조직·인력·예산 등에 관한 최종적인 의사결정권을 가진 임원이 있어도 해당 임원과 사업을 대표하고 총괄하는 대표이사도 함께 책임의 주체가 된다는 의미로 보이기도 한다. 결국 '경영책임자 등'의 범위는 법 시행 이후 법원의 해석을 통하여 정립될 것으로 보인다.

2. 적용 범위

고용노동부 해설에 따르면, 중대재해처벌법의 적용범위를 구분하는 기준인 '상시 근로자 수'는 경영상 일체를 이루면서 유기적으로 운영되는 기업 등 조직 그 자체를 기준으로 고용된 근로자 수를 산정하여야 하고, 개별 사업장 단위로 법의 적용범위를 판단하지 않는다. 즉, 어느 기업의 특정 사업장에 고용된 상시근로자 수가 5명 미만이더라도 해당 기업에 고용된 전체 근로자 수가 5명 이상이라면 중대재해처벌법이 적용된다.

근로기준법 시행령에서는 상시근로자 수를 산정할 때 「파견근로자 보호 등에 관한 법률」에 따른 파견근로자를 제외하도록 정하고 있는데(제7조의2 제4항), 해설에서는 중대재해처벌법의 적용범위를 따지는 상시근로자 수에 파견근로자를 포함하는 것으로 설명하고 있어 유의할 필요가 있다.

한편, 산업안전보건법에서는 '사무직에 종사하는 근로자만을 사용하는 사업장'에 해당하는 경우 같은 법의 일부 규정이 적용되지 않는 것으로 정하고 있는데(제3조 및 같은 법 시행령 제2조, 별표 1), 중대재해처벌법은 이러한 구분 없이 상시근로자가 모두 사무직 근로자인 사업 또는 사업장에도 적용된다.

3. 안전 및 보건 확보 의무

가. 안전보건 전담조직

중대재해처벌법 시행령은 법 제4조제1항제1호에서 정한 '안전보건관리체계의 구축 및 이행'의 일환으로서 일정한 요건에 해당하는 경우 안전·보건에 관한 업무를 총괄·관리하는 전담 조직을 둘 것을 규정하고 있다(제4조제2호). 법령의 문언이 "사업 또는 사업장"의 안전보건 전담조직을 두도록 하여 요건에 해당한다면 사업장 단위로도 안전보건 전담조직을 두어야 하는지 문제될 수 있다. 이에 관하여 고용노동부 해설에서는 사업장이 여러 곳에 분산되어 있는 경우 사업장 현장별로 두어야 하는 안전관리자 등 외에 '법인 또는 기관 단위에서' 안전보건 전담조직을 두도록 하고, 해당 조직이 법인 또는 기관의 안전·보건에 관한 컨트롤타워로서의 역할을 하는 것으로 설명하여 이 부분을 명확히 한 것으로 보인다.

또한 해설에 따르면, 안전보건 전담조직은 ① 법인 또는 기관의 안전·보건 업무를 총괄·관리하고, ② 각 사업장의 안전관리자 등 인력과는 별개의 인력으로 구성하여야 하며, ③ 안전·보건 업무만을 전담하여야 한다. 이 중 ③의 안전·보건 업무 전담과 관련하여, 현재 상당 수 기업에서 'EHS^{Environment · Health · Safety}'와 같이 안전·보건·환경 업무를 전담하는 조직을 구성하여 안전보건 전담조직의 기능을 수행하게 하고 있어

'환경' 업무까지 맡고 있는 점이 문제될 소지가 있다. 고용노동부 해설에서 안전·보건 업무만을 전담하여야 한다는 취지가, 전담조직 구성원이 생산 관리 등 안전·보건과 상충될 수 있는 성격의 업무까지 겸임할 경우 안전·보건을 소홀히 할 우려를 반영한 것이라고 보면, 환경 업무가 안전·보건에 상충되지 않고 부합하는 경우에는 전담조직 에서 함께 수행하여도 그 취지에 반하지 않을 것으로 보인다.

그 밖에도 해설에서는 안전보건 전담조직을 두어야 하는 요건으로서 '안전관리자 등이 합산하여 총 3명 이상인 경우'를 판단할 때에, 실제로는 안전·보건관리 전문기 관에 위탁한 경우나 「기업활동 규제완화에 관한 특별조치법」(이하 '기업규제완화법')에 따라 배치한 것으로 간주되는 경우라도 그와 무관하게 산업안전보건법상 안전관리자 등을 두어야 하는 기준에 따라 판단한다는 점을 명확히 하였다. 또 다른 요건인 '상시 근로자 수 500명 이상인 경우'를 판단할 때에는 후술하는 안전보건 전문인력 배치 기 준에 관한 산업안전보건법령의 규정과 달리 도급 등을 행한 제3자의 근로자는 포함되 지 않는 것으로 명시하였다.

나. 안전보건 예산

고용노동부 해설에서는 '재해예방에 필요한 예산의 편성 및 집행'과 관련하여, 예 산 규모가 얼마인지가 중요한 것이 아니라 예산의 편성 시 유해·위험요인을 어떻게 분석하고 평가했는지가 중요하다는 점을 강조하였다.

중대재해처벌법 시행을 앞두고 가장 빈번한 질문 중에 하나가 '어느 정도의 안전보 건 예산을 편성하여야 적정한지'이다. 일정한 규모 또는 전체 사업 예산 중 일정 비율 의 예산을 편성하면 그 자체로 위의 의무를 다한 것으로 볼 수 있는지 문제될 수 있 다. 이에 관하여는 결국 해당 사업 또는 사업장에서 어떠한 유해·위험한 요인들이 존 재하고 그 요인들을 제거·개선하기 위하여 어느 정도의 예산을 투입하였는지에 따라 결론이 달라질 수밖에 없다. 즉, 일정 규모 또는 비율의 예산을 안전 및 보건에 투입하 였다는 사실만으로 위의 의무를 이행한 것으로 보기 어렵고, 안전보건 전담조직이나 현업 부서에서 유해·위험요인으로 꼽은 '우선순위'가 적정한지, 그에 따라 제거·개선 을 위하여 충분한 예산을 투입하였는지가 관건이 될 것으로 보인다. 위의 고용노동부 해설 내용은 이러한 해석을 뒷받침한다.

다. 안전보건 전문인력

중대재해처벌법 시행령 제4조 제6호에 따르면, 산업안전보건법 제17조 내지 제19조, 제22조에 따라 정해진 수 이상의 안전관리자, 보건관리자, 안전보건관리담당자 및 산업보건의를 배치하여야 한다. 고용노동부 해설에서 명시적인 언급은 없으나 산업안전보건법령에서는 안전·보건관리자 배치 기준으로서의 상시근로자 수를 산정할 때, 관계수급인의 근로자 수를 합산하여 100명 이상인 사업(선박 및 보트 건조업, 1차 금속 제조업 및 토사석 광업의 경우에는 50명)으로서 도급인의 사업장에서 이루어지는 사업의 경우 관계수급인의 상시근로자를 합산하여 산정하는 것으로 정하고 있다(같은 법 시행령 제16조 제3항 및 제20조 제3항). 이는 앞서 본 중대재해처벌법의 적용범위를 따질 때의 상시근로자 수나 안전보건 전담조직 설치 대상을 판단할 때의 상시근로자 수 산정과 다른 점이다.

중대재해처벌법 시행령 제4조 제6호 단서는 '다른 법령에서 해당 인력의 배치에 대해 달리 정하고 있는 경우에는 그에 따를 것'을 정하고 있어, 고용노동부 해설에서는 기업규제완화법 등 다른 법령에서 정한 바에 따라 전문인력 배치의무가 면제 또는 감경되는 경우 그에 따를 것을 명확히 하였다. 또한 산업안전보건법에서 정한 수 '이상의' 인원을 배치하면 되므로 같은 법 등에서 정한 수까지만 배치하면 중대재해처벌법령 위반은 아니지만, 중대재해 재발을 방지하기 위하여 필요할 경우 추가 배치도 고려하여야 한다는 점을 강조하였다. 이러한 추가 배치 여부는 중대산업재해 발생 시 경영책임자 등의 고의나 인과관계 판단에 영향을 줄 것으로 보인다.

라. 종사자 의견 청취

고용노동부 해설에 따르면, 안전·보건에 관한 종사자 의견을 청취한 뒤에 그 의견을 반영할 것인지 여부 등을 판단하기 위한 방식이나 절차, 기준을 마련해야 하고, 종사자 의견이 재해 예방에 반드시 필요한 내용이라는 점이 명백하였음에도 개선 조치가 이루어지지 않아 중대산업재해가 발생한 경우 경영책임자 등의 책임으로 보겠다는 입장이다.

이를 감안하면, 종사자 의견 청취 절차를 운영하면서는 청취된 의견을 빠짐없이 기록하고 청취된 의견의 취사 여부에 관한 기준을 명확히 하여 의견을 반영하지 않을 경우 그 합당한 이유를 설명하고 기록해둘 필요가 있어 보인다. 이는 중대재해처벌법 시행령 제13조에 따른 조치 등 이행사항의 서면 보관을 위해서도 필요한 부분이다.

마. 안전·보건 관계법령 의무 이행 점검

2021. 10. 21. 개정된 기업규제완화법이 시행됨에 따라 상시근로자 수 300명 이상의 사업장에서는 안전·보건관리를 전문기관에 위탁할 수 없고 직접 안전·보건관리자를 채용하여 배치하여야 한다. 고용노동부 해설에 따르면, 이러한 안전·보건관리는 중대재해처벌법 제4조 제1항 제4호 및 같은 법 시행령 제5조 제2항 제1호의 '안전·보건 관계 법령상의 의무 이행 점검'과는 구분되므로, 상시근로자 수 300명 이상의 사업장이라도 안전·보건관리 전문기관에 그 점검을 위탁할 수 있다.

반면, 중대재해처벌법 시행령 제5조 제2항 제3호의 '안전·보건 관계 법령에 따른 교육 실시 점검'의 경우 전문기관 등에 위탁하여 실시할 수 있다는 규정을 두고 있지 않으므로 사업 또는 사업장 내에서 자체적으로 점검하여야 한다.

4. 도급 등 관계에서의 안전 및 보건 확보 의무

고용노동부 해설에서는 도급, 용역, 위탁 등 관계에서 경영책임자 등의 책임 범위로 규정한 '실질적인 지배·운영·관리'의 의미에 관하여, 2021. 8. 발간한 안전보건관리체계 가이드북과 마찬가지로 '해당 시설이나 장비, 장소에 관한 소유권, 임차권, 그 밖에 사실상의 지배력을 가지고 있어 위험에 대한 제어능력이 있다고 볼 수 있는 경우'로 해석하였다.

고용노동부는 2020. 3. 발간한 「개정 산업안전보건법에 시행(2020. 1. 16.)에 따른 도급 시 산업재해예방 운영지침」에서도, 개정된 산업안전보건법상 도급인의 책임 범위인 '도급인이 제공하거나 지정한 경우로서 도급인이 지배·관리하는 장소'의 의미에 관하여 '도급인이 해당 장소의 유해·위험요인을 인지하고 이를 관리·개선하는 등 통제할 수 있는 장소(산업안전보건법 시행령 제11조에 따른 21개 장소)'를 의미한다고 보았다. 이번 중대재해처벌법 해설에 따르면, 위와 같은 산업안전보건법상 개념 범위(21개 장소 등)를 벗어나는 경우에도 도급인이 해당 시설이나 장비, 장소에 대한 소유권, 임차권, 그 밖에 사실상의 지배력을 행사하는 경우 '실질적인 지배·운영·관리'에 해당한다고 보았다.

이에 따라 산업안전보건법상 '건설공사발주자'는 실질적인 지배·운영·관리를 하는 자가 아닌 주문자에 해당하므로, 건설공사 기간 동안 해당 공사 또는 시설·장비·장소 등에 대하여 실질적으로 지배·운영·관리하였다고 볼만한 사정이 없는 한, 해당 건설공사 현장의 종사자에 대하여 도급인으로서 중대재해처벌법 제4조 또는 제5조에 따른 책임을 부담하지 않는 경우가 일반적이라고 설명하고 있다.

III. 마치며

이번 중대재해처벌법 해설을 통하여 명확해진 부분도 있지만 여전히 그 의미가 모호하거나 오히려 혼란을 초래하는 부분도 없지 않다. 또한 중대시민재해는 그 의무 내용에 관한 가이드나 해설이 아직까지 제시되지 않고 있으며, 최근에야 국토교통부 등 관계부처가 가이드라인을 마련 중인 것으로 보인다. 법 시행을 두 달도 채 남기지 않은 시점에서 결국 법령의 구체적인 해석은 법원을 통하여 이루어질 것으로 보여 그 추이를 지켜볼 필요가 있다.

채용 시 유의해야 할 관련 법령 및 쟁점[*]

장현진

I. 들어가며

계속되는 취업난과 우리사회를 뒤흔든 각종 채용비리 사건들 이후, 기업의 채용과정이 적법하고 공정해야 한다는 사회적 요구가 더욱 거세지고 있다. 지원자들의 권리의식도 높아져서 채용과정 중에 조금이라도 문제가 생기거나 공정하지 못하다고 생각되면 법적 구제절차를 도모하는 사례도 증가하고 있다. 이러한 변화를 고려할 때 기업의 채용담당자들로서는 채용의 전 과정에 걸쳐 관련 법령이 제대로 준수되고 있는지, 혹시 문제될 만한 사정이 있는지 상세하게 관리·감독할 필요가 있다. 이하에서는 채용절차법을 중심으로 채용 시 유의해야 할 관련 법령 및 쟁점에 대하여 정리해보고자 한다.

II. 채용절차의 단계별 유의사항

1. 채용절차법의 개정 및 채용강요 등의 금지

2014년에 처음 제정된 「채용절차의 공정화에 관한 법률」(이하 '채용절차법')은 2018년 금융권 채용비리, 2019년 공공기관 채용비리에 대한 문제의식을 바탕으로 2019년

---

[*] 이 글은 ㈜중앙경제의 『월간 노동법률』 제364호(2021. 9.)에 실린 칼럼을 수정·보완한 것이다.

개정되었다. 동법은 채용과정에서 최소한의 공정성을 확보하기 위한 사항을 정함으로써 구직자의 부담을 줄이고 권익을 보호하는 것을 목적으로 한다(제1조). 채용절차법은 상시 30명 이상의 근로자를 사용하는 회사에 적용된다(법 제3조).

개정된 채용절차법의 핵심은 '채용강요 등의 금지'에 관한 조항이 신설되었다는 점이다. 기존에 채용비리에 가담한 사람들은 형법상 업무방해죄, 배임수재죄, 사문서 위조·위조 사문서 행사죄 등으로 처벌받았다. 그러나 법리상 형법 조항을 적용하기가 마땅치 않아 채용비리에 가담한 사정이 구체적으로 확인됨에도 불구하고 제재를 받지 않는 사례들이 있었다. 이러한 문제의식을 바탕으로 개정된 채용절차법은 '누구든지 채용의 공정성을 침해'하는 행위로 ① 법령을 위반하여 채용에 관한 부당한 청탁, 압력, 강요 등을 하는 행위, ② 채용과 관련하여 금전, 물품, 향응 또는 재산상의 이익을 제공하거나 수수하는 행위를 할 수 없다는 금지조항을 명시하였다(법 제4조의2). 동 조항을 위반할 경우 3천만 원 이하의 과태료에 처해진다(법 제17조 제1항). 다만, 형법 등 다른 법률에 따라 형사처벌을 받은 경우에는 과태료가 부과되지 않는다.

문제는 동조의 '부당한 청탁'을 어떻게 해석해야 하는지이다. 「부정청탁 및 금품 수수의 금지에 관한 법률」(이하 '청탁금지법')은 부정청탁 행위에 관한 상세한 규정을 두고 있지만(제5조), 채용절차법은 별다른 정의규정을 두고 있지 않기 때문이다. 이에 관하여 고용노동부 매뉴얼은 청탁금지법 제5조에서 금지되는 부정청탁 행위의 개념을 차용하여, "채용에 부당하게 개입하거나 영향을 미치도록 하는 행위"가 이에 해당한다고 설명하고 있다. 청탁을 하였음에도 채용의 결과가 나타나지 않더라도 동조가 적용 가능하다고 이해된다.[1]

위 채용절차법 조항 위반이 문제된 사례에 관한 대법원 판결은 아직 찾아보기 어려우나, 유사 사례 및 채용비리에 관한 판결들은 '부정행위', '부당행위' 등에 관하여 비교적 넓게 해석하는 입장인 것으로 생각된다. 여러 하급심 판결례들은 부모가 자식을 위해 인사청탁을 한 사례가 아니라 몇 단계를 걸쳐 인사청탁을 한 사례에서도 해당 근로자의 합격은 일련의 부정행위에 의한 것이므로 '부정행위' 내지 '부정행위자'에 해당한다고 판단하였다.[2] 서울고등법원(춘천)은 해당 근로자가 청탁을 한 사실에 대하여

---

1) 고용노동부, 『채용절차의 공정화에 관한 법률 업무 매뉴얼』, 45쪽, 2019.
2) 서울행정법원 2018. 7. 13. 선고 2017구합77183 판결(확정), 대구지방법원 서부지원 2018. 4. 12. 선고 2017가합750 판결(확정).

전혀 알지 못하였다 하더라도 해당 근로자가 부당한 방법으로 채용되었다는 사실이 바뀌는 것은 아니고, 고의·과실 여부와 관계없이 해당 근로자는 부당한 방법으로 채용된 경우에 해당한다고 판단하였다.[3] 이러한 판결례들이 위 채용절차법의 '부당한 청탁'을 해석하는 데에 참고가 될 수 있을 것이다.

2. 채용광고 단계

채용절차법은 채용의 각 단계별로 회사(구인자)가 준수해야 하는 사항들을 규정하고 있다. 채용광고 단계에서 회사가 준수하여야 하는 사항으로 거짓 채용광고 등의 금지(제4조), 채용 일정 및 채용과정의 고지(제8조)가 주목된다.

채용절차법은 회사는 채용을 가장하여 아이디어를 수집하거나 사업장을 홍보하기 위한 목적 등으로 거짓의 채용광고를 내서는 아니 된다고 명시하고 있다(법 제4조 제1항). OO사업을 발전시키기 위한 심화 아이디어를 서류로 제출하도록 한 후, 지원자에게 별다른 언급 없이 아이디어를 차용하는 사례 등이 문제가 될 위험이 있다. 동조를 위반할 때에는 5년 이하의 징역 또는 2천만 원 이하의 벌금에 처해질 수 있다(법 제16조).

채용절차 진행 시 회사 내부 사정으로 인해 공지하였던 것과 달리 채용 일정이나 중간 과정 등이 변경되는 경우가 있다. 이와 같은 경우에도 채용절차법을 준수해야 한다. 채용절차법은 회사로 하여금 구직자에게 채용일정, 채용심사 지연의 사실, 채용과정의 변경 등 채용과정을 홈페이지 게시, 문자 전송, 이메일, 팩스, 전화 등으로 알려야 한다고 명시하고 있다(법 제8조). 특히 공개경쟁채용의 방식으로 채용절차를 운영하는 회사의 경우 이 부분은 채용절차 위반 및 부정채용 리스크와 맞닿아 있다는 점에서 특히 더 유의할 필요가 있다.

3. 응시·접수 단계

채용전형을 서류심사, 필기, 면접시험 등으로 구분하여 실시하는 경우 처음부터 관련 서류를 다 제출하도록 하는 것보다는 서류심사에 합격한 구직자에 한정하여 입증자료 및 심층심사자료를 제출하도록 하는 것이 바람직하다(채용절차법 제13조 참고). 채용서류 관리 리스크, 지원자들의 개인정보 관리 리스크를 고려하였을 때에도 이와 같

---

3) 서울고등법원(춘천) 2019. 9. 25. 선고 (춘천)2019나50777 판결(확정).

이 진행하는 것이 보다 법적 리스크를 줄이는 길이라 판단된다.

지원자들에게 자료를 요구하는 단계에서는 출신지역 등 개인정보 요구 금지가 주목된다(채용절차법 제4조의3, 개인정보보호법 제15조). 이와 관련하여 인사담당자로서는 기존에 사용해오던 입사지원서 양식을 재검토할 필요가 있다. 개인정보보호법은 법률에 특별한 규정이 있거나 의무 준수를 위해 불가피한 경우, 계약의 체결 및 이행을 위해 불가피한 경우 등에 개인정보 수집이 가능하도록 제한하고 있다(법 제15조). 특히 고유식별정보(주민등록번호, 운전면허번호, 여권번호 등)와 민감정보(사상·신념, 노동조합·정당의 가입, 탈퇴, 정치적 견해, 건강, 유전정보 등)의 수집·이용은 원칙적으로 금지된다(개인정보보호법 제23조, 제24조).

구체적으로, 개정 채용절차법은 회사들이 ① 구직자 본인의 용모·키·체중 등의 신체적 조건, ② 출신지역·혼인여부·재산, ③ 구직자 본인의 직계 존비속 및 형제자매의 학력·직업·재산을 요구하는 것을 금지하고 있다(법 제4조의3). 지원자의 사진을 부착하도록 하는 것이 '구직자 본인의 용모'에 해당하는지가 문제되는데, 고용노동부 매뉴얼은 구직자의 동일성 확인을 위해 사진을 부착하도록 하는 것은 가능하다고 안내하고 있다.[4] '출신지역'이란 출생지, 등록기준지, 성년이 되기 이전의 주된 거주지 등을 의미하는 것으로 해석된다(국가인권위원회법 제2조 제3항 준용[5]). 다만 현 거주지 주소, 주민등록상 주소 등은 포함되지 않는 것으로 이해된다.[6]

혼인여부에 대한 정보 수집은 엄격하게 금지된다. 기혼·미혼만을 의미하는 것이 아니라 '자녀의 유무', '시부모 유무'를 포함하여 혼인여부를 유추할 수 있는 모든 정보가 이에 포함된다. 이와 같은 개인정보 요구 금지 조항 위반 시 500만 원 이하의 과태료가 부과될 수 있다(제17조 제2항). 혼인여부 수집에 관한 사항은 남녀고용평등법에서 금지되는 채용 시 성차별도 문제될 수 있으므로 유의하여야 한다.

4. 채용 확정 및 근로계약 체결 단계

채용대상자를 확정한 경우에는 지체 없이 구직자에게 채용 여부를 알려야 한다(채용절차법 제10조). 특히 경력직 직원 채용 시 채용 여부 고지가 지연되는 경우가 많으므

---

4) 고용노동부, 앞의 글, 57쪽.
5) 고용노동부, 앞의 글, 57쪽.
6) 고용노동부, 앞의 글, 57쪽.

로 유의하여야 한다. 문자전송, 전자우편, 팩스, 전화 등으로 알려야 하며, 합격자뿐만 아니라 불합격자에게도 결과를 안내해주는 것이 바람직하다.

합격자통보를 한 이후에 서류상 또는 채용단계 과정상의 오류를 발견한 경우 회사가 임의로 합격취소를 하는 경우도 있다. 그러나 통설 및 판례는 합격 통보(채용내정 통지)로 근로계약이 체결됐다고 보고 있으므로, 합격 취소 시에도 근로기준법에 따른 해고제한규정을 적용받을 수 있음에 유의하여야 한다.[7]

채용을 결정한 후 근로계약 체결 시 채용광고(채용공고)에서 제시한 근로조건을 변경해도 되는지 문제가 된다. 채용절차법은 구직자를 채용한 후에 정당한 사유 없이 채용광고에서 제시한 근로조건을 불리하게 변경하는 것을 금지하고 있고, 위반 시 500만 원 이하의 과태료에 처해질 수 있다(법 제4조 제3항, 제17조 제2항 제1호). 채용공고와 달리 회사가 일방적으로 더 낮은 연봉을 제시하면서 근로계약을 체결하도록 한다거나, 채용공고에 기재한 것과 다른 근무지역에서 근무하도록 하는 사례가 이에 해당할 수 있을 것이다.

근로조건 변경 시 '정당한 사유'가 있는지는 사회통념상 채용광고에서 제시한 근로조건을 변경할 만한 합리적이고 타당한 사유가 있는지를 기준으로 판단하며,[8] 정당한 사유가 있다는 점에 대한 증명책임은 회사가 질 것으로 예상된다.

III. 채용 서류의 관리

1. 채용서류 보관 및 채용서류반환 등 고지

회사는 지원자의 채용 여부가 확정된 이후 14일~180일까지의 범위 내에서 회사가 정한 기간 동안 채용서류를 보관해야 하고, 지원자(확정된 채용대상자는 제외)가 채용서류의 반환을 청구하는 경우에는 본인임을 확인한 후 반환하여야 한다(채용절차법 제11조 제1항, 제3항, 채용절차법 시행령 제4조).

다만 채용서류가 '홈페이지 또는 전자우편으로 제출된 경우'나 '구직자가 구인자의

---

7) 더욱 자세한 내용은 장현진, 합격 취소와 부당해고에 관한 최근 하급심 판결 검토, 월간 노동법률, 2020년 6월호 참고.

8) 고용노동부, 위의 글, 35쪽.

요구 없이 자발적으로 제출한 경우'에는 구직자가 반환을 청구할 수 없으며, 구직자가 반환청구를 하더라도 회사가 서류를 반환할 의무도 없다(채용절차법 제11조 제1항). 다만 반환하지 아니한 서류는 파기하여야 한다(채용절차법 제11조 제4항).

채용 전형이 종료된 후 입사지원자의 개인정보는 지체 없이 파기하는 것이 원칙이다. 통상 5일 이내에 파기하는 것이 바람직하다고 이해된다(개인정보보호법 제21조 제1항, 행정자치부·고용노동부 개인정보보호 가이드라인 인사·노무분야 참고). 만약 인재의 수시선발을 위해 탈락자의 개인정보의 보관·이용이 필요한 경우에는 기간을 정하여 당사자로부터 별도 동의를 받아야 한다. 별도 동의를 받아서 보관하는 경우 기업이 그 동의사실에 대한 증명책임을 부담한다.

회사는 채용서류의 반환 등에 관한 사항(채용절차법 제11조 제1항 내지 제5항)을 채용여부가 확정되기 전까지 구직자에게 알려야 한다. 위반 시 300만 원 이하의 과태료 대상이 된다. 채용공고상에 "제출된 서류는 일체 반환하지 않는다"는 내용을 기재하는 경우가 많은데, 이는 채용서류반환청구의 내용을 미고지한 사례에 해당하여 과태료 대상이 될 가능성도 있다.

2. 개인정보 유출에 유의

채용과정에서 수집한 지원자들의 개인정보가 유출되지 않도록 유의할 필요가 있다. 특히 합격자 통보 시 담당자의 실수로 개인정보가 유출되는 사례들이 있다. 개인정보 유출에 대해 지원자들이 회사를 상대로 소송을 제기할 경우 회사의 손해배상책임이 인정될 수 있다. 취업관련 카페에 OO전자 지원자들의 입사지원서 일부 내용을 열람할 수 있는 불법해킹프로그램이 게시되어 개인정보가 유출되었고, 지원자들이 회사를 상대로 손해배상청구 소송을 제기한 사례에서 법원은 직접 개인정보가 열람된 31명에 대해 회사가 각각 30만 원씩 지급하라고 판결하였다.[9] IT회사 경력직 사내변호사 채용 시 인사담당자의 실수로 전체 지원자 104명에게 성명·생년월일·전화번호·이메일·출신학교와 전공·학점·합격여부 등이 담긴 엑셀파일이 첨부된 채로 이메일이 송부된 사례가 있었다. 해당 개인정보 유출 사례에 대한 손해배상청구 소송에서 법원은 회사의 위자료 책임으로 70만 원을 인정하였다.

---

9) 서울고등법원 2008. 11. 25. 선고 2008나25888,25895,25901 판결, 대법원 심리불속행기각판결로 확정.

개인정보보호법은 개인정보 유출 시 징벌적 손해배상제도(손해액의 3배 범위 내에서 손해배상), 법정손해배상제도(법원의 판결로 300만 원 이내의 범위에서 손해배상)를 도입하여 시행하고 있는바 개인정보 보안에 더욱 신경쓸 필요가 있다.

Ⅳ. 마치며

채용 관련 이슈가 본격적으로 기업에 리스크로 작용하기 시작했다. 최근에는 '채용갑질', '취업갑질'이라는 신조어도 등장했다. 채용과정에서의 이슈는 단순히 담당자의 실수로 끝나는 것이 아니라 인터넷 등을 통해 소문이 확산되고, 다수의 언론보도로 이어지면서 기업의 이미지 실추로 이어질 수 있다. 채용비리 이슈는 인사팀 압수수색, 관련자 구속 등 리스크가 더욱 커질 수 있다. 사안이 논란이 되다 보니 기업의 담당자가 국정감사에 소환되는 사례도 있다. 채용절차의 적법성·공정성의 관점에서 회사의 채용과정 전반을 다시금 점검하고, 관련 법령을 준수하면서 채용절차가 이루어지도록 철저하게 관리·감독을 할 필요가 있다.

소멸시효에 관한 임금소송 실무[*]

구자형

I. 들어가며

임금채권의 소멸시효는 3년이고(근로기준법 제49조) 재판상의 청구를 하면 시효가 중단되므로(민법 제168조 제1호), 미지급 임금을 청구하는 원고는 소장을 제출한 날로부터 3년 전 이후의 임금을 청구할 수 있고 소장을 제출한 날부터는 시효가 중단된다. 그런데 실제 소송에서는 소멸시효 법리의 구체적인 적용이 논란이 되는 경우가 있다. 우선, 원고가 소장을 제출할 당시 정확한 청구금액을 특정하지 않고 추후 문서제출명령을 통해 급여명세서나 임금대장을 받으면서 청구취지를 확장하는 경우가 많은데, 이 경우 언제 어느 범위에서 소멸시효가 중단된 것인지, 언제까지 청구취지를 확장할 수 있는 것인지 문제될 때가 있다. 그리고 원고가 임금청구 소송과 동일한 금액을 청구하면서도 소멸시효 적용을 피하기 위해 불법행위 등 다른 청구원인을 주장하는 경우가 문제된다.

---

* 이 글은 ㈜중앙경제의 『월간 노동법률』 제361호(2021. 6.)에 실린 칼럼이다.

II. 일부청구 시 소멸시효 중단의 객관적 범위

1. 일부청구와 소멸시효 중단의 법리

어떤 청구권을 가진 권리자가 그 중 특정이 가능한 일부에 관해서만 청구를 하고 나머지 부분에 관해서는 청구를 하지 아니한 경우 그 나머지 부분에 대해서는 시효중단의 효력이 발생하지 않는다(대법원 2012.11.15. 선고 2010두15469 판결). 따라서 나머지 부분에 관해서는 그에 관한 소를 제기하거나 청구를 확장하는 서면을 법원에 제출한 때 비로소 시효중단의 효력이 생기는 것이 원칙이다(대법원 1975.2.25. 선고 74다1557 판결). 그러나 소장에서 청구의 대상으로 삼은 채권 중 일부만을 청구한 경우에도 장차 청구금액을 확장할 뜻을 표시하는 등 그 취지로 보아 채권 전부에 관해 판결을 구하는 것으로 해석되는 경우에는 그 청구액을 소송물인 채권의 전부로 봐야 하고, 이러한 경우에는 그 채권의 동일성 범위 내에서 그 전부에 관해서 시효중단의 효력이 발생한다(대법원 1992. 4. 10. 선고 91다43695 판결, 대법원 2001. 9. 28. 선고 99다72521 판결 등 참조). 즉, 채권의 일부만 청구하더라도 장차 청구취지를 확장할 뜻을 밝힌 경우에는 채권의 동일성 범위 내에서 전체 채권의 소멸시효가 중단된다.

2. 채권의 동일성 범위 문제

소멸시효가 중단되는 '채권의 전부' 또는 '채권의 동일성 범위'가 어디까지인지 의문이 생기는 경우가 있다. 판례에서 문제된 사안들을 살펴본다.

통상임금 소송에서 단순히 '어느 급여항목이 통상임금에 포함되는지에 관한 주장'을 변경한 경우에는 동일성이 유지되는 것으로 본다. 가령 대법원은, 원고들이 소 제기 당시에는 휴가비 등이 통상임금에 해당한다고 주장하며 미지급 임금을 청구했다가 소송 중에 위 휴가비 등에 관한 주장을 철회하고 상여금이 통상임금에 해당한다고 주장한 사안에서, 소제기 당시부터 청구한 법정수당 전부에 관해 시효중단의 효력이 발생한다고 판단했다(대법원 2020. 8. 20. 선고 2019다14110 판결).

대법원은, 원고들이 소장에서 '휴일근로 근무수당' 등을 청구하겠다고 밝히고 항소심에서 '유급휴일 가산수당'을 청구한 사안에서, "유급휴일 가산수당 채권은 소장에서 향후 청구를 특정·변경할 것을 예정하고 있는 휴일근로 근무수당 채권의 동일성 범위 내에 있는 것으로 평가할 수 있다"고 하며, 유급휴일 가산수당에 대한 시효도 위 소장 제출로 중단됐다고 판단했다(대법원 2019. 7. 4. 선고 2014다41681 판결).

소장 제출 당시에는 통상임금 재산정에 따른 연장·야간·휴일근로수당 차액만을 청구했는데, 소송 계속 중 통상임금 재산정에 따른 주휴수당 차액 청구를 추가한 경우 아예 다른 수당 항목을 청구했으므로 문제된다. 이에 관해 명시적으로 판단한 사례를 찾아보기는 어려우나, 서울고등법원 2018. 12. 18. 선고 2017나2025282 판결은 원고들이 항소심에 이르러 비로소 주휴수당 청구를 추가한 사안에서, 피고의 소멸시효 항변에 대해서는 별도로 판단하지 않은 채 주휴수당 청구가 내용상 이유 없다고 보아 이를 기각했다(상고심 계속 중).

3. 소결론

소장 제출 당시 밝힌 청구원인이나 청구범위에 비추어 볼 때, 청구의 대상이 될 것으로 예상할 수 없는 부분까지 소멸시효 중단의 효력이 미친다고 볼 수는 없다. 판례도 소멸시효 중단의 효력이 미치는 범위는 '동일성 범위 내에 있는 채권'으로 한정된다는 법리를 여러 차례 제시한 것으로 보인다. 다만, 채권의 동일성 범위를 벗어났다는 점을 명시해 소멸시효 기간 도과를 이유로 청구를 기각한 사례는 아직 찾아보기 어려운데, 이 점이 여러 사건에서 쟁점이 되고 있으므로 앞으로 구체적인 판단이 나오기를 기대한다.

III. 청구취지 확장의 시간적 한계

1. 소송이 종료될 때까지 청구취지를 확장하지 않은 경우

소송이 종료될 때까지 청구취지를 확장하지 않았다면 원칙적으로 소멸시효 중단의 효력이 미치지 않고 최고의 효력만이 있게 된다. 즉, 소장에서 채권 일부만을 청구하면서 장차 청구금액을 확장할 뜻을 표시했으나 당해 소송이 종료될 때까지 실제로 청구금액을 확장하지 않은 경우에는 나머지 부분에 대해서는 재판상 청구로 인한 시효중단의 효력이 발생하지 않는다. 다만, 판례는 이 경우에도 소송이 계속 중인 동안에는 나머지 부분에 대해 권리를 행사하겠다는 의사가 표명돼 최고의 효력을 가진다고 본다. 따라서, 채권자는 당해 소송이 종료된 때부터 6개월 내에 민법 제174조에서 정한 조치(재판상의 청구, 파산절차참가, 화해를 위한 소환, 임의출석, 압류 또는 가압류, 가처분)를 취함으로써 나머지 부분에 대한 소멸시효를 중단시킬 수 있다(대법원 2020.2.6. 선고 2019다223723 판결).

2. 청구하지 않은 나머지 부분에 대해 소를 취하한 것으로 보는 경우

소송의 경과에 따라, 소송 계속 중에도 청구취지 확장이 제한될 수 있다. 최근 확정된 부산고등법원 판결은, 원고가 소 제기 당시 유급휴일수당에 대한 판결을 구했으나, 이후 청구취지변경신청서에서 명시적으로 이를 제외했고, 청구취지를 다시 확장할 의사를 유보하지도 않았으며, 오히려 이는 소송을 빠르게 종결시키려는 의사에 의한 것임을 밝혔다면, 소의 취하에 해당하므로 소멸시효 중단의 효력이 발생하지 않는다고 판단했다. 이에 따라 부산고등법원은, 원고가 이후 다시 유급휴일수당을 청구했으나 소멸시효가 모두 도과했다고 보아 청구를 기각했다[부산고등법원 2019. 7. 11. 선고 (창원)2018나18 판결].

3. 부대항소의 방식으로 청구한 경우

원고가 1심에서 어떠한 채권을 청구했으나, 1심 청구가 기각되자 항소했다가 항소를 취하한 경우에도 위 채권에 대한 청구의 의사가 계속된 것으로 볼 수 있는지 의문이 있다. 이는 피고가 다른 부분에 대해서 항소하자 원고가 부대항소의 방식으로 다시 위 채권을 청구한 사안에서 실제로 문제가 됐다.

우선, 부대항소 자체는 소급효가 없는 것으로 보인다. 국내에서는 부대항소로 인한 소멸시효 중단의 효과에 관한 구체적인 논의를 찾아보기 어려우나, 소급해서 소멸시효가 중단된다는 주장을 찾아보기는 어렵다. 독일연방대법원은 원고가 항소심에서 부대항소를 통해 손해배상액을 추가했으나 위 부대항소장제출 당시 이미 소멸시효기간이 도과한 경우 부대항소 부분 청구는 소멸시효 기간 도과로 기각돼야 한다고 판단한 바 있다(BGH, Urteil vom 2. Mai 2002).

항소를 취하한 시점에서 채권 전부에 관해 판결을 구하는 의사를 철회한 것으로 볼 수 있는지 문제되는데, 이에 관해 명시적으로 판단한 사례를 찾아보기는 어렵다. 다만, 서울고등법원 2021. 2. 5. 선고 2017나2072165 판결은 원고들이 주휴수당을 청구했으나 기각됐고, 이후 항소했다가 항소를 취하했으나, 다시 부대항소의 방식으로 다시 주휴수당을 청구한 사안에서, 이러한 사실관계를 구체적을 언급하지 않고 소멸시효 중단의 효력이 소장 제출 당시부터 계속된다고 판단했다(상고심 계속 중).

4. 소결론

판례는 소송의 경과에 비추어 볼 때 당사자의 취지가 채권 전부에 관해 판결을 구한 것으로 해석되는지에 따라 소멸시효 중단의 효과가 미치는지 그리고 그러한 효과가 계속되는지 판단하고 있다. '소송의 경과'에 대한 세부적인 판단의 기준은 구체적인 사례를 통해 더욱 분명해질 것으로 기대한다.

IV. 원고가 불법행위를 주장하는 경우

임금청구와 동일한 금액을 청구하면서도, 임금채권에 적용되는 단기의 소멸시효를 피하기 위해 불법행위 등 다른 청구원인을 주장하는 경우가 있다.

하급심 판결 중에서는, 원고들이 임금피크제 도입을 내용으로 하는 취업규칙 변경이 무효일 뿐만 아니라 불법행위이므로 사용자가 손해배상을 할 의무가 있다고 주장한 사안에서, 취업규칙 변경이 무효라면 원고들은 종래의 취업규칙에 따라 유효한 임금채권을 가지므로 손해의 발생을 인정할 수 없다고 보아 원고들의 청구를 기각한 사례가 있다(창원지방법원진주지원 2018. 11. 15. 선고 2017가단35331 판결).

불법파견 소송의 경우 파견법상 고용의무 불이행으로 인한 손해배상액은 원고들이 고용됐을 경우 지급받았을 임금 차액 상당액과 밀접한 관련이 있으므로 소멸시효 기간이 3년이라고 본 하급심 판결(도로공사 사건)과, 파견근로자에 대한 차별금지 의무 위반으로 인한 손해배상청구는 근로계약상의 채무불이행으로 인한 손해배상청구와 구분되는 불법행위 손해배상청구권이므로 10년의 소멸시효가 적용된다고 본 하급심 판결(삼표시멘트 사건)이 있다. 모두 상고심 계속 중이므로 대법원의 구체적인 판단이 기대된다.

V. 결론

소멸시효에 관한 분쟁에서 아직 해결되지 않은 부분이 있고, 이는 불가피한 면이 있어 보인다. 다만, 소송 당사자의 입장에서는 청구의 취지와 범위를 분명히 해 가급적 소멸시효와 관련해서 불필요한 논란이 발생하지 않도록 노력할 필요가 있다.

환경사건에서 양벌규정과 과학적 증거[*]

송경훈

I. 환경 형사사건에서 양벌규정과 행위자 특정

「대기환경보전법」, 「토양환경보전법」, 「물환경보전법」, 「폐기물관리법」, 「화학물질관리법」 등 환경 관련 법률 대부분에는 양벌규정이 존재한다. 규정의 내용도 같다 ("법인의 대표자나 법인 또는 개인의 대리인, 사용인, 그 밖의 종업원이 그 법인 또는 개인의 업무에 관하여 *(제*조부터 제*조까지의)* 어느 하나에 해당하는 위반행위를 하면 그 행위자를 벌하는 외에 그 법인 또는 개인에게도 해당 조문의 벌금형을 과(科)한다. 다만, 법인 또는 개인이 그 위반행위를 방지하기 위하여 해당 업무에 관하여 상당한 주의와 감독을 게을리하지 아니한 경우에는 그러하지 아니하다.").

하지만 양벌규정은 '법인의 대표자나 법인 또는 개인의 대리인, 사용인, 그 밖의 종업원'을 '행위자'라고 폭넓게 규정하고 있어, 실제 사건에서는 누가 양벌규정의 적용을 받는 행위자에 해당하는가가 문제되는 경우가 있다. 실무상으로는 법인의 대표이사, 공장장, 현장소장 등이 실제 행위자로 처벌되는 경우가 대부분인데, 규모가 큰 사업체의 경우 복잡한 위임, 결재 체계 등으로 인해 판단이 어려울 때가 많다.

이와 관련하여 대법원은, 사업자('법인 또는 개인')가 아니면서 당해 업무를 실제로 집행하는 자가 있을 때 벌칙규정의 실효성을 확보하기 위해 그 적용대상자를 당해 업

---

[*] 이 글은 『환경일보』(2021. 3. 4.; 2021. 5. 13.)에 실린 칼럼이다.

무를 실제로 집행하는 자까지 확장함으로써 그러한 자가 당해 업무집행과 관련해 벌칙규정의 위반행위를 한 경우 양벌규정에 따라 처벌할 수 있도록 한 것이라고 하면서, "여기서 '당해 업무를 실제로 집행하는 자'란 그 법인 또는 개인의 업무에 관해 자신의 독자적인 권한 없이 오로지 상급자 지시에 따라 단순히 노무 제공을 하는 것에 그치는 것이 아니라, 적어도 일정한 범위에서는 자신의 독자적인 판단이나 권한에 의해 그 업무를 수행할 수 있는 자를 의미한다."라고 하여 일응의 기준을 제시하였다(대법원 2007. 12. 28. 선고 2007도8401 판결).

위 대법원 판결은 주한미군 부평교역처 보급창의 폐기물처리업무를 담당하는 직원이 적법한 신고절차 없이 미허가·미신고 폐기물처리업자에게 사업장폐기물을 처리하게 한 사안에 관한 것이다. 대법원은 위 직원이 위 보급창의 일반적인 통제·감독을 받으면서도 폐기물처리에 관한 어느 정도의 독자적 권한이 있으므로, 구 폐기물관리법 제62조의 양벌규정이 적용되는 행위자에 해당한다고 보았다.

한편 축산협동조합업무를 통할하고 일상업무에 관해서는 조합을 대표하는 조합의 전무가 환경기사 자격이 있는 인공수정사가 도축장 폐수처리업무까지 겸하도록 했는데, 그 인공수정사가 업무를 소홀히 해 오염방지시설을 정상적으로 운영하지 아니한 경우, 조합의 전무에게 폐수처리업무 담당자의 도축장 오염방지시설에 대한 관리상황을 철저하게 감독하지 아니한 지휘·감독상의 과실은 인정될지언정 고의로 오염방지시설을 정상운영하지 아니한 것이라고는 볼 수 없으므로 행위자에 해당하지 않는다고 본 사례도 있다(대법원 1991. 11. 12. 선고 91도801 판결).

환경법에 관한 것은 아니나, 회사 소유 중기의 관리를 사원이 담당하고 있다면 그 관리에 직접 관여하지 아니한 대표이사는 위 법 위반행위의 행위자라 할 수 없다고 본 사례도 참고할 만하다(대법원 1992. 11. 10. 선고 92도2324 판결).

결국, 양벌규정이 적용되는 '행위자'는 일정한 범위에서 자신의 독자적인 판단이나 권한에 따라 그 업무를 수행할 수 있는 자로서 사업체 규모, 조직체계, 사무분담 등 제반 사정을 종합적으로 고려해 특정될 수밖에 없다. 그 특정 자체는 수사기관의 몫이지만, 환경규제의 적용을 받는 일정 규모 이상의 사업체를 운영하는 경우에는 양벌규정 적용 시 행위자가 누구로 특정될 것인가를 미리 고려할 필요가 있다.

II. 환경사건과 과학적 증거

과학적 방법을 이용해 획득한 증거, 이른바 과학적 증거는 일정한 요건이 충족되면 재판에서 상당한 구속력을 가진다.

즉, 폐수 수질검사와 같은 과학적 증거방법은 전문지식과 경험을 지닌 감정인이 시료에 대해 일반적으로 확립된 표준적인 분석기법을 활용해 분석하고, 그 분석이 적정한 절차를 통해 수행됐다고 인정되는 이상 법관이 사실인정을 함에 있어 상당한 정도로 구속력을 가지므로, 비록 사실의 인정이 사실심의 전권이라 하더라도 아무런 합리적 근거 없이 함부로 이를 배척하는 것은 자유심증주의 한계를 벗어나는 것으로 허용될 수 없다는 것이 대법원의 확립된 입장이다(대법원 2007. 5. 10. 선고 2007도1950 판결, 대법원 2009. 3. 12. 선고 2008도8486 판결 등).

'상당한 구속력'이나 '자유심증주의 한계' 등 어려운 말이 쓰이지만, 전문가에 의해 분석된 과학적 증거가 사실상 재판을 좌우한다고 봐도 무방하다.

수질검사를 예로 위 대법원 판결들을 다시 풀어보면 △ 감정인이 전문적인 지식·기술·경험을 가져야 하고 △ 공인된 표준 검사기법으로 분석을 거쳐야 하며 △ 분석 과정은 과학적으로 정당해 오류 가능성이 전혀 없거나 무시할 정도로 극소한 것이어야 할 뿐만 아니라 △ 분석 대상인 시료의 채취·보관 등 모든 과정에서 시료의 동일성이 인정되고, 인위적인 조작·훼손·첨가가 없었음이 담보돼야 하며, 각 단계에서 시료에 대한 정확한 인수인계 절차를 확인할 수 있는 기록이 유지돼야만 앞서 말한 법관의 사실인정에 대한 상당한 구속력이 인정될 수 있다.

대부분 위 요건들이 모두 충족돼 상당한 구속력이 인정되지만, 구속력이 부정된 이례적인 경우도 종종 있다. 대표적인 사례가 배출허용기준을 초과해 특정 수질유해물질을 배출했다는 이유로 구 수질환경보전법위반으로 기소되었다가 결국 무죄로 판결이 확정된 사례다(대법원 2010. 3. 25. 선고 2009도14772 판결). 위 사례에서 대법원은 과학적 증거로 제출된 W시 보건환경연구원의 폐수 수질검사 결과 회신을 유죄의 증거로 삼기에 부족하다며 본 제1, 2심 판단이 타당하다고 봤다.

사실관계의 대강은 이러하다. 당시 폐수를 배출하는 알루미늄 제조공장 부근에서 W시 단속 공무원이 채취한 시료는 크게 세 가지였다. A시료는 공장 담장 밖 맨홀에서 채취한 것(최종방류수와 다른 일반하수가 섞인 것)이었고, B시료는 폐수처리 후 최종방류수에서 채취한 것이었으며, C시료는 폐수처리 전 원폐수에서 채취한 것이었다. 단속 공무원은 각각의 시료에 번호를 붙여 보건환경연구원에 검사를 맡겼는데, 이 중 92번 시료의 경우 배출허용기준보다 높은 수소이온농도와 시안이 검출됐다. W시와 검찰 모두 92번 시료가 B시료로 채취됐음을 전제로 해당 업체가 배출허용기준을 초과해 폐수를 배출했다고 주장했으나, 3심에 걸쳐 법원은 92번 시료가 B시료가 아니라 C시료로 보인다면서 무죄를 선고했다.

법원이 위와 같이 판단한 근거는 다양하나 △ 단속 공무원이 C시료를 참고용으로만 채취하고 성분검사를 의뢰하지 않았다고 주장했지만, C시료를 언제 어떤 절차를 거쳐 폐기하였는지 밝히지 못한 점, △ 단순히 채취만 하고 따로 검사를 맡기지 않았다는 것도 믿기 어려운 점과 △ 92번 시료의 채취시각이 C시료 채취시각과 일치하는 점 등이 크게 작용한 것으로 보인다. 즉 C시료로 채취된 92번 시료가 B시료에 섞인 채 분석되었다는 취지다.

과학적 증거에 따라 재판 결과가 달라질 수밖에 없는 위와 같은 사례에서는 행정청이 주도한 검사절차 외에 재판에서 따로 감정 절차를 거치는 경우가 많고, 감정 절차에서는 위와 같은 오류가 발생할 가능성이 상대적으로 낮다. 그러나 감정 절차라고 해도 시료가 섞이지 않으리라는 법도 없으므로, 어떤 절차든 시료 채취 과정에 이해관계인이 적극적으로 참여해 오류를 막는 것이 무엇보다 중요하다. 위 사례에서도 업체 담당자가 단속 공무원이 시료를 채취할 때 참여했었기 때문에 시료가 섞이는 오류를 사전에 충분히 막을 수 있었다. 어쩌면 과학적 증거에서 가장 중요한 건 분석보다 그 분석대상의 수집이라고도 할 수 있다. 과학적 증거를 동원할 경우 이 점을 유의할 필요가 있겠다.

풍력발전 후류효과 문제에 대한 대응 필요성[*]

신민

최근 전 세계적으로 재생에너지에 관한 관심이 더욱 뜨거워지고 있습니다. 우리나라에서도 소비전력의 100%를 재생에너지로 사용하겠다는 글로벌 캠페인인 RE100에 대한 제도적 이행방안이 시행될 예정입니다. 지난해 말에는 문재인 대통령이 재생에너지 중심으로 에너지 주공급원을 전환하고, 2050년까지 탄소중립을 달성하겠다고 선언했습니다.

이러한 흐름에 비춰 볼 때, 대표적인 재생에너지인 풍력발전 비중이 높아질 것이라는 사실을 쉽게 예상할 수 있습니다. 그런데 풍력발전소를 설치하기 위해서는 양질의 풍력자원이 존재하고, 변전소까지 거리가 멀지 않아 경제성이 충족돼야 하며, 풍력발전에 따른 소음 등으로부터 거주지가 일정 거리 이상 떨어져 민원에서 자유로워야 한다는 등의 입지조건이 충족돼야 합니다.

나아가 풍력발전소를 건설하기 위해서는 환경파괴문제가 따라올 수밖에 없으므로 환경보호 필요성이 큰 곳에는 건설되기 어렵습니다. 특히 국토가 좁고 과밀해서 풍력발전 입지조건을 충족하는 곳이 많지 않은 우리나라에선 다수의 풍력발전소가 새로 건설될 경우 일정한 발전단지 내에서 밀집하게 될 가능성이 큽니다.

풍력발전은 풍력터빈(풍차)과 발전기를 통해 바람이 가진 운동에너지를 전기에너지

---

[*] 이 글은 『환경일보』(2021. 2. 4.)에 실린 칼럼이다.

로 변환합니다. 풍력터빈의 로터 블레이드가 회전을 통해 바람의 운동에너지를 추출하는 과정에서 바람은 속도가 감소하고, 난류가 증가하게 됩니다. 이 때문에 이격거리가 제대로 확보되지 않은 후방에 있는 풍력터빈은 속도가 줄어들고, 난류가 증가한 바람을 맞이하게 돼 출력이 낮아질 뿐 아니라 부품의 마모가 빨라져 수명도 감소하게 됩니다. 이를 후류효과^{wake effect}라고 하는데, 이 때문에 다수의 풍력발전소가 밀집해서 건설될 경우 전방·후방의 발전사업자 사이에서 분쟁이 발생할 우려가 있습니다.

우리나라에서도 풍력발전단지 내 후류효과에 따른 에너지효율 감소 측정과 후류효과를 감소시키는 기술적 방안 등에 관한 연구가 진행됐지만, 아직 후류효과에 따른 전방·후방 발전사업자 간 분쟁에 대한 판례나 후류효과를 고려한 발전사업허가조건을 정한 입법은 없는 상황입니다. 환경권의 일종으로 개인이 바람의 통행을 누릴 수 있는 권리인 통풍권을 언급하고 있는 사례(대구고등법원 2010. 1. 14. 선고 2009나5958 판결 등)가 있지만, 통풍권 침해가 인정된 판례는 발견되지 않습니다.

게다가 이러한 통풍권이 환경권을 넘어서 영업권이나 재산권에도 인정되는 권리인지, 후방사업자의 통풍권을 침해할 경우 발전사업허가도 위법해지는 것인지 등은 논의된 적이 없습니다. 그리고 미국, 영국, 일본 등 풍력발전의 선구적인 국가 역시 아직 후류효과에 따른 후방 발전사업자의 손해를 인정한 판례나 후류효과에 따른 분쟁을 방지하기 위한 이격거리 등 기준을 정한 입법이 존재하지 않는 것으로 보입니다.

그런데 다수의 풍력발전소가 기존 또는 신규 풍력발전단지에 지속해서 건설되는 과정에서 서로 밀집하게 되면, 후류효과에 따른 분쟁이 지속해서 발생할 수밖에 없습니다. 따라서 정부가 후류효과에 따른 분쟁을 방지하기 위한 기준을 미리 마련하지 않는다면, 전방·후방을 불문하고 후류효과에 따른 손해발생이나 사업의 지속가능성을 검토할 객관적 지침이 없어서 발전사업자와 투자자가 투자를 망설일 가능성이 큽니다.

이러면 재생에너지 투자 확대를 통해 탄소중립을 달성하고, 지속적인 발전을 담보하려는 공익적·사회적 목적 성취도 지연되거나 실패할 수 있습니다. 따라서 정부는 관련 전문가들의 지원을 받아 후류효과를 최소화하면서 풍력발전사업자의 효율은 최대화할 수 있는 이격거리·기술기준 등을 정비하고, 관련 지침을 마련하는 작업을 진행할 필요가 있습니다. 제도적인 뒷받침이 없이는 새로운 산업 발전을 담보할 수가 없다는 점을 명심해야 합니다.

EU 공급망 인권·환경실사 의무화가 국내 기업에 미치는 영향[*]

이지혜

지난 2001. 10. 소니는 크리스마스 특수를 겨냥해 네덜란드로 게임기를 대량 수출했다. 그런데 세관 통관 과정에서 게임기 내 부품의 카드뮴이 법적 규제 기준인 100ppm을 초과한다는 사실이 발견됐고, 소니는 150만대의 게임기를 리콜해야만 했다.

알고 보니, 문제가 된 부품은 협력업체에서 공급받은 것이었고, 소니는 당시 협력업체가 공급하는 부품이 수입국의 환경기준을 충족하지 못한다는 점을 미리 관리하지 못했던 것이다.

2021. 3. 10. 유럽의회는 '기업 실사와 기업의 책임corporate due diligence and corporate accountability에 관한 EU 집행위원회에 대한 권고를 포함한 유럽의회 결의안'(이하 "본 결의안")을 채택하고, EU 집행위원회에 공급망의 인권 및 환경 실사 의무화에 관한 법률안을 제출할 것을 요청했다. 유럽의회는 기존의 기업 실사 책임, 공급망 관리 등을 규정하는 국제 규범이 사실상 구속력이 없다는 점과 기업의 자율적인 이행에 의존한다는 점을 한계로 지적하며 본 결의안을 채택했다.

본 결의안은 EU 시장 참가자들이 인권, 환경, 좋은 지배구조를 존중할 의무를 이행하고, 자신이 직접 영위하는 영업 활동 뿐 아니라 비즈니스 관계나 가치사슬을 통해 인권, 환경, 지배구조에 잠재적 또는 실질적인 부정적 영향을 미치지 않도록 하는 것

---

[*] 이 글은 『환경일보』(2021. 5. 6.)에 실린 칼럼이다.

을 목표로 한다. 또 이러한 목적을 달성하기 위해 EU 시장 참가자에게 공급망에 대한 실사 의무를 부담하도록 한다.

본 결의안에 첨부된 지침(이하 "본 지침")은 본 결의안의 적용 범위와 실사에 관한 가이드라인을 제시하는데, 이에 따르면 본 결의안은 대기업과 중소기업 중 상장된 기업 또는 고위험 산업군에 속한 중소기업을 적용 대상으로 한다. 아울러 동 기업이 EU 역내에 설립됐거나 EU 회원국법의 적용을 받는 경우는 물론, EU 이외의 국가에서 설립되고 EU 이외의 법률로 규율되는 경우라도 EU 역내 시장에서 재화를 판매하거나 용역을 공급한다면 본 결의안이 적용된다.

그런데 본 결의안과 본 지침은 EU 역내 시장에서 '재화를 판매하거나 용역을 공급하는' 것의 의미를 구체적으로 정의하고 있지 않아 그 범위가 상당히 확장 해석될 가능성이 있다. 즉, 국내에 소재하고 국내법의 규율을 받는 기업이라도 EU 역내에서 여하한 거래를 하면 본 결의안의 적용 대상에 포함된다고 해석될 여지가 있다. 이에 대해 향후 법안이 구체화되고 실행되는 과정에서 일정한 기준이 수립될 것이라고 기대된다.

실사 항목 중 환경에 관해서는 온실가스 감축, 생물다양성, 생태계 위험 등 포괄적인 환경문제를 실사 대상으로 할 것을 요구하였으며 그 밖에도 환경문제가 있을 수 있음을 제시한다. 실사 결과에 대해서는 기업이 위험이 없다는 점을 증명하는 성명서 또는 관련 위험의 예방 및 완화를 위한 실사 보고서를 온라인 플랫폼에 제출하도록 한다. 한편, 본 지침은 개별 회원국이 본 결의안을 따라 국내법을 제정할 때 처벌 조항을 두도록 한다. 아울러, 기업이 본 결의안에 따라 실사를 수행했다고 해서 향후 제정될 각국의 국내법에 따라 발생할 수 있는 민사 책임이 당연히 면제되지는 않는다고 규정하면서, 공급망 실사의무 관련 소송에서 실사의무를 위반하지 않았다는 점을 기업이 증명하도록 한다.

본 지침이 만들어지기 이전부터 EU 회원국들은 자체적으로 기업실사 의무를 규율하는 법안들을 마련하는 작업을 해왔는데, 동 법안들에 비해 본 지침이 기업의 책임을 더 강도 높게 요구한다는 평가가 있다.

선진 글로벌 기업들, 특히 인권이나 환경 침해 문제로 홍역을 치른 경험이 있는 기업들은 이미 공급망에 대해 꼼꼼한 관리를 하려고 노력 중이다. 다만 이제까지는 각 기업이 나름의 기준과 방법을 수립해 자발적으로 공급망 관리를 해왔다면, 앞으로는 공급망 관리를 법정 의무로 규정하고 기업에 강화된 책임을 부여하는 것이 국제규범으로 자리 잡을 소지가 다분해 보인다.

EU에 본점이 없고 EU 각국의 법이 직접 적용되지 않는 국내 기업에 본 결의안이 어떤 영향을 미칠지에 대해 향후 본 결의안이 실제로 법률에 반영되는 결과를 지켜봐야 할 것으로 생각된다. 다만 이와 별개로 공급망 관리에 대한 책임이 강화되는 국제적 흐름은 불가역적이므로, 국내 기업은 지금부터라도 공급망 관리에 관한 전략을 수립해야 한다. 특히 공급망 내 인권과 환경에 관한 감시, 식별, 예방, 개선에 관한 방법을 고민할 필요가 있다.

건설로 인한 사법^{私法}상 환경권 침해[*]

한재상

Ⅰ. 들어가는 말

2021. 3.과 6.에 태양반사광으로 인한 생활 방해를 그 청구원인으로 하는 손해배상 청구 사건에 관한 2건의 대법원 판결이 차례로 선고되었습니다(대법원 2021. 3. 11. 선고 2013다59142 판결 및 2021. 6. 3. 선고 2016다33202·33219 판결). 그동안 일조권, 조망권 또는 시야 차단으로 인한 생활 방해 등에 관해서는 다수의 대법원 판례가 존재하였으나, 태양반사광으로 인한 생활 방해에 관해서는 대법원 판례가 존재하지 않았는데, 오랜 기간 동안 지속되어온 분쟁에 관하여 선례가 될 수 있는 2건의 대법원 판결이 선고됨에 따라, 태양반사광으로 인한 생활 방해를 비롯한 사법상 환경권에 관한 논의도 보다 활발해지고, 관련 분쟁도 늘어날 것으로 예상됩니다.

건설은 인간의 삶에 있어 없어서는 안 될, 인간의 삶을 보다 윤택하게 하는 행위이지만, 그 과정에서 제3자에게 의도치 않은 피해를 야기하기도 합니다. 건설 과정에서 발생한 지반 침하·진동 등으로 주변 건물에 균열이 발생하거나 붕괴되는 경우, 자재 낙하 등으로 제3자가 상해를 입거나 사망하는 경우 등이 그 예입니다. 이러한 재산적 또는 생명·신체적 피해 외에도 일조권이나 조망권 같은 기존 건물 거주자의 생활 환경, 즉 사법상 환경권을 침해하는 경우도 있습니다.

---

[*] 이 글은 『지평 뉴스레터』(2021. 9. 16.)에 실린 칼럼이다.

건설 행위가 제3자의 재산적 또는 생명·신체적 피해를 야기하는 경우와 제3자의 사법상 환경권을 침해하는 경우의 분쟁의 양상은 사뭇 다릅니다. 전자의 경우 해당 건설 행위가 위법한 것임은 분명하기 때문에 배상되어야 하는 손해의 범위가 주로 문제되는 반면, 후자의 경우 과연 해당 건설 행위를 위법한 것으로 볼 수 있는지부터가 문제됩니다. 건설 행위는 토지 소유자의 재산권 행사로서 사법상 환경권과 마찬가지로 보호되어야 할 헌법적 가치이므로, 이로 인해 사법상 환경권이 일부 제한된다고 해서 무조건 위법하다고는 볼 수 없기 때문입니다. 위 대법원 6월 판결은 원심판결을 일부 파기하고, 파기 부분 사건을 서울고등법원에 환송하였는데, 대법원과 서울고등법원의 판단이 갈리게 된 이유도 문제의 태양반사광으로 인한 생활 방해를 위법하다고 볼 수 있는지에 관한 견해 차이 때문이었습니다. 서울고등법원은 문제의 태양반사광으로 인한 생활 방해가 위법하지 않다고 본 반면, 대법원은 위법하다고 볼 여지가 있으므로 추가 심리가 필요하다고 보았습니다.

이하에서는 이른바 사법상 환경권의 종류, 사법상 환경권 침해에 대한 구제 수단, 사법상 환경권 침해 분쟁에서 많이 문제되는 위법성 판단 방법으로서의 수인한도론에 관하여 간략히 살펴보고자 합니다.

II. 사법상 환경권의 종류

사법상 환경권으로는 일조권, 조망권, 경관권 등이 있습니다. 이 외에도 대법원은 시야 차단으로 인한 폐쇄감이나 압박감 또한 배상되어야 할 생활 방해라고 보고 있으므로(대법원 2007. 6. 28. 선고 2004다54282 판결 등), 이 역시 사법상 환경권의 한 유형이라고 할 수 있습니다. 서두에 언급한 태양반사광으로 인한 생활 방해도 마찬가지입니다.

일조권은 태양 광선을 확보할 수 있는 권리를, 조망권은 아름다운 경치를 바라볼 수 있는 권리를 뜻합니다. 경관권을 조망권과 구별되는 독자적인 권리로 볼 수 있는지에 관해서는 학설이 대립하고 있는데, 적어도 현재까지 조망권과 구별되는 독자적인 권리로서의 경관권을 인정한 판례는 존재하지 않는 것으로 보입니다. 다만, 일본에서는 주민들의 경관권 침해를 이유로 신축 건물 중 높이 20m를 초과하는 부분의 철거를 명한 하급심 판례[동경지방재판소 2002. 12. 18. 선고 2001년(ㄱ)제6273호 판결, 이른바 '국립맨션 사건']가 존재합니다.

한강 변에 위치한 아파트와 한강 사이에 신축 건물이 지어짐에 따라 한강 변에 위치한 아파트에서 더 이상 한강이 보이지 않게 되었다면, 이것은 조망권 침해 사례입니다. 그러나 반대편 한강 변에 도저히 보아줄 수 없는 흉물스러운 신축 건물이 지어짐에 따라, 여전히 한강이 보이기는 하지만 기존에 보였던 아름다운 한강은 아니라면, 이것은 경관권 침해 사례입니다.

위 예에서 알 수 있듯이 경관권은 설령 이를 권리로 인정할 수 있다 하더라도, 그 범위나 효력은 일조권이나 조망권에 비해 제한적일 수밖에 없습니다. 기존에 보이던 풍경이 여전히 보이지만, 단지 그 풍경이 기존의 것보다 덜 아름답다는 사정만으로는, 어떠한 권리가 침해되었다고 보기에 부족하기 때문입니다. 위 국립맨션 사건에서 동경지방재판소가 경관권 침해를 인정한 근거는 여러 가지이지만, 가장 핵심적인 것은 아름다운 경관 형성을 위한 주민들의 노력이었습니다. 해당 주민들은 자신들이 거주하는 지역의 경관을 위해 많은 노력을 하였는데, 그 노력들 중 하나가 건물의 높이 제한이었습니다. 주민들은 건물의 높이가 경관 형성의 중요한 요소로, 이를 일정 수준 이하로 제한할 경우 통일감이 생겨 보다 단정하고 보기 좋은 경관을 형성하게 된다는 사실에 착안하여, 자체적으로 건물의 높이를 일정 수준 이하로 제한하는 규칙을 만들어 오랜 기간 동안 이를 준수해 왔는데, 그 과정에서 그러한 취지의 조례를 제정하기도 하였습니다. 이러한 지역 공동체 스스로의 노력의 결과 해당 지역은 일본 내에서도 아름답기로 손꼽히는 거리들 중 하나가 되었습니다. 동경지방재판소는 이러한 지역 공동체 스스로의 노력과 희생의 결과 형성된 아름다운 경관은 권리로서 보호받아야 할 가치가 있다고 판단한 것입니다.

우리나라의 경우도 2007. 5. 17. 경관법이 제정되어 시행되고 있습니다. 그리고 경관법 제2조 제1호는 경관에 관하여 '자연, 인공 요소 및 주민의 생활상 등으로 이루어진 일단의 지역환경적 특징을 나타내는 것'이라고 정의하고 있습니다. 즉, 경관에는 자연적인 것뿐만 아니라 인공적인 것 또한 포함되고, 따라서 우리나라의 경우도 일본의 경우처럼 지역 공동체가 스스로의 노력과 희생으로 형성한 아름다운 경관을 유지하는 것을 그 목적으로 하는 여러 행위들이 경관권으로서 인정될 가능성이 있어 보입니다.

Ⅲ. 사법상 환경권 침해에 대한 구제 수단

사법상 환경권 침해에 대한 구제 수단으로는 손해배상청구와 방지청구가 있습니다. 손해배상청구는 피해에 대한 금전적 보상을 구하는 것이고, 방지청구는 더 이상 피해가 발생하지 않도록, 피해를 야기하는 행위의 금지나 중지를 구하는 것입니다.

원칙적으로는 신축 건물로 인해 기존 건물의 일조권이나 조망권이 제한되고, 이러한 제한이 불법행위를 구성할 경우, 방지청구로서 신축 건물의 철거를 구할 수도 있습니다. 그러나 토지 소유자가 그 지상에 건물을 짓는 행위 또한 재산권 행사로서 법적으로 보호되어야 할 가치이고, 이미 완성된 건물의 철거는 너무 가혹한 결과를 야기하기 때문에, 실제로 사법상 환경권 침해를 이유로 신축 건물의 철거를 구하거나 이를 명하는 판결이 내려지는 경우는 드물고, 실무상 공사금지 또는 공사중지 가처분이 신청되는 경우가 많습니다.

위 대법원 6월 판결(대법원 2021. 6. 3. 선고 2016다33202·33219 판결, 이하 '대법원 6월 판결')의 제1심법원은 피고에게 원고들의 아파트에 유입되는 태양반사광의 정도가 불능현휘 및 맹안효과의 정도에 이르지 않도록 문제의 건물에 태양반사광 차단시설을 설치할 것을 명하였는데, 이 또한 방지청구의 한 유형이라고 볼 수 있습니다.

사법상 환경권 침해를 주장하는 측의 손해배상청구 또는 방지청구가 받아들여지기 위해서는, 상대방의 건축 행위가 민법상 불법행위를 구성하여야 합니다. 어떠한 행위가 민법상 불법행위를 구성하기 위해서는, 해당 행위로 인하여 손해가 발생하여야 하고(가해행위의 존재, 손해의 발생, 가해행위와 손해 사이의 인과관계의 존재), 해당 행위자에게 고의나 과실 같은 귀책사유가 존재하여야 하며, 해당 행위가 위법한 것이어야 합니다.

실무상 가해행위의 존재, 손해의 발생, 가해행위와 손해 사이의 인과관계의 존재, 행위자의 귀책사유의 존재 등이 문제되는 경우는 드물고, 주로 해당 행위의 위법성이 문제됩니다. 위법성이란 법질서에 반하는 성격을 의미합니다. 민법은 제750조에서 "고의 또는 과실로 인한 위법행위로 타인에게 손해를 가한 자는 그 손해를 배상할 책임이 있다"라고만 규정하고 있을 뿐, 위법행위가 구체적으로 무엇을 의미하는지에 관해서는 별도로 규정하고 있지 않기 때문에, 어떠한 행위가 위법한지는 결국 법적 평가 또는 가치 판단의 문제이고, 이는 결국 개개의 사안에 있어 법원의 판결에 의하여 결정될 문제라 할 것입니다.

사법상 환경권 침해의 위법성 판단에 관한 특유의 법리가 존재하는데, 그것이 바로 수인한도론입니다. 어떠한 행위, 예컨대 어떠한 건설 행위가 정당한 권리 행사의 범위를 벗어난 위법한 행위라고 평가되기 위해서는, 해당 건설 행위 상대방의 생활 이익, 즉 사법상 환경권에 대한 제한 정도가 사회통념상 일반적으로 인정되는 수인 한도, 즉 참을 한도를 벗어나야 한다는 것이 수인한도론의 요체로, 확립된 대법원 판례 법리이기도 합니다. 대법원은 수인 한도 일탈 여부를 결정함에 있어서는 생활 방해의 정도, 피해 이익의 법적 성질, 가해 건물의 용도, 지역성, 토지 이용의 선후 관계, 가해 방지 및 피해 회피의 가능성, 공법적 규제 위반 여부 및 교섭 과정 등 문제의 행위를 둘러싼 모든 사정을 종합적으로 고려하여야 한다고 보고 있습니다(대법원 1999. 1. 26. 선고 98다23850 판결 등).

위 대법원 6월 판결이 수인 한도 일탈 여부를 결정함에 있어 중요하게 고려한 요소는 침해 행위의 태양이었습니다. 태양반사광으로 인한 생활 방해는 일조 방해보다 더 적극적인 침해 행위이므로, 수인 한도 일탈 여부를 결정함에 있어서도 다른 기준을 적용하여야 한다고 보았습니다. 구체적으로 서울고등법원은 태양반사광으로 인해 시력 저하 등 건강상 피해와 독서 등과 같은 시각 작업의 방해가 발생하지 않았음을 이유로 수인 한도를 벗어나지 않았다고 보았으나, 대법원은 설령 그렇다 하더라도 빛반사 시각장애로 인하여 주거 내에서 안정과 휴식을 취하지 못하는 등 자연스러운 주거 생활을 방해받는다고 볼 수 있다면 수인 한도를 벗어났다고 보아야 한다는 취지로 판시하였습니다.

Ⅳ. 맺음말

법정으로까지 가는 분쟁의 대부분은 그 해결이 쉽지 않은 경우입니다. 해결이 쉽지 않은 이유는, 서로 대립하는 당사자들의 주장 중 누구의 주장이 옳은지 그 판단이 쉽지 않다는 의미이기도 합니다. 건설 행위와 사법상 환경권이 서로 충돌하는 분쟁 또한 그 해결이 쉽지 않은 유형의 분쟁들 중 하나인데, 기본적으로 양자 모두 정당한 권리, 즉 법적으로 보호받아야 할 가치들이기 때문입니다. 수인한도론은 이러한 권리의 충돌 사례를 합리적으로 해결하기 위해 개발되고 발전되어온 이론이라고 볼 수 있습니다. 위에서 살펴본 태양반사광으로 인한 생활 방해나 경관권 사례처럼 사회와 경제가 발전할수록 사법상 환경권의 범위는 확대되고, 기존에는 없었던 새로운 유형의 환경권이 생기기도 할 텐데, 그에 따라 수인한도론과 같은 관련 분쟁을 해결하기 위한 법이론도 더욱 풍부해지고 정치해질 것으로 예상됩니다.

특금법 개정과 암호화폐 규제의 방향성[*]

유정한

암호화폐 시장이 다시금 뜨겁다. 2017년 말부터 2018년 초에 걸쳐 우리나라를 강타했던 암호화폐 열풍이 꺼지면서, 당시 개당 2,500만 원을 넘나들던 비트코인 가격은 2019년 초에 300만 원대까지 추락했다. 이후 비트코인 가격은 일시적인 등락을 반복하면서 어느 정도 가격을 회복하여 작년까지 1,000만 원대 중반 수준을 유지해 왔는데, 그간 꾸준히 진행된 암호화폐 산업 기반 성장, 코로나19 국면과 맞물린 전 세계적인 유동성 증가, 글로벌 기관들의 암호화폐 투자시장 진입 등 여러 요인들이 상승작용을 일으키면서 2021년에 들어 비트코인을 비롯한 주요 암호화폐 가격은 다시 가파른 상승세를 보이고 있다. 4월에 이르러 비트코인 가격은 개당 7,000만 원을 돌파했고, 국내 암호화폐 거래소 14곳의 거래액(약 20조 8,830억원)이 코스피 거래액(약 14조 5,300억원)을 넘어서기도 했다.

이와 같은 분위기에 편승해 소액 개인투자자들도 암호화폐 투자에 가세하면서 암호화폐 시장 과열, 버블 붕괴와 패닉셀, 이에 따른 투자자 피해 등에 대한 우려가 제기되고 있다. 급기야 은성수 금융위원장이 국회 정무위원회 전체회의 질의응답에서 암호화폐는 투기성이 강하고 내재가치가 없는 가상자산에 불과하므로 제도적으로 보호하기 어렵고 제도권에 안 들어왔으면 좋겠다는 것이 솔직한 심정이라는 취지의 발언

---

[*] 이 글은 『리걸타임즈』 제154호(2021. 5.)에 실린 칼럼이다.

을 했고, 그 여파로 비트코인 가격이 6,000만 원 밑으로 떨어지는 등 주요 암호화폐 가격이 급락하기도 했다. 마치 3년 전의 데자뷔 같다. 그런데 3년이라는 시간이 지나는 동안, 우리 사회는 암호화폐, 넓게는 블록체인 산업을 법과 제도의 테두리에 적절히 수용하여 규율하기 위한 준비를 그간 착실하게 진행해 왔다고 볼 수 있을까?

주지하는 것처럼 「특정 금융거래정보의 보고 및 이용 등에 관한 법률」(이하 "특금법")이 개정되어 2021. 3. 25.부터 시행되고 있다. 개정 특금법은 암호화폐를 비롯한 "가상자산"의 범위를 정하고 있고, 가상자산 관련한 영업을 하고자 하는 자는 2021. 9. 24.까지 금융당국에 가상자산사업자 신고를 마쳐야 한다. 가상자산사업자 신고 시 주요 심사항목은 정보보호 관리체계ISMS 인증, 은행 실명확인 입출금계정 발급, 대표자 및 주요 임원의 자격요건 충족 등이다. 가상자산사업자가 특금법 규제 대상이 됨에 따라 가상자산사업자는 앞으로 다른 금융회사와 마찬가지로 의심거래 보고, 고액 현금거래 보고, 고객 확인의무 등 일반적인 자금세탁방지 의무를 이행해야 하고, 가상자산 거래의 특수성을 감안하여 추가적인 조치를 취할 의무를 부담하게 된다(가령 암호화폐 거래소가 자신의 고객과 다른 암호화폐 거래소의 고객 간 암호화폐 매매·교환을 중개하는 것은 원칙적으로 금지되고, 이른바 "다크코인"과 같이 이전 시 전송기록을 식별할 수 없게 하는 기술이 내장된 암호화폐를 취급하는 것은 허용되지 않는다).

이처럼 개정 특금법이 가상자산사업자와 가상자산에 대해 일정한 규제 근거를 마련한 것은 분명 고무적인 일이다. 통신판매업 신고만 하고 수많은 개인들을 상대로 하루 수조 원에 달하는 규모의 영업을 해 오던 암호화폐 거래소들을 제한적이나마 규제의 틀 내로 끌어들여 사업자 신고와 자금세탁방지 의무를 부과함으로써 법적 안정성과 거래 투명성을 제고하여 관련 시장의 안착과 발전을 기대할 수 있기 때문이다.

그렇지만 장기적인 관점에서 이와 같은 규제의 방향성이 적정한지에 대해서는 의문을 가지지 않을 수 없다. 특금법은 금융거래를 이용한 자금세탁행위와 테러자금 조달행위를 규제하기 위해 금융회사 등에게 의심스러운 거래나 고액 현금거래 보고, 고객 확인, 자금세탁방지 관련 내부 업무절차 정비 등의 의무를 부과하고 있는 법률이다. 즉 금융업과 같이 특정한 업業 자체를 규율하는 법률이 아니라, 해당 업을 영위하는 과정에서 발생할 수 있는 자금세탁행위를 규제·방지하기 위해 만들어진 법률이다. 암호화폐 등 가상자산을 이용한 거래의 투명성을 제고하고 불법적인 거래나 자금세탁 행위를 추적·방지하기 위해 특금법에 가상자산사업자에 대한 규제근거를 두고 금융회사에 준하여 자금세탁방지의무를 부과하는 것 자체에 대해서는 이론이 있을 수 없다. 그러나 이와 별개로, (앞서 살펴본 대로) 가상자산사업자가 ISMS, 실명확인 입출금계좌 등 몇 가지 요건만 갖추어 금융당국에 사업자 신고를 하고 자금세탁방지 의무만 이행하는 것으로 충분하다고 할 수 있을까?

이제는 해묵은(그렇지만 여전히 해결되지 않고 있는) 논의가 되었지만, 개정 특금법 역시 아래 의문들에 대해 별다른 해법을 제시하지 못하고 있다. 암호화폐가 자본시장법상 증권(특히 투자계약증권)에 해당하기 위한 기준이 무엇인지, 근래 각광받고 있는 스테이블코인[가격변동성을 줄이기 위해 법정화폐에 페그(peg)되어 발행되는 암호화폐]의 가치저장이나 결제기능을 법적으로 어떻게 평가할지, ICO는 여전히 (관련 법령상 근거는 없지만) 금지되는 것인지, 암호화폐 거래소에서 왕왕 이루어지고 있는 것으로 알려져 있는 소위 작전세력의 "펌핑"을 어떻게 규제하고 소액투자자들을 보호할 수 있을 것인지(이와 관련해서 거래소 차원에서 취할 수 있는 조치는 무엇이 있을지), 여전히 시장참여자들은 안갯속을 걷고 있다.

암호화폐 등장 초기에는 여러 논란과 부침이 있었지만 시행착오와 혁신, 그리고 경쟁을 통해 새로운 서비스가 출시되면서 암호화폐 관련 산업은 계속 진화해 왔다. 단순히 거래소를 통한 투자뿐만 아니라, 암호화폐나 블록체인을 기반으로 한 거래나 사업은 더이상 극소수 매니아들의 전유물이 아니다. 최근에는 디파이(Decentralized Finance, 탈중앙화 금융), 즉 법정화폐의 개입 없이 (주로 이더리움이나 스테이블코인을 담보로, 또는 이를 매개로) 스마트 컨트랙트에 기반하여 작동하는 금융서비스도 등장했다. 아직 불완전한 점도 많고 제도권 금융과 경쟁하기에는 시기상조이지만 향후 발전가능성 면에서 주목을 받으며 꾸준히 시장규모를 늘려 가고 있다.

이와 같은 변화에도 불구하고 정부당국이 암호화폐나 관련 산업을 제도권 금융상품(금융업)으로 인정하지 않고 자금세탁 방지나 과세 등 제한적인 범위 내에서만 규제하겠다는 입장을 고수하고 있는 것은 아쉬운 일이다. 3년 전 암호화폐가 처음 부상했을 때의 혼란스러운 상황에서 정부가 취했던 소극적 입장에서 이제는 과감히 벗어나 암호화폐 산업을 제도권으로 인정하고 적극적인 규제 틀을 마련해야 한다는 의견이 꾸준히 제기되고 있다. 구체적인 방법론에 있어서는 자본시장법, 전자금융거래법 등 금융 관련 법령에 특칙을 마련하자는 의견, 암호화폐의 기술적, 거래적 특성을 감안하여 독자적인 업권법業圈法을 제정할 필요가 있다는 의견 등이 제시되고 있다. 적어도 투자자 보호를 위해서라도 가상자산사업자들 중 암호화폐 거래소들에 대해서는 보다 세밀한 진입규제(자본금, 인적·물적 요건, 지배구조 등), 영업행위 규제, 이용자 보호 및 공시 규제가 우선 도입되어야 하지 않을까 싶다.

암호화폐를 누구나 쉽게 접하고 투자하는 시대가 되었다. 암호화폐 산업에서의 국가경쟁력과 같은 거창한 담론을 끌어들이지 않더라도, 암호화폐를 단순히 무분별한 투기나 범죄 수단으로 치부할 시기는 지났다고 봐야 하지 않을까? 암호화폐에 대한 관점의 변화와 이를 둘러싼 사회현상을 있는 그대로 받아들이고 업계의 의견도 충분히 청취하여 암호화폐를 제도권에 받아들여 적정하고 합리적인 규율이 이루어질 수 있도록 지혜를 모을 때다.

AI 규제 동향과 기업의 대응[*]

신용우

인공지능^{AI} 기술이 비약적으로 발전하면서 여러 사업 곳곳에 인공지능이 활용되고 있다. 그러나 최신 AI 기술은 기계학습에 기반하고 있어 불확실, 불투명한 측면이 있고 고의적으로 악용될 위험이 있다. AI 활용 과정에서 의도치 않은 불합리한 차별이나 개인정보·사생활 침해가 발생할 수도 있다. 최근 국내 인공지능 챗봇 서비스가 편향·차별 발언 논란으로 한 달여 만에 서비스를 중단하고 무분별한 개인정보 처리에 대해 과징금과 과태료를 부과받기도 했다.

AI로 인한 부작용과 역기능을 방지하기 위해 국내외에서 가이드라인이나 법률을 제정하고 있는데, AI를 개발, 활용하는 기업에 규제로 작용할 수 있어 동향 파악이 필요하다.

EU는 수년 전부터 인공지능 규제에 대한 연구와 입법을 추진해왔으며, 최근 포괄적인 규제 법안을 발표했다. 2016년 발효된 EU 개인정보보호규정^{GDPR}은 정보주체가 자동화된 처리에만 근거한 결정에 따르지 않을 권리를 규정했다. 2019년 제정된 「온라인 플랫폼 시장의 공정성 및 투명성 강화를 위한 2019년 EU 이사회 규칙」 및 후속 규정인 「온라인 투명성 가이드라인」은 투명성 강화 방안으로서 검색결과 노출순위를 결정하는 알고리즘의 주요 매개변수를 공개하도록 했다. EU의 AI 고위전문가 그룹^{AI-}

---

* 이 글은 『리걸타임즈』 제157호(2021. 8 / 9.)에 실린 칼럼이다.

HLEG은 2019. 4. '신뢰할만한 AI 윤리 가이드라인'을 발표하고 2020. 7. 140여 가지 구체적인 질문을 담은 AI 윤리 평가 체크리스트를 공개했다.

EU 집행위원회가 2021. 4. 발표한「인공지능 법안」초안은 위험 기반의 포괄적 규제 체계를 제시하고 있다. AI 시스템을 △ 허용할 수 없는 위험unacceptable risk, △ 고위험high－risk, △ 제한된 혹은 최소 위험low or minimal risk으로 분류하고 각 위험도에 따라 규제를 달리 정하고 있다.

특히 자연인의 건강·안전·기본권에 고위험을 야기할 수 있는 시스템을 고위험 AI로 규정하고 사전 적합성 평가를 도입하며, ① 위험관리 시스템 구축, ② 데이터 거버넌스 수행, ③ 시스템 평가에 필요한 기술의 문서화, ④ 결과의 추적성을 보장하기 위한 활동 기록, ⑤ 이용자에게 투명성 및 정보 제공, ⑥ 인간에 의한 감독, ⑦ 정확성·견고성·사이버보안 의무를 준수하도록 하였다.

미국도 적극적인 입법과 정책을 추진하고 있다. 뉴욕시의회는 2019년 뉴욕시의 알고리즘 사용에 편향성이 있는지 점검하는 기구를 설립했으며, 샌프란시스코시와 매사추세츠주 서머빌시는 2019년 수사당국이 안면인식기술을 사용하지 않도록 했다. 일리노이주는 2020. 1. 고용인이 직원 채용과정에서 AI를 이용하여 비디오 인터뷰를 진행하는 경우 구직자에게 AI 이용 사실을 알리고 동의를 받도록 했다. 미 연방거래위원회FTC는 2020. 4. 발표한「AI와 알고리즘 사용에 대한 지침」에서 기업이 AI와 알고리즘 이용 과정에서 소비자에게 발생할 수 있는 위험을 관리하는 방안을 제시했으며, 2021. 4.에도 관련 지침을 발표했다.

국제기구·단체들도 AI 개발·이용 관련 표준화를 추진하고 있다. 국제전기전자기술자협회IEEE는 2019. 4. 인공지능·자율 시스템에 윤리적 규범이 구현되도록 원칙과 방법을 규정한「윤리적 설계」보고서를 발간했고 표준화를 위한 후속 작업반을 운영하고 있다. ICT 분야의 국제 표준화기구인 ISO는 11개의 연구그룹에서 AI 데이터 관리, 위험 관리 등 표준화를 진행하고 있다.

정부는 2020. 12. '인공지능 윤리 기준'을 발표하면서, '인간성을 위한 인공지능'의 원칙과 요건을 제시했다. 지난 5월 발표된 '신뢰할 수 있는 인공지능 실현 전략'은 신제품·서비스의 각 구현단계에 따른 신뢰 확보 기준 제시 및 지원, 학습데이터 신뢰성 제고, 고위험 인공지능 신뢰 확보, 주체별(연구·개발자, 이용자 등) 체크리스트 마련 등의 계획을 담았다.

개별 정부부처는 해당 분야의 AI 가이드라인을 발표하고 있다. 개인정보보호위원회는 2021. 6. AI 서비스 시 발생할 수 있는 개인정보 침해를 예방하기 위한 자율점검표를 발표했으며, 방송통신위원회는 AI 기반 미디어 추천 서비스의 이용자 보호 기본원칙을 발표했다. 금융위원회는 2021. 7. 금융 분야 AI 시스템의 신뢰성을 높이기 위한 가이드라인을 발표했다.

제21대 국회 발의 법안 중 알고리즘 공개 법안은 주로 온라인 플랫폼과 언론매체로 하여금 기사 배열, 콘텐츠 노출 등의 기준을 공개하도록 하고 있으며, AI 이용 사실을 이용자에게 사전고지하고 이용자의 요청이 있는 경우 설명의무를 부과하는 법안도 발의됐다.

성급한 규제에 대한 우려가 있지만, AI 기술의 내재적 불확실성·불투명성과 그에 대한 불안으로 인하여 머지않은 시기에 AI 규제가 입법화될 가능성이 있으며, 현재 마련되고 있는 가이드라인이 사실상의 강제력을 가질 수 있어 사전 대비가 필요하다. 최근 논의를 고려하여 기업은 아래 사항을 추진할 필요가 있다.

첫째, 개인정보 보호 및 프라이버시 강화가 필요하다. 최신 AI 기술은 대규모 데이터 기계학습에 기반하는데, 학습데이터에 개인정보와 민감한 사생활 정보가 포함될 경우 유출 가능성이 있어 주의가 필요하다. 특히 SNS 대화 등 비정형 데이터의 비식별 처리가 요구된다.

둘째, 투명성 확보가 필요하다. 기업은 이용자에게 AI 활용 사실을 고지하고 AI에 의한 의사결정 시 그 기준을 공개하거나 설명할 수 있어야 한다. 다만, 과도한 알고리즘 공개로 영업비밀이 노출되거나 이를 악용하는 어뷰징abusing 위험이 있어 적절한 균형점을 찾을 필요가 있다.

셋째, 공정성 기준을 설정하고 준수해야 한다. 통일된 공정성 평가지표가 있지 않으므로 기업 스스로 기준을 설정하고 평가방법을 고안할 필요가 있다. 공정성 확보를 위해 차별·편향이 담긴 데이터를 학습데이터에서 제거하더라도 유사한 다른 간접정보proxy로써 차별·편향된 결과가 나올 수 있어 결과의 공정성도 점검할 필요가 있다.

넷째, 거버넌스 구축이다. 기업 자체적으로 위와 같은 일련의 기준과 절차를 수립하고 준수 여부를 점검할 수 있는 체계를 마련할 필요가 있다. 생명윤리 분야에서 의무화된 기관생명윤리위원회IRB와 같은 체계가 추후 도입될 수도 있을 것으로 보인다.

그 밖에 AI 기술의 동적 특성을 고려하여 지속적으로 모니터링하고 오류 여부 및 성능개선 필요성을 확인할 필요가 있으며, 이용자가 AI의 의사결정에 이의신청할 수 있는 방안도 제공할 필요가 있다.

　AI 기술은 강력하고 매력적인 도구이지만 오류 가능성과 악용 우려가 있어 세심한 주의가 필요하다. 기술 발전을 저해하지 않으면서 안전하게 활용할 수 있도록 정책과 입법을 추진할 필요가 있으며, 고객의 신뢰를 확보하기 위해 기업의 노력이 필요하다. ESG(환경·사회·지배구조) 관점에서 올바른 AI의 개발과 활용은 사회적 의미가 있다.

고객의 개인정보 수집과 실질적 동의권[*]

최명지

페이지나 앱 화면의 클릭 몇 번만으로 개인정보가 오고 가는 세상입니다. 이처럼 개인정보 제공과 수집이 손쉬워진 만큼 관련 규제도 촘촘해지고 있습니다. 이러한 정부의 규제에는 개인정보가 단순한 정보에 그치지 않고, 정보주체 개인의 존엄과 가치까지 연결된다는 인식이 전제돼 있습니다(개인정보보호법 제1조). 이와 관련해 고객의 개인정보를 어떻게 수집해야 할지, 나아가 개인정보보호법상 실질적 동의권 보장의 구체적 의미가 무엇인지 살펴봅니다.

업무를 목적으로 개인정보파일을 운용하기 위해 스스로 또는 다른 사람을 통해 개인정보를 처리하는 공공기관, 법인, 단체 및 개인을 '개인정보처리자'라고 합니다. 예를 들어, 홈페이지를 통해 회원가입을 진행하고 고객의 정보를 입력하도록 경우, 홈페이지의 운영주체가 개인정보처리자가 됩니다. 개인정보처리자는 정보주체인 고객의 동의를 받아 개인정보를 수집할 수 있고, 그 수집 목적 범위에서 이용할 수 있습니다.

그러나 위와 같이 동의를 받은 경우에도 필요 최소한의 개인정보만을 수집해야 합니다. 이때 필요 최소한의 개인정보라는 증명책임은 개인정보처리자가 부담하므로, 수집 목적에 비춰 불필요하게 과다한 개인정보를 수집하는 것이 아닌지 확인할 필요가 있습니다.

---

[*] 이 글은 『대한전문건설신문』(2021. 12. 6.)에 실린 칼럼이다.

쿠키Cookie 등 웹사이트 이용과정에서 자동으로 생성되는 정보도 이러한 개인정보입니다. 쿠키는 웹사이트 접속시 웹서버와 통신을 매개하기 위해 사용자 PC에 만들어지는 임시파일을 지칭합니다. 쿠키 등을 통해 서비스 제공에 필요한 정보를 수집하는 경우에도 그 수집 목적, 항목, 보유기간 등 개인정보 처리방침을 공개하고 최소한의 정보를 수집해야 합니다. 특히 홍보나 마케팅 등 서비스 제공과 직접 관련이 없는 개인정보를 쿠키 등을 통해 수집하는 경우에는 수집목적, 항목 등을 알리고 정보주체의 동의를 받은 후 수집해야 합니다.

주민등록번호, 여권번호, 운전면허번호, 외국인등록번호는 어떨까요? 이러한 정보를 고유식별정보라고 합니다. 주민등록번호를 제외한 고유식별정보와 민감정보는 법령에 근거가 있거나 별도로 동의를 받은 경우에만 수집할 수 있습니다. 민감정보는 정치적 견해나 건강, 성생활에 관한 자료, 범죄경력자료, 개인의 신체적·생리적·행동적 특징에 관한 정보로 특정 개인을 알아볼 목적으로 일정한 기술적 수단을 통해 생성한 정보, 인종이나 민족에 관한 정보 등을 의미합니다. 특히 주민등록번호는 개인정보보호법상 법률·시행령·헌법기관 규칙에서 허용한 경우 등에만 처리할 수 있으므로, 주의를 요해야 합니다(제24조의2). 주민등록번호 대체수단도 법령에서 본인확인을 요구하거나 서비스 과정에서 본인 특정이 필요한 경우 등에 한정해야 합니다. 업무상 필요에 의해 별도 동의를 받아 수집하는 경우에는 그 수집목적을 명확히 해야 하고, 향후 수집가능성이 있다는 이유로 고유식별정보나 민감정보의 수집이나 이용 동의를 받지 말아야 합니다.

이렇게 제공받은 개인정보를 제3자에게 제공하는 것도 가능할까요? 정보주체에게 제공받는 자를 명확히 안내해 명시한 범위 내의 개인정보를 제공한다면 제3자 제공도 가능합니다. 이 경우 개인정보를 제공받는 자, 제공받는 자의 이용 목적, 제공하는 개인정보 항목 등 중요한 사항을 명확하게 표시해 알아보기 쉽게 해야 합니다. 나아가 동의를 받는 경우에도 지나치게 많은 개인정보를 제공하지 않도록 주의해야 합니다.

한편 개인정보보호법은 정보주체의 동의를 받도록 하는데, 개인정보처리자는 정보주체의 실질적 동의권을 보장해야 합니다. 실질적 동의권을 구현하기 위해 보다 구체적으로 개인정보처리자는 정보주체에게 ① 동의의 내용과 ② 동의를 거부할 권리가 있다는 사실, ③ 동의 거부에 따른 불이익이 있는 경우 그 불이익의 내용을 구체적으로 알리고 동의를 받아야 합니다. 이러한 정보주체의 동의는 실질적인 선택권을 전제로 합니다. 따라서 선택적으로 동의할 수 있는 사항을 동의하지 않는다는 이유로 재화 또는 서비스의 제공을 거부해서는 안됩니다.

예를 들어, 회원가입시 본인식별을 위한 아이디, 비밀번호 등은 필수적 정보, 신상품 홍보 및 맞춤형 광고를 위한 생년월일, 자녀정보 등은 선택사항으로 볼 수 있습니다. 이러한 선택사항의 동의 거부를 이유로 온라인상 다음 화면으로 넘어가지 못하게 하는 것도 실질적 동의권의 침해에 해당합니다.

이처럼 고객의 개인정보를 수집할 때는 필요 최소한의 개인정보를 수집하고 그 내용을 명확히 고지해 실질적 동의권을 보장해야 합니다. 특히 고유식별정보와 민감정보의 경우에는 수집과 이용동의에 주의를 요합니다.

판결과 승복*

곽경란

"오심도 경기의 일부다." 석연찮은 판정으로 패해도 문제 삼지 않는 게 미덕인 시절이 있었다. 선수는 그렇다 쳐도 문제는 팬이었다. 돈과 시간을 들여 오심을 소비할 사람은 없었다. 오심시비가 잦은 종목은 외면됐다. 그래서 판정에 이의를 제기하는 비디오판독이 시작됐다. 처음에는 도입하는 종목마다 심판 권위 훼손을 우려하는 반대 목소리가 있었다. 판정을 문제 삼는 것은 스포츠정신에 어긋날까.

사실에 관한 주장이 치열하게 맞서는 곳이 법정이다. 판독할 비디오라도 있는 스포츠는 그나마 형편이 낫다. 사건 현장에 있던 것도 아닌데 사실을 인정해야 하는 책임을 안은 법관만큼 난감한 사람도 없다. 제출된 증거와 유죄인정 법리로만 사실을 정해야 한다. 법관이 인정한 사실에 기초해, 벌금을 내고 징역을 살아야 한다. 법관은 법정의 당사자들인 검사·피고인보다 기능과 역할에서 중립적이고 객관적이다. 훈련되고 단련된 판단자다.

법관의 사실인정에도 한계가 있다. 법관이 잘못하지 않아도 생긴다. 화성 8차 사건 용의자는 수사기관의 회유와 협박을 받아 허위자백을 하고 국립과학수사연구원 체모 감정 오류까지 더해져 유죄를 받고 20년을 감옥에서 살았다. 법관이 어렵게 내린 사실인정이 사람들을 설득하지 못하기도 한다. 캄보디아 만삭 아내 살인사건처럼 무죄 판

---

* 이 글은 『경향신문』(2021. 8. 16.)에 실린 칼럼이다.

결에 의문을 품기도 하고, 반대로 곰탕집 추행사건처럼 유죄가 문제 되기도 한다. 법에 따라 확정 판결은 취소될 수 없는 확정력, 판결이 명한 의무를 강제로 실현하는 집행력이 있다. 그렇지만 설득력만은 판결이라는 이유로 생기지 않는다. 설득은 타당한 논증을 통해 달성되는 것일 뿐, 누군가에게 강요할 수 있는 게 아니다.

요즘은 동료 판사나 상급심 판결을 시비하는 판사가 적지 않다. 법원 내부 게시판이나 사회관계망서비스에서 판결을 비판하는 일이 드물지 않다. 하지만 몇 해 전만 해도 법관의 판결 비판은 금기였다. 심지어 판결을 비판했다가 징계받은 판사도 있었다. 그러나 나중에 그의 지적이 타당했다는 것이 밝혀졌고, 그 판사가 문제 삼았던 판결은 뒤집어졌다. 이제는 판결을 비판한다고 징계하지 않는다.

재판은 인생이 달린 일이다. 비교적 가벼운 사회봉사명령이라도, 주중에 이행하다가 직장을 잃고 생계를 위협당한다. 생사가 오가는 재판에 스포츠 경기 같은 재미는 없다. 오판도 인생의 일부라고 말할 수 있는 사람도 없다. 재판은 승복하기 위해서가 아니라 인생의 중차대한 문제를 해결하기 위해 받는다. 불행은 설득되지 않을 때 생긴다. 국가는 힘의 독점체지만, 문명국가는 주권자인 국민에게 그 힘의 이유를 밝힐 의무가 있다.

얼마 전 항소심 판결에 대해 450쪽이 넘는 상고이유를 제출하고도, '상고이유 주장과 같은 위법이 없다'는 한 줄짜리 결론만 받아든 피고인이 있었다. 그런데 그가 판결에 승복하지 않는다며 비난하는 사람들이 인용한 것은 항소심 판결이다. 이처럼 많은 대법원 판결이 별다른 이유를 적지 않는다. 재판에 익숙지 않은 피고인은 법원 판결이 비판을 불가능하게 만들기도 한다는 사실은 몰랐을 것이다. 스포츠에서 판정에 대한 문제 제기는 심판의 권위를 훼손하는 것처럼 보여도, 결국에는 경기를 완성한다. 사법을 살리는 것도 승복이 아니라 비판과 설득이다.

소송사례

이동통신사의 경쟁 기업메시징서비스 사업자에 대한 이윤압착 사건

- 대법원 2021. 6. 30. 선고 2018두37700 판결 -

김지형 · 김지홍 · 전상용

[사건 소개]

　금융거래가 발생하면 은행 등 금융기관에서 문자메시지를 받습니다. 그런데 이 문자메시지는 금융기관이 직접 소비자에게 보내는 것이 아닙니다. 이른바 '기업메시징서비스 사업자'가 대신 보냅니다. 기업메시징서비스사업자는 문자메시지를 보내고자 하는 금융기관 등에 문자발송 관련 시스템을 제공하는 한편, 이동통신사업자와 문자메시지 대량 발송에 관한 계약을 체결해 두어 이 같은 기업메시징서비스가 가능하도록 합니다. 즉, 기업의 문자메시지는 '금융기관 → 기업메시징서비스 사업자 → 이동통신사 → 소비자'의 순서로 발송되는 것입니다.

　기업메시징서비스는 2000년대 초 중소 벤처기업들이 처음 개발하였습니다. '기업들이 모든 이동통신사 가입자에게 손쉽게 문자메시지를 발송할 수 있다면 고객과의 커뮤니케이션이 편리해질 것'이라는 아이디어에 착안하였습니다. 이후 기업메시징서비스 시장은 신용카드 승인내역 알림, 은행 입출금 알림, 쇼핑 주문배송 알림 등을 중심으로 빠르게 성장하였습니다.

　그런데 관련 시장이 확대되자, 이동통신사 3사 중 A사 및 B사가 직접 기업메시징서비스를 시작하였습니다. 이동통신사들은 기업메시징서비스 사업자들에게는 기업메시징서비스의 원재료격인 '전송서비스'를 건당 10원에 판매하였습니다. 그러나 자신들이 직접 금융기관에 기업메시징서비스를 판매할 때에는 건당 8원을 매겼습니다. 기업메시징서비스 사업자들이 기업메시징서비스를 원가 이하로 팔면서 '제살 깎아먹기'를 하지 않는 이상, 이동통신사와 도무지 경쟁할 수가 없는 상황이 만들어졌습니다.

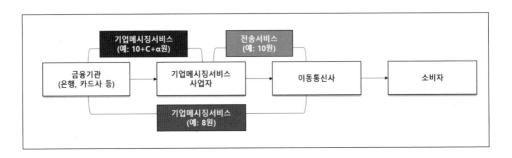

이처럼 경쟁사업자의 이윤margin을 줄여 경쟁에서 탈락시키는 행위를 '이윤압착margin squeeze'이라 부릅니다. 이윤압착의 경쟁법적 처리에 관하여는 전 세계적으로 논란이 많습니다. EU는 이를 위법한 시장지배적지위 남용행위의 대표적 유형이라고 보는 반면, 미국은 "가격할인은 소비자에게 유리하니 기본적으로 문제될 게 없다"는 입장입니다.

공정거래위원회는 이 같은 이동통신사들의 이윤압착행위가 위법하다고 보아 시정명령 등을 부과하였으나 서울고등법원은 위법하지 않다고 보아 공정위의 처분을 취소하였습니다. 법무법인 지평은 공정위를 위하여 이 소송에 참가한 기업메시징서비스 사업자를 대리하여 상고심을 수행하였고, 대법원으로부터 서울고등법원을 파기하는 판결을 받았습니다(대법원 2021. 6. 30. 선고 2018두37700 판결, 대법원 2021. 6. 30. 선고 2018두37960 판결). 대법원이 이윤압착에 관하여 처음으로 그리고 명확하게 입장을 밝힌 중요한 판결입니다.

상 고 이 유 보 충 서

사   건   2018두37700   시정명령 등 취소청구의 소
원고(피상고인)   A사
피고(상 고 인)   공정거래위원회
피고보조참가인   ○○○○ 주식회사

위 사건에 관하여 피고보조참가인(이하 '참가인') 소송대리인은 다음과 같이 상고이유를 보충합니다.

1. 상고이유보충의 요지: '이윤압착'의 관점에서 본 원심판결의 위법성

이 사건은 시장지배력을 이용한 '이윤압착' 행위에 대하여 우리나라 최초로 제재가 이루어진 사례라는 점에서 많은 주목을 받았습니다. 이윤압착$^{margin\ squeeze}$은 미국과 EU에서 경쟁당국의 법집행과 법원의 판례를 통해 정립된 개념입니다. 상·하류시장에서 모두 활동하는 수직통합 사업자가 하류시장에서만 활동하는 경쟁사업자에게 자신이 상류시장에서 생산한 원재료를 공급함에 있어 그 가격(도매가격)을 하류시장에서 최종 고객에게 공급할 완제품의 가격(소매가격)보다 높거나 유사하게 책정하거나, 거꾸로 하류시장에서의 완제품의 가격을 원재료 가격보다 인하함으로써 경쟁사업자를 배제하는 행위를 말합니다. 이러한 이윤압착 행위유형을 경쟁법적 관점에서 어떻게 규율할 것인지를 둘러싸고, 미국과 EU의 법제는 서로 전혀 다른 입장을 취하고 있습니다.

원심은 이 중 '미국 법제'를 채택하였고, '미국의 법리'에 따른 판단을 내렸습니다. 학계에서도 원심판결이 미국을 따랐다고 분석·평가하고 있습니다.[1]

---

1) 예를 들어, 한양대학교 이호영 교수는 원심판결이 "기본적으로 통상적인 약탈적 가격책정에 관한 법리를 적용한 것"으로, 판단 과정에서 "미국 독점금지법 판례상 위법한 약탈적 가격책정의 성립요건으로 제시된 독특한 개념"을 따랐다고 평가했습니다[참고자료 5 이호영, "이윤압착행위에 대한 공정거래법의 적용에 관한 연구", 법경제학연구 제16권 제3호(2019. 12), 359, 357쪽. 이 논문은 이하 '이호영(참고자료 5)'으로 약칭합니다].

즉, 1) 원심은 이 사건을 판단함에 있어 '이윤압착'이라는 위반행위 유형을 언급하거나 고려하지 않았고, 이윤압착 행위에 특유한 위법성 평가 기준을 판단의 기초로 삼지도 않았습니다. 이러한 원심의 태도는 미국 연방대법원이 2009년부터 '이윤압착'을 독자적인 독점금지법 위반행위 유형으로 인정하지 않는 것과 궤를 같이합니다. 2) 대신, 원심은 이 사건이 미국 법원이 인정하는 위반행위 유형인 '약탈적 가격책정'에 해당한다고 전제하여, 약탈적 가격책정 행위의 위법성을 판단하는 미국의 판례법리를 적용했습니다. 미국 판례가 제시한 ① 사업자 자신의 원가 이하의 가격 책정, ② 경쟁사업자 배제 우려, ③ 독점화 이후 가격인상을 통한 이윤회수 가능성recoupment이라는 세 가지 요건에 따른 판단과정이 원심판결에서 그대로 발견됩니다.

정리해보면, 이 사건은 당초 '이윤압착 행위'에 관한 우리나라의 리딩케이스가 될 것으로 주목을 받았으나, 결과적으로는 '미국의 약탈적 가격책정 법리'를 답습한 판결이 나오고 만 것입니다.

여기서 지적하고자 하는 문제는 '왜 하필 EU가 아닌, 미국 법리를 따랐느냐'는 것이 아닙니다. 미국 법리를 따른 결과, 정작 우리나라의 「독점규제 및 공정거래에 관한 법률」(이하 '공정거래법')과 전혀 동떨어진 판단이 이루어졌다는 것이 문제의 본질입니다.

이를 단적으로 보여주는 예가 '시장지배적지위남용 행위'를 판단하는 데 '불공정거래행위'의 판단기준이 적용되었다는 점입니다. 이 사건에서 피고가 적용한 공정거래법 제3조의2 제5호, 같은 법 시행령 제5조 제5항 제1호(이하 '이 사건 법률조항')는 "시장지배적사업자가 부당하게 상품 또는 용역을 통상거래가격에 비하여 낮은 대가로 공급하여 경쟁사업자를 배제시킬 우려가 있는 행위"를 금지합니다. 그런데 원심은 시장지배적사업자인 원고(피상고인, 이하 '원고')가 책정한 가격이 "원고 자신의 공급비용(원가)보다는 높다"는 이유를 들어 원고의 행위가 법에 어긋나지 않는다고 판단했습니다(원심판결문 22~23쪽). 문언상 '통상적으로 거래되는 가격'이란 '시장지배적사업자의 공급비용'과 전혀 다른 개념임이 분명함에도, 법령에서 명시한 바에 어긋나는 기준을 적용한 것입니다. 원심이 적용한 기준에 부합하는 법조는 공정거래법의 전혀 다른 부분에 규정되어 있습니다. 바로 '불공정거래행위' 장章에 있는 부당염매 금지 조항(공정거래법 제23조 제1항 제2호, 같은 법 시행령 제36조 제1항 [별표 1의2] 제3호 (가)목, 이하 '부당염매 조항')으로, 이 조항은 "사업자가 자기의 상품 또는 용역을 공급함에 있어서 정당한 이유 없이 그 공급에 소요되는 비용보다 현저히 낮은 대가로 공급하여 경쟁사업자를 배제시킬 우려가 있는 행위"를 금지하고 있습니다.

결국 원심은 시장지배적지위남용 여부를 판단함에 있어 이 사건 법률조항이 제시한 "통상거래가격"이라는 기준을 벗어나, 일반사업자에게 적용되는 불공정거래행위에 관한 조항을 적용한 셈입니다. 원심이 이러한 오류를 범한 배경에는 미국과 EU의 배제적 가격남용 규제체계가 자리하고 있습니다. 미국과 EU 법제는 배제적 가격남용을 ① 약탈적 가격책정predatory pricing, ② 이윤압착margin squeeze이라는 두 가지 유형으로 구별합니다. 한편, 우리나라 학계에서 이 사건 법률조항을 강학상 '약탈적 가격책정 조항'이라고 일컫는 경우가 많습니다. 이에 원심은 이 사건 법률조항에 관해서도 미국·EU의 '약탈적 가격책정'에 관한 법리를 적용하면 족하다고 판단한 것으로 보입니다. 원심은 미국·EU의 규제체계하에서 '약탈적 가격설정'과 '이윤압착'의 의미, 우리나라 공정거래법상 '통상거래가격 미만 가격책정' 조항과의 관계 및 시사점에 대하여 잘못 이해한 결과 위법한 판단에 이르게 된 것입니다.[2]

이에 이 상고이유보충서에서는 미국·EU의 약탈적 가격책정과 이윤압착의 법리에 기초하여 원심판결의 오류를 지적하고, 이 사건 행위의 위법성을 말씀드리겠습니다. 그 요지는 아래와 같습니다.

1) 우리나라 공정거래법이 금지한 '통상거래가격 미만 가격책정'에는 미국·EU에서 말하는 '이윤압착'의 일부 유형이 포함되므로, 원심과 같이 이윤압착에 관한 법리를 전적으로 배제하는 태도는 타당하지 않습니다. '통상거래가격 미만의 가격책정'은 미국·EU에서 말하는 '약탈적 가격책정(공급비용 미만의 가격책정)'보다 넓은 개념입니다. 다시 말해, 우리 입법자는 시장지배적사업자가 '자신의 공급비용'에다가 '이윤'까지 붙여서 가격을 책정하였음에도 불구하고 그 가격마저 규제해야 하는 경우가 있다고 선언한 것입니다. 외국에서 바로 이러한 규제의 필요성이 인정된 법집행례와 판례가 쌓이면서 확립된 남용행위 유형이 '이윤압착'입니다. 이윤압착은 상류시장 가격과 하류시장의 가격 사이의 '차이'에 착안한 개념이고, 통상거래가격은 '하류시장에서 형성된 가격'에 주목한 개념이라는 점에서 차이가 있습니다. 즉, 하류시장의 가격은 상류시장의 필수원재료 가격의 영향 아래에서 형성되는데, 시장지배적 사업자가 하류시장의

---

[2] 이에 관해서는 특히, 이호영(참고자료 5), 356-357쪽 및 359쪽이 지적하고 있음은 뒤에서 자세히 보는 바와 같습니다.

통상거래가격보다 낮게 가격을 책정하는 이윤압착행위를 함으로써 역으로 하류시장의 통상거래가격이 시장지배적사업자의 가격보다 높아질 수밖에 없는 경우가 존재합니다. 바로 이러한 중첩이 나타나는 경우, 우리 공정거래법 집행에 참고해야 하는 것은 미국의 '약탈적 가격책정' 법리가 아니라 EU의 '이윤압착'에 관한 법리입니다.

2) 바로 이 사건에서 문제된 원고의 행위가 '이윤압착' 행위임과 동시에, 공정거래법이 금지한 '통상거래가격 미만 가격책정' 행위에 해당합니다. '통상거래가격'을 기준으로 삼는 가격남용 규제는 유사한 입법례를 찾아보기 어려우며, 어떠한 경우가 통상거래가격 미만의 가격책정에 해당하는지는 전적으로 해석론에 맡겨져 있습니다. 이윤압착 유형 중에서도 최협의의 경우, 즉 ① 상·하류시장 모두에서 시장지배적지위를 보유한 사업자가 ② '자신의 최종제품 소매가격'을 '하류시장의 경쟁사업자에게 필수적인 원재료 공급 도매가격'보다 '낮은 가격'으로 소비자에게 판매하는 경우는 '통상거래가격 미만 가격설정'에 해당한다고 보아야 합니다. 이러한 경우, 시장지배적사업자로부터 원재료 가격을 면제받거나 대안적인 구매처를 찾을 수 없는 통상적인 사업자로서는 최소한 원재료 가격(예: 10원)보다는 높은 최종제품 가격(예: 12원)을 책정할 수밖에 없을 것인데, 시장지배적사업자는 이러한 경쟁사업자의 최종제품 가격보다 낮은 수준(예: 11원)에 그치는 것이 아니라 자신이 독점 공급하는 원재료 가격(10원)보다도 더 낮게 최종제품 가격(예: 8원)을 책정한 것이기 때문입니다. 한편, 시장지배적사업자 자신이 책정한 가격은 어차피 '상류시장을 독과점하면서 자기 자신에게 원재료 가격을 면제해줄 수 있는 예외적인 경우'에만 통용될 수 있는 가격이라는 점에서, '시장의 통상적인 거래에서 형성될 수 있는 가격(통상거래가격)'으로 볼 수 없습니다. 이러한 유형의 이윤압착이 존재하는 경우에는 아무리 효율적인 경쟁사업자가 존재하더라도 통상거래가격[≥ 필수원재료 가격]이 시장지배적사업자가 책정한 가격[< 필수원재료 가격]보다 높아질 수밖에 없습니다.

이 사건에서 원고는 ① 전송서비스 시장(상류시장)에서 국가가 제도적으로 보장해준 100% 독점적 지위를 보유한 채, ② 자신의 기업메시징 서비스(8원~)를 필수원재료인 전송서비스(가중평균단가 9.2원)보다도 낮은 가격에 제공하였습니다. 이렇게 상·하류시장의 가격 차이가 음^{negative}인 극단적인 형태의 이윤압착 하에서 형성된 기업메시징 서비스 가격은 우리 공정거래법이 금지한 '통상거래가격 미만 가격책정'에도 해당하는 것입니다. 원심이 이와 다른 판단을 내린 것은 '통상거래가격'의 의미와 산정방식에 대하여 잘못된 접근을 취한 결과입니다.

3) 이 사건 행위가 강학상 '이윤압착'에 해당하면서 동시에 공정거래법이 금지한 남용행위 유형에도 해당한다는 점이 확인된 이상, 그 행위의 부당성을 판단할 때에도 '이윤압착'의 위법성 판단 법리는 중요한 시사점을 가집니다. 독일은 이 사건과 같은 '좁은 의미의 이윤압착' 유형은 당연위법이라고 보고 있습니다. EU에서는 시장지배적 사업자와 동등하게 효율적인 경쟁자가 생존할 수 있는지 여부에 비추어 위법성을 판단하며, 이러한 효율성 평가 시에는 시장지배적사업자도 자신이 정한 도매가격을 지불해야 한다고 가정합니다. 이와 달리, 원심은 원고가 전송메시지 도매가격을 지불하지 않아도 된다는 점 자체가 경쟁사업자보다 더 효율적이라는 증거라고 보았습니다. 이러한 점에서, 원심은 외국의 이윤압착 법리를 단순히 고려하지 않는 것을 넘어 그와 정면으로 상충되는 논리를 제시한 것이며, 이는 이 사건 행위의 부당성에 관하여 잘못된 판단을 내리는 원인이 되었습니다.

아래에서 상세히 살펴보겠습니다.

2. 미국·EU의 배제적 가격남용 규제체계 및 우리나라 법 집행에의 적용

가. 쟁점

원심에서는 '이윤압착'과 '약탈적 가격설정'에 대한 공방이 이루어졌고, 상고심에서도 원고는 "통상거래가격 조항은 약탈적 가격설정을 규제하기 위한 것"이라면서 미국의 약탈적 가격설정 법리를 적용해야 한다고 주장하고 있습니다(원고 상고이유에 대한 답변서 6쪽). 이와 관련하여, 이 사건에서는 두 가지 질문이 제기됩니다.

첫째, EU에서 '이윤압착'으로 제재되는 행위는 우리나라 공정거래법상 전적으로 허용되는 행위냐는 것입니다. 바꿔 말하면, 시장지배적사업자의 '이윤압착' 행위가 통상거래가격 미만 가격책정을 금지한 이 사건 법률조항의 규제대상에 포섭되는지 문제 됩니다.

둘째, 만일 이 사건 법률조항에 따라 이윤압착에 해당하는 행위유형을 규제할 수 있다면, 구체적으로 어떠한 기준에 따라 위법성을 판단해야 하느냐는 것입니다. 원심 판단이나 원고의 주장처럼 이 사건 법률조항을 '약탈적 가격책정' 조항으로 보아 그에 관한 미국의 법리를 그대로 적용해도 좋은지 문제 됩니다.

이에 대하여 올바른 답을 내리기 위해서는, 미국·EU의 '이윤압착'과 '약탈적 가격책정'의 개념을 이해하고, 이를 '통상거래가격 미만 가격책정'이라는 우리나라 공정거래법의 독특한 규정에 맞게 적용할 필요가 있습니다.

나. 용어의 정의: '이윤압착', '약탈적 가격책정'과 이 사건 법률조항

우리나라 학계에서는 이 사건 법률조항을 강학상 '약탈적 가격책정 조항'이라고 일컫는 경우가 많으며 원고 역시 그러한 표현을 사용하고 있는데, 이는 오해를 불러일으킬 수 있습니다. 원심판결 역시 그러한 오해의 산물입니다.

1) 미국과 EU에서 '약탈적 가격책정predatory pricing'이란 사업자가 자신의 공급비용, 즉 원가 이하의 가격을 책정하는 방식으로 경쟁사업자를 배제하는 행위를 말합니다. 따라서 약탈적 가격책정 사건에서는 해당 사업자의 모든 비용(총비용: Total Cost)을 산정하여 가격과 비교하게 되며, 총비용 산정의 현실적인 어려움 때문에 평균가변비용Average Variable Cost; AVC을 기준으로 삼는 경우도 많습니다. 미국에서는 약탈적 가격책정에 대한 제재가 확정된 경우를 발견하기 어렵고, EU에서도 그 사례는 매우 적은 것으로 알려져 있습니다. 그 이유는 미국과 EU 법제 모두 약탈적 가격책정이 성립하기 위한 요건이 매우 까다로울 뿐 아니라, 현실적으로도 기업이 불확실성과 손실을 감수하면서 상당한 기간 지속적으로 원가 이하로 가격을 책정하는 전략을 취하는 데 한계가 있기 때문입니다.[3]

2) 위와 같이 미국과 EU에서는 약탈적 가격책정을 '원가 이하'의 판매행위라고 정의하기 때문에, 그와 다른 독자적인 위법행위 유형으로서 '이윤압착margin squeeze'을 인정할 필요성이 대두된 것입니다. 별도의 행위유형을 인정하지 않는 한, 사업자의 '원가이상'의 판매 행위는 기존의 약탈적 가격책정의 행위 요건에 포섭되지 않아 규제할 방법이 없기 때문입니다. 시장지배적사업자의 고객에 대한 판매가격(예: 100원) 자체는 자신의 원가(예: 80원)보다 높지만, 이러한 판매가격이 자신이 경쟁사업자에게 필요한 원재료를 공급하는 가격(예: 110원)보다는 낮은 수준이 되게 함으로써 경쟁사업자를 시장에서 봉쇄 또는 퇴출시키는 경우가 바로 그러합니다. 이러한 경우, 최종가격이 원가보다 높다는 점을 감안하여, '최종가격(100원)과 원가(80원)의 관계'를 문제 삼는 대신에

---

3) 이호영(참고자료 5), 340-341쪽; 참고자료 6 이봉의, "이윤압착을 통한 배제남용의 법리", 특별법연구 제17권 (2020), 153-154쪽. 후자의 논문은 이하 '이봉의(참고자료 6)'으로 약칭합니다.

'하류시장 가격(100원)과 상류시장의 가격(110원)의 관계'가 역으로 설정됨으로써 경쟁 사업자의 이윤이 압착받게 된다는 점을 새로운 남용행위 징표로 보는 것이 이윤압착 입니다. 그러므로 아래에서 살펴보는 것처럼 "미국이 2009년부터 이윤압착을 독자적 인 남용행위 유형으로 인정하지 않고 있다"는 의미는, "미국에서는 원가 이하의 가격 책정만 문제 삼기로 했다"는 것을 말합니다.

3) 그런데 우리나라의 경우에는 법률의 규정 자체가 다릅니다. '약탈적 가격책정' 에 대응하는 조항은 불공정거래행위 장에 규정된 '부당염매 조항'뿐입니다. 위 조항은 명시적으로 "사업자가 그 공급에 소요되는 비용보다 현저히 낮은 대가로 공급"하는 행위를 금지하는데, 원가 이하의 가격책정을 금지한다는 점에서 '약탈적 가격책정 조 항'이라고 명명해도 무리가 없습니다.

반면, 시장지배적지위 남용행위와 관련해서는 원가 이하의 가격책정을 문제삼는 조항 자체가 없습니다. 이 사건 법률조항은 '원가 미만'이 아니라 '통상거래가격 미만' 의 가격책정을 금지합니다. 따라서 시장지배적사업자의 판매가격이 그 자신의 공급비 용(원가)보다 낮거나 높은지에 관계없이, '통상거래가격'보다 낮은 가격으로 판매한다 면 이 사건 법률조항에 따른 제재 대상이 됩니다. 이러한 점에서 이 사건 법률조항은 미국·EU에서 말하는 '약탈적 가격책정' 조항과 분명히 구별됩니다.

다. 미국·EU의 배제적 가격남용 규제 체계

1) 미국의 이윤압착 및 약탈적 가격책정 규제

미국의 경우, 이윤압착 행위는 '독점화 행위monopolization'를 금지한 셔먼법 제2조와 관련됩니다. 1945년 제2연방항소법원의 Aloca 판결을 효시로 이윤압착이 셔먼법 제2조 위반행위로 인정되었고, 관련 법리가 발전해 나갔습니다. Aloca 사건에서 문제된 사업 자는 상류시장에서 알루미늄 주괴를 공급하면서, 하류시장에서는 위 주괴를 필수원료 로 한 알루미늄 강판을 제조·판매하였습니다. 이때, 해당 사업자가 상류시장에서 독 점력을 가진 알루미늄 주괴 가격에 비하여 하류시장에서 알루미늄 강판 가격을 불합 리하게 낮은 수준으로 책정함으로써 하류시장의 경쟁사업자들로부터 생존이윤living profit 을 박탈한 것이 셔먼법 제2조 위반으로 인정되었습니다.[4] 이후 상당한 기간 동안 여

---

4) United States v. Aluminum Co. of America, 148 F.2d 416 (2d.Cir.1945) at 437-438.

러 미국 연방법원이 이윤압착을 독자적인 독점금지법 위반행위 유형으로 인정하였습니다.[5]

그러나 미국 연방대법원은 2009년 linkLine 판결을 통해, '원칙적으로 이윤압착을 독자적인 위반행위 유형으로 인정할 수 없다'는 법리를 제시하였습니다. 즉, 연방대법원은 ① 수직통합사업자가 상류시장에서 '경쟁사업자와 거래할 의무antitrust duty to deal'를 부담하지 않는 경우, 그 경쟁사업자에게 유리한 조건으로 거래할 의무도 없는 것이므로, 상류시장에서의 가격을 하류시장의 가격 수준에 비추어 불합리하게 설정하는 이윤압착 행위를 독자적인 독점화 행위 유형으로 인정할 수 없다고 판단했습니다. ② 다만, 하류시장에서 설정한 가격이 그 자체로 '약탈적 가격책정'에 해당할 때에는 이를 제재할 수 있다고 보았습니다.[6]

위에서 본 Aloca 판결은 하류시장에서의 소매가격을 낮게 책정한 사안이고, 반면에 위 linkLine 판결은 상류시장에서의 도매가격을 높게 책정한 사안이라서, 문제된 행위에 차이가 있습니다. 다만, 양자는 시장지배적 지위의 수직통합 사업자가 도매가격과 소매가격 중 어느 것을 조정하느냐의 차이일 뿐 위 두 가격을 상대적으로 역설정함으로써 경쟁사업자에게 이윤압착의 효과를 거두려는 점에서는 실질적으로 동일하다고 볼 여지도 있습니다.

어쨌든 위 linkLine 판결에 따르면, 미국에서는 원칙적으로 배제적 가격남용 중 '약탈적 가격책정'에 해당하는 행위만을 규제할 수 있게 되었습니다. 사업자가 '자신의 원가' 이상으로 판매했다는 점을 입증한다면 제재 대상이 아니게 된 것입니다.

약탈적 가격책정 행위의 성립 요건은 Brooke Group 사건에서 확립되었는데, ① 자신의 원가 이하의 가격 책정, ② 경쟁사업자의 배제 우려 및 ③ 독점화 이후 가격인상을 통한 이윤회수recoupment의 가능성입니다.[7] 원심은 ① 원고의 기업메시징서비스 가격이 원고 자신의 공급비용, 즉 [전송서비스 도매가격 − 원고의 도매 이윤]보다 낮다는 증명이 없고(원심판결문 22~25쪽), ② 시장점유율 변화 추이 등에 비추어 경쟁사업자가 배제될 우려가 야기되었다고 보기 어려우며(28쪽), ③ 경쟁사업자들이 배제된

---

5) 이호영(참고자료 5), 342쪽.

6) Pacific Bell Telephone Co. v. linkLine Communications Inc., 555 U.S. 438 (2009) at 1118-1123; 이호영(참고자료 5), 344-346쪽.

7) Brooke Group Ltd. V. Brown & Williamson Tabaco Corp., 509 U.S. 209 (1993); 이봉의(참고자료 6), 153쪽.

이후 사후적인 이윤회수 가능성이 낮다(29~31쪽)는 이유로 피고의 처분을 취소하였는데, 이는 바로 미국의 약탈적 가격책정 법리를 그대로 따른 것입니다.

2) EU와 독일의 이윤압착 규제

EU의 경우, 약탈적 가격책정 외에 이윤압착을 독자적인 시장지배적지위 남용행위 유형으로 확고히 인정합니다. EU기능조약$^{\text{Treaty on the Functioning of the European Union}}$(이하 'TFEU') 제102조는 우리나라와 유사하게 시장지배적지위 남용행위를 금지하면서(1문), 그 중 대표적인 유형으로 부당한 가격·거래조건의 설정, 생산·판매의 제한, 차별취급, 끼워팔기를 예시하고 있습니다(제2문). 이윤압착은 예시된 위반행위 유형은 아니지만, EC 집행위원회가 1998년 Napier Brown 사건을 효시로 부당성을 인정하였고,[8] 유럽집행위원회가 2009년에 제정한 「시장지배적사업자의 배제적 남용행위에 관한 집행지침」은 이윤압착 행위를 위반행위 유형으로 명시하면서 법집행 기준을 정리하고 있습니다.[9]

특히, 전기·통신사업이 민영화된 2000년대부터 이윤압착 행위와 관련된 여러 사건이 쏟아져 나오면서 법원의 판단기준도 정립되었습니다.

Deutsche Telekom 사건(유럽집행위원회 2003년 의결, 유럽최고법원 2010년 판결)은 기간통신망을 이미 보유한 사업자에 의한 경쟁사업자 배제행위를 남용행위로 인정한 대표적인 사례입니다. 도이치텔레콤은 독일에서 전국적인 망을 보유한 유선사업자로, (i) 경쟁 통신서비스사업자에게 도매단계에서 가입자회선 접속서비스를 제공하는 한편(상류시장), (ii) 최종이용자에게도 소매단계에서 접속서비스를 제공하였습니다(하류시장). 한편, 통신시장에 새로 진입한 사업자가 처음부터 가입자회선 설비를 구축하기는 어렵기 때문에, 도이치텔레콤에게는 자신의 가입자회선 선로를 경쟁사업자들과 공동 활용$^{\text{local loop unbundling}}$하고 규제당국의 인가를 받은 도매요금을 책정할 의무가 있었습니다. 그런데 이렇게 책정한 도매요금이 도이치텔레콤이 최종이용자에게 직접 제공하는

---

8) British Sugar는 도매시장인 덩어리설탕 시장과 소매시장인 가정용 포장설탕 시장에서 모두 시장지배력을 보유하고 있었는데, 소매시장에 신규 진입하려는 사업자 Napier Brown에 대하여 덩어리설탕 가격을 자신의 가정용 포장설탕보다 높은 가격으로 공급하였습니다. EC집행위원회는 이러한 행위로 인해 경쟁사업자가 충분한 이윤을 확보할 수 없게 되어(insufficient margin) 경쟁에서 배제되었다고 보아 부당성을 인정했습니다 (EC Commission 1998. 7. 18., IV/30.178 Napier Brown－British Sugar 88/518/EEC, OJ L284, 41).

9) 참고자료 7, "Guidance on the Commission's enforcement priorities in applying Article 82 of the EC Treaty to abusive exclusionary conduct by dominant undertakings" (2009/C 45/02), para 75-90.

소매요금보다 높거나 유사하였다는 점이 문제되었습니다.

이에 대하여, 유럽집행위원회는 수직적으로 통합된 사업자가 도매단계의 접속서비스에 대하여 지나치게 높은 요금을 부과함으로써 경쟁사업자들이 자기의 최종이용자에게 수직통합 사업자보다 높은 요금을 책정하지 않을 수 없게 되면 '이윤압착'이 성립한다고 판단했습니다. 도매단계의 접속요금이 소매단계보다 높은 경우, 경쟁사업자들로서는 시장지배적사업자인 도이치텔레콤만큼 효율적인 경우(이른바 '동등효율자')에도 최종이용자를 두고 경쟁할 수 있을 정도의 이윤을 낼 수 없게 되고, 궁극적으로 시장에서 배제될 우려가 있다는 것입니다.[10]

이후 유럽1심법원Court of First Instance도 ① 시장지배적사업자가 경쟁사업자에게 부과하는 도매가격이 최종소비자에 대한 소매가격보다도 높은 경우에는 그 자체로 당연히 위법한 이윤압착이 존재하고, ② 도매가격이 소매가격보다 다소 낮은 경우에는 도이치텔레콤의 다른 운영비용까지 아울러 고려하여 도이치텔레콤만큼 효율적인 경쟁사업자라고 하더라도 손해를 감수하지 않고는 하류시장에 진입하여 경쟁할 수 없는지 여부를 살펴 경쟁제한성을 인정할 수 있다고 보았습니다. 유럽최고법원ECJ은 위 판결을 확정했습니다.[11]

한편, 독일 법원도 이윤압착 행위를 시장지배적지위 남용행위의 일 유형으로 보며, 이를 다시 두 가지 경우로 구별하여 위법성을 판단합니다. ① 첫째는 상·하류시장에서 모두 시장지배적 지위에 있는 사업자가 이윤압착을 한 경우인데, 이는 원칙적으로 부당성이 인정된다고 봅니다. ② 반면, 상류시장에서만 시장지배적지위에 있는 사업자의 경우에는 그와 동등하게 효율적인 경쟁사업자도 이윤을 내는 것이 불가능한지(동등효율자 테스트)에 따라 부당성을 판단합니다.[12]

---

10) Case Comp/C−1/37.451, 37.578, 37.579(OL L 263/9), 2003. 5; 이봉의(참고자료 6), 159-162쪽.

11) EuG v. 10.4.2008 - Rs. T-271/03, Slg. 2008, Ⅱ−477; EuGH v. 14.10.2010 - Rs. C-280/08; 이봉의(참고자료 6), 162-164쪽.

12) 이봉의(참고자료 6), 156-157쪽.

라. 미국 법제를 따른 원심판결의 문제점

이처럼 미국과 EU는 이윤압착 규제에 있어서 상당한 차이를 보입니다. 미국은 '이윤압착'이 가격남용 행위에 해당한다고 보지 않기 때문에, 가격이 원가에 미달하여 약탈적 가격책정이 성립하는 경우만 규제합니다. 반면, EU는 이윤압착을 남용행위 유형으로 인정하여, 가격이 원가를 상회하는 경우에도 상류시장의 원재료 가격과의 관계를 고려하여 규제 대상으로 삼습니다.

이러한 차이는, 아래와 같이 미국과 EU가 '시장지배적지위 남용'에 대한 관점 자체를 달리하는 것에서 유래합니다.

[미국과 EU의 시장지배적 지위 남용]

미국	EU
셔먼법 제2조	TFEU 제102조
독점화, 독점화의 기도, 독점화의 공모를 규제	시장지배적사업자의 남용행위를 규제
구체적인 남용행위 예시 없음	구체적인 남용행위 예시
부당하게 독점력을 취득하는 것을 규제하여야 한다	시장지배적사업자의 남용행위로 예시된 행위를 규제하여야 한다 (= 시장지배적사업자의 '특별한 책임')
위법성의 입증 정도 엄격	위법성의 입증 정도 완화
독점규제 주된 목적은 소비자후생	독점규제 주된 목적은 공정한 경쟁

미국의 셔먼법 제2조는 독점화, 독점화의 기도, 독점화의 공모를 규제합니다. 이미 독점력을 획득한 사업자가 해서는 안 되는 구체적인 행위는 제시하지 않으며, 독점력을 부당하게 취득하려는 과정만 규제하는 것입니다. 일단 정당하게 독점력을 취득하였다면, 독점사업자의 기업활동의 자유를 보장해주어야 기술개발 등 혁신의 동기가 유지된다는 관점이 내재되어 있습니다. 따라서 독점화의 고의, 경쟁제한효과를 엄격하게 증명하여야 하며, 규제의 주된 목적은 '소비자 후생'에 있습니다.

반면, TFEU 제102조는 우리나라 공정거래법과 유사하게 시장지배적 지위 남용행위를 규제하면서, 구체적인 남용행위를 예시하고 있습니다. 즉, '독점화'가 아닌, '예시된 남용행위'를 규제하여야 한다는 입장입니다. 독점력 취득 과정에 대해서는 별도로 문제삼지 않습니다. 다만, 독점력을 가진 시장지배적사업자에게는 '특별한 책임'이 있다고 보아 그 사업자의 일정한 행위를 규제하며, 그 주된 목적은 '사업자들 사이의 공정한 경쟁'을 위한 것이라고 봅니다.

이러한 차이로 인해, '미국식 과정과 결론'은 우리 공정거래법 체계와는 맞지 않습니다. 미국 연방대법원이 linkLine 사건에서 "이미 정당하게 독점력을 취득한 독점적 사업자가 하위시장의 경쟁사업자들에게 도매가격을 높이는 것은 문제되지 않는다"라고 판단한 것은 셔먼법 제2조가 '독점력의 이용'을 규제하지 않는다는 점에서 이해가 됩니다. '독점력의 취득' 과정에서 문제가 없었다면, 이미 독점적 사업자가 된 이후에 그 독점력을 이용하여 이익을 얻는 것은 '정당한 권리'라는 관점에 선 것입니다. 미국 연방대법원은 linkLine 사건에 앞서 Trinko 판결에서 "독점적 사업자의 '독점력 유지' 자체는 위법이 아니므로, 독점적 사업자가 경쟁자에게 적절한 서비스를 제공하지 않더라도 문제되지 않는다"는 취지로 판단한 바 있습니다.[13] 독점력을 유지하기 위해 경쟁자에게 서비스 자체를 제공하지 않아도 무방한 마당에, 서비스를 '높은 가격'에 제공하는 이윤압착을 문제삼지 않는 것은 일관된 태도라고 볼 수밖에 없습니다.

반면, 우리나라 공정거래법은 셔먼법 제2조와 달리 '독점력을 취득하는 과정'이 아니라 '이미 시장지배력을 획득한 시장지배적사업자'의 일정한 남용행위를 규제하고 있습니다. 우리나라 공정거래법은 시장지배적사업자가 존재하는 시장은 시장지배적사업자의 존재만으로 구조적으로 경쟁이 제약되고 있는 시장이라는 관점에서, 다른 일반적인 사업자의 행위였다면 문제삼지 않았을 행위도 '시장지배적사업자'의 행위이기 때문에 시장에서의 경쟁제한적 파급력을 고려하여 '남용행위'로서 규제합니다. 시장지배적사업자는 다른 사업자의 원재료 구매를 방해해서도 안 되고(공정거래법 시행령 제5조 제3항 제1호), 최근의 추세에 비추어 용역의 공급량을 감소시켜서도 안 되며(같은 조 제2항 제1호), 부당한 조건을 달아 거래해서도 안 됩니다(같은 조 제5항 제2호). 일반사업자의 경우 '자신의 공급비용'만 상회하면 가격을 자유롭게 책정할 수 있지만(부당염매 조항), 시장지배적사업자의 경우 자신의 공급비용을 초과하더라도 통상거래가격보다 낮은 가격을 책정해서는 안 된다(이 사건 법률조항)는 의무를 지는 것도 같은 맥락입니다.

이렇게 다른 규제체계를 취하고 있기 때문에, 우리나라 공정거래법에 따라 시장지

---

13) Verizon Communications v. Law offices of Curtis V. Trinko, LLP, 540 U.S. 398 (2004).

배적사업자의 가격남용 행위를 규제함에 있어서는 '이윤압착' 행위를 규제 대상에서 전면적으로 배제하고 지극히 까다로운 요건하에 '약탈적 가격책정'만을 제재하는 미국의 법리가 적용될 수 없습니다.

마. 우리나라 공정거래법 집행에서 '이윤압착' 법리의 적용과 시사점

원심이 배척한 것과 달리, 이 사건은 EU, 독일 및 2009년 이전까지의 미국 연방하급심에서 인정된 '이윤압착' 법리를 적용할 수 있는 경우에 해당하며, 이를 고려하여야 올바른 판단에 도달할 수 있습니다.

우리 공정거래법에는 명시적으로 "이윤압착 행위"를 금지하는 별도의 규정이 존재하지 않는 것이 사실입니다. 그러나 시장지배적지위 남용행위의 하나로 "약탈적 가격책정 행위"를 금지하는 별도의 규정이 없는 것은 마찬가지입니다. 우리 공정거래법은 유사 입법례를 찾아보기 어려운 "통상거래가격 미만"의 가격책정을 배제적 가격남용 행위로 금지하고 있을 뿐입니다. 이에 따라 어떠한 행위 유형이 통상거래가격 미만의 가격책정에 해당하는지는 해석에 맡겨져 있는데, 여기에 ① 최종가격이 사업자의 공급비용에도 미달하는 경우(미국·EU의 약탈적 가격책정)에 더하여, ② 최종가격이 사업자의 공급비용보다는 높지만 통상적인 거래가격보다는 낮은 경우까지 포함된다는 점은 문언상 명백합니다.

다음의 3.항에서 상세히 살펴보는 것처럼, ②의 경우에는 이윤압착 중 일부 유형이 포함된다고 보아야 합니다. 일반적으로, 사업자가 자신의 공급비용에다가 마진까지 붙여서 소매가격을 책정했다면 그 가격이 경쟁사업자를 배제할 만큼 저렴하다는 이유로 규제하는 것은 정당화되기 어렵습니다. 그럼에도 우리 입법자는 시장지배적사업자에 대해서는 이러한 규제가 반드시 필요한 경우가 있다고 보아, 불공정거래행위의 부당염매 조항보다 폭넓은 개념을 사용하여 가격남용 조항을 제정하였습니다. 바로 이와 같이 사업자의 공급비용보다 높은 가격이 설정되었음에도 배제적 가격남용으로 규제해야 할 필요성과 정당성이 인정된 사례가 축적되면서 독자적인 행위유형으로 탄생한 것이 '이윤압착'입니다. 우리 공정거래법이 금지한 '통상거래가격 미만의 가격책정' 중 최종가격이 공급비용을 상회하는 경우를 규제해야 하는 경우를 최소한으로 획정한다면, 바로 이러한 경우부터 포함되어야 한다고 보는 것이 합리적입니다.

['통상거래가격 미만 가격책정'과 약탈적 가격책정, 이윤압착의 관계]

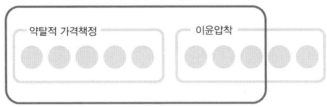

따라서 ① 먼저 이 사건이 '이윤압착'과 동시에 우리나라 공정거래법이 금지한 '통상거래가격 미만 가격책정'의 행위 요건에 해당하는지를 판단할 필요가 있습니다. ② 여기 해당할 경우, EU 등에서 축적된 이윤압착의 위법성 판단 법리는 이 사건 행위의 부당성을 판단할 때 중요한 참고가 됩니다.

3. 행위 요건: '통상거래가격 미만 가격책정'이자 '이윤압착'에도 해당

가. 행위 요건에 관한 원심의 판단

원심은 ① '통상거래가격'이란 "효율적인 경쟁사업자가 당해 거래 당시의 경제 및 경영상황과 해당 시장의 구조, 장래 예측의 불확실성 등을 고려하여 일반적으로 선택하였을 때 시장에서 형성되는 현실적인 가격"을 말하므로, 상류시장에서 형성된 원재료 가격과의 관계를 통해 연역적으로 그 가격을 추론해서는 안 된다고 보았습니다. ② 만일 공급비용을 고려하여 통상거래가격을 산정할 수 있다고 하더라도, 경쟁사업자의 원가(=원재료인 전송서비스의 도매가격)가 아니라, 수직적으로 통합된 시장지배적사업자 자신의 원가(=원재료인 전송서비스의 도매가격-이윤)를 기준으로 삼아야 한다고 보았습니다(원심판결문 20~24쪽).

원심은 이러한 이유에서, 원고가 '통상거래가격 미만으로 가격을 책정하였다'는 행위 요건 자체가 충족되지 않는다고 판단했습니다(원심판결문 25쪽).

나. 통상거래가격의 의미와 산정방식에 관한 원심판단의 위법성

1) '통상거래가격의 의미'에 관한 원심판단의 문제점

'통상거래가격'의 의미에 관해서는 별도의 규정이나 유사한 입법례가 없습니다. 결국 그 의미는 전적으로 해석에 맡겨져 있으므로, 왜 이러한 규정을 두었는지를 고려하여 합목적적인 해석을 내리는 것이 중요합니다. 가능한 한 법률에서 사용된 문언의 통상적인 의미에 충실하게 해석하는 것을 원칙으로 하되, 법률의 입법 취지와 목적, 법질서 전체와의 조화, 다른 법령과의 관계 등을 고려하는 체계적·논리적 해석방법을 추가적으로 동원하여야 합니다(대법원 2009. 4. 23. 선고 2006다81035 판결). 특히 포스코 판결은 시장지배적지위 남용행위의 경우에는 법률 요건을 "'독과점 시장에서의 경쟁촉진'이라는 입법목적에 맞추어 해석하여야" 한다고 강조하면서, "동일한 '거래거절'이라 할지라도 시장지배적사업자의 거래거절행위는 불공정거래행위로서의 거래거절행위와는 별도로 독자적으로 평가·해석하여야 한다"고 판단 강조한 바 있습니다(대법원 2007. 11. 22. 선고 2002두8626 전원합의체 판결).

이러한 맥락에서, 통상거래가격을 '시장에서 현실적으로 형성되는 가격'이라고 보는 원심의 해석론은 허용될 수 없습니다.

첫째, 시장지배적사업자 1인만 존재하는 독점시장의 경우, '시장에서 현실적으로 형성되는 가격'은 곧 시장지배적사업자가 책정한 가격이 될 수밖에 없습니다. 이러한 경우, 시장지배적사업자가 가격전략을 통해 신규 진입을 봉쇄하고 있더라도 '현실적으로 형성된 가격'을 기준으로는 아무런 규제를 가할 방법이 없어집니다. 굳이 극단적인 형태의 독점시장을 가정하지 않더라도, 시장지배적사업자가 존재함으로써 구조적으로 경쟁이 제약된 시장에서 형성되는 가격은 시장지배적사업자가 책정한 가격의 영향을 지대하게 받을 수밖에 없으며, 그 영향의 범위와 정도를 구분해내는 데는 한계가 있습니다. 이를 고려할 때, '현실적으로 형성되는 가격'이라는 기준은 그 자체로 '독과점 시장에서의 경쟁촉진'이라는 입법목적을 충분히 반영하는 데 장애물이 됩니다.

둘째, 원심은 주어진 "시장 구조"를 받아들이고, 그 여건하에서 형성될 수 있는 가격을 '통상거래가격'으로 보도록 합니다. 그런데 수직적으로 통합된 사업자의 경우 상류시장에서 상대적으로 높은 이윤 또는 독점가격을 관철하면서 하류시장에서 낮은 가격을 장기적으로 지속시키는 가격전략을 취할 수 있습니다. 잠재적 경쟁사업자가 존재하는 시장에서 이윤의 폭을 줄이고, 그 이윤을 경쟁이 약한 시장에서 거두어들이는 식으로 이윤의 총량을 유지하면서 가격을 조정할 수 있는 것입니다. 특히 이 사건과 같이 상류시장이 이동통신3사에게만 열려 있어 제도적으로 경쟁이 봉쇄된 시장구조[14]하에서는 '현실적인 가격'으로 목도되는 가격이 이미 왜곡되어 있을 수밖에 없습니다.[15]

셋째, 원심은 "당해 거래 당시의 경제 및 경영상황" 또한 주어진 것으로 받아들이고, 그 아래에서 현실적으로 형성된 가격을 통상거래가격이라고 보도록 합니다. 그런데 현실에서는 경제 및 경영상황에 기초하여 일시적인 출혈경쟁이 이루어지는 경우가 많습니다. 원고가 강조한 것처럼, 대기업의 기업메시징서비스 입찰에서는 일반 기업메시징사업자들이 자신들이 구입한 전송서비스보다도 낮은 가격으로 응찰한 사례들이 존재합니다. 그런데 이러한 거래를 '통상적'으로 지속할 경우 해당 사업자의 존속 자체가 불가능해지는바, 이렇게 사업자가 지속할 수 없는 '특수한 거래'에서 형성된 가격은 문언상 '통상거래가격'이라고 볼 수 없습니다. 학계에서도 이와 같은 해석을 제시하고 있습니다.

[이호영(참고자료 5), 356쪽]

> 경제적으로 합리적인 사업자는 손실을 회피하고 이윤을 추구할 것이므로 공급에 소요되는 비용보다 낮은 수준으로 가격을 책정하려 하지는 않을 것이다. 물론, 경영 상황이나 시장 상황 또는 이에 대한 예측에 기초하여 일시적으로 비용을 하회하는 가격으로 거래하는 경우가 존재하겠지만, 그러한 상황이 지속되면 장기적으로 해당 사업자가 존속할 수 없으므로 이를 '통상적인 거래'라고 평가하기는 어려울 것이다. 공정위가 제정한 '불공정거래행위 심사지침'(공정위 예규 제241호, 2015. 12. 31.)은 부당고가매입의 판단기준이 되는 통상거래가격에 관하여 "당시의 시장에서 사업자 간에 정상적으로 이루어지는 거래에서 적용되는 가격 수준을 말한다."라고 규정하고 있는데(동 심사지침 V. 3.나), 이 역시 같은 취지라고 할 수 있다.

마지막으로, 현실적인 법집행의 측면에서 원심이 말하는 바와 같은 '통상거래가격'을 산정하기가 지극히 어렵다는 점도 고려할 필요가 있습니다. 해외에서 약탈적 가격 책정 규제가 드문 이유로는 사업자의 원가를 산정하기가 어렵다는 점도 꼽힙니다. 그

---

14) 원심도, '기업메시징사업자는 기업고객에게 메시징서비스를 제공하기 위해 국내 이동통신3사(SKT, KT, LGU＋) 모두와 전송서비스 계약을 체결하여야 한다'고 판시하고 있습니다(원심판결문 5쪽). 이동통신3사는 이동통신사업자로서 각 전송서비스 시장을 각 100% 착신 독점하고 있고, 기업메시징사업자의 입장에서는 이동통신3사 모두로부터 각 전송서비스를 공급받는 이외에 달리 대체재가 존재하지 않습니다.

15) 기업메시징서비스 업계 추정에 의하면, 전송서비스의 추정 원가는 건당 0.01원 이하에 불과합니다. 이는 원고가 경쟁 부가통신사업자에게 공급하는 단가의 수백분의 1에도 미치지 못합니다.

런데 '시장지배적사업자와 동등하게 효율적인 사업자를 통해 시장에서 현실적으로 형성될 수 있는 가격'을 증명하는 것은 원가를 산정하는 것보다 훨씬 어려운 문제입니다. 원심 역시 이러한 개념을 추상적으로만 제시할 뿐, 이를 어떻게 산정할 수 있는지, 산정하는 것이 과연 가능한지에 관해서는 침묵하고 있습니다. 이러한 경우, 상대적으로 난이도가 낮은 '사업자의 원가'를 기초로 한 제재 위주로 이루어질 가능성이 높은데, 그렇다면 불공정거래행위의 부당염매와는 다른 기준을 설정한 취지도 무색해집니다.

2) '통상거래가격의 산정 방식'에 관한 원심 판단의 문제점

원심은 상류시장의 공급비용을 고려하여 통상거래가격을 산정할 수 있다고 가정하더라도, 경쟁사업자들의 전송서비스 구매가격이 아니라 시장지배적사업자 자신의 전송서비스 조달비용을 고려해야 한다고 판단했습니다. 그러나, 이는 '동등효율자 테스트'의 의미를 오해한 결과입니다.

'동등효율자 테스트'는 수직적으로 결합된 시장지배적사업자의 하류시장 부문이 자신이 상류시장에서 경쟁사업자에 대해 책정한 원재료 가격과 동일한 가격으로 원재료를 구입하였다고 가정할 경우에 유효한 경쟁자로 생존 가능한 이윤을 창출할 수 있는지 여부를 테스트하는 것입니다.[16] 원심이 오해한 것처럼, 경쟁사업자와 달리 원재료를 구입하지 않아도 된다는 것 자체를 '효율성'으로 파악하는 것이 아닙니다. 이는 국가를 막론하고 일관되게 적용되어 온 기준입니다.

① 예를 들어, 앞서 살펴본 미국 Aloca 사건에서 Aloca는 상류시장에서 알루미늄 주괴를 공급하면서, 하류시장에서 위 알루미늄 주괴를 필수원료로 한 알루미늄 강판을 제조·판매하였습니다. 이때 제2연방항소법원은 Aloca가 알루미늄 주괴를 알루미늄 강판으로 가공하는 비용을 동등효율자 비용으로 간주하고, 이 비용에 Aloca의 알루미늄 주괴 판매가격을 합산하면 Aloca의 알루미늄 강판 가격을 상회한다는 이유로 '동등하게 효율적인 경쟁사업자라 하더라도 하류시장에서 생존이윤을 올리는 것이 불가능하다'고 판단했습니다.[17] 즉, 동등효율성을 가정하는 것은 원재료 가격을 제외한 나머지 부문에서의 생산비용입니다.

---

16) 이호영(참고자료 5), 343쪽, 357쪽.

17) United States v. Aluminum Co. of America, 148 F.2d 416 (2d.Cir.1945); 이호영(참고자료 5), 342쪽.

② EU에서 확립된 '동등 효율적 경쟁자 기준equally efficient competitor test'도 마찬가지입니다. 앞서 살펴본 Deutsche Telekom 사건에서, 유럽집행위원회는 경쟁사업자가 도이치텔레콤이 하류시장(소매접속시장)에서 소요하는 운영비용과 동일한 비용을 들이면서 도이치텔레콤이 책정한 도매접속서비스 가격을 지급할 때 이윤이 압착되는지 여부를 판단했습니다.

즉, 공급비용을 기준으로 통상거래가격을 산정하는 올바른 방법은 (i) 시장지배적사업자가 생산요소를 자신이 외부에 제공한 도매가격으로 구매하였다고 가정하고imputed price, (ii) 나머지 영역에서는 자신이 보유한 우월한 효율성을 모두 발휘하였을 때, 이윤을 낼 수 있는 최소 가격 수준이 얼마나 되는지 판단하는 것입니다. 이를 오해하여, '상류시장에서 형성된 원재료 가격과의 관계를 통해 연역적으로 통상거래가격을 추론해서는 안 된다'고 보거나 '전송메시지를 구입하지 않는 것이 곧 효율성이라는 가정하에 통상거래가격을 산정해야 한다'고 본 원심의 판단은 위법합니다.[18]

다. '통상거래가격 미만 가격' 중 '이윤압착' 유형에 해당하는 이 사건 행위

이 사건에서 ① 기업메시징서비스 시장에서 원고가 시장지배적지위를 보유하고 있다는 점은 원심에서도 인정되었고(원심판결문 14~19쪽), 그 상류시장인 전송메시지서비스 시장에서 원고의 시장지배적지위는 아예 국가 제도적으로 보장되어 있습니다.[19] ② 원고가 독점하는 전송서비스가 기업메시징서비스의 필수원재료라는 점에는 다툼이 없는

---

18) 이호영(참고자료 5), 356-357쪽도, 원심이 피고의 통상거래가격 산정에 관하여 해당 사업자인 원고의 공급비용을 기준으로 하지 않은 것을 이 사건 처분의 위법사유로 삼은 점(원심판결문 20-24쪽)에 대하여, '이는 원심이 이 사건 행위를 이윤압착행위가 아닌 통상적인 약탈적 가격책정으로 파악하였거나, 이윤압착행위에 적용되는 (동등효율성 판단을 위한) 가격기준을 이해하지 못한 것으로 보인다.'고 지적하면서(359쪽의 결론 부분도 동일한 취지), '이 사건 행위를 이윤압착행위로 파악하는 이상, 이 사건에서 분석의 초점은 수직적으로 결합된 지배적 사업자의 하류시장 부문이 자신이 상류시장에서 경쟁자에 대해 책정한 생산요소 가격과 동일한 가격으로 생산요소를 구입하였다고 가정할 경우에 유효한 경쟁자로 생존 가능한 이윤을 창출할 수 있는지 여부이다. 따라서 실제 해당 이동통신사가 기업메시징서비스를 공급하는 데 소요되는 비용이 아니라, 피고가 산정한 방식대로 상류시장에서 해당 사업자와 다른 이동통신사가 경쟁사업자에 대하여 책정한 전송서비스 가격을 기준으로 해당 이동통신사의 기업메시징서비스 가격이 통상거래가격에 미달하는지 여부를 평가하여야 한다'는 취지로 원심판단의 잘못을 지적하고 있습니다.

19) 앞서 본 바와 같이 원고 등 이동통신3사는 이동통신 서비스 제공에 필요한 통신망과 설비를 독점적으로 보유하면서 전기, 수도, 교통 등과 유사한 국가공공재인 주파수를 국가로부터 할당받아 전송서비스 시장을 100% 착신 독점하고 있는 시장지배적사업자입니다.

데, 그 원재료 가격(9.2원)과 하류시장의 최종제품 가격(8원~) 사이의 차이가 음수^{negative}입니다. 이 경우 참가인 등 하류시장의 경쟁사업자는 상류시장에서 원재료를 원고 등 이동통신3사로부터 제공받는 이외에 다른 대체재를 구하는 것이 불가능하므로 원재료를 10원에 구입하고 다른 생산비용을 극단적으로 효율화하여 0원으로 만든다고 하더라도, 시장지배적사업자가 설정한 가격(8원~)과 경쟁하면서 생존하는 것이 불가능합니다.

이렇게 이윤압착 중에서도 ① 시장지배적사업자가 상·하류시장에서 모두 시장지배적지위를 보유하고, ② 하류시장의 소매가격을 상류시장의 원재료 가격보다 낮게 책정하는 '최협의最狹義의 이윤압착 행위'는 '통상거래가격 미만 가격책정'의 행위 유형에도 해당합니다. 이러한 경우, ① 시장지배적사업자가 상류의 원재료시장까지 지배하고 있어 경쟁이 구조적으로 왜곡되어 있으므로, 상류시장에서 활발한 경쟁이 존재하는 경우와 달리 원재료를 저렴하게 조달할 다른 활로를 찾을 수 없습니다. ② 이러한 상황에서 '통상적인 거래', 즉 하류시장의 사업자가 장기적으로 생존할 수 있는 수준의 거래는 필수원재료의 가격(가중평균단가 9.2원)보다는 높은 수준에서 이루어질 수밖에 없습니다. 극단적으로 효율적인 사업자라고 하더라도 필수원재료 이외의 비용을 0원으로 만들 수 있을 뿐입니다. 그런데 시장지배적사업자는 기업메시징서비스 판매가격을 원재료 가격보다 낮게 설정하고 있으므로, 이는 통상거래가격 미만이 될 수밖에 없습니다.

한편, '통상거래가격'의 개념상 필수원재료 가격을 지급하지 않는 시장지배적사업자 자신의 가격은 고려될 수 없습니다. 이를 고려한다는 것은, 수직적으로 통합된 사업자가 곧 '통상적인 사업자'이고, 나머지 사업자는 수직적 통합을 이루지 못하였다는 점에서 보호가치가 떨어지는 '비효율적인 사업자'라고 취급하겠다는 것과 동일한 의미를 가집니다. 그러나 우리나라 경쟁당국과 법원은 그와 정반대되는 태도를 일관되게 취해왔습니다. 시장지배적사업자 중에서도 상·하류시장에서 모두 활동하는 수직적으로 통합된 사업자는 그 지위를 이용한 배제전략까지 관철할 수 있다는 점에 주목하여 엄격히 규제를 해왔습니다. 예를 들어, 퀄컴 사건에서 서울고등법원은 "원고들은 이 사건 표준필수특허 라이선스 시장(상류시장)과 이 사건 표준별 모뎀칩셋 시장(하류시장)의 수직통합 사업자로서, 모뎀칩셋 가격을 인하하는 대신 그만큼 실시료를 인상하여 휴대폰 제조사가 지불하는 총비용을 동일하게 유지할 수 있고, 휴대폰 제조사가 어느 사업자의 모뎀칩셋을 사용하든지 전체 휴대폰 판매량에 대한 실시료 인상에 따른 이익을 누리며, 시장상황에 따라 자신들의 모뎀칩셋과 실시료의 적정한 가격 비율을 조정함으로써 경쟁 모뎀칩셋 제조사들이 원고와 모뎀칩셋의 가격·생산량·품질·다양성 등에 관하여 장점을 근거로 한 경쟁competition on the merits을 하기 어려운 사업구조를 형성하였다"고 지적한 바 있습니다(서울고등법원 2019. 12. 4. 선고 2017누48 판결). 다른 경쟁사업자들이 라이선스 시장에서 수직통합을 이루지 못한 탓에 모뎀칩셋 가격을 낮추지 못했다는 이유로 비효율적인 사업자라고 취급하는 것과는 거리가 먼 태도입니다.

바로 이 사건에서도 원고가 시장지배적 지위에 있는 수직통합 사업자로서의 지위를 이용하여 전송서비스와 기업메시징서비스 사이의 가격을 조정한 행위가 문제된 것인바, 이러한 배제 전략하에 관철한 가격을 '통상거래가격'으로 취급하는 것은 타당하지 않습니다. 상류시장을 독점하여 경쟁사업자들에게 원재료 가격을 부과하면서 자기 자신에게만 원재료 가격을 면제해주는 예외적인 경우에 통용될 수 있는 가격은 '시장의 통상적인 거래에서 형성될 수 있는 가격'과는 거리가 멉니다. 이 사건에서 통상거래가격은 '필수원재료 가격'보다는 높은 수준으로 형성된다는 점이 논리칙과 경험칙상 인정될 수 있으며, 이러한 점에서 원고의 필수원재료보다도 낮은 가격의 판매행위는 '통상거래가격 미만 가격책정'에 해당합니다.

4. 부당성 요건: 이윤압착의 위법성이 인정되는 전형적인 경우에 해당

가. 부당성 요건에 관한 원심의 판단

원심은 이 사건 행위에는 부당성도 인정되지 않는다는 예비적 판단을 내렸습니다. 그 주된 근거로, 이 사건 행위로 경쟁자들이 배제된 후에도 사후적인 이윤회수 가능성 recoupment이 있다고 보기 어렵다는 점을 제시했습니다.

그러나 원심이 이윤회수 가능성을 부당성 판단 근거로 삼은 것은 위법합니다. 오히려 이 사건 행위에는 이윤압착 법리의 부당성 판단 기준을 고려할 필요가 있습니다.

나. '사후적인 이윤회수 가능성recoupment'을 요구한 원심판결의 위법성

이 사건 행위는 미국·EU에서 말하는 '약탈적 가격책정'이 아닌 '이윤압착' 행위에 해당하므로, 그 부당성을 판단함에 있어 사후적인 이윤회수 가능성을 요구할 이유가 없습니다.[20] 약탈적 가격책정과 달리, ① 이윤압착의 경우 시장지배적사업자 자신의

---

20) 이호영(참고자료 5), 341쪽, 358쪽.

공급비용보다 높은 가격을 책정할 수 있으므로 반드시 손실이 발생하지 않습니다. 설령 ② 공급비용 이하로 가격을 책정하여 하류시장에서 손실을 입는 경우라 하더라도, 그 손실을 사후적으로 회복해야 하는 것이 아니라, 상류시장에서 원재료의 가격을 높게 책정함으로써 동시에 만회할 수도 있습니다.

논의를 위하여 이 사건 행위가 '약탈적 가격책정'에 해당한다고 가정하더라도, 여전히 사후적인 이윤회수 가능성은 요구되지 않는다고 보아야 합니다. 이 사건 법률조항은 물론이고, 그 세부 유형과 기준을 정한 '시장지배적 지위 남용행위 심사기준' 등 어디에서도 사후적인 이윤회수 가능성이라는 요건은 찾아볼 수 없기 때문입니다.

실제로, 미국과 그로부터 직접적인 영향을 받은 소수의 국가를 제외한 대부분의 경쟁법제에서는 '이윤회수 가능성'을 약탈적 가격책정의 성립요건으로 인정하지 않습니다.[21] 유럽사법재판소도 약탈적 가격책정이 문제된 사건에서, 미국과 같이 사후적인 이윤회수 가능성 요건을 적용해달라는 주장을 일관되게 배척했습니다. 예를 들어, 유럽사법재판소는 1996년 Tetra Pak 사건에서 "경쟁사업자가 배제될 우려만 있다면 약탈적 가격책정을 규제할 수 있어야 하므로, Tetra Pak이 손실을 만회recouping its losses할 현실적인 가능성이 있다는 추가적인 증명을 요구하는 것은 적절하지 않다"고 판단했습니다.[22] 그 후 2009년 France Telecom 사건에서도 "손실을 회복할 가능성possible to recoup losses이 있다는 점을 증명하는 것은 약탈적 가격책정이 성립하기 위한 필수적인 요건이 아니다."라고 분명하게 선언했습니다.[23]

우리와 전혀 다른 독점규제 체계를 취한 미국만의 독특한 법리를 따라, 우리 공정거래법의 해석상 도출되지도 않는 이윤회수 가능성을 추가적인 요건으로 요구하는 것은 타당하지 않습니다.

다. 부당한 이윤압착에 해당하는 이 사건 행위

앞서 살펴본 것처럼, 이 사건 행위는 '이윤압착' 유형에 속하는 '통상거래가격 미만 가격책정'에 해당합니다. 따라서 이윤압착을 남용행위 유형으로 인정하는 법제에서 그 위법성을 판단해온 법리는 이 사건에도 적용될 수 있습니다.

---

21) 이호영(참고자료 5), 358쪽.

22) Tetra Pak International SA v. Commission, Case C-333/94 P (1996) ECR I-5951, para 44.

23) France Telecom SA v. Commission, Case C-202/07 P (2009) ECR I-2369, para 113.

1) 독일의 경우, 이 사건과 같이 상·하류시장에서 모두 시장지배적 지위에 있는 사업자doppelte Marktbeherrschung의 이윤압착은 '원칙적으로' 부당성이 인정된다고 봅니다. 한편, 상류시장에서만 시장지배적 지위에 있는 사업자의 이윤압착의 경우에는 '시장지배적사업자가 상류시장에서 경쟁사업자에게 판매한 가격으로 원재료를 구매하였을 경우, 자신도 하류시장에서 지금 정도의 지위를 누릴 수 없는지'를 기준으로 판단합니다.[24]

이 사건의 경우, 원고는 상·하류시장 모두에서 시장지배적사업자에 해당하므로 전자의 기준을 적용할 사안에 해당합니다. 설령 후자의 기준을 적용하더라도 원고가 자신이 판매한 10원에 전송서비스를 구입하는 것으로 가정했을 경우 8~10원의 기업메시징서비스 가격을 통해 얻어낸 지위를 보유하기 어려웠으리라는 점은 경험칙과 논리칙상 명백합니다.

2) 유럽의 경우, 이 사건과 유사성이 많은 Deutsche Telekom 사건에서 위법성을 부인하는 도이치텔레콤 측 주장을 모두 배척하였습니다. 당시 도이치텔레콤은 도매요금이 규제당국의 인가를 받은 것이라고 강조했으나, 유럽 법원은 그러한 이유로 경쟁법 위반의 책임이 면제될 수 없다고 보았습니다. 구체적인 경쟁제한성 판단에 있어서도, ① 가입자선로가 '필수설비Essential Facilities'에 해당한다는 점에서 이윤압착이 발생할 경우 하류시장에서 경쟁을 제한한다는 것에 의문이 없고, ② 도이치텔레콤만큼 효율적인 경쟁사업자라고 하더라도 손실을 감수하지 않고 하류시장에 진입하여 경쟁할 수 없다는 점에서 경쟁제한성이 인정된다고 보았습니다.[25]

이 사건에서도 ① A사와 B사가 갖춘 이동통신망은 C사 이동통신망과 함께 이들 이동통신3사가 100% 독점하고 있는 '필수설비'에 해당하고, ② 필수원재료보다 낮은 A사와 B사의 가격으로 기업메시징서비스를 판매하기 위해서는 손실을 감수해야 한다는 점에서 경쟁제한성이 인정된다는 점에 의문이 없습니다.

3) 기업메시징서비스 시장에서 이동통신망을 보유한 A사, B사만 남게 되는 상황은 정당한 경쟁에 따른 결과라고 볼 수 없습니다. 국가가 상류시장인 기간통신시장에서 이동통신망을 보유할 수 있는 사업자를 제한한 상황에서, 하류시장인 기업메시징서비스 시장에서 다수의 경쟁사업자가 배제되고 이동통신망을 보유한 두 사업자만의 복점 시장이 되는 것은 그 자체로 경쟁제한적 결과입니다. 이동통신망을 보유하지 않은 새

---

24) 이봉의(참고자료 6), 156쪽; BKartA 6.8.2009, B 7 - 11/09; WuW/E DE-V 1769 Rn.52 MABEZ-Dienste.
25) 이봉의(참고자료 6), 163쪽.

로운 사업자의 진입도 사실상 불가능해질 것입니다. 원심은 "A사, B사 두 사업자 사이에 여전히 경쟁이 존재하므로 경쟁제한적이지 않다"고 하나, 이는 "사업자의 시장지배적 지위 남용과 과도한 경제력 집중"을 방지하여 자유로운 경쟁을 촉진하고자 하는 공정거래법의 목적을 완전히 무시한 입론입니다. 시장지배적 지위에 있는 사업자들끼리 경쟁이 가능하다면 하류시장의 경쟁사업자를 배제하기 위한 행위를 하더라도 무방하다는 논리와 다를 바 없기 때문입니다.

나아가, 두 사업자 사이의 경쟁이 일어날 것이라는 기대 자체도 타당하지 않습니다. 다른 경쟁자들이 모두 배제된 뒤에도 A사·B사 둘 사이에서 유효한 경쟁이 일어날 것이라면, 종전에도 전송서비스 비용을 내부화한 A사·B사 사이에서 둘만의 치열한 가격경쟁이 일어났어야 마땅합니다. 그런데, A사와 B사는 스스로 '유사한 서비스'라고 주장한 D사 알림톡에 비하여 건당 무려 2~3배의 가격(8~10원)으로 기업메시징서비스를 제공해왔습니다.[26]

이는 기업메시징서비스의 원재료 비용이 D사 알림톡보다 더 비쌌기 때문이 아닙니다. A사는 원심에서 "전송서비스 비용을 내부화하여 원고의 공급비용은 0에 가까우므로 공급비용 미만으로 가격을 책정했다고 볼 수 없다"고 강조하였는데, 이는 전송서비스 원가가 0원에 가깝다는 점을 사실상 인정한 셈입니다. 그럼에도 불구하고, A사와 B사는 0원에 가깝게 기업메시징서비스 가격을 낮추면서 경쟁을 벌이지 않았습니다. 자신들끼리의 경쟁을 회피한 채, 참가인 등에게 공급하는 전송서비스 가격에 조금 미달하는 선에서 가격을 동결시킴으로써 전송서비스와 기업메시징서비스 양 영역에서 막대한 이윤을 수취한 것입니다. 만일 원심판결이 유지되어 참가인과 같은 경쟁자들까지 모두 배제되어 버린다면, A사와 B사가 기존보다 더 치열하게 가격경쟁을 벌일 유인 자체가 존재하지 않게 됩니다. "참가인 등이 배제되어도 경쟁이 제한되지 않을 것이다"라는 원심의 판단은 유지될 수 없습니다.

5. 결론

피고는 2015. 2. 23. A사와 B사에 대하여 "기업메시지 전송서비스 건당 최저 이용

---

26) 이는 건당 가격을 단순 비교했을 때의 차이로, 전송용량까지 고려할 경우 가격 격차는 현격하게 벌어집니다. D사 알림톡의 건당 전송용량은 2,000바이트(1,000자 텍스트＋메시지 하단 링크 버튼)인 반면, 기업메시징서비스(SMS)의 건당 전송용량은 91바이트에 불과합니다.

요금(도매가격)과, 이를 제외하고 기업메시징서비스 한 건을 생산하기 위해 투입하는 비용을 합산한 금액보다 기업메시징서비스 건당 판매가격(소매가격)을 낮게 설정함으로써 기업메시징서비스 시장에서 경쟁사업자를 배제하는 행위를 금지하였습니다. 그 덕분에 참가인과 같은 기업메시징서비스 사업자들이 지금까지 버텨오고 있었습니다. 그러나 원심의 결론이 그대로 확정된다면, '이동통신망'을 보유하지 않은 다른 사업자들은 모두 기업메시징서비스 시장에서 퇴출될 수밖에 없습니다.

원심판결을 파기하고, 이 사건 행위의 위법성을 다시 한 번 숙고하여 주시기 바랍니다.

대법원 2021. 6. 30. 선고 2018두37700 판결
[시정명령 등 취소청구의 소]

【판시사항】

[1] 수직 통합된 상류시장의 시장지배적 사업자가 하류시장에서 완제품의 소매가격을 낮추는 형태로 이루어지는 이윤압착행위를 함으로써 부당하게 상품 또는 용역을 통상거래가격에 비하여 낮은 대가로 공급하여 경쟁자를 배제할 우려가 있는 경우, 독점규제 및 공정거래에 관한 법령이 금지하는 시장지배적 지위 남용행위로 볼 수 있는지 여부(적극)

[2] 독점규제 및 공정거래에 관한 법률 시행령 제5조 제5항 제1호에서 정한 '통상거래가격'의 의미

[3] 독점규제 및 공정거래에 관한 법률 제3조의2 제1항 제5호 전단에서 정한 '경쟁사업자를 배제하기 위하여 거래한 행위'의 부당성을 판단하는 기준과 방법

[4] 이윤압착을 수단으로 한 지위 남용행위를 독점규제 및 공정거래에 관한 법률 제3조의2 제1항 제5호 전단과 독점규제 및 공정거래에 관한 법률 시행령 제5조 제5항 제1호에서 정한 '부당하게 상품 또는 용역을 통상거래가격에 비하여 낮은 대가로 공급하여 경쟁자를 배제시킬 우려가 있는 거래'로서 부당성이 있는지 판단할 때 고려할 사항

【판결요지】

[1] 시장지배적 사업자의 이윤압착^{margin squeeze}을 독자적인 시장지배적 지위 남용행위의 한 유형으로 보아 규제하는 경우 상류시장^{upstream market} 원재료 등에 관한 투자 유인이나 혁신 동기를 위축시킬 우려가 있다. 그러나 수직 통합된^{vertically integrated} 상류시장의 시장지배적 사업자가 그 지위를 남용하여 이윤압착행위를 함으로써 하류시장^{downstream market}의 경쟁사업자가 부당하게 경쟁에서 배제될 우려가 있어 공정한 경쟁의 기반이 유지될 수 없다면, 이윤압착행위는 공정한 경쟁을 통한 시장성과에 기초를 둔 이른바 '성과경쟁'이라는 정당한 경쟁방법에 해당한다고 보기 어렵다.

따라서 하류시장에서 완제품의 소매가격을 낮추는 형태로 이루어지는 시장지배적 사업자의 이윤압착행위가 '부당하게 상품 또는 용역을 통상거래가격에 비하여 낮은 대가

로 공급하여 경쟁자를 배제할 우려가 있는 거래'로 평가될 수 있다면 독점규제 및 공정거래에 관한 법률(2020. 12. 29. 법률 제17799호로 전부 개정되기 전의 것) 제3조의2 제1항 제5호 전단, 독점규제 및 공정거래에 관한 법률 시행령 제5조 제5항 제1호가 금지하는 시장지배적 지위 남용행위로 보아 규제할 필요가 있다.

[2] 독점규제 및 공정거래에 관한 법률 시행령 제5조 제5항 제1호는 모법 조항인 독점규제 및 공정거래에 관한 법률(2020. 12. 29. 법률 제17799호로 전부 개정되기 전의 것) 제3조의2 제1항 제5호 전단에서 정한 '부당하게 경쟁사업자를 배제하기 위하여 거래하는 행위'를 구체화한 것으로서, 통상거래가격은 '약탈적 가격설정predation'뿐만 아니라 '이윤압착margin squeeze' 등과 같이 다양한 유형으로 나타날 수 있는 시장지배적 사업자의 가격과 관련된 배제남용행위를 판단하기 위한 도구 개념이다. 따라서 그 의미는 모법 조항의 의미와 내용, 그리고 입법 목적에 합치하도록 해석하여야 한다.
통상거래가격은 자유롭고 공정한 경쟁이 이루어지고 있는 시장에서 정상적으로 이루어지는 거래의 경우 일반적으로 형성될 수 있는 가격, 좀 더 구체적으로는 시장지배적 사업자가 부당하게 경쟁사업자를 배제하기 위하여 거래함으로써 시장지배적 지위를 남용하는 행위가 존재하지 않는 정상적인 거래에서 일반적으로 형성되었을 가격을 뜻한다.

[3] 독점규제 및 공정거래에 관한 법률(2020. 12. 29. 법률 제17799호로 전부 개정되기 전의 것) 제3조의2 제1항 제5호 전단에서 정한 '경쟁사업자를 배제하기 위하여 거래한 행위'의 부당성은 독과점적 시장에서 경쟁촉진이라는 입법 목적에 맞추어 해석하여야 한다. 따라서 시장지배적 사업자가 시장에서 독점을 유지·강화할 의도나 목적, 즉 시장에서의 자유로운 경쟁을 제한함으로써 인위적으로 시장질서에 영향을 미치려는 의도나 목적을 갖고, 객관적으로도 그러한 경쟁제한의 효과가 생길 우려가 있다고 평가할 수 있는 행위를 하였을 때 부당성을 인정할 수 있다. 이를 위해서는 그 행위가 상품의 가격 상승, 산출량 감소, 혁신 저해, 유력한 경쟁사업자의 감소, 다양성 감소 등과 같은 경쟁제한의 효과가 생길 우려가 있는 행위로서 그에 대한 의도와 목적이 있었다는 점이 증명되어야 한다. 그 행위로 현실적으로 위와 같은 효과가 나타났음이 증명된 경우에는 행위 당시에 경쟁제한을 초래할 우려가 있고 그에 대한 의도나 목적이 있음을 사실상 추정할 수 있다. 그렇지 않은 경우에는 행위의 경위와 동기, 행위의 양태, 관련 시

장의 특성, 유사품과 인접시장의 존재 여부, 관련 시장에서의 가격과 산출량의 변화 여부, 혁신 저해와 다양성 감소 여부 등 여러 사정을 종합적으로 고려하여 그 행위가 경쟁제한의 효과가 생길 우려가 있고 그에 대한 의도나 목적이 있었는지를 판단하여야 한다. 이때 부당성은 개별 남용행위의 유형과 특징을 고려하여 판단하여야 한다.

[4] 이윤압착margin squeeze의 개념과 시장지배적 지위 남용행위로서의 유형적 특징에 비추어 보면, 이윤압착을 수단으로 한 지위 남용행위를 '부당하게 상품 또는 용역을 통상거래가격에 비하여 낮은 대가로 공급하여 경쟁자를 배제시킬 우려가 있는 거래' [독점규제 및 공정거래에 관한 법률(2020. 12. 29. 법률 제17799호로 전부 개정되기 전의 것) 제3조의2 제1항 제5호 전단과 독점규제 및 공정거래에 관한 법률 시행령 제5조 제5항 제1호]로서 부당성이 있는지를 부당성 판단 기준에 비추어 구체적으로 판단할 때에는 아래와 같은 여러 사정을 종합적으로 고려하여야 한다.

먼저, 행위자가 수직 통합된vertically integrated 사업자로서 상류시장upstream market에서 시장지배적 지위가 인정되어야 하고, 하류시장downstream market에서도 시장지배적 지위에 있는지, 각 시장에서 시장지배력의 정도, 상류시장의 원재료 등의 특성과 그 원재료 등이 하류시장에서 판매하는 완제품의 생산·공급·판매에 필수적인 요소이거나 원재료 등에 해당하는지와 그 정도, 원재료 등과 완제품의 기능적 연관성과 비교가능성, 대체가능성, 두 시장의 신규나 재진입에 관한 법률적·제도적 또는 사실적·경제적 진입장벽의 존재와 정도, 시장지배적 사업자와 경쟁사업자의 시장점유율, 상대적 규모의 차이, 관련 공법적 규제의 내용 등을 고려할 필요가 있다.

다음으로, 원칙적으로 시장지배적 사업자가 설정한 도매가격과 소매가격의 차이와 시장지배적 사업자의 비용을 기초로 하되 특별한 사정이 있는 경우에는 예외적으로 경쟁사업자의 비용을 바탕으로 이윤압착의 정도를 검토해 보아야 한다. 나아가 행위가 지속된 기간, 해당 거래의 대상이 되는 완제품의 특성, 해당 거래의 규모나 매출액에서 차지하는 비중, 거래 당시의 구체적인 시장 상황 등을 고려할 때 시장지배적 사업자가 해당 가격으로 거래할 경우 하류시장 경쟁사업자로서는 정상적으로 사업을 영위하기 어려워 유력한 현실적 또는 잠재적 경쟁사업자의 시장진입이나 확대의 기회가 봉쇄되거나 봉쇄될 우려가 있는지와 그 정도, 하류시장에서 경쟁사업자의 비용이 증대되는 등으로 경쟁에서 배제될 우려가 있는지와 그 정도, 시장지배적 사업자의 지배적 지위가 강화되는지와 그 정도, 그로 인하여 장기적으로 소비자 폐해가 발생할 우려가 있는지를 중점적으로 살펴보아야 한다.

가격은 시장경제체제에서 경쟁의 가장 기본적인 수단으로서 시장에서 자유로운 가격경쟁은 일반적으로 보호되어야 한다. 수직 통합된 시장지배적 사업자가 하류시장에서 완제품의 소매가격을 낮게 설정하는 경우 정당한 경쟁 수단에 해당하는 것인지, 아니면 이윤압착을 통하여 경쟁사업자를 배제시키고자 하는 것인지 구별이 쉽지 않다.

하류시장에서 완제품의 소매가격을 낮게 설정하는 방식으로 이윤압착행위가 이루어지는 경우 거래상대방의 비용이 절감됨으로써 최종소비자 가격이 인하될 가능성이 있으므로, 그 부당성을 판단할 때에는 단기적으로 발생할 수 있는 소비자후생 증대효과도 아울러 고려할 필요가 있다.

이윤압착 유형의 시장지배적 지위 남용행위로 경쟁사업자가 배제될 우려는 위와 같이 상류시장과 하류시장이 연결되어 있는 관련 시장의 구조적 특징과 시장지배적 사업자의 지위에 기반을 둔 '도매가격과 소매가격의 차이'에서 비롯되는 것이므로 이를 상류시장과 하류시장에서 발생할 수 있는 문제로 각각 분리함을 전제로 부당성을 판단할 필요는 없다.

발달장애인의 참정권 보장을 위한 임시조치 신청 사건

- 서울중앙지방법원 2022. 2. 10.자 2021카합21948 임시조치 결정 -

배기완 · 고세훈 · 허종 · 민지영 · 이주언 · 최초록

이 사건의 신청인은 발달장애인입니다. 신청인은 성인이 된 이후 모든 선거에 참여해 선거권을 행사해 왔습니다. 다만 신청인은 장애로 인해 혼자서 기표를 할 수 없어 항상 어머니의 투표보조를 받았습니다. 그런데 신청인은 2021. 4. 서울시장 보궐선거에서 납득하기 어려운 이유로 투표보조를 제지당했습니다. 기표소에 '혼자 걸어갈 수 있다면' 보조를 받을 수 없다는 설명을 들은 것입니다. 매번 어머니의 조력을 받아 투표를 해 왔던 신청인은 무척 당황했고, 혼자 2시간가량을 전전긍긍하다가 결국 제대로 투표를 하였는지, 누구에게 투표를 하였는지도 잘 모른 채로 집에 돌아와야 했습니다.

투표 며칠 뒤에야 알게 된 사실은, 중앙선거관리위원회의 투표관리매뉴얼상 "자신이 혼자서 기표할 수 없는 선거인"에서 지적, 자폐성장애인이 제외되었다는 것이었습니다. 신청인은 투표를 할 때 투표보조가 꼭 필요합니다. 발달장애인이 작은 투표지 안에 적힌 후보자의 이름을 정확히 인지하여 도장을 찍는 것은 쉽지 않은 일이기 때문입니다. 다만 발달장애인이 투표를 하고 싶은 후보가 누구인지 표현하고, 이를 지원하는 인력만 있다면 발달장애인도 다른 사람들처럼 선거에 참여할 수 있습니다. '혼자 걸어갈 수 있'는 사람만 보조가 필요한 것이 아닙니다.

선거권은 헌법에 근거한 권리로서, 넓게 보장되어야 합니다. 공직선거법은 '시각 또는 신체의 장애로 인하여 자신이 기표할 수 없는 선거인'은 투표보조를 받을 수 있다고 정하고 있습니다. 이 규정은 장애인이 장애 유형을 불문하고 혼자서 기표를 하기

어려운 때에 보조를 받을 수 있다는 취지이지 발달장애인을 배제하는 내용이 아닙니다. 장애인권리협약, 장애인차별금지법에서도 장애인의 선거 참여를 폭넓게 보장하고 있으며, 장애인이란 이유로 비장애인과 동등하게 선거에 참여할 수 없다면 이는 명백한 차별입니다. 신청인이 계속해서 보조인 없이 투표를 해야 한다면 국가기관에 의해 차별을 받게 되는 것입니다.

결국 신청인은 제22대 대통령선거를 100일 앞두고, 법원에 장애인차별금지법에 근거한 임시조치 신청을 하였습니다. 신청인이 원한 것은 전처럼 어머니의 보조를 받아 투표를 하는 것이었습니다. 이에 신청인은 과거의 지침처럼 투표보조와 관련하여 "자신이 혼자서 기표할 수 없는 선거인"에 발달장애인을 포함할 것을 신청하게 되었습니다.

소송 과정에서 중앙선거관리위원회는 투표관리매뉴얼을 개정하였습니다. 장애등록 여부나 장애유형과 무관하게 본인이 기표할 수 없어 투표보조 받기를 희망하는 경우 누구든 보조가 가능하다는 내용이 반영된 것입니다. 또한 중앙선거관리위원회는 각급 선거관리위원회에 이 내용을 상세히 안내하겠다고 밝혔습니다. 매뉴얼 및 안내사항에 일부 부적절한 표현이 있었지만, 대선이 얼마 남지 않은 시점임을 감안하여 대선 이후 발달장애인 권익 옹호 단체와 신의성실에 따라 협의하기로 하는 내용의 조정으로 소송을 종료하였습니다. 신청인은 선거 당일 어머니의 보조를 받아서 무사히 선거권을 행사하였습니다. 투표를 마친 신청인에게 기분이 어떤지 물으니 "기분이 좋다"고 했고, 투표를 보조한 신청인의 어머니는 "변호사님들이 애써주셔서 조금씩 세상을 바꿀 수 있다는 희망이 있어서 너무 감사드린다. 저도 할 수 있는 한 도와드리겠다."고 인사를 전했습니다.

이로써 발달장애인도 본인이 원하면 투표보조를 받을 수 있다는 것이 확인되었습니다. 그러나 여전히 많은 과제들이 남았습니다. 신청인은 무사히 투표를 마쳤지만, 다른 투표소에서는 혼란이 있었습니다. 실랑이 끝에 발달장애인이 투표보조를 받아 투표를 한 경우도 있었지만, 끝내 투표보조를 거부당한 경우도 있었습니다. 발달장애인의 참정권이 온전히 보장되는 날까지 계속해서 대응하겠습니다.

임 시 조 치 신 청

신 청 인   박○○

피신청인   대한민국
          법률상 대표자 법무부장관 박범계

피보전권리   「장애인차별금지 및 권리구제 등에 관한 법률」 제4조, 제27조, 제46조,
          제48조 제1항 및 제2항에 기한 권리

신 청 취 지

1. 피신청인은 신청인의 참정권을 보장하기 위하여 2022년 제20대 대통령선거 및 제8회 전국동시지방선거의 각 투표관리매뉴얼을 시각 및 신체장애 선거인 안내 중 투표보조와 관련하여 "자신이 혼자서 기표할 수 없는 선거인"에 "발달장애인(지적·자폐성 장애인)"을 포함하는 것으로 수정하고, 신청인에게 투표보조 편의를 제공하라.

2. 소송비용은 피신청인이 부담한다.

라는 결정을 구합니다.

신 청 원 인

1. 당사자들의 지위 및 소송의 개요

가. 신청인 – 발달장애인 선거권자

신청인은 자폐성 장애중증을 가진 발달장애인으로[1] 2021. 4. 7. 서울시장 보궐선거일에 투표소에서 투표소 투표사무원으로부터 보호자(어머니)의 투표보조를 거부당한 자입니다.

나. 피신청인 - 대한민국

중앙선거관리위원회는 「장애인차별금지 및 권리구제 등에 관한 법률」(이하 '장애인차별금지법') 등에 따라 발달장애인을 포함하여 모든 장애인이 장애가 없는 사람과 동등하게 아무런 어려움 없이 투표할 수 있도록 필요한 기술적·행정적·재정적 지원 등의 적극적 조치와 정당한 편의를 제공할 의무가 있는 국가기관입니다.

차별구제청구소송과 이를 전제로 한 임시조치 신청은 평등권을 침해당한 위법한 상태에 대한 배제 및 예방을 구하는 사법상의 이행청구권에 기초한 청구로서 민사소송입니다.[2] 따라서 중앙선거관리위원회의 선거관리사무로 인해 장애인차별금지법에서 규정하는 차별행위가 발생할 경우 그 시정을 위한 적극적 조치를 할 의무는 권리·의무의 귀속주체인 대한민국 즉, 피신청인에게 있다 할 것입니다.

다. 사건의 개요

신청인은 중증발달장애인으로서 본인 의사로 후보를 선택할 수는 있으나 혼자서 해당 후보자의 난에 기표행위를 하는 것은 매우 어렵습니다. 신청인에게 투표소에 방

---

[1] 2019. 7. 장애인등급제가 폐지되면서 발달장애인(지적·자폐성 장애인)은 장애의 정도가 심한 장애인(중증)으로 분류되었습니다.

[2] 하정훈, 우리나라 법원의 적극적 구제조치의 판결례에 관한 연구, 포괄적 차별금지법과 법원의 역할 자료집(2020), 104-105쪽. 서울중앙지방법원 2015. 7. 10. 선고 2014가합11791 판결, 서울고등법원 2019. 1. 25. 선고 2015나2041792 판결 참조.

문하여 실제로 투표를 하는 행위는 헌법이 정한 참정권을 다른 공동체구성원과 다름 없이 행사하는 것으로서 민주사회 공동체 구성원으로서 숭고한 권리를 향유하는 것이고 사회적 의무를 다하는 것입니다. 신청인은 신청인의 어머니의 투표보조를 받아 2014년부터 '2014년 전국동시지방선거', '2016년 제20대 국회의원선거', '2017년 제19대 대통령선거', '2018년 제7회 전국동시지방선거', '2020년 제21대 국회의원선거3)'에서 큰 불편 없이 투표를 해왔습니다. 투표소의 투표사무원에게 장애인 복지카드를 제시한 후 투표사무원이 발달장애인(지적·자폐성 장애인)임을 확인하면, 투표사무원은 투표관리 메뉴얼이 정하는 바에 따라 신청인 어머니의 투표보조를 별다른 이의 없이 허용해왔기 때문입니다.

신청인은 2021. 4. 7. 서울시장 보궐선거 투표를 위하여 관할 투표소를 방문하여, 여느 때와 같이 투표사무원에게 어머니의 투표보조를 받겠다고 하였습니다. 하지만 현장의 투표사무원은 "신체장애와 시각장애 이외에는 혼자 투표해야 한다"면서 스마트폰에서 내부 지침을 신청인의 어머니에게 보여주면서 투표보조 요청을 거부하였습니다. 신청인의 어머니가 "신청인은 20세 이후 지난 10년간 계속적으로 저의 도움을 받아 투표를 했다"고 하자, 투표사무원은 ◇◇선거관리위원회(이하 '◇◇선관위')의 번호를 알려 주면서 ◇◇선관위와 이야기를 하라 하였는데, ◇◇선관위는 전화 연결이 되지 않았습니다.

해당 투표사무원과 한참을 실랑이 한 끝에 신청인의 어머니가 다시 OO선관위에 연락을 하자, ◇◇선관위는 당장 답변을 해 줄 수는 없고, 내부적으로 알아보고 전화를 준다고 하였습니다. 10분을 기다려도 ◇◇선관위가 전화 연락이 오지 않아 신청인의 어머니가 다시 ◇◇선관위에 전화를 거니, ◇◇선관위는 "안타깝지만 신체장애와 시각장애인만 투표보조를 받을 수 있다. 원칙대로 신청인은 혼자 투표를 해야 한다"는 말만 반복하였습니다. 신청인의 어머니가 "신청인이 20세가 된 이후 현재까지 계속하여 투표보조를 받아 투표를 해왔는데, 왜 이번 투표에서는 투표보조를 받지 못하는가"라고 묻자, ◇◇선관위는 중앙선거관리위원회에 연락을 해보라고 하였습니다.

신청인의 어머니가 중앙선거관리위원회에 전화를 하여 투표보조를 허용하지 않는 이유를 묻자, 전화를 받은 중앙선거관리위원회 직원은 잘 모르겠다며 내부적으로 알

---

3) 2020년 제21대 국회의원선거부터 투표보조를 받을 수 있는 대상에서 지적·자폐성 장애인을 제외시켰으나 작년 투표 당시 투표소 담당직원의 착오로 신청인 어머니의 투표보조를 허용했던 것으로 추정됩니다.

아보고 연락을 주겠다 하였습니다. 이후 10분 정도가 지나도 전화가 없자 신청인이 다시 중앙선거관리위원회에 전화를 하였습니다. 신청인의 어머니는 겨우 중앙선거관리위원회 주무관과 통화를 하게 되었는데, 해당 주무관은 해당 투표소의 투표사무원에게 "신청인이 기표소에 혼자 걸어갈 수 있는가"라고 물었고, 투표사무원이 "혼자 걸어갈 수 있다"고 답하자, 중앙선거관리위원회 해당 주무관은 "신청인은 혼자 기표소에 가서 투표를 해야 하고 투표보조를 받을 수 없다"고 하였습니다. 신청인의 어머니는 신청인이 지적·자폐성 장애로 인하여 혼자서 기표할 수 없는 상태라고 설명을 하며, 투표사무원에게 "제가 기표소에 같이 가는 것이 허락되지 않는다면, 선관위 직원이 기표 시에 보조를 해달라"고 부탁을 하였습니다. 하지만 이 역시 거절되었습니다.

투표사무원은 코로나 자가격리자나 발열·호흡기 증상자를 위해 설치한 임시기표소에서 투표 연습을 하라고 신청인과 신청인의 어머니를 안내하였습니다. 신청인의 어머니는 그 안에서 신청인에게 어떻게 도장을 찍어야 하는지, 투표용지는 몇 번 접어야 하는지 급하게 알려주어야만 했습니다. 투표 연습 당시 신청인과 어머니에게 연습용 투표용지나 연습용 기표도장은 제공되지 않았고 어머니는 허공에서 신청인에게 몸짓으로 설명할 수밖에 없었습니다. 이후 신청인이 기표를 한 후 투표용지를 접지 않고 펼친 채 기표소 밖으로 나오는 돌발상황이 발생하기도 했습니다. 신청인이 원하는 후보자에게 제대로 기표를 하였는지는 알지 못합니다.

신청인이 투표소에 입장하고 투표를 마치는 데에 총 2시간가량이 소요되었습니다. 일반인에게는 5분에서 10분이면 충분한 시간이고, 혼자서 기표할 수 없는 다른 유형의 장애인들에게도 그 정도면 충분한 시간입니다. 피신청인이 지난 수년 동안 허용하던 방식대로 신청인에게 투표보조를 허용하였다면, 길어도 10분이면 종결할 수 있는 절차인데, 그보다 10배 이상의 시간인 2시간이 소요된 것입니다.

신청인의 어머니는 투표 이후 예정되었던 저녁 약속 모두를 취소하여야 했지만 더 마음 아픈 것은 신청인이 받은 상처였습니다. 신청인은 공개된 투표소에서 투표사무원에게 자폐성 장애인이 육체적으로는 멀쩡해 보일지라도 지적·정신적 장애로 인하여 혼자 막힌 공간(기표소)에 들어가는 것 자체에 어려움이 있으며 이로 인하여 혼자서 기표할 수 없다는 점을 구구절절 설명을 해야 했습니다. 신청인이 고압적인 투표사무원과 주변 다른 사람들의 따가운 눈초리를 받는 것을 보며 신청인의 어머니는 가슴 찢기는 고통과 굴욕감을 느꼈으며, 어머니의 이런 모습을 목도한 신청인도 심각한 불안

감에 젖은 상태에서 투표를 해야만 했습니다.

투표가 이렇게 어려워서는 안 되는 것입니다.

피신청인이 위와 같이 피신청인의 투표보조를 거부하고 이와 같은 혼란을 일으킨 이유는 놀랍게도 너무나 간단합니다. 중앙선거관리위원회가 2020년 투표관리매뉴얼을 수정하여 '지적·자폐성 장애인'을 투표보조 대상에서 제외하였기 때문입니다.

[그림 1] (수정 전) 2016년 제20대 국회의원선거 투표관리매뉴얼

시각 및 신체 장애 선거인 안내

▶ 시각장애인 등에게 점자를 읽을 수 있는지 여부를 확인함.

▶ 점자를 읽을 수 있는 시각장애인에게는 투표보조용구를 교부함.

▶ 점자를 읽을 수 없어 혼자서 기표할 수 없는 시각장애인과 신체 장애(지적·자폐성 장애 포함)로 자신이 혼자서 기표할 수 없는 선거인은 그 가족(1인도 가능) 또는 본인이 지명한 2인에게 투표를 보조받을 수 있음을 안내함(특수형 기표용구 교부 가능).

※ 시각 또는 신체의 장애가 있는 선거인이 지명한 자가 없거나 1인(가족 제외)인 경우에는 투표참관인의 입회하에 투표사무원 중에서 2인이 되도록 선정하여 투표보조(투표관리관은 그 사실을 투표록에 기재)

[그림 2] (수정 후) 2020년 제21대 국회의원선거 투표관리매뉴얼

시각 및 신체장애 선거인 안내

○ 시각장애인 등에게 점자를 읽을 수 있는지 여부를 확인하고, 점자를 읽을 수 있는 시각장애인에게는 점자형 투표보조용구를 교부

○ 상지절단, 근육마비 등 신체장애인에게 특수형 기표용구 필요 여부를 확인하여 교부

○ 자신이 혼자서 기표할 수 없는 선거인은 그 가족(1명도 가능) 또는 본인이 지명한 2명에게 투표를 보조받을 수 있음을 안내

※ 금치산자 또는 피성년후견인도 시각 또는 신체장애가 있는 경우 투표 보조 가능

중앙선거관리위원회는 2016년까지 투표관리매뉴얼을 통하여, 투표보조를 받을 수 있는 장애인의 대상을 '점자를 읽을 수 없어 혼자서 기표할 수 없는 시각장애인과 신체장애(지적·자폐성 장애 포함)로 자신이 혼자서 기표할 수 없는 선거인'으로 규정했습니다. 즉, 지적·자폐성 장애인인 발달장애인은 2016년까지 아무런 문제 없이 투표보조를 받는 것이 허용되었습니다.

하지만 중앙선거관리위원회는 2020년 제21대 국회의원선거부터 투표관리매뉴얼을 통하여, 투표보조를 받을 수 있는 장애인의 대상에서 '지적·자폐성 장애 포함'이라는 문구를 삭제하였습니다. 이에 따라 중앙선거관리위원회는 전국의 투표소에서 신청인을 포함한 발달장애인(지적·자폐성 장애인)에 대한 투표보조를 거부한 것입니다.

라. 신청의 요지 – 발달장애인의 투표보조를 받을 권리 보장 및 차별금지 요구

피신청인은 2021. 4. 7. 서울시장 보궐선거 투표에서 신청인의 투표보조 요청을 정당한 이유 없이 거부하였습니다. 더욱이 피신청인은 2020년 제21대 국회의원선거 사전투표 당일, 발달장애인들에 대하여 투표보조 지원을 거부하였고 이로 인하여 수많은 발달장애인들이 투표 자체를 하지 못하거나 투표를 한 경우에도 적절한 투표보조 없이 투표가 실행되어 수많은 사표가 발생하기도 하였습니다.[4]

그 후 발달장애인들은 피신청인에게 투표보조원을 다시 제공해 달라고 요청하였으나 피신청인에 의하여 거부당하였고, 이에 발달장애인들은 피신청인에 대하여 국가인권위원회에 진정을 제기하여 '발달장애인 선거인은 공적 보조원을 제공받을 권리가 있다'는 결정을 받기도 했습니다(국가인권위원회 2021. 5. 18.자 20진정0257300 결정). 하지만 현재까지도 피신청인은 발달장애인에 대한 투표보조원 제공을 계속하여 거부하고 있습니다.

신청인의 청구 요지는 간단하고 명확합니다. 신청인이 선거권을 행사하는 데에 불편함이 없도록 신청인의 가족 또는 신청인이 지명한 2인을 동반하여 투표보조를 받을 수 있도록 피신청인을 강제해달라는 것입니다. "시각 또는 신체의 장애로 인하여 자신이 기표할 수 없는 선거인은 그 가족 또는 본인이 지명한 2인을 동반하여 투표를 보조하게 할 수 있"도록 하라는 「공직선거법」(이하 '공직선거법') 제157조 제6항의 취지에 따라 동법의 수범자인 피신청인이 법률이 정한 의무를 엄중히 이행하도록 강제할 필요가 있습니다. 구체적으로는 피신청인의 선거 투표관리매뉴얼상 "장애로 인하여 자신이 혼자서 기표할 수 없는 선거인"에 "발달장애인을 포함"시켜서, 발달장애인이 다른 '혼자서 기표할 수 없는 장애인'과 마찬가지로 투표보조를 받을 수 있도록 강제하는 결정을 구하는 것입니다.

---

4) "선관위가 지침 바꿔 발달장애인들 투표 보조 못받아", <연합뉴스>, 2020. 4. 14.,
  (https://www.yna.co.kr/view/AKR20200414139600004), (접속일 2021. 12. 5.)

내년 2022. 3. 9.에는 제20대 대통령선거가 있으며, 2022. 6. 1.에는 제8회 전국동시지방선거가 있습니다. 현재 피신청인은 안하무인의 자세로 일관하며 국가인권위원회의 결정(2021. 5. 18.자 20진정0257300 결정)에 대해서도 어정쩡한 태도를 보이고 있습니다. 피신청인은 신청인이 다가오는 선거에서 투표보조를 받을 수 있는지 없는지에 대해서 구체적인 답변을 피하고 명확한 입장을 내놓지 않아 혼란만 가중되고 있는 상황입니다.[5]

현 상황이 지속되는 경우 신청인을 포함한 발달장애인 유권자 20만 명이 다가오는 제20대 대통령선거(2022. 3. 9. 예정)에서 선거권을 실질적으로 행사하지 못하는 돌이킬 수 없는 참정권 침해가 발생할 위험이 있습니다. 따라서 신청인은 위와 같은 상태를 시정하고, 차별 없는 선거권 행사를 보장받기 위하여 장애인차별금지법 제48조 제2항에 따른 차별구제청구소송을 제기할 계획이며, 이에 수반하여 귀 법원에 장애인차별금지법 제48조 제1항[6]에 따라 차별행위의 중지 등을 위한 임시조치를 명하는 결정을 구하는 바입니다.

2. 발달장애인의 '투표보조를 받을 권리' 및 '선거권 행사에서 차별받지 않을 권리'

가. 발달장애인

발달장애인의 정의와 장애유형별 증상은 다음과 같습니다.

1) 발달장애인(지적 · 자폐성 장애인)

(생략)

2) 발달장애의 특징

지적장애와 자폐성장애은 의사소통에 어려움이 있어 사회생활을 혼자 하기에 상당

---

5) "대선 다가오는데…'장애인 참정권'에 소극적인 선관위", <국민일보>, 2021. 10. 28.,
   (http://news.kmib.co.kr/article/view.asp?arcid=0924215912&code=11131800&cp=nv), (접속일 2021. 12. 5.)

6) 제48조(법원의 구제조치) ① 법원은 이 법에 따라 금지된 차별행위에 관한 소송 제기 전 또는 소송 제기 중에 피해자의 신청으로 피해자에 대한 차별이 소명되는 경우 본안 판결 전까지 차별행위의 중지 등 그 밖의 적절한 임시조치를 명할 수 있다.

한 어려움을 겪습니다. 특히 자폐성장애는 의사소통의 어려움 외에도 사회적 상호작용에 어려움을 겪습니다. 자폐성장애인은 "자신만의 세계에 갇혀 있다"고 표현되기도 하는데, 다른 사람과 눈맞춤을 하지 않고 또래와 어울리기보다는 고립된 행동을 보이기도 하며, 특정한 사물이나 소리에 강한 집착을 보이기도 합니다.

지적장애와 자폐성장애 모두 '소근육 발달지연'이라는 공통적인 증상을 보입니다. 소근육 사용의 예로는 젓가락질, 단추 잠그고 풀기, 지퍼 올리고 내리기 등이 있습니다. 예를 들어, 농구선수를 할 정도로 대근육이 발달한 자폐성장애인이 신발 끈을 묶는 것은 어려워할 수 있다는 것입니다. 특히, 지적장애인이나 자폐성장애의 경우 상황에 따라 과다한 손떨림 등의 현상이 발생하기 때문에 얇은 기표 도장을 들고 투표지의 제한된 공간에 기표하는 행위 자체가 어려운 경우가 많습니다.[7]

3) 신청인의 장애 정도

신청인은 언어·신체표현·자기조절·사회적응 기능 및 능력의 장애로 인하여 일상생활이나 사회생활에 상당한 제약이 있어 평소 어머니와 활동지원사의 도움을 받아 생활하고 있습니다. 신청인의 어머니는 신청인이 설령 그 의미를 이해하지는 못하더라도 다양한 경험을 할 수 있도록 최선을 다하여 지원하였습니다. 신청인은 초등학교 때부터 특수교사의 도움을 받으며 일반학교를 다녔고, 고등학교 3학년 때에는 세 명의 감독관의 도움을 받아 스스로 수능시험을 치르기도 했습니다. 성인이 된 후로 근로지원인의 도움을 받아 직장생활을 하고 있는 신청인은, 선거일마다 어머니와 함께 투표소에 나와, 어머니의 투표보조를 받으며 현장투표를 하였습니다. 신청인이 어머니와 동행을 했던 이유는 신청인이 기표소의 좁은 공간에 혼자 있는 경우 극심한 불안을 느껴 과다한 손떨림 등의 현상이 발생할 우려가 있고 투표지의 좁은 후보란에 적절히 기표하지 못할 수도 있기 때문입니다.

---

7) "혹시나 했는데 역시나−21대 국회의원선거에서도 계속된 장애인 차별", <비마이너>, 2020. 5. 7., (http://www.beminor.com/news/articleView.html?idxno=14645), (접속일 2021. 12. 5.). 기사에 따르면, 발달장애인인 딸이 손이 불편해서 기표에 도움을 주기 위하여 이전처럼 투표보조를 하려고 하였으나, 투표사무원으로부터 제지를 당한 후, 딸 혼자 기표를 제대로 하지 못하고 투표용지를 바닥에 떨어뜨렸다고 합니다. 결국 딸의 표는 사표가 되었다고 합니다.

나. 발달장애인의 선거권과 투표보조를 받을 권리

1) 발달장애인의 선거권

「대한민국헌법」(이하 '헌법') 제24조에 의하면 모든 국민은 법률이 정하는 바에 의하여 선거권을 가집니다. 공직선거법 제15조는 18세 이상의 국민은 일정한 주민등록 요건만 충족하면 대통령 및 국회의원, 지방자치단체의 의회의원 및 장의 선거권이 있다고 규정하고 있습니다.

헌법 제24조에 따른 선거권은 형식적인 선거권 부여 그 자체만이 아니라, 실질적인 그 행사가능성까지 보장해주어야 함을 의미합니다(헌법재판소 2009. 5. 28. 선고 2006헌마285 결정 반대의견). 특히 헌법 제11조, 제34조 제5항, 제41조에 의하면 입법자는 국회의원선거에 있어서 보통·평등·직접·비밀 선거 등의 선거원칙이 존중될 수 있는 선거제도를 형성하여야 하며, 장애인의 선거권이 부당하게 제한되지 않도록 하기 위하여 필요한 입법을 해야 할 의무를 갖습니다(헌법재판소 2013. 8. 29. 선고 2012헌마840 결정).

따라서, 발달장애인이 헌법상·법률상 온전한 선거권을 가진다는 점에는 의문의 여지가 없습니다.

2) 발달장애인의 '투표보조를 받을 권리'

신청인은 장애인차별금지법, 공직선거법, 「장애인복지법」(이하 '장애인복지법'), 발달장애인법, 유엔 「장애인의 권리에 관한 협약」(이하 '장애인권리협약')에 따라 장애가 없는 사람뿐만 아니라 다른 유형의 장애인과도 동등하게, 선거권을 행사할 권리가 있고, 자신의 정치적 의사를 투표로 정확히 표현하기 위해 물적·인적 편의를 제공받을 권리가 있습니다. 구체적으로는 다음과 같습니다.

가) 장애인차별금지법

장애인차별금지법 제27조 제2항에 따라 국가는 장애인의 참정권을 보장하기 위하여 필요한 시설 및 설비, 참정권 행사에 관한 홍보 및 정보 전달, 장애의 유형 및 정도에 적합한 기표방법 등 선거용 보조기구의 개발 및 보급, '보조원의 배치' 등 정당한 편의를 제공하여야 합니다.

장애인차별금지법은 장애인의 선거권 보장을 위한 정당한 편의 제공의 예로서 '보조원의 배치'를 명시하고 있습니다. 따라서 발달장애인의 장애 특성상 장애가 없는 사람과 동등하게 선거권을 행사하기 위해서 투표보조원 배치라는 인적 편의가 반드시 필요함에도 국가가 수범자로서 이를 거부할 경우 본법 제27조 제2항의 정당한 편의 제공을 거부한 것에 해당합니다.

그리고 정당한 사유 없이 장애인에 대하여 정당한 편의 제공을 거부하는 경우 본법이 금지하는 차별행위에 해당하며(제4조 제1항 제3호), 법원은 피해자의 청구에 따라 차별적 행위의 중지 및 그 시정을 위한 적극적 조치 등의 판결을 할 수 있습니다(제48조 제2항).

나) 공직선거법

공직선거법 제6조 제1항에 따라 국가는 선거권자가 선거를 행사할 수 있도록 필요한 조치를 취하여야 합니다. 공직선거법은 특히 시각 또는 신체의 장애로 인하여 자신이 기표할 수 없는 선거인은 그 가족 또는 본인이 지명한 2인을 동반하여 투표를 보조할 수 있다고 규정하여 장애인에 대한 투표보조원 제공의 근거규정을 마련하고 있습니다(제157조 제6항).

공직선거법

제6조(선거권행사의 보장)

① 국가는 선거권자가 선거권을 행사할 수 있도록 필요한 조치를 취하여야 한다.

제157조(투표용지수령 및 기표절차)

⑥ 선거인은 투표소의 질서를 해하지 아니하는 범위 안에서 초등학생 이하의 어린이와 함께 투표소(초등학생인 어린이의 경우에는 기표소를 제외한다) 안에 출입할 수 있으며, 시각 또는 신체의 장애로 인하여 자신이 기표할 수 없는 선거인은 그 가족 또는 본인이 지명한 2인을 동반하여 투표를 보조하게 할 수 있다.

다) 장애인복지법

장애인복지법 제26조에 따라 국가는 장애인이 선거권을 행사하는 데에 불편함이 없도록 편의시설·설비를 설치하고, 선거권 행사에 관하여 홍보하며, 선거용 보조기구를 개발·보급하는 등 필요한 조치를 강구하여야 합니다.

라) 유엔 장애인의 권리에 관한 협약

더욱이 유엔 「장애인의 권리에 관한 협약」(이하 '장애인권리협약')[8] 제29조에 따르면

---

8) International Convention on the Protection and Promotion of the Rights and Dignity of Persons with Disabilities, G.A. Res. 61/106, Annex I, U.N. GAOR, 61st Sess., Supp. No. 49, at 65, U.N. Doc. A/61/49 (2006), entered into force May 3, 2008을 의미합니다.

국가는 장애인이 다른 사람과 동등하게, 직접 또는 자유롭게 투표할 수 있도록 투표절차, 시설 및 용구가 적절하고, 접근가능하며, 그 이해와 사용이 용이하도록 보장해야 합니다. 특히 유권자로서 장애인의 자유로운 의사 표현을 보장하고 이를 위하여 필요한 경우, 투표에 있어 장애인의 요청에 따라 '그가 선택한 사람에 의하여 도움'을 받도록 인정할 것을 규정하고 있습니다.

마) 소 결

위와 같은 내용을 종합하면, 신청인을 포함한 발달장애인은 장애인차별금지법, 공직선거법, 장애인복지법 등 관련 법령에 따라, 발달장애인을 포함한 장애인이 선거권을 행사함에 있어서 장애의 유형 및 정도에 적합한 기표방법 등을 고안하고 보조원의 배치 등 정당한 편의를 제공받을 권리가 있고, 특히 자신이 기표를 할 수 없는 경우에는 투표보조를 받을 권리가 있는 것입니다.

다. 발달장애인이 선거권 행사에서 차별받지 않을 권리

장애인차별금지법은 국가가 장애인이 선거권을 행사함에 있어서 '차별'하는 것을 엄중하게 금지하고 있습니다(법 제27조 제1항). 정당한 사유 없이 장애인에 대하여 '정당한 편의' 제공을 거부하는 것은 장애인차별법이 명시적으로 금지하고 있는 '차별행위'에 해당합니다(법 제4조 제1항 제3호). '정당한 편의'란 장애인이 장애가 없는 사람과 동등하게 같은 활동에 참여할 수 있도록 장애인의 성별, 장애의 유형 및 정도, 특성 등을 고려한 편의시설·설비·도구·서비스 등 인적·물적 제반 수단과 조치를 의미합니다(장애인차별금지법 제27조 제2항).

즉, 장애인이 선거권을 행사할 때에 다음의 어떤 상황에서도 정당한 사유 없이는 차별을 받지 않을 권리가 있는 것입니다.

① '장애인'과 '장애가 없는 사람' 사이의 차별
② '어떤 유형의 장애인'과 '다른 유형의 장애인' 사이의 차별
③ 같은 유형에 해당하는 발달장애인 중에서도 '어떤 발달장애인'과 '다른 발달장애인' 사이의 차별

3. 피신청인의 의무 및 법률상 의무 위반

가. 피신청인의 투표보조 등 편의 제공 의무 및 차별금지 의무

피신청인은 헌법상 기본권인 국민의 참정권 행사를 책임지는 국가기관으로서, 장애인차별금지법이 정하는 바에 따라, 모든 장애인이 선거권을 행사하는 데에 어떠한 차별도 하여서는 안 됩니다(장애인차별금지법 제27조 제1항). 피신청인은 장애인의 참정권을 보장하기 위하여 필요한 시설 및 설비, 참정권 행사에 관한 홍보 및 정보 전달, 장애의 유형 및 정도에 적합한 기표방법 등 선거용 보조기구의 개발 및 보급, 보조원의 배치 등 정당한 편의를 제공할 의무가 있습니다(장애인차별금지법 제27조 제2항 참조). 또한 피신청인은 「장애인복지법」에 따라, 장애인이 선거권을 행사하는 데에 불편함이 없도록 편의시설·설비를 설치하고, 선거권 행사에 관하여 홍보하며, 선거용 보조기구를 개발·보급하는 등 필요한 조치를 강구하여야 할 의무가 있습니다(장애인복지법 제26조).

나. 피신청인의 투표보조 등 편의 제공 의무 위반 및 차별금지 의무 위반

피신청인은 2021. 4. 7. 서울시장 보궐선거 투표에서 신청인의 투표보조 요청을 정당한 이유 없이 거부하였을 뿐만 아니라, 2020년 제21대 국회의원선거에서도 발달장애인들에 대하여 정당한 이유 없이 투표보조 지원을 거부함으로써 투표보조 의무를 위반하였습니다.

피신청인은 시각장애인이나 신체장애인에게는 투표보조를 허용하면서도 발달장애인에게 투표보조를 제공하지 않음으로써 차별금지 의무를 위반하였습니다.

다. 피신청인의 투표보조 등 편의 제공 거부 및 차별의 부당성

1) 피신청인의 입장

최근 피신청인의 국가기관인 중앙선거관리위원회는 2021. 10. 29. '2021. 10. 28.자 국민일보 "대선 다가오는데…장애인 참정권 뒷짐 진 선관위" 기사 관련 해명자료'를 발표하였습니다. 동 발표에 따르면, 중앙선거관리위원회는 "장애유형과 관계없이 신체상 투표가 어려울 경우 보조를 받게 하겠다"고 하면서, "발달장애인이 투표보조를 받지 못하도록 하였다는 것은 사실이 아니"라 합니다.

(증거 직접 인용 부분 생략)

피신청인은 "지적·자폐성 장애인 중 장애정도에 따라 스스로 투표가 가능한 사람까지 동반인의 보조를 받게 될 경우 발생할 수 있는 자기결정권 침해 등을 방지하기 위하여 관련 문구를 제외하였다"고 하면서도, "장애유형과 관계없이 신체상 투표가 어려울 경우 보조를 받게 한다는 의미"라고 합니다.

2) 피신청인 입장의 부당성

피신청인의 입장은 모호하여 예측가능성이 없으며 국가 선거를 책임지는 자의 주장이라고 하기에 너무나도 무책임합니다. 발달장애인인 신청인이 2022년 대통령선거에서 투표를 할 수 있는지 없는지에 대한 어떠한 기준도 제공하지 못합니다.

피신청인은 "장애유형과 관계없이 신체상 투표가 어려울 경우 보조를 받게 한다면서도, 지적·자폐성 장애인 중 장애정도에 따라 스스로 투표가 가능한 사람은 투표보조를 받을 수 없다"고 주장하는데, "어떤 발달장애인이 스스로 투표를 하는 것이 어려운지(즉, 어떤 발달장애인이 투표보조의 편의를 제공받을 수 있는지)"는 누가 어떤 방식으로 판단하는 것인지 되묻지 않을 수 없습니다.

신청인은 2021. 4. 7. 서울시장 보궐선거 투표 시 투표소 현장에서, "혼자 투표를 할 수 없으니, 어머니가 투표보조를 할 수 있게 해달라"고 수십 번을 이야기했습니다. 투표사무원에게 이야기하고, ◇◇선관위 투표사무원에게 이야기하고, 중앙선거관리위원회 상담 직원에게 이야기하고, 다시 중앙선거관리위원회 주무관에게까지 이야기했습니다. 2시간 동안 의사를 피력하였으나, 결국 거절되었습니다. 투표소 현장 투표사무원이 "신체장애와 시각장애 이외에는 투표보조를 허용할 수 없다"는 내용의 내부지침을 스마트폰을 통하여 신청인의 어머니에게 보여주면서까지 투표보조를 거부하였습니다.

피신청인의 이와 같은 행동에 비추어 보면 "어떤 발달장애인이 스스로 투표를 하는 것이 어려운지(즉, 어떤 발달장애인이 투표보조의 편의를 제공받을 수 있는지)"는 각 투표소의 투표사무원이 결정하도록 하는 것이 피신청인의 내부지침으로 보입니다. 20만 명의 발달장애인의 소중한 투표권이 전국 1만 4,330여 개 투표소의 투표사무원의 판단에 따라 좌지우지되는 결과가 되는 것입니다.

피신청인은 2020년 이후, "어떤 발달장애인이 스스로 투표를 하는 것이 어려운지

(즉, 어떤 발달장애인이 투표보조의 편의를 제공받을 수 있는지)"에 대한 어떠한 기준도 공표하지 않고 아무런 계획도 발표하지 않고 있습니다. 다만, 2021. 10. 29. "장애유형과 관계없이 신체상 투표가 어려울 경우 보조를 받게 한다"는 추상적인 해명만 내놓고 아무런 준비도 안하고 있는데, 발달장애인이 구체적으로 선거권을 행사할 수 있는지에 대한 판단에 아무런 도움도 안 되는 주장에 불과합니다.

이와 같이 발달장애인의 선거권의 실질적인 보장을 위하여 전혀 준비가 되어 있지 않은 것은 투표권 행사에 있어서 사회적 약자인 발달장애인의 참정권을 현저하게 침해하는 것이며, 신청인을 다른 신체장애인과 차별하는 중대한 차별행위에 해당합니다.

3) 공직선거법 제157조 제6항의 해석 발달장애인에 대한 투표보조

공직선거법 제157조 제6항은 '다른 사람의 도움 없이는 기표할 수 없는' 선거인의 경우 동반하여 투표보조를 할 수 있다는 규정이지, 투표 보조대상을 시각 또는 신체장애인에 한정한다는 규정이 아닙니다. 위에서 살펴본 바와 같이 발달장애인 역시 그 장애 특성상 혼자서 기표할 수 없는 선거인에 해당하므로, 그들에게 투표보조원을 제공하는 것이 공직선거법에 배치된다고 볼 수 없습니다. 다양한 유형의 장애를 가진 선거인을 아무도 차별하지 않겠다는 피신청인의 의지만 있다면 선거관리매뉴얼에 발달장애인에 대한 투표보조지침을 다시 추가하는 것은 충분히 가능한 일입니다.

이러한 취지에서 최근 국가인권위원회는 공직선거법 제157조 제6항에도 불구하고 발달장애인이 투표보조원의 조력을 받을 권리가 있다고 판단하였습니다.

[참고] 국가인권위원회 2021. 5. 18.자 20진정0257300 결정(발췌)
피진정인은 선거 과정에서의 정당한 편의 제공과 관련하여, 발달장애인은 '시각 또는 신체장애'에 해당하지 않으므로 투표보조를 할 수 있는 선거인에 해당하지 않는다고 주장한다. 이러한 피진정인의 주장과 관련하여 인정사실과 관련 법령 등의 내용을 살펴보면 다음과 같이 판단된다.

첫째, 피진정인은 헌법상 기본권인 국민의 참정권 행사를 실질적으로 책임지고 있는 국가기관으로, 장애인차별금지법 등에 따라 발달장애인을 포함하여 모든 장애인이 비장애인과 동등하게 아무런 어려움 없이 투표할 수 있도록 실질적으로 필요한 기술적·행정적·재정적 지원 등 적극적인 조치와 정당한 편의를 제공할 의무의 주체이다.

둘째, 「공직선거법」 제157조에서 시각 및 신체장애로 인해 기표행위가 어려울 때에는 투표보조 동반을 허용하고 있다고 하나 이 규정이 다른 장애 유형을 배제하여 참정권을 제한하고자 하는 취지의 규정이라고 볼 수 없으므로, 피진정인은 장애인차별금지법 제27조(참정권) 제2항에 따라 "장애의 유형 및 정도에 적합한 기표방법 등 선거용 보조기구의 개발 및 보급, 보조원의 배치 등" 편의 제공 방안을 적극적으로 모색하여야 한다.

셋째, 유권자 입장에서 투표행위는 각종 정보 수집을 통해 선호하는 정당(무소속 포함)을 선택하고 후보를 결정하는 행위와 실제 투표소에서 기표하는 행위로 구분할 수 있는데, 앞서 본 것과 같이 기표 행위와 관련하여 장애인차별금지법 제27조는 '보조원의 배치'를 규정하고 있다. 이는 실제 투표소에서의 기표 행위와 관련하여 물리적 접근과 함께 일부 발달장애인을 포함하여 글자를 읽기 어려워하는 사람들을 위해 정당의 로고나 후보자 사진 등이 부착된 투표용지를 통해 쉽게 투표할 수 있도록 편의를 제공하거나 직접 기표행위를 도울 수 있는 공적 보조원을 지원하는 등의 정당한 편의를 제공해야 한다는 것을 의미한다. 이때 '보조원'은 발달장애인과 사적인 관계에 있는 부모나 사회복지사 또는 활동지원인이 아니라, 피진정인이 발달장애인의 비밀투표를 보장하면서 조력활동을 할 수 있도록 선발하고 교육을 이수하도록 한 '공적 보조원(조력인)'으로 투표소마다 배치하여 발달장애인이 스스로 투표할 수 있도록 할 필요가 있다.

넷째, 「공직선거법」이 개정되지 않은 상황에서도 피진정인은 2016년 국회의원선거와 2018년 전국동시지방선거에서 발달장애인이 기표행위에 어려움이 있는 경우 동반투표자의 입장을 허용하였으므로 시각 또는 신체장애로 인해 혼자서 기표할 수 없는 장애인에 발달장애인은 포함되지 않는다는 피진정인의 주장은 타당성이 없다.

4) 투표보조가 제공되어도 선거의 공정성이 보장될 수 있음

피신청인이 주장하는 바와 같이 발달장애인이 투표보조를 받는 경우에 선거의 공정성이 문제가 된다면, 피신청인이 허용하고 있는 시각장애인이나 신체장애인을 위한 투표보조의 경우에도 같은 문제가 발생합니다. 피신청인은 이에 대해서는 말이 없습니다.

발달장애인의 투표보조원이 단순 보조를 넘어 투표에 영향을 끼치는 것을 방지할 방법은 여러 가지가 있습니다. 가령, 투표보조원에게 선거인의 의사에 따라 기표행위를 하도록 선서의 의무를 지우거나, 투표 후 투표보조원이 선거인의 의사와 동일하게 기표행위를 하였다는 점을 투표관리관 등이 선거인으로부터 확인하는 등 투표보조의 구체적 절차를 마련할 수도 있습니다. 따라서 피신청인이 아무런 노력도 하지 않은 채 만연히 발달장애인에게 투표보조의 편의 제공을 거부하는 것은 정당화될 수 없으며 즉시 시정되어야 하는 것입니다.

더욱이 피신청인은 '2014년 전국동시지방선거', '2016년 제20대 국회의원선거',

'2017년 제19대 대통령선거', '2018년 제7회 전국동시지방선거'에서 계속하여 지속적으로 신체장애가 없는 발달장애인에게도 투표보조를 허용하였습니다. 그런데 "어떤 발달장애인이 스스로 투표를 하는 것이 어려운지(즉, 어떤 발달장애인이 투표보조의 편의를 제공받을 수 있는지)"에 대하여 피신청인이 판단을 하여 투표보조 여부를 결정하겠다고 합니다. 신청인을 비롯한 20만 발달장애인 유권자의 선거권을 전국 1만 4,330여 개 투표소의 각 투표사무원의 판단에 맡기면서, 선거의 공정성을 확보하겠다는 것입니다. 그렇다면 피신청인은 지난 수차례의 선거가 공정하지 않았다는 것을 자인하는 꼴밖에 안 되는 자가당착의 논리를 펴고 있는 것입니다.

라. 발달장애인의 선거권 행사의 현실

2005년부터 2014년까지 10년간 우리나라 장애인 유권자의 투표율은 계속하여 70%가 넘습니다. 2017년 제19대 대통령선거에서는 장애인 유권자의 84.1%가 투표에 참여하여 전체 평균 투표율인 77.2%를 크게 상회하여 장애인의 투표 의지는 비장애인 유권자보다 높습니다.[9] 이와 같이 장애인들에게 선거권 행사는 헌법이 부여한 민주사회의 기본권을 행사하는 것이자 공동체의 구성에 실질적으로 참여하는 숭고한 행위인 것입니다.

발달장애인의 제19대 대통령선거 투표율은 지적장애인 61.3%, 자폐성장애인 55.9%로서 장애인 평균 84.1%에 비하여 매우 낮습니다. 발달장애인에게 투표하지 않은 이유에 대해 설문한 결과 '도우미(투표보조)가 없어서'가 가장 큰 이유입니다(발달장애인 중 10%, 전체 장애인 중 3.8%). 따라서 피신청인이 발달장애인에 대한 투표보조를 계속 거부할 경우 장래의 발달장애인의 투표율은 지속적으로 하락할 것입니다.

현행 공직선거법은 신체장애인이나 시·청각 등 감각장애인의 선거권 보장을 위해 거소투표(제38조 제4항), 점자형 선거공보(제65조 제4항), 방송광고 수어·자막(제70조 제6항), 점자형 투표안내문(제153조 제1항)을 제공하고 있으며, 공직선거관리규칙에서는 시각장애선거인용 특수투표용지와 투표보조용구(제74조)를 제공하고 있습니다. 선거 관련 법령들이 신체장애인이나 시·청각 장애인을 위한 편의 제공에는 적극적이나 발달장애인에게는 특별한 편의가 없습니다. 피신청인은 이에 더하여 발달장애인에게 투표소에

---

9) 장애인정책리포트 월간 한국장총, "제21대 국회의원선거, 장애인유권자 참정권은 얼마나 보장될까?", 7-8쪽, 한국장애인단체총연맹(2020. 3. 20.)

서의 '투표보조를 받을 권리'조차 거부하고 있는 것이 오늘의 현실입니다.

보건복지부의 장애인등록현황(2020. 12.말 기준)에 따르면, 현재 우리나라의 발달장애인은 총 247,910명이며, 이 중 유권자는 196,939명입니다.[10] 피신청인의 모호하고 무책임한 입장은 신청인을 포함한 발달장애인 유권자 196,939명은 오늘도 본인이 다음 대선에서 선거권을 실효적으로 행사할 수 있을지 의문이 들게 합니다.

4. 투표보조 제공 청구의 정당성

가. 투표보조원 제공의 필요성

발달장애인인 신청인에게 1~2년에 한 번 꼴로 방문하는 투표소는 매번 낯선 곳이고, 인지기능에 장애가 있어 글자를 읽고 기억하는 것이 어려운 신청인이 여러 장의 투표용지에서 자신이 희망하는 정당과 후보자의 이름을 정확히 찾는 것이란 매우 힘든 일입니다.

2020년 제21대 국회의원선거에서는 비례대표 선거 참여 정당이 총 35곳으로 투표용지의 길이가 48.1cm에 이르렀습니다. 기표소 안 책상 위에다가 투표용지를 제대로 올려 놓기도 힘들었을 뿐만 아니라 35개 정당들 중 서로 비슷한 이름도 많아 혼란을 더했습니다.[11]

또한 국회의원선거는 2장(지역구, 비례대표)에 기표해야 하고, 지방선거의 경우 무려 7장(광역단체장, 기초단체장, 교육감, 광역의원, 비례대표 광역의원, 지역구 기초의원, 비례대표 기초의원)에 기표를 해야 합니다. 투표용지가 여러 장 교부되는 선거의 경우 발달장애인에게 그 체감 난이도는 더 높을 것입니다.

또한 발달장애인 중에는 신체적 장애로까지는 보기 어려우나 소근육 발달이 저하된 사람들이 많으므로, 손떨림 등으로 인해 투표용지의 기표란 안에 정확하게 날인하지 못하여 무효표로 처리되는 경우가 발생할 가능성이 높습니다.

후보자가 15명에 달했던 2017년 제19대 대통령선거 당시, 후보별 기표란은 가로 1.5cm, 세로 1cm에 불과했고, 기표 도장의 지름은 0.7cm였습니다. 국민들이 칸이 너무 좁아 기

---

10) 국가통계포털, "전국 연령별, 장애유형별, 성별 등록장애인수",

　　https://kosis.kr/statHtml/statHtml.do?orgId=117&tblId=DT_11761_N003 (2021. 12. 6. 확인)

11) 35개의 정당 이름 중 '미래'라는 단어가 들어간 정당은 총 4개에 달합니다(미래당, 미래민주당, 미래한국당, 충청의미래당).

표할 때 어려움을 느꼈고 실제로 원하는 후보에게 정확히 기표하지 못해 무효표 판정을 받은 비장애인 유권자도 있었습니다. 기표행위는 비장애인에게도 쉽지만은 않은 '정밀한 신체작용 내지 인지능력'을 필요로 하는 행위라는 점에 유의할 필요가 있습니다.

발달장애인에 대한 투표보조 지침이 삭제된 2020년 제21대 국회의원선거에서 한 발달장애인 유권자는 "지침이 바뀌어 갑자기 혼자 투표를 하게 되어 너무 당황했다. 원래 손을 떨어 도움이 필요한데, 이번에는 너무 당황해서 손이 더 떨렸다. 투표 칸에 맞게 투표하는 것이 힘들었다"라며 발달장애인단체에 혼자 투표하는 것의 어려움을 호소했습니다.

이상의 사실에 비추어 볼 때, 신청인에게 투표보조가 허용되지 않을 경우 신청인의 진정한 의사에 따른 기표행위가 담보된다고 할 수 없고, 더 나아가 기표상의 실수로 인해 무효표로 처리되는 결과가 발생할 수 있습니다. 따라서 신청인에 대한 투표보조원 제공은 신청인의 선거권 행사를 보장하기 위해 필요한 조치입니다.

나. 투표보조원 제공의 유효·적절성

선거과정에서 발달장애인의 특성을 고려한 편의가 전혀 제공되지 않는 현 상황에서 투표보조원 제공은 차별행위를 시정할 수 있는 가장 유효·적절한 수단입니다.

2010년부터 장애인단체들은 발달장애인의 선거권 보장을 위해 피신청인에게 투표보조원 제공, 그림 투표용지로 변경, 이해하기 쉬운 선거공보물 제작, 선거 모의투표 도입 등을 요구해왔습니다. 제시된 방안들 모두 발달장애인의 실질적인 선거권 행사를 위해 필요한 수단들이지만, 사전에 투표교육을 받기 어렵거나 인지능력이 낮아 교육의 효과가 없는 발달장애인이 있을 수 있다는 점과 그림투표용지가 있어도 현장에서 손떨림 등이 심하여 정확히 기표할 수 없는 발달장애인이 있을 수 있다는 점에서 투표보조원 제공이 가장 효과적인 차별구제조치라 할 것입니다.

2016년 중앙선거관리위원회는 시각 또는 신체장애인 외에 발달장애인(지적·자폐)도 투표보조를 받을 수 있도록 투표관리매뉴얼을 변경함으로써 발달장애 선거인에게 투표보조원을 제공하였습니다. 즉, 피신청인 역시 발달장애인이 시각 또는 신체장애인과 마찬가지로 다른 사람의 도움 없이는 투표를 할 수 없는 선거인에 해당하며, 그들의 정치적 의사를 투표로 정확히 표현하기 위해서는 여러 수단 중 투표보조원 제공이 가장 유효·적절한 수단이라는 것을 인정한 것입니다.

다. 투표보조원 제공의 비례성

신청인이 그 가족 또는 본인이 지명한 2인의 보조원의 도움을 받아 투표를 하는 것이 그 이행이 불가능하거나 피신청인에게 지나친 부담을 지운다고 볼 수 없습니다. 신청인과 이미 신뢰관계가 형성된 가족이 투표보조를 할 경우 피신청인이 추가적으로 부담해야 하는 비용은 매우 적을 것이며, 본인이 지명한 2인의 보조원의 도움을 받을 경우 현재 시각 및 신체장애인의 투표를 보조하는 인력(투표사무원)을 활용하여 재정적 부담을 줄일 수 있을 것입니다.

이미 2016년 제20대 국회의원선거, 2017년 제19대 대통령선거, 2018년 제7회 전국동시지방선거에서 발달장애인에 대한 투표보조원이 차질 없이 제공된 사실은 신청인의 청구가 피신청인에게 막대한 비용을 요한다거나 심각한 타격을 입히는 요구가 아님을 증명합니다.

가족이 아닌 투표보조원의 경우 발달장애인의 비밀투표를 보장하면서 조력활동을 할 수 있도록 응대 매뉴얼 및 장애 감수성에 대한 사전 교육이 필요할 것입니다. 하지만 인건비와 교육비가 발달장애인에 대한 편의 제공 거부로 인해 발생하는 선거권 침해 등의 사회적 손실보다 결코 더 크다고 할 수 없을 것입니다.

라. 소 결

이상에서 살펴본 것처럼 신청인은 장애인권리협약, 장애인차별금지법, 공직선거법, 장애인복지법, 발달장애인법에 따라 선거권을 행사함에 있어 투표보조원을 제공받을 권리가 있습니다. 신청인에 대한 투표보조원 제공은 그 필요성, 유효·적절성, 비례성을 모두 갖춘 정당한 편의 제공이므로 피신청인이 이를 거부할 경우 장애인차별금지법에서 금지하는 차별행위에 해당합니다.

5. 신청인의 구제 청구

(생략)

6. 임시조치의 필요성

가. 임시조치의 내용

신청인은 임시조치로서 2022. 3. 9.로 예정된 제20대 대통령선거와 2022. 6. 1. 예정된 제8회 전국동시지방선거의 각 투표관리매뉴얼의 투표보조 부분에 발달장애인을 포함하여, 발달장애인도 투표보조인을 제공받을 수 있도록 위 각 투표관리매뉴얼의 수정을 구합니다.

나. 선거에서의 투표보조 제공의 중요성

2020년에 행정안전부에서는 국민의 한 표의 가치를 금액으로 환산해 투표를 독려하는 홍보를 진행했습니다. 향후 4년간의 국회 심의 예산을 유권자의 수로 나눠 계산한 결과, 한 표의 경제적 가치는 4,700만원으로 산정되었습니다.

2020년 기준 우리나라 전체 발달장애인(지적·자폐성 장애인) 유권자 수는 총 196,939명[12]으로 전체 장애인유권자의 약 7.7%를 차지하고, 위 환산법에 따라 발달장애인 유권자의 총 투표가치를 계산하면 무려 9조 원이 넘습니다.

경제적 가치를 넘어 선거권은 국민주권주의를 실현하는 중대한 기본권입니다. 선거권은 헌법이 보장하는 기본권으로서 국민 모두에게 보장되어야 하며, 누구나 자유로이 행사할 수 있어야 합니다. 선거의 자유는 단순히 1인에게 1표를 부여하는 것에 그쳐서는 안 되며, 선거정보를 얻는 것부터 투표를 하는 것까지의 전체 과정에서 정당한 편의가 제공되어야 합니다.

특히 투표소에 들어가서 기표를 하는 과정은 선거권 행사를 완성하는 최종 절차이면서 가장 중요한 절차라고 할 수 있습니다. 내가 뽑고자 하는 사람을 정하였더라도 기표가 제대로 되지 않으면 투표는 무효가 되기 때문입니다. 따라서 기표 과정에서 적절한 보조를 받는 것은 아무리 강조해도 지나치지 않습니다.

---

12) 국가통계포털, "전국 연령별, 장애유형별, 성별 등록장애인수",
　　https://kosis.kr/statHtml/statHtml.do?orgId=117&tblId=DT_11761_N003 (2021. 12. 6. 확인)

다. 긴급한 구제의 필요성

대통령선거는 대외적으로 국가를 대표하고 행정부의 수반인 대통령을 선출하는 행사입니다. 대통령선거는 19세 이상의 국민이라면 누구나 참여할 수 있습니다. 또한 대통령선거는 법률로써 기간이 정해져 있는 행사입니다. 이번 20대 대통령선거는 2022. 3. 9. 행해지게 됩니다. 그래서 이번 대통령선거 과정에서 지난 선거와 같이 신청인과 같은 발달장애인에게 보조인력이 제공되지 않더라도 선거를 중지시키거나 미룰 수 없습니다. 전국동시지방선거 역시 풀뿌리 민주주의를 실현하는 중요한 행사로 신청인과 같은 발달장애인에게 보조인력이 제공되지 않더라도 선거를 중지시키거나 미룰 수 없습니다.

신청인은 지난 서울시장 보궐선거에서 이미 보조인과 함께 기표소에 들어가려다가 제지당하였고, 이러한 상황은 이번 제20대 대통령선거와 제8회 전국동시지방선거에서도 반복될 개연성이 매우 높습니다. 대통령선거가 이제 100일도 채 남지 않은 시점에서 이에 대한 신속한 구제가 이루어지지 않는다면 신청인은 이번 대통령선거에서도 소중한 선거권을 행사하지 못하게 됩니다.

한편, 본안소송인 장애인차별금지법상 차별구제소송의 경우 다른 차별구제소송 사례를 참고해보면 6개월 내지 1년 이상 시간이 소요될 것으로 예상됩니다. 그사이에 신청인은 대통령선거와 전국동시지방선거를 치러야 합니다.

신청인이 임시조치로 원하는 것은 새로운 내용이 아니라, 피고가 과거에 사용한 매뉴얼 내용을 다시 복원하는 내용으로 매뉴얼을 수정하라는 것입니다. 그리고 위 매뉴얼에 근거하여 제공될 보조인력은 가족 또는 신청인이 지명한 2인으로, 현장에서 2명을 지명하더라도 이미 시각·신체장애인을 위한 보조인력 활동을 하고 있는 인력이므로 임시조치를 인용하더라도 피고에게는 큰 부담이 되지 않습니다.

이러한 사정을 종합적으로 고려하면, 신청인이 비장애인과 마찬가지로 다가올 대통령선거와 전국동시지방선거에서 선거권을 행사하기 위해 긴급한 임시조치가 필요합니다.

7. 보론 – 관할에 관한 의견

(생략)

8. 결론

민주주의의 근간이 되는 참정권 행사에 있어서 신청인과 같은 발달장애인들은 심각한 차별을 받고 있기 때문에 동등한 사회 구성원으로 주권을 행사할 수 없는 처지에 놓여 있었습니다. 그리하여 신청인은 신청취지와 같은 임시조치를 신청하기에 이르렀습니다.

신청인의 대리인은 피신청인과 헌법이 정한 참정권 보장 의무의 수범자인 중앙선거관리위원회에 감히 질문할 수밖에 없습니다. 196,939명의 발달장애인 유권자가 다음 선거에서 도대체 투표를 할 수는 있는 것인가, 저의 의뢰인이 투표소에 나와 투표사무원에게 "나는 자폐증이 있는 중증장애인이다. 나는 지적장애를 겪고 있다. 나 혼자 스스로 투표를 하는 것이 어려우니 투표보조가 필요하다."며 구구절절 주장을 하고 증거를 제시하여야 비로소 투표보조를 받을 수 있는 것인가. 피신청인은 이에 즉시 답을 해야 합니다.

하지만 피신청인은 국가인권위원회의 결정에 대하여서도 제대로 된 답을 피하고 있습니다. 부디 귀 재판부께서 신청인이 국민주권의 행사자로서 참정권을 실질적으로 보장받을 수 있도록 피신청인을 강제하여 줄 것을 간곡히 부탁드립니다.

(생략)

서울중앙지방법원   귀중

논 문

관리처분계획 하자의 유형과 일부취소[*]

- 반포주공아파트 관리처분계획취소 사건을 중심으로 -

정원

목 차

I. 들어가며 : 반포주공아파트 관리처분계획을 둘러싼 법적 다툼

    1. 반포주공아파트 관리처분계획취소 사건의 개요
    2. 제1심판결의 요지
    3. 제2심판결의 요지
    4. 검토의 순서

II. 관리처분계획 하자의 유형과 일부취소

    1. 관리처분계획 하자의 유형
    2. 관리처분계획의 일부취소
    3. 본 사건의 경우

III. 관리처분계획의 취소를 구할 수 있는 원고적격

    1. 서론
    2. 구 임대주택법상 분양전환승인처분과 법률상 이익에 관한 최근 대법원 판례
    3. 본 사건의 경우

IV. 결론

---

* 이 글은 서울대학교 법학연구소 건설법센터의 『건설법연구』 제5권(2021. 4.)에 게재된 논문이다.

Ⅰ. 들어가며 : 반포주공아파트 관리처분계획을 둘러싼 법적 다툼

1. 반포주공아파트 관리처분계획취소 사건의 개요

서울행정법원은 2019. 8. 16. 반포주공1단지주택재건축정비사업조합(이하 '이 사건 조합')의 조합원 267명이 조합을 상대로 제기한 관리처분계획취소 사건에서 원고들 청구를 인용하여 관리처분계획 전부를 취소하였다(서울행정법원 2019. 8. 16. 선고 2018구합593 판결). 이 사건 조합은 구 도시 및 주거환경정비법(2017. 2. 9. 법률 제14567호로 전부개정되기 전의 것, 이하 '구 도시정비법')에 따라 종전자산의 가액이 신축되는 아파트의 분양가액을 초과하는 경우 그 종전 자산의 범위 내에서 2주택을 공급받을 수 있도록 하는 이른바 '1+1' 분양이 가능한데, 기존 42평형 조합원은 대체로 '25평형+46평형'을 공급받을 수 있었다. 그런데 42평형 조합원들 중 일부는 '25평형+54평형'을 신청하고자 하였는데 분양신청 접수를 거부당하였다고 주장하면서 그 결과 조합원들 간 신축 아파트의 귀속에 관하여 형평의 원칙에 반하게 되어 위법하다는 등의 사유로 소를 제기한 것이다.[1] 서울행정법원은 원고들 주장을 받아들여 관리처분계획 전부를 취소하였다. 행정법원의 제1심판결은 특히 서울 강남 지역 재건축조합들에 상당한 파장을 일으켰는데, 위 판결이 확정된다면 이 사건 조합원들에게는 1인당 수억 원이 넘는 재건축부담금이 부과될 위험에 놓이기 때문이었다.[2]

관리처분계획에 하자가 있다면 관리처분계획변경인가를 통해 하자를 보완하여 사업을 계속 추진하는 것이 일반적인 사업시행방식이다. 대법원은 관리처분계획의 변경인가가 최초 인가의 주요 부분을 실질적으로 변경하면 처음의 인가처분이 변경인가에 흡수되어 효력을 상실한다는 입장(흡수론)을 취하고 있으므로(대법원 2011. 2. 10. 선고 2010두19799 판결 등), 분양신청 과정에 문제를 제기하는 조합원들을 포함해 다시 분양신청을 받아 관리처분계획변경인가를 받으면 최초 관리처분계획인가 취소를 구하는 소송의

---

1) 위 사유 외에도 이 사건 아파트 단지 내에 있는 한국토지주택공사 소유의 공유지를 관리처분계획에 반영하지 않았고, 시공자선정결의가 무효이므로 관리처분계획이 무효라는 등의 사유도 관리처분계획의 하자 사유로 주장하였으나 본 검토에서는 따로 다루지 않는다.

2) 재건축부담금 부과대상 사업으로서 2017. 12. 31.까지 관리처분계획인가를 신청한 재건축사업은 재건축부담금을 면제하는데(재건축초과이익 환수에 관한 법률 제3조의2), 관리처분계획이 취소된다면 위 면제의 효력을 주장하는 데 어려움이 발생할 수 있다.

경우 소의 이익이 없어 각하된다.[3] 그러나 이 사건의 경우 재건축부담금 부과의 위험이 컸기 때문에 전면적으로 분양신청을 다시 받아 '변경인가' 형식으로 최초 인가의 하자를 치유하는 해결방식을 취할 수 없었다.[4] 그 결과 관리처분계획이 위법하더라도 일부만 취소(분양신청권이 침해된 것으로 볼 수 있는 일부 42평 조합원들의 분양예정 대지 및 건축물의 명세 및 추산액에 관한 부분)되어야 한다거나 분양신청권을 침해받은 조합원 외의 조합원들은 관리처분계획의 취소를 구할 원고적격이 없다는 주장이 사건의 주요 쟁점이 되었다. 제1심은 원고들 주장을 인용하면서 관리처분계획 전부의 취소를 명한 반면, 제2심은 분양신청권이 침해된 것으로 인정된 12명에 대한 관리처분계획 중 신축건축물 분양에 관한 부분만 취소함으로써 일부취소를 인정하였다(서울고등법원 2020. 12. 24. 선고 2019누55516 판결).[5]

2. 제1심판결의 요지

제1심이 인정한 사실관계에 의하면 기존 42평 조합원들의 세대별 종전자산의 평균 추정가액은 31억 5,700만 원이었고, 조합원분양분 신축아파트 중 25평형, 46평형, 54평형의 세대별 평균 추산액은 각 11억 370만 원, 20억 3,340만원, 22억 5,670만 원으로서 평균액으로 산정하면 기존 42평 조합원들은 25＋46평형 신청은 가능하지만 25＋54평형은 종전자산가액을 초과하므로 선택할 수 없었다. 이러한 점 때문에 이 사건 조합이 조합원들에게 보낸 분양신청 안내문에는 42평 조합원들의 경우 25＋54평형은 '선택불가'라고 기재되어 있었다.[6] 한편 위와 같은 안내문 기재에도 불구하고 42평 조

---

3) 이러한 흡수론의 문제점에 대하여는 김종보, 재건축·재개발사업의 전개과정과 소의 이익, 행정법연구 제56호 (2019. 2.), 12-19쪽 참조.

4) 형식은 변경인가이지만 실질은 새로운 관리처분계획인가로 볼 수 있어 2017. 12. 31.까지 관리처분계획인가를 신청해야만 재건축부담금을 면제받는 혜택을 적용받기 힘들다는 문제가 발생하기 때문이다.

5) 제2심판결에 대해 원고들이 항소하였으나, 소를 취하하여 2021. 2. 3. 소취하로 사건이 종결되었다.

6) 조합원들이 분양신청을 하기 전에는 개별적인 종전자산과 종후자산의 가액을 정확히 알 수 없었던 점은 구 도시정비법상 분양신청 제도가 갖는 중대한 문제였다. 구 도시정비법(2017. 2. 8. 법률 제14567호로 전부개정되기 전의 것) 제46조 및 구 도시정비법 시행령(2018. 1. 25. 대통령령 제28610호로 일부개정되기 전의 것) 제47조, 그리고 서울특별시 도시 및 주거환경 정비조례(2018. 1. 4. 조례 제6775호로 일부개정되기 전의 것) 제24조는 분양공고 및 분양신청의 절차와 관련하여 '개략적인 부담금 내역'만을 사업시행인가의 고시일로부터 60일 이내에 통지하도록 정하고 있다. 이 때문에 자신의 종전 자산가액을 제대로 알지 못한 채 분양신청을 하는 등의 부작용이 컸고, 이를 반영하여 2017. 2. 9. 도시정비법이 전부 개정되면서 현재와 같이 사업시행인가 후 120일 이내에 종전자산가액을 조합원들에게 통지하도록 하였다. 구 도시정비법상의 분양신청 전 종전자산가격 등의 통지 문제에 관하여는 강신은, "관리처분계획방식 정비사업에 관한 법적 연구", 중앙대학교 박사학위 논문(2012), 221-222쪽 참조.

합원들 중 80명은 25+54평형을 1순위로 기재하여 분양신청을 하였으나, 42평 조합원 중 일부 조합원들은 조합이 분양신청 접수를 거부하는 등의 사정으로 분양신청을 하지 못하였다.

제1심법원은 위 사실관계를 전제로, 이 사건 관리처분계획이 위법하다고 판단하였다. 집합건물법 제47조 제3항, 제4항에 의하면 재건축의 결의를 할 때에는 건물의 철거 및 새 건물의 건축에 소요되는 비용의 분담에 관한 사항과 새 건물의 구분소유권의 귀속에 관한 사항을 정하여야 하고, 위와 같은 사항은 각 구분소유자의 형평이 유지되도록 정하지 아니하면 아니된다고 규정하고 있으므로, 재건축의 결의가 위와 같은 사항에 관하여 각 구분소유자 간의 형평에 현저히 반하는 경우에는 재건축 결의는 특별한 사정이 없는 한 무효이고(대법원 2005. 6. 9. 선고 2005다11404 판결), 도시정비법상 명문의 규정은 없으나, 법령에 의하여 주택재건축정비사업조합의 조합원의 지위가 인정되는 조합원들 사이에 권리의 차등을 두는 총회 결의는 특별한 사정이 없는 이상 무효라고 전제하였다.[7] 이 법리를 토대로 이 사건 관리처분계획 중 42평형 조합원들에 대한 2주택 공급에 관한 내용은 원칙적으로 25+54평형의 분양신청을 금지하고 예외적으로 일부 조합원에 대해서만 허용함을 전제로 마련되었고, 이는 42평형 조합원들과 그 외 다른 평형 아파트를 소유한 조합원들과 사이는 물론 42평형 조합원들 사이에서도 권리의 차등을 둔 것으로서 특별한 이유 없이 일부 42평형 조합원들의 재산권의 본질적인 부분을 중대하게 침해하고 조합원들 간 권리배분의 왜곡을 불러와 현저히 형평의 원칙에 반하므로 위법하여 취소되어야 한다고 판시한 것이다.

한편, 관리처분계획취소의 범위와 관련하여 제1심은 상당수 42평형 조합원들에 대한 2주택 공급에 관한 내용이 취소되어야 하는 이상, 조합원분양분의 전체적인 배분내용 및 각 평형별 물량 자체가 변경될 수밖에 없고, 이로써 전체 조합원들의 분담금(내지 환급금) 내역도 함께 연쇄적으로 변경되므로 결국 위 관리처분계획의 하자는 이 사건 관리처분계획 전체에 영향을 미치므로 관리처분계획을 전부취소하였다. 한편 원고들이 주장하는 하자는 42평형 조합원 중 25+54평형을 신청하려고 하였으나 조합이

---

7) 제1심은 위 법리를 제시한 판례로 대법원 2014. 8. 20. 선고 2012두5572 판결을 인용했다. 위 판결은 분양신청을 하지 않아 분양신청기간 만료일 다음 날에 조합원 지위를 상실한 사람들에게 조합 총회에서 다시 조합원 지위를 부여하기로 결의하면서 그들의 권리 내용을 다른 조합원들과 비교해 제한한 경우, 총회 결의가 무효인지 여부가 다투어진 사건으로서 대법원은 이러한 제한은 적법하다고 보았다.

거부한 조합원들에 한정하여 그 취소를 구할 원고적격이 있다는 주장에 대하여는 원고들 중 일부는 42평형 외 아파트를 소유하거나, 25＋54평형으로 분양신청하여 이를 분양받는 내용으로 관리처분계획이 수립된 조합원들에 해당하나, 위와 같이 이 사건 관리처분계획 전체가 취소되어야 하는 이상 조합원들에게도 관리처분계획의 취소를 구할 소의 이익이 인정된다고 판시하였다.

3. 제2심판결의 요지

제2심은 제1심과 달리 관리처분계획 중 분양신청권이 침해된 것으로 인정된 12명의 조합원들에 대한 '분양예정 대지 및 건축물의 명세 및 추산액' 부분만을 취소하였다.[8] 제2심은 분양신청 당시의 구 도시정비법에 의하면 분양신청 전에는 개략적인 부담금 내역만을 통지하면 되는 것으로서 분양신청 안내문에 기재된 42평 조합원들의 경우 25＋54평형 '선택불가'라는 기재 부분은 분양신청이 전면적으로 금지된다는 의미로 받아들여진다고 보기 어렵다는 등의 사정을 들어 이 사건 관리처분계획 수립과정에서 42평 조합원들을 다른 평형 조합원들과 차별하거나 42평 조합원들 간에 권리에 차등을 두는 등의 위법이 있다고 보기는 힘들다고 판시했다. 한편 42평 조합원 중 12명에 대하여는 조합 측의 분양신청 접수거부로 분양신청권을 침해당한 위법이 있다고 판단했다.

즉, 제2심법원은 구 도시정비법 제46조 제1항에서 정한 분양신청통지는 토지등소유자에게 분양신청의 기회를 보장하여 주기 위한 것이고, 사업시행자는 이러한 분양신청통지를 받은 토지등소유자로부터 분양신청을 받아 그 현황을 토대로 관리처분계획을 작성하여야 하므로, 사업시행자의 분양신청통지 또는 토지등소유자의 분양신청 및 그 접수 등의 과정에서의 잘못으로 인하여 토지등소유자가 합리적이고 공평한 분양신청 기회를 실질적으로 보장받지 못한 경우에는 특별한 사정이 없는 한 그러한 분양신청의 현황을 토대로 수립된 관리처분계획은 합리적이고 균형 있는 재량권 행사의 기초를 상실하여 위법하다고 전제한 다음, 이 사건 분양신청 안내서의 선택불가 기재가 허위라거나 합리성을 상실하여 42평형 조합 전원의 분양신청에 관한 의사를 왜곡할 정도에 이르러 그 분양신청에 관한 합리적이고 공평한 분양신청 기회를 실질적으로 보장받지 못하게 되었다고 보기는 어렵다고 보았다. 다만 42평형 조합원 중 12명에

---

8) 12명의 조합원 중 소를 제기한 자는 5명이었고, 그 중 2명은 항소심 계속 중 소를 취하하여 제2심 변론종결 시 기준으로는 3명만이 이 사건 소송의 당사자였다.

대해서는 잘못된 안내 또는 접수거부로 인하여 실질적으로 자신들이 원하는 평형의 주택으로 분양신청할 수 있는 기회를 보장받지 못하고 실제로 자신들이 원하는 분양신청을 하지 못하는 결과가 발생하였다고 봄이 타당하므로 이들에 대하여는 관리처분계획이 위법하다고 판시하였다.

구체적으로 취소의 범위와 관련하여서는 이 사건 관리처분계획의 하자는 일부 조합원에 대한 평형배정 부분에 한하여 존재하는 것이고, 이 부분은 관리처분계획의 나머지 부분과 분리하는 것이 가능하고 나머지 부분은 독립된 처분으로서 유효하게 존속할 수 있고, 위 부분만이 취소되더라도 이 사건 조합은 일부 조합원으로부터 다시 분양신청을 받는 등으로 해당 부분의 관리처분계획을 변경할 수 있다고 보았다. 덧붙여 새로운 분양신청에 따른 평형배정 결과 조합원 분양분으로 공급되는 아파트와 일반 분양분으로 공급되는 아파트의 물량 등에 변동이 생기고 그에 따라서는 총 수입 추산액 등에 다소 변동이 발생할 여지가 있기는 하지만 이러한 변동은 평형배정 결과에 따라 당연히 변동되는 부분인 점, 추정 비례율에 미치는 영향은 미미할 것으로 보이는 점 등을 고려하면 그러한 사정 때문에 그 자체로 하자가 존재하지 아니하는 이 사건 관리처분 중 나머지 부분까지 모두 취소할 필요가 있다고 볼 수 없다고 하여 분양신청권이 침해되었다고 인정된 조합원들에게 배정되는 신축건축물에 관한 부분만을 취소하였다.

한편 소의 이익과 관련하여서는 원고들이 위 하자 외에 관리처분계획 수립 절차상 하자 및 실체적 하자를 이유로 관리처분계획 전부의 취소를 구하는 이상 법률상 이익은 인정된다고 보았다.

4. 검토의 순서

이 사건 당사자들 사이에 첨예하게 다투어진 쟁점은 일부취소가 가능한지였다. 이 사건 조합 입장에서는 일부 조합원들에 대한 관리처분계획 부분만 취소되는 것이라면 재건축부담금의 부과 위험을 상당한 정도 낮출 수 있다고 보았기 때문에 다른 사건보다 취소의 범위가 상세히 다루어졌다. 그런데 기존 관리처분계획취소 사건에서 일부취소가 가능한지에 관하여는 세밀하게 검토된 것으로 보이지 않는다. 관리처분계획의 하자가 계획수립과정 등에 존재하는 경우 전부취소를 명하는 것이 보통이고, 개별 조합원들의 감정평가액 등에 관한 내용이라면 일부취소를 인정하는 것이 대체적인 실무의 처리방식인데,[9] 어떠한 경우에 전부취소를 명해야 하는지, 일부취소가 허용되는지에 대하여 명확한 법리가 제시되지는 않고 있다. 대법원은 외형상 하나의 행정처분이라고 하더라도 가분성이 있거나 그 처분대상의 일부가 특정될 수 있다면 그 일부만의 취소도 가능하고 당해 취소부분에 관하여 효력이 생긴다는 입장을 취하고 있는데(대법원 1995. 11. 16. 선고 95누8850 판결 등),[10] 이러한 일부취소의 법리를 관리처분계획의 하자 유형에 대응하여 일부취소의 허용 여부에 관하여 살펴보겠다.

　나아가 조합원은 관리처분계획의 취소를 구할 원고적격이 있는데,[11] 관리처분계획의 내용 중 다른 조합원에 대한 신축건축물 배정에 관한 부분의 취소를 구할 원고적격이 있다고 볼 수 있는지 살펴보기로 한다. 관리처분계획에 관한 사건은 아니지만 최근 대법원은 구 임대주택법상 분양전환승인처분의 취소 사건에서 분양전환가격에 관한 부분은 해당 임차인만이 그 취소를 구할 법률상 이익이 있다고 판시하였다(대법원 2020. 7. 23. 선고 2015두48129 판결). 위 법리가 관리처분계획에도 유사하게 적용되어 조합원의 경우 자신 외의 다른 조합원의 종전자산가액 부분의 위법이나 신축건축물 배정 부분의 취소를 구할 원고적격을 갖는 것인지 살펴보기로 한다.

II. 관리처분계획 하자의 유형과 일부취소

1. 관리처분계획 하자의 유형

가. 개요

도시정비사업에서 관리처분계획은 권리배분계획으로서 조합원 간의 권리배분, 의

---

9) 조합원이 자신의 종전자산가액을 다투는 경우, 법원은 관리처분계획 전부의 취소를 구하는 취지인지 석명을 구하고 그렇지 않다고 확인되면 해당 조합원의 종전자산가액 부분에 대한 취소를 구하는 것으로 청구취지를 정리하는 경우가 많다.

10) 제1종 보통, 대형 및 특수 면허를 가지고 있는 자가 레이카크레인을 음주운전한 행위는 제1종 특수면허의 취소사유에 해당될 뿐 제1종 보통 및 대형 면허의 취소사유는 아니므로, 3종의 면허를 모두 취소한 처분 중 제1종 보통 및 대형 면허에 대한 부분은 이를 이유로 취소하면 될 것이나, 제1종 특수면허에 대한 부분은 원고가 재량권의 일탈·남용하여 위법하다는 주장을 하고 있음에도, 원심이 그 점에 대하여 심리·판단하지 아니한 채 처분 전체를 취소한 조치는 위법하다고 하여 원심판결 중 제1종 특수면허에 대한 부분을 파기환송한 사례이다.

11) 온주 도시 및 주거환경정비법, 제5절 관리처분계획 전주 부분 참조(차흥권 집필 부분).

무부담이 정해지므로 이에 관해 첨예한 이해의 대립이 발생하고 그에 따른 다수의 분쟁이 제기되고 있다.[12] 조합원 입장에서는 신축건축물의 배정 여부 및 분담금 등이 관리처분계획을 통해 구체화되므로 선행 단계에서의 하자까지도 관리처분계획 단계에서 비로소 다투는 사례도 많다. 그만큼 관리처분계획의 하자는 다양한 유형으로 제기되고 있다. 이를 크게 절차상 하자와 내용상 하자로 나누어 볼 수 있겠다.

나. 절차상 하자

관리처분계획은 분양신청절차, 종전·종후자산에 대한 감정평가, 관리처분총회의 개최 및 의결, 공람과 통지의 과정을 통해 수립된다. 도시정비법은 이러한 절차 등에 관한 규정들을 두고 있는데 도시정비법이 규정한 절차를 위반한 경우 관리처분계획은 위법한 것이 되고 하자의 내용과 위법의 정도에 따라 무효사유와 취소사유로 구별할 수 있다.

판례상 주로 문제되는 관리처분계획 수립 과정의 절차상 하자는 분양신청 통지 과정에서 도시정비법 및 정관이 정한 절차를 제대로 거치지 않은 경우,[13] 개략적 부담금 내역을 미고지한 경우 등을 들 수 있다.[14] 도시정비법상 총회의 의결을 거쳐야 하는 계획수립과정에서는 공통된 하자이지만 관리처분계획 의결에 필요한 정족수를 충족하지 못한 경우 중대·명백한 하자에 해당한다.[15]

반포1단지주공아파트 사건에서 제2심법원은 분양신청통지 또는 토지등소유자의 분양신청 및 그 접수 등의 과정에서의 잘못으로 인하여 토지등소유자가 합리적이고 공평한 분양신청 기회를 실질적으로 보장받지 못한 경우에는 특별한 사정이 없는 한 그러한 분양신청의 현황을 토대로 수립된 관리처분계획은 합리적이고 균형 있는 재량

---

12) 김종보, 건설법의 이해, 제6판, 피데스(2018), 586쪽.

13) 대법원 2011. 1. 27. 선고 2008두14340 판결(분양신청기간의 통지 등 절차를 제대로 지키지 아니한 경우 관리처분계획이 위법함), 대법원 2016. 2. 18. 선고 2015두2048 판결(분양신청 통지에 종전자산가격 평가액에 관한 내용이 포함되어 있지 않은 것은 절차상 하자가 아님) 등

14) 대법원 2014. 6. 12. 선고 2012두28520 판결 등

15) 의결정족수가 정해진 사건에서 정족수에 미달한 사실이 확인된 경우 대체로 무효인 하자로 보고 있다. 그런데 법원은 판례상 인정된 '가중된 특별정족수'의 적용에 관하여는 법리가 명백히 밝혀지지 아니한 상태였으므로 명백한 하자로 볼 수 없다는 취지로 판시한 사례가 있다(대법원 2013. 6. 14. 선고 2012두5022 판결). 다만 가중된 특별정족수에 관한 선례로 볼 수 있는 대법원 판례(2009. 1. 30. 선고 2007다31384 판결) 후 상당 기간이 경과하였으므로 현재는 위 사유가 발생할 경우 중대·명백한 하자로 판단될 가능성이 높다.

권 행사의 기초를 상실하여 위법하다고 판시하였는데, 기본적으로는 절차상 하자로 파악한 것으로 보인다.

다. 내용상 하자

1) 종전자산에 대한 감정평가의 부당성을 다투는 경우

도시정비법에 의한 재건축사업의 관리처분계획을 작성하기 위한 종전자산의 평가는 조합원들 사이에 분양(또는 분배)의 기준이 되는 권리가액의 산정에 주된 목적이 있다. 관리처분계획의 기초가 된 감정평가의 평가방식이 부당하다 하더라도, 관리처분계획 수립 당시의 종전자산 평가는 조합원들 사이의 형평을 목적으로 한다는 점에서, 그 평가방식의 부당함으로 인하여 바로 관리처분계획이 위법하게 되는 것은 아니고, 그 결과 관리처분계획의 내용이 조합원들 사이의 형평성을 잃게 할 정도로 부당하게 된 경우에 한하여 비로소 관리처분계획이 위법하게 된다.[16]

종전자산평가의 기준시점에 관하여도 다수의 소송이 제기되었다. 도시정비법은 사업시행계획인가 고시가 있은 날을 기준으로 종전자산에 대한 감정평가를 하도록 하고 있다(법 제72조 제1항). 이는 사업시행계획의 주요 부분을 실질적으로 변경하는 변경인가가 있었다고 하더라도 마찬가지여서, 특별한 사정이 없는 한 최초 사업시행계획인가 고시일을 기준일로 해야 한다. 관리처분계획의 내용으로서의 종전자산가격 평가는 조합원들 사이의 상대적 출자 비율을 정하기 위한 것이며, 도시정비법은 사업시행계획이 변경된 경우 종전자산가격 평가를 새로 하여야 한다는 내용의 규정을 두고 있지 않고 단지 평가시점에 따라 종전자산가격이 달라질 경우 발생할 수 있는 분쟁을 방지하기 위하여 종전자산의 가격 평가시점을 획일적으로 정하기 위한 것이기 때문이다.[17]

2) 관리처분계획에 포함되어야 할 사항이 누락된 경우

상가에 대하여 도시정비법이 정하는 관리처분계획이 제대로 수립되지 않았으며,

---

16) 상가에 대한 종전자산평가에 있어, 연접한 호실에는 1.01의 위치별 효용지수를 적용하였는데 특별한 이유 없이 이 사건 구분상가에는 이보다 현저히 낮은 0.76의 위치별 효용지수를 적용한 사안에서 관리처분계획을 위법하다고 판시했다(서울행정법원 2016. 9. 23 선고 2015구합53930 판결, 가락시영아파트).

17) 대법원 2015. 10. 29. 선고 2014두13294 판결, 대법원 2015. 11. 26. 선고 2014두15528 판결, 대법원 2016. 2. 18. 선고 2015두2048 판결 등

새롭게 상가와 관련한 관리처분계획을 수립할 경우 아파트조합원들에 대한 권리가액 비율 및 분담금액도 일부 변경되어야 할 것으로 보인다고 하여, 관리처분계획 전체를 취소한 사례가 있다.[18] 다만 상가의 경우, 그 내역을 구체적으로 특정하지 않고 향후 재통보한다고 기재한 것만으로도 적법하다고 판단한 사례도 존재한다. 현행 도시정비법은 아파트에 대한 관리처분계획 수립을 중심으로 하고 있어 통상적인 관리처분계획 수립 시 상가의 종후자산 가치에 대한 판단이 어렵다는 점을 고려한 것으로 보인다.[19]

3) 권리의 차등, 평형배정 등이 문제된 사안

비례율 산정 방식이 자의적이고 형평에 반하는 경우 위법을 인정한 사건(서울행정법원 2018. 8. 31. 선고 2017구합74306 판결) 등 비례율에 관한 다툼이 제기되고 있다. 또한 평형 배정 등에 관해서도 다수의 사건들이 존재한다.

2주택 분양이 이루어졌던 관리처분계획의 위법성이 다투어진 하급심 판결(서울행정법원 2018. 5. 25. 선고 2017구합81496 판결)에서는 2주택 분양을 신청한 조합원에 대하여 ① 분양가격과 관련, 1주택은 조합원분양가격으로 나머지 1주택은 일반분양가격으로 공급하고 ② 동호수 배정과 관련 추가로 분양하는 1주택은 조합원분양분 중 1층에서 5층 사이로 배정하는 것을 내용으로 하는 관리처분계획을 수립한 것이 적법하다고 판시했다.[20] 한편 대법원은 신축아파트 배정을 위한 평형결정을 내림차순 해당 조합원에게 우선 평형배정하고, 내림차순 해당 조합원의 평형배정 후 잔여분에 대한 타 조합원의 평형배정에 경합이 발생할 경우 권리가액 다액순에 의하여 평형배정을 결정하는 이른바 '내림차순 우선평형 배정방식'에 의한 사안에서 우선배정에 문제가 있는 경우 관리처분계획 전부를 취소해야 하는 하자로 보았다(대법원 2008. 2. 15 선고 2006다77272 판결).

2. 관리처분계획의 일부취소

가. 행정처분의 일부취소

법원은 행정처분의 일부취소의 가능성을 일반적으로 인정한다. 외형상 하나의 행정처분이라고 하더라도 가분성이 있거나 그 처분대상의 일부가 특정될 수 있다면 그

---

18) 대법원 2010. 12. 9. 선고 2010두4407 판결
19) 대법원 2011. 7. 28. 선고 2008다91364 판결
20) 일반분양분과 조합원분양분 사이에는 약 1억 7천만 원 정도의 가격 차이가 있었다.

일부만의 취소도 가능하고, 당해 취소부분에 한하여 효력이 생긴다(대법원 1995. 11. 16. 선고 95누8850 전원합의체 판결). 행정처분이 어떠한 경우에 일부취소될 수 있는지에 대해 여러 학설이 존재하지만, 대체로 일부취소의 가능성에 관하여는 다음과 같이 정리할 수 있다.[21] 즉, ① 행정처분이 액수별, 공간별, 시간별, 인별 혹은 사항별로 분할가능할 것, ② 잔존부분이 적법하고 독자적 행정처분으로 기능할 수 있을 것(객관적 분리가능성), ③ 재량행위의 경우 행정청의 잔존부분에 대한 존속의사가 있을 것(주관적 분리가능성)을 요건으로 한다. 여기서 행정청의 잔존부분에 대한 존속의사는 행정처분의 발급을 담당한 자의 주관적 의사가 아니라 행정처분의 발급과정이나 발급 당시의 사정을 종합적으로 고려하여 추단되는 객관적 의사를 토대로 한다.

나. 관리처분계획의 일부취소 사례

법원은 관리처분계획의 일부취소 가능성을 일반적으로 인정하고 있고, 학설도 긍정적이다.

상가 구분소유자들이 조합과 합의한 내용이 관리처분계획에 포함되어 있지 않다며 관리처분계획 전체의 취소를 구한 사안에서 서울행정법원은 조합이 산정한 상가에 대한 비례율이 자의적인 기준에 따라 산정되어 형평의 원칙에 반해 상가 조합원들의 이익을 해치므로 위법하다고 판시하면서, 다만 이러한 관리처분계획상 하자는 계획 전체에 존재하는 것이 아니라 상가 조합원의 비례율 산정에 관한 부분에 한하여 존재하는 것으로 보아 관리처분계획 중 '상가 조합원의 비례율'에 관한 부분만 취소하였다.[22] 또한 일부 조합원의 종전자산에 대한 감정평가의 하자가 존재한 경우 관리처분계획 중 해당 조합원에 대한 '종전 토지 및 건축물의 권리내역' 및 '권리가액' 부분만을 취소하게 된다.[23]

한편 유치원에 대한 분양예정 건축물의 명세 및 그 추산액이 포함되어 있지 아니하였다는 이유로 해당 유치원에 대한 관리처분계획만을 취소한 사례가 있고,[24] 다른 아파트 조합원들과 달리 신축 유치원의 건축비를 유치원에게 전적으로 부담시키는 것

---

21) 이승훈, "행정처분의 일부취소", 안암법학 29권(2009), 42-43쪽.

22) 서울행정법원 2018. 8. 31. 선고 2017구합74306 판결

23) 서울고등법원 2017. 9. 13. 선고 2016누67839 판결

24) 서울고등법원 2017. 11. 2. 선고 2017누36221 판결

은 현저히 형평에 반하여 위법하다고 보아 관리처분계획 중 유치원에 관한 부분만 취소한 사례도 있다.[25] 한편 관리처분계획 중 상가 조합원의 세대별 부담금을 조합, 상가조합원, 시공사의 추후 협의에 따른다고 정한 경우 이를 예측할 수 없으므로 관리처분계획 중 '근린생활시설(상가)조합원 권리가액 및 부담금 산정기준'에 대한 부분만 취소한 사례도 있다.[26]

그러나 위법한 내용이 조합원의 부담금 등에 상당한 영향을 주는 경우 관리처분계획 전부가 위법하다는 것이 법원이 가지고 있는 기본적인 인식으로 보인다.[27] 본 사건의 제2심 역시 일부취소가 가능하다는 근거로 일부 조합원에 대한 신축건물 배정 부분이 취소되더라도 추정 비례율에 미치는 영향이 미미하다는 점을 들었는데 비례율 변동이 크다면 관리처분계획의 전부취소가 불가피하다는 인식이 바탕에 놓여 있다고 볼 수 있다.

다. 관리처분계획 하자의 유형과 일부취소의 허용 여부

관리처분계획 하자의 유형에 따라 일부취소의 허용 여부가 달라진다고 볼 수 있다. 먼저 절차상 하자의 경우 특별한 사정이 없는 한 관리처분계획 전부의 취소 사유를 구성한다고 볼 수 있다. 그러나 내용상 하자에 관하여는 관리처분계획의 어떠한 부분에 하자가 있는지에 따라 일부취소가 허용되는지 달라질 것이다. 예를 들어 신축건축물의 배정과 같이 특정 조합원에 대하여 이해관계가 국한된 부분이라면 해당 조합원에 대한 관리처분계획만을 취소할 수 있을 것이나 그로 인하여 다른 조합원들에 대한 신축건축물 배정 역시 영향을 받을 수밖에 없다면 전부취소가 불가피할 것이다.[28] 신축건축물 배정 등의 문제로 인하여 관리처분계획 변경이 불가피한 문제를 해소하기 위해 관리처분계획상 보류지를 정해 놓고 있으나(도시정비법 제79조 제4항, 서울특별시 도시 및 주거환경

---

25) 서울고등법원 2019. 4. 26. 선고 2018누62692 판결

26) 수원지방법원 2016. 1. 12. 선고 2014구합58922 판결

27) 일례로 교회에 대한 관리처분계획 수립상 하자를 이유로 관리처분계획 전체를 취소한 판결례가 있다(서울고등법원 2017. 4. 7. 선고 2016누46856 판결). 위 사건에서 법원은 교회에 대한 보상액을 고려할 경우 비례율이 관리처분계획상 100.02%에서 97.61%로 변동되는 점을 근거로 관리처분계획 전부취소가 필요하다고 판시하였다.

28) 신축아파트 배정을 위한 평형결정을 내림차순 해당 조합원에게 우선 평형배정하고, 내림차순 해당 조합원의 평형배정 후 잔여분에 대한 타 조합원의 평형배정에 경합이 발생할 경우 권리가액 다액순에 의하여 평형배정을 결정하는 이른바 '내림차순 우선평형 배정방식'의 경우 우선배정에 문제가 있으면 조합원들이 배정받는 신축건축물이 변경될 수밖에 없어 관리처분계획 전부를 취소해야 한다(대법원 2008. 2. 15 선고 2006다77272 판결).

정비조례 제44조), 보류지로 신축건축물 배정의 위법을 시정하기 어려운 경우에는 문제이다.[29]

일본에서는 권리변환방식이 적용되는 도시재개발사업의 경우 토지등소유자가 종전자산 가액을 다투는 경우 수용위원회에 그 재결을 신청할 수 있도록 하고, 재결이나 소송에도 불구하고 권리변환계획에서 정해진 권리변환에 대해서는 영향을 끼치지 않도록 규정하고 있는데[30] 이를 일부취소의 허용에 관하여 참고할 수 있다.[31]

3. 본 사건의 경우

이 사건에서 문제되는 하자는 절차상 하자, 그 중에서도 관리처분계획 수립의 요건인 분양신청 과정에서의 하자로 볼 수 있다. 도시정비법상 분양신청은 사인의 공법행위에 해당한다. 사인의 공법행위는 행정법관계에서의 사인의 행위로서 공법적 효과를 발생시키는 행위를 총칭하는데,[32] 분양신청의 경우 사인의 공법행위 중 행정행위 등의 요건적 행위인 신청에 해당한다. 즉 분양신청은 권리조정의 객체인 토지등소유자(조합원)가 권리조정의 주체인 사업시행자(조합)에게 향후 사업시행에 따른 권리조정에 대비하여 분양예정 대지 및 건축시설을 분양받고자 하는 의사를 표시하면서 소유하고 있는 권리를 신고하는 행위로서,[33] 이는 공법적 효과 발생의 요건적 행위이므로 사인의 공법행위에 해당한다.

사인의 공법행위에 대한 적용법규에 관하여는 개별법에서 규정하고 있는 것 외에 일반적인 규정은 없다. 도시정비법에서는 분양신청과 관련한 의사표시의 하자(비진의 의사표시, 착오, 사기, 통정허위표시, 강박 등)에 관한 별도의 규정을 두고 있지 아니하므로[34] 민

---

29) 보류지는 토지등소유자에게 분양하는 공동주택 총 건립세대수의 1퍼센트 범위의 공동주택과 상가등 부대·복리시설 일부를 보류지로 정할 수 있고(서울특별시 도시 및 주거환경정비조례 제44조 제1항 제1호), 이를 초과하여 보류지를 정하려면 구청장의 인가를 얻어야 한다(같은 항 제2호).

30) 강신은, 위 논문, 223-224쪽.

31) 일본의 도시재개발법은 종전자산 가액(시행지구 내에 있는 택지, 차지권 및 건축물의 가액)에 대하여 관계권리자가 권리변환계획 공람기간 중에 시행자에게 의견서를 제출하고 시행자로부터 의견서를 채택하지 아니한다는 요지의 통지를 받은 경우 그 통지를 받은 날부터 기산하여 30일 이내에 수용위원회에 그 가액의 재결을 신청할 수 있도록 규정하고 있다(강신은, 위 논문, 232-224쪽).

32) 김동희, 행정법 I, 제25판, 2019, 128-129쪽.

33) 강신은, 위 논문, 120-121쪽.

34) 법원은 민법상 비진의 의사표시의 무효에 관한 규정은 사인의 공법행위에 적용되지 않는다고 보고 있다(대법원 2000. 11. 14. 선고 99두5481 판결).

법상의 법률행위에 관한 규정 또는 법원리가 유추적용될 수 있는 여지가 있다.[35] 사건 조합원들이 주장하는 관리처분계획의 하자는 법적으로 평가하면, 사인의 공법행위인 분양신청 과정에서의 하자, 즉 분양신청 의사표시의 하자로 볼 수 있다. 이들이 주장하는 사유들을 보면, ① 분양신청안내문상 42평형 조합원의 경우 '25＋54평형은 선택 불가'라고 기재되어 있어서 42평형 조합원의 경우 25＋54평형은 신청할 수 없다고 생각했고(착오 또는 기망), ② 분양신청기간 중 분양신청 접수를 받던 사무실 내부 칠판에 '42평이 25＋54평 신청시 접수불가입니다. 접수받지 마세요＜1순위＞'라는 내용이 붉은 글씨로 강조되어 있었으며(착오 또는 기망), ③ 일부 42평형 조합원들의 경우 25＋54평형으로 분양신청을 하려 했으나 피고가 접수를 거부하였다(착오, 기망 또는 강박)는 것으로서 이러한 행위의 하자는 원칙적으로 착오, 기망, 강박 등으로 의사표시에 하자를 일으킨 표의자가 주장하고 증명할 하자로 보인다. 위와 같은 하자는 속성상 당해 조합원이 주장할 수 있는 하자로 보이고, 다른 조합원들이 일반적으로 주장할 수 있는 하자에 속한다고 보기는 어려운 면이 있다. 그 결과 위법하다고 인정되더라도 해당 조합원에 대한 부분만 취소하더라도 특별한 문제가 없다고 할 것이다.

한편, 위와 같은 평형배정의 하자로 인하여 일부취소가 허용되더라도 비례율 등에 큰 변동이 없다는 점을 고려할 때 관리처분계획의 일부취소가 가능한 사안으로 보인다.[36]

Ⅲ. 관리처분계획의 취소를 구할 수 있는 원고적격

1. 서론

대상판결은 이 사건 관리처분계획 중 '원고'가 아니더라도 종전 42평형 소유자 중 25＋54평형을 분양신청하고 싶었지만 그렇게 하지 못했다고 사실인정된 조합원들(총 12명)에 대한 부분을 취소했다. 법원은 조합원은 관리처분계획취소를 구할 수 있는 원고적격이 있다고 보고 있다.[37] 그런데 조합원이 자신과 직접 관계가 없는 조합원에 대한 관리처분계획의 취소를 구하는 것이 가능한 것인지 문제되는 것이다. 조합원 A

---

35) 김동희, 위 책, 134-135쪽.

36) 본 사건에서 42평 조합원들이 25＋46평 대신 25＋54평형을 분양받게 되는 경우 조합의 수입감소분(일반분양가가 조합원분양가보다 높으므로 발생하는 차액)을 계산할 때 비례율에 미치는 영향이 미미한 것으로 확인되었다.

37) 법원은 조합원 자격 인정 여부에 관하여 다툼이 있는 경우 해당 토지 등 소유자 역시 관리처분계획을 다툴 원고적격이 있다고 보고 있다(대법원 1996. 2. 15. 선고 94다31235 전원합의체판결 참조).

가 관리처분계획 중 자신에 대한 부분이 아니라 B에 대한 부분의 취소를 구하려면 B에 대한 관리처분계획의 취소를 구하는 법률상 이익이 있어야 한다.

일반적으로 관리처분계획의 일부취소가 인정된 사안에서 원고들은 대개 취소되는 관리처분계획의 당사자였다. 즉 자신에 대한 관리처분계획의 취소를 본인이 직접 구했던 것이다. 그러나 본 사건처럼 원고도 아닌 조합원들에 대한 신축건축물 배정 부분에 대하여까지 취소를 구할 수 있는지 문제되는 것이다.

2. 구 임대주택법상 분양전환승인처분과 법률상 이익에 관한 최근 대법원 판례

임대주택의 경우 임대의무기간 동안 임대주택으로 사용되다가 해당 기간이 경과하면 임차인 등에게 분양되는데, 이를 분양전환이라고 한다. 최근 대법원은 임대주택의 임차인이 분양전환을 받으면서 분양전환가격 등을 정한 분양전환승인처분에 관하여 행정소송을 제기한 사안에서 법원은 특별한 사정이 없는 한 그 취소를 구하는 임차인이 분양전환 받을 세대가 아닌 다른 세대에 대한 부분까지 취소를 구할 법률상 이익(원고적격)은 인정되지 않는다고 판시하였다(대법원 2020. 7. 23. 선고 2015두48129 판결). 그리고 분양전환승인처분의 경우 분양전환의 요건을 심사하여 임대주택의 매각을 허용하는 부분과 분양전환가격을 심사하여 이를 승인하는 부분으로 구분되는데, 원고들이 그 중 분양전환가격 산정에 관해서만 다투는 경우 분양전환승인처분 중 임대주택의 매각을 허용하는 부분은 실질적인 불복이 없어 그 취소를 구할 법률상 이익(협의의 소의 이익)이 없다고 보아야 한다고 판시했다(위 대법원판결).[38]

---

38) 구 임대주택법의 임대사업자가 여러 세대의 임대주택에 대해 분양전환승인신청을 하여 외형상 하나의 행정처분으로 그 승인을 받았다고 하더라도 이는 승인된 개개세대에 대한 처분으로 구성되고 각 세대별로 가분될 수 있으므로 임대주택에 대한 분양전환승인처분 중 일부 세대에 대한 부분만 취소하는 것이 가능하다(대법원 2015. 3. 26. 선고 2012두20304 판결 참조). 따라서 우선 분양전환 대상자인 임차인들이 분양전환승인처분의 취소를 구하는 경우, 특별한 사정이 없는 한 그 취소를 구하는 임차인이 분양전환 받을 세대가 아닌 다른 세대에 대한 부분까지 취소를 구할 법률상 이익(원고적격)은 인정되지 않는다, 분양전환승인처분은 분양전환의 요건을 심사하여 임대주택의 매각을 허용하는 부분과 분양전환가격을 심사하여 이를 승인하는 부분으로 구분하는 것이 가능하다. 행정청은 분양전환승인처분 중 '분양전환가격의 산정 부분'에만 위법이 있을 경우, '분양전환을 허용하는 부분'의 효력은 그대로 둔 채 '분양전환가격 부분'의 위법을 시정하여 변경하는 처분을 하는 것도 가능하다. 따라서 분양전환승인처분 전부에 대하여 취소소송을 제기한 임차인이 해당 임대주택에 관하여 분양전환 요건이 충족되었다는 점 자체는 다투지 않으면서 다만 분양전환가격 산정에 관해서만 다투는 경우에는 분양전환승인처분 중 임대주택의 매각을 허용하는 부분은 실질적인 불복이 없어 그 취소를 구할 법률상 이익(협의의 소의 이익)이 없다고 보아야 한다.

관리처분계획은 임대주택에 관한 분양전환승인처분과 동일한 것은 아니지만 유사한 점이 있다. 관리처분계획의 내용은 (i) 특정 조합원이 분양대상자인지 아닌지를 정하고, (ii) 해당 조합원이 공급받게 되는 신축건축물의 내역, (iii) 부담금 내역 등 개별조합원에 관한 사항을 정함과 동시에 해당 정비사업 전체의 비용분담과 사업수지를 정하는 계획이다. 임대주택의 분양전환승인처분을 분양전환에 관한 부분(임대주택의 매각을 허용하는 부분)과 구체적인 개별 세대의 분양전환가격에 관한 부분으로 나눌 수 있는 것처럼, 관리처분계획 역시 사업 전체의 신축계획 및 그에 따른 신축건축물의 배분과 비용 지출 등 전체적인 부분과 특정 개별 조합원이 신축건축물 중 어떠한 건축물을 분양받고 개별적인 부담금 내역은 어떠한지에 관한 부분으로 나눌 수 있다. 따라서 위 대법원판결의 판시를 관리처분계획에 관한 분쟁에 적용한다면 조합원의 경우 자신이 분양신청한 신축건축물에 관한 부분이나 부담금 내역에 관해서는 다툴 수 있지만 원칙적으로 다른 조합원에 대한 신축건축물 배정 부분 등에 관하여는 다툴 법률상 이익이 부정된다고 볼 여지가 있다. 그러나 임대주택의 분양전환처분과 관리처분계획상 차이가 상당하므로 위 판례법리가 그대로 적용된다고 보기에는 무리가 있다. 관리처분계획의 경우 특정 조합원에 대한 신축건축물 배정이나 부담금 내역이 다른 조합원들에게 영향을 미칠 여지도 있는 반면 임대주택의 분양전환처분은 임대사업자와 임차인 사이의 개별적인 매매의 내용을 확정하는 것이라서 다른 임차인과 임대사업자의 분양전환 법률관계에 직접적인 영향을 준다고 보기 어렵기 때문이다.

3. 본 사건의 경우

이 사건 관리처분계획 하자와 같이 분양신청을 할 때 착오 또는 기망 등으로 인하여 원하는 평형을 신청하지 못하였다는 것은 그러한 의사표시의 하자의 당사자만 할 수 있는 것이지 다른 조합원이 그러한 하자를 이유로 자신 외의 다른 조합원에 한 관리처분계획의 취소를 구할 법률상 이익이 있다고 볼 수 있는지 다툼이 있을 수 있다. 특정 조합원에 대한 신축건축물 배정이 잘못되었고 그러한 위법이 시정되면 자신에게 배정될 신축건축물이 변경될 수 있다는 등의 사정이 있다면 모르겠으나, 본 사건에서 문제된 하자는 특정 조합원이 자신의 의사대로 분양신청을 하지 못하였다는 것이므로 그러한 의사표시(분양신청)에 하자가 있는 조합원이 직접 소를 제기하지 아니한 이상 취소를 명하는 것은 위법하다고 볼 소지가 있다. 제2심법원은 법원은 위 사유 외에 원고들이 관리처분계획의 전체 하자를 주장하였으므로 원고적격을 인정하였으나, 심리 결과 일부 조합원들에 대한 분양신청권이 침해된 것 외의 다른 하자가 존재하지 않는다고 확인된 경우 소를 제기하지 아니한 조합원들의 신축건축물 배정 부분까지 취소할 수 있는지에 대하여는 여전히 의문의 여지가 있다.

IV. 결 론

이상에서 반포주공1단지 재건축조합 관리처분계획 사건을 토대로 관리처분계획 하자의 유형과 그에 따른 일부취소의 가부, 관리처분계획의 하자 내용에 따라 그 취소를 구할 수 있는 원고적격에 관해 살펴보았다.

일부 조합원들의 분양신청 접수 과정에서 있었던 문제로 도시정비법상 중요한 역할을 갖는 관리처분계획 전체가 취소되어야 한다고 본 제1심법원의 판단은 아직까지 법원이 관리처분계획을 행정계획으로 바라보기보다는 집합건물법으로 재건축이 규율되던 당시의 사법적私法的 관점에서 접근한 것이 아닌가 하는 인상을 갖게 만든다. 관리처분계획상 일부 하자가 있을 때 이러한 하자가 전체 관리처분계획에 영향을 줄 수 있다는 사정만으로 관리처분계획이 전부취소되어야 한다고 보는 것은 신중해야 할 것이다. 이를 위해 관리처분계획의 하자 유형에 따라 일부취소의 허용 범위 등이 세밀하게 판단되어질 필요가 있고, 나아가 기본적으로는 관리처분계획 하자에 관한 분쟁 중 상당 부분을 차지하는 종전자산가액에 대한 분쟁 등의 경우 특별한 사정이 없는 한 일부취소 사유로 구성하여 안정적인 정비사업 시행이 가능하도록 제도를 운영하는 것이 바람직할 것으로 보인다.

참고문헌

김동희, 행정법 I, 박영사(2019).

김종보, 건설법의 이해(제6판), 박영사(2018).

강신은, 관리처분계획방식 정비사업에 관한 법적 연구, 중앙대학교 박사학위 논문(2012).

김종보, "재건축·재개발사업의 전개과정과 소의 이익", 행정법연구 제56호(2019. 2.).

이승훈, "행정처분의 일부취소", 안암법학 제29권(2009. 5.).

차흥권, "온주 도시 및 주거환경정비법", 제5절 관리처분계획 전주 부분.

장기계속공사계약에서의 공기연장 간접비에 관한 판례 동향*

박승진

목 차

Ⅰ. 서론

Ⅱ. 대법원 전원합의체 판결의 취지와 후속 대법원 판례의 법리
    1. 대법원 전원합의체 판결 이전의 하급심 판결의 경향
    2. 대법원 전원합의체 판결의 취지
    3. 대법원 전원합의체 판결 이후 하급심 판례의 경향과 후속 대법원 판례의 입장
    4. 검토

Ⅲ. 공기연장 간접비 청구에 대한 새로운 법리구성 시도와 판례 동향
    1. 공기연장 간접비 청구에 대한 새로운 법리구성 시도와 판례의 동향
        가. 채무불이행에 따른 손해배상청구
        나. 채권자지체에 따른 비용상환청구
        다. 계약금액 조정청구 요건의 재해석
    2. 검토

Ⅳ. 계약금액 조정의 실무상 쟁점들에 대한 최근 판례 동향
    1. 연장기간이 후행 차수 공사기간과 중첩되는 경우의 간접비 산정
    2. 공백기에 발생하는 간접비 부담 주체
    3. 설계변경과 기간연장이 중첩되는 경우의 간접비 산정

Ⅴ. 결어

---

* 이 글은 서울지방변호사회가 발간하는 『변호사』 제54집(2022. 1.)에 게재하였던 "대법원 2018. 10. 30. 선고 2014다235189 전원합의체 판결 이후 전개된 공기연장 간접비에 관한 법리 연구" 중 판례 동향과 관련된 부분을 수정·보완한 것입니다.

I. 서론

「국가를 당사자로 하는 계약에 관한 법률」(이하 '국가계약법') 제19조 제1항은 '각 중앙관서의 장 또는 계약담당공무원은 공사계약·제조계약·용역계약 또는 그 밖에 국고의 부담이 되는 계약을 체결한 다음 물가변동, 설계변경, 그 밖에 계약내용의 변경(천재지변, 전쟁 등 불가항력적 사유에 따른 경우를 포함한다)으로 인하여 계약금액을 조정調整할 필요가 있을 때에는 대통령령으로 정하는 바에 따라 그 계약금액을 조정한다'고 규정하고 있고,[1] 「국가를 당사자로 하는 계약에 관한 법률 시행령」(이하 '국가계약법 시행령') 제66조 제1항은 '각 중앙관서의 장 또는 계약담당공무원은 법 제19조의 규정에 의하여 공사·제조등의 계약에 있어서 제64조 및 제65조의 규정에 의한 경우외에 공사기간·운반거리의 변경등 계약내용의 변경으로 계약금액을 조정하여야 할 필요가 있는 경우에는 그 변경된 내용에 따라 실비를 초과하지 아니하는 범위안에서 이를 조정한다.'고 규정하고 있다.[2]

수급인의 책임 없는 사유로 공기가 연장되어 노무비, 임차료, 보증료 등 제반 경비가 증가된 경우 수급인은 위 규정을 근거로 국가 또는 지방자치단체(이하 '발주처')를 상대로 계약금액 조정청구를 하게 되는데, 이때 청구하는 금액을 시공에 직접 투입되는 경비가 아니라는 의미에서 '간접비'라 부른다.

단년도 계약이나 계속비로 예산을 편성하여 낙찰된 금액의 총액에 대하여 계약을 체결하는 계속비 계약의 경우에는 공사기간이 변경되면 위 규정에 따라 실비를 초과하지 않는 범위 안에서 계약금액을 조정하면 되나, 총액으로 입찰하여 각 회계연도 예산의 범위에서 낙찰된 금액의 일부에 대하여 연차별로 계약을 체결하는 장기계속계약의 경우에는 급부의 내용이 연차별 계약을 통해 확정되고 연차별 계약에서 정한 조건대로 이행이 완료되는 구조로 제도가 설계되어 있었고,[3] 도급계약 내용의 일부로 편입되는 기획재정부 계약예규 공사계약 일반조건(이하 '공사계약 일반조건')이나, 행정안전부 예규 지방자치단체 입찰 및 계약 집행기준 제13장 공사계약 일반조건(이하 '지방자치

---

1) 「지방자치단체를 당사자로 하는 계약에 관한 법률」(이하 '지방계약법') 제22조 제1항도 같은 취지.

2) 「지방자치단체를 당사자로 하는 계약에 관한 법률 시행령」(이하 '지방계약법 시행령') 제75조 제1항도 같은 취지.

3) 국가계약법 제21조 제2항, 국가계약법 시행령 제69조 제2항, 지방계약법 제24조 제1항 제1호, 지방계약법 시행령 제78조 제2항.

단체 공사계약 일반조건')은 장기계속공사의 경우 계약상대자의 계약금액 조정청구는 각 차수별 준공대가 수령 전까지 하여야 조정금액을 지급받을 수 있다고 규정되어 있어, 각 회계연도 예산의 범위에서 연차별 계약이 이행되어 연차별 공사기간은 변경되지 않았더라도, 총공사의 준공시점을 기준으로 보면 입찰 당시 정한 총공사기간에 비해 공사기간이 늘어나 있는 경우에는 총공사기간의 연장을 사유로 계약금액 조정신청을 할 수 있는지에 대해 하급심 판례가 엇갈려 있었다.[4]

대법원은 2018. 10. 30. 선고 2014다235189 전원합의체 판결(이하 '대법원 전원합의체 판결')을 통해 장기계속계약에서 계약금액 조정은 연차별 계약을 기준으로 하며, 총괄계약에서 정한 총공사기간의 구속력은 인정할 수 없다는 법리를 선언하여 오랜 논란에 종지부를 찍었고, 대법원 전원합의체 판결 이후 세부적인 쟁점들에 대한 후속 판례와 법리가 형성되어 가고 있다.

이하에서는 대법원 전원합의체 판결 전후의 판례 분석을 통해 적법한 계약금액 조정신청 요건 등 공기연장 간접비 청구와 관련된 기본 법리를 정리한 후 공기연장 간접비와 관련된 실무적 쟁점들에 대한 최근 판례 동향을 검토하고자 한다.

II. 대법원 전원합의체 판결의 취지와 후속 대법원 판례의 법리

1. 대법원 전원합의체 판결 이전의 하급심 판결의 경향

가. 초기 판례들

초기의 하급심 판결들은 장기계속공사계약은 각 차수별로 공사가 완성되고 그 대금이 지급되면 당해 공사계약에 따른 계약당사자 쌍방의 의무이행이 완료되어 그 이후에는 당해 계약과 관련된 이행의 문제가 남지 않는 점이나 공사계약 일반조건 제20조 제9항[5]에서 장기계속공사의 경우 각 차수별 준공대가 수령 전까지 계약금액 조정청구를 하여야 조정금액을 지급받을 수 있다고 규정하고 있는 점에 주목하여, 장기계속공사계약의 경우 공사기간의 장기화로 인하여 각 차수별로 계약을 체결하게 되고, 각 차

---

4) 대법원 전원합의체 판결 이전의 간접비 분쟁에 대한 선행연구로는 김태형, "간접비 소송의 주요 쟁점", 서울지방변호사회, 『변호사』 제49집, 2017. 1.

5) 이 조항은 2012. 7. 4. 공사계약 일반조건을 개정할 때 제20조 제10항으로 이동하였다.

수별 계약체결시 총공사대금과 총공사기간이 부기되기는 하지만 부기된 내용대로 총괄계약이 확정적으로 체결되었다고 보기 어려우며, 계약 당사자들도 부기된 총공사금액과 총공사기간을 각 차수별 계약을 체결하는 데 있어 잠정적 기준으로만 활용할 의사를 가지고 있다고 보아야 할 것이므로,[6] 각 차수별 계약의 공사기간 연장에 따른 간접비 청구와 별도로 부기된 총공사기간의 연장에 따른 간접비 청구는 허용되지 않는다는 입장이었다.[7] 서울고등법원 2014. 11. 5. 선고 2013나2020067 판결을 분기점으로 하여 총괄계약의 연장에 기한 계약금액 조정청구가 허용되어야 한다는 입장이 하급심 판례의 주류가 된 이후에도, 일부 판결은 지방계약법이 장기계속계약의 경우 '각 회계연도 예산의 범위 안에서 낙찰된 금액의 일부에 대하여 연차별로 계약을 체결'하도록 요구하는 것은 장기계속계약의 체결이 당해 연도 예산의 범위를 초과하는 지방자치단체의 채무 발생, 부담으로 이어져서는 아니 된다는 요청에서 비롯된 것으로서, 이를 방임하면 회계연도 독립의 원칙이 무너지고 장기계속계약이 계속비계약에 요구되는 예산상 제약을 잠탈하는 수단이 될 수 있다는 이유로 총괄계약의 연장에 기한 계약금액 조정청구는 허용될 수 없다는 입장을 고수하였다.[8]

나. 2015년 이후의 하급심 판례들

대법원 전원합의체 판결의 원심판결인 서울고등법원 2014. 11. 5. 선고 2013나2020067 판결은 총괄계약도 전체 공사계약에 관하여 당사자 사이의 합의에 따라 총공사대금 및 공사기간 등을 정하는 독립성을 가진 계약이고, 차수별 계약을 체결하면서 연장된 총 계약기간을 반영하여 원래 예상할 수 있었던 기간보다 긴 기간을 공사기간으로 하여 계약을 체결하거나 차수별 계약 자체를 예정된 숫자보다 추가해서 체결하는 경우에는 차수별 계약을 기준으로 보면 공사기간 연장이라는 개념이 성립할 수 없는데, 이러한 경우 총괄계약에 대해 별도로 계약금액 조정신청을 하는 것이 불가능하다고 볼 경우, 공사기간이 연장되었음이 분명한데도 이에 대한 계약금액 조정을 받을 수 없는

---

6) 서울중앙지방법원 2014. 11. 28. 선고 2012가합80465 판결

7) 광주고등법원 2010. 6. 23. 선고 2009나5420 판결, 부산지방법원 2012. 6. 21. 선고 2010가합9514 판결, 부산고등법원 2013. 5. 21. 선고 2012나6578 판결, 서울고등법원 2013. 11. 8. 선고 2013나11869 판결, 광주고등법원 2014. 7. 18. 선고 2012나3301 판결, 대전고등법원 2015. 2. 4. 선고 2013나11261 판결

8) 서울중앙지방법원 2016. 1. 28. 선고 2013가합42125 판결, 서울중앙지방법원 2016. 7. 20. 선고 2014가합550456 판결 등

부당한 결과를 초래하게 된다는 이유로 총괄계약의 연장에 근거한 계약금액 조정신청을 적법하다고 보았고, 이 판결 이후로 대법원 전원합의체 판결이 선고될 때까지 총괄계약의 연장에 근거하여 계약금액 조정청구를 할 수 있다는 입장이 하급심 판례의 주류를 형성하였다.[9]

이에 대해서는 도급계약의 일부로 편입된 공사계약 일반조건에서 장기계속공사의 경우 각 차수별 준공대가 수령 전까지 계약금액 조정청구를 하여야 조정금액을 지급받을 수 있다고 명문으로 규정하고 있는 것에 반한다는 비판이 제기되었고, 이러한 비판을 수용한 일부 판례들은 총괄계약의 이행을 위한 구체적인 급부의 내용, 대금 지급의 시기 및 범위, 이행기간 등은 차수별 계약을 통하여 정하여지므로, 계약의 이행 여부 및 내용 변경 등은 차수별 계약을 기준으로 판단하여야 한다는 것을 전제한 후, 차수별 계약에 따른 공사범위에 포함되지 아니하거나 차수별 계약내용의 변동 없이 전체 공사의 내용이나 기간이 변경되는 등 차수별 계약의 변경에 따라 계약금액 조정을 할 수 없는 경우에도 계약금액을 조정해야 할 필요가 있으므로, 총공사기간이 연장된 경우 차수별 계약의 공사기간이 연장된 기간과 총공사기간이 연장된 기간을 구분하여(차수별 계약의 공사기간 연장과 총괄계약의 총공사기간의 연장이 중첩되는 경우 공사기간의 연장이 이중으로 산정되는 것을 방지하기 위하여 총공사기간이 연장된 일수에서 각 차수별 계약이 연장된 일수의 합계를 제외), 차수별 계약기간 연장으로 인한 계약금액 조정은 차수별 계약 내에서 이루어져야 하고, 차수별 계약기간의 변경에 따라 계약금액 조정을 할 수 없는 부분은 총괄계약의 변경을 통하여 계약금액 조정이 이루어져야 한다는 것으로 법리를 수정·보완하였다.[10]

2. 대법원 전원합의체 판결의 취지

대법원 전원합의체 판결에서 다수의견은 총괄계약의 효력에 대해 '장기계속공사계

---

9) 서울고등법원 2015. 4. 2. 선고 2013나2032138 판결, 서울고등법원 2015. 11. 27. 선고 2014나2033107 판결, 서울동부지방법원 2015. 12. 16. 선고 2013가합1776 판결, 서울고등법원 2016. 12. 16. 선고 2016나2054818 판결 등

10) 서울중앙지방법원 2015. 12. 16. 선고 2014가합546143 판결, 서울중앙지방법원 2016. 6. 1. 선고 2014가합20047 판결, 서울고등법원 2016. 7. 8. 선고 2015나2070547 판결, 서울고등법원 2016. 7. 15. 선고 2015나2006713 판결, 서울중앙지방법원 2016. 8. 17. 선고 2014가합569672 판결, 서울중앙지방법원 2017. 9. 13. 선고 2015가합536570 판결, 서울중앙지방법원 2018. 4. 27. 선고 2016가합538443 판결 등

약에서 이른바 총괄계약은 전체적인 사업의 규모나 공사금액, 공사기간 등에 관하여 잠정적으로 활용하는 기준으로서 구체적으로는 계약상대방이 각 연차별 계약을 체결할 지위에 있다는 점과 계약의 전체 규모는 총괄계약을 기준으로 한다는 점에 관한 합의'로서, '총괄계약의 효력은 계약상대방의 결정(연차별 계약마다 경쟁입찰 등 계약상대방 결정 절차를 다시 밟을 필요가 없다), 계약이행의사의 확정(정당한 사유 없이 연차별 계약의 체결을 거절할 수 없고, 총공사내역에 포함된 것을 별도로 분리·발주할 수 없다), 계약단가(연차별 계약금액을 정할 때 총공사의 계약단가에 의해 결정한다) 등에만 미칠 뿐'이라고 하여 총공사계약과 총공사금액의 구속력을 부인하였고, '계약상대방이 이행할 급부의 구체적인 내용, 계약상대방에게 지급할 공사대금의 범위, 계약의 이행기간 등은 모두 연차별 계약을 통하여 구체적으로 확정된다'고 하였다.

다수의견은 '장기계속계약에서는 연차별 공사가 완료될 때마다 공사대금의 정산을 하며, 계약금액의 조정이 필요한 경우에도 연차별 준공대가 수령 전까지 실비를 초과하지 않는 범위 안에서 산출근거를 첨부한 신청서를 제출하여야 한다. 그런데도 전체 공사가 완료된 후 한꺼번에 공기연장에 따른 추가공사비의 청구를 허용하게 되면 이는 연차별 공사대금정산 원칙에 반할 뿐 아니라, 기간의 경과에 따라 정확한 실비 산정도 쉽지 않게 되어 불필요한 법적 분쟁을 야기하게 되는 등의 문제가 생긴다'는 점을 지적하며, '계약상대방이 아무런 이의 없이 연차별 계약을 체결하고 공사를 수행하여 공사대금까지 모두 수령한 후 최초 준공예정기한으로부터 상당한 기간이 지나서 그 기간 동안의 추가공사비를 한꺼번에 청구하는 것을 허용할 경우, 예산의 편성 및 집행에 큰 부담을 주게 되고, 각 회계연도 예산의 범위 내에서 장기계속공사계약의 집행을 하도록 규정하고 있는 법의 취지에도 반한다'고 보았다.

다수의견에 대한 보충의견은 의사표시의 해석 측면에서 '당사자의 의사라는 측면에서 보면, 장기계속공사의 변동가능성은 발주처나 수급인 모두 익히 잘 알고 있거나 예상할 수 있는 일이다. 장기계속공사계약에서 정한 총공사기간의 구속력을 인정하지 아니하는 것이 발주처나 수급인의 의사에 반한다고 할 수 없다. 국가계약법령의 각종 규정은 계약금액의 조정이 연차별 계약을 기준으로 이루어지는 것을 전제로 하고 있다. 급부의 목적, 즉 수급인이 해야 할 공사의 구체적 내용과 공사금액, 공사기간은 연차별 계약에 의하여 확정되므로 이는 당연한 것이다. 그러므로 총괄계약에서 정한 총공사기간의 구속력을 인정하지 아니하는 다수의견은 당사자의 의사나 관련 법률규정

등을 충실히 따른 것이다. 장기계속공사계약에서 공사기간의 연장 여부는 연차별 계약의 공사기간을 기준으로 판단하여야 한다. 또한 기간연장으로 인한 추가공사비의 청구 등 계약금액조정이 필요한 사유가 있다면 국가계약법령이 정하는 절차와 방식에 따라 연차별 계약의 준공대가 수령 전까지 신청해야 한다. 총공사가 완료된 후 최초에 부기되었던 총공사기간을 새삼 들고 나와 그 초과된 공사기간에 대하여 추가공사비를 한꺼번에 청구하는 것은 허용되지 않는다고 보아야 한다. 다수의견과 같이 해석함으로써 장기계속공사계약에서 추가공사비를 둘러싼 분쟁을 근원적으로 줄이고 계약금액 조정의 정확성을 제고할 수 있을 것이다.'라고 설명하면서 다수의견의 결론을 지지하고 있다.

대법원 전원합의체 판결 직후 선고된 대법원 판결들은 대법원 전원합의체 판결의 핵심 법리를 "장기계속계약에서 총괄계약은 전체적인 사업 규모나 공사금액, 공사기간 등에 관하여 잠정적으로 활용하는 기준으로서 구체적으로는 계약상대방이 각 연차별 계약을 체결할 지위에 있다는 점과 계약의 전체 규모는 총괄계약을 기준으로 한다는 점에 관한 합의라고 보아야 한다. 따라서 총괄계약의 효력은 계약상대방 결정, 계약이행의사 확정, 계약단가 등에만 미칠 뿐이고, 계약상대방이 이행할 급부의 구체적인 내용, 계약상대방에게 지급할 공사대금의 범위, 계약 이행기간 등은 모두 연차별 계약을 통하여 구체적으로 확정된다고 보아야 한다."라고 제시함으로써, 대법원 전원합의체 판결에서 밝힌 법리가 총괄계약에서 정한 총공사기간 및 총공사대금이 계약당사자 사이에 법적 구속력이 없다는 것이었음을 재확인하였다.[11]

3. 대법원 전원합의체 판결 이후 하급심 판례의 경향과 후속 대법원 판례의 입장

가. 하급심 판례들의 경향

총괄계약에 기한 계약금액 조정청구를 긍정하던 입장이었던 하급심 재판부들은 대법원 전원합의체 판결 이후 총괄계약에서 정한 총공사기간의 구속력이 인정되지 않더라도 총괄계약의 연장기간 내에 포함되어 있는 차수계약의 연장기간에 대해서는 추가간접비를 지급할 의무가 있다는 판결을 잇달아 선고하였다.[12] 주요한 논거는 다음과 같다.

---

11) 대법원 2018. 12. 28. 선고 2016다245098 판결, 대법원 2018. 12. 28. 선고 2016다240826 판결 등

12) 서울고등법원 2019. 5. 24. 선고 2016다2055903 판결, 서울고등법원 2019. 8. 16. 선고 2017나2012996 판결, 서울고등법원 2020. 1. 31. 선고 2018나2064659 판결, 서울중앙지방법원 2020. 8. 12. 선고 2019가합521972 판결 등

① 공사기간 연장에 따른 계약금액 조정제도는 지방계약법 제22조, 동법 시행령 제73, 75, 78조와 지방자치단체 공사계약 일반조건에 근거를 둔 것으로 계약상대방의 신청에 따라 즉시 조정금액이 확정되는 것이 아니라 지방자치단체의 장 또는 계약담당자가 일정한 방식에 따라 계약금액을 조정하는 절차를 예정하고 있다. 따라서 계약상대방의 계약금액 조정신청은 이미 구체적으로 확정된 권리의 행사나 의무이행의 청구라기보다는 종국적인 계약금액 조정에 이르기 위한 절차적 요건 중 하나에 불과하다.

② 계약상대방의 계약금액 조정신청의 내용과 범위, 사유 등이 전혀 특정되어 있지 않아 조정을 요구받은 지방자치단체의 입장에서 그 계약금액 조정 요구에 적절히 대응하는 것이 불가능하거나, 그 조정신청이 객관적으로 해당 차수별 계약 공사기간 연장을 사유로 한 것으로 볼 수 없는 상황에서 이루어진 것이어서 지방자치단체에게 이와 같이 선해할 것을 기대할 수도 없는 경우 등과 같이 계약상대방의 조정신청 의사를 확대해석하면 신의칙에 반한다고 볼 만한 특별한 사정이 없는 한, 총괄계약에 기한 계약금액 조정신청이라 하더라도 그 취지와 내용을 가급적 선해하여 해석할 필요가 있다.

③ 계약상대방이 계약금액 조정신청을 함에 있어 총괄계약 공사기간 연장만을 그 사유로 제시하였다고 하더라도, 계약상대방의 주된 의사는 총괄계약이든 차수별 계약이든 '공사기간 연장'으로 인하여 발생한 추가 간접비를 청구하는 데 있으므로, 그 조정신청에는 차수별 계약 공사기간 연장으로 발생한 추가 간접비 청구의사도 포함되어 있다고 보는 것이 합리적이고 계약당사자의 실질적인 의사에도 부합한다.

④ 총괄계약의 공사기간에 구속력이 없다는 취지의 대법원 전원합의체 판결이 2018. 10. 30. 선고되기 전까지 국가·지방자치단체·공공기관이 체결한 장기계속계약 실무에 있어 공사기간 연장에 따른 추가 간접비에 관하여 계약금액 조정신청의 대상이 무엇인지에 대하여는 당사자 사이에 명확한 의사합치가 없었고, 관계기관의 구속력 있는 유권해석도 내려진 바가 없으며, 법원도 서로 다른 취지의 판결을 선고한 바 있다. 이러한 상황에서 차수별 계약상의 공사대금 수령 이전에 계약상대방의 계약금액 조정신청 사실이 존재함에도 불구하고 차수별 계약상의 공사기간 연장에 대한 조정신청 의사가 명시되지 않았다는 이유만으로 이를 부적법한 조정신청으로 간주한다면 계약당사자 사이에 명확한 의사의 합치가 있지 않았던 사항으로서 그에 대한 실무 관행이 존재하지 않았음에도 불구하고 사실상 계약당사자 일방에게만 기대할 수 없는 행위를 강요하는 것이어서 부당하다.

위 판례들에 대해 발주처는 법률행위 해석은 당사자가 표시행위에 부여한 객관적인 의미를 명백하게 확정하는 것이고,[13] 문언의 객관적인 의미가 명확하다면, 특별한 사정이 없는 한 문언대로의 의사표시의 존재와 내용을 인정하여야 한다는 것이 확립된 대법원의 입장인데,[14] 계약금액 조정청구 서면에 총괄계약의 연장을 이유로 하는 계약금액 조정청구라는 당사자의 의사가 명확히 표시되어 있는데도 당사자가 표시한 바 없는 차수별 계약상의 공사기간 연장에 대한 조정신청 의사를 부당하게 의제하는 것은 의사표시 해석에 관한 법리를 오해하여 판결에 영향을 미친 잘못이 있다고 상고하였다.

나. 후속 대법원 판례의 법리

대법원 2020. 10. 29. 선고 2019다267679 판결[15]은 원심을 파기하면서 '공사기간 연장을 이유로 한 조정신청을 당해 차수별 공사기간의 연장에 대한 공사금액 조정신청으로 인정할 수 있으려면, 차수별 계약의 최종 기성대가 또는 준공대가의 지급이 이루어지기 전에 계약금액 조정신청을 마치는 등 당해 차수별 신청의 요건을 갖추어야 하고, 조정신청서에 기재된 공사 연장기간이 당해 차수로 특정되는 등 조정신청의 형식과 내용, 조정신청의 시기, 조정금액 산정 방식 등을 종합하여 볼 때 객관적으로 차수별 공사기간 연장에 대한 조정신청 의사가 명시되었다고 볼 수 있을 정도에 이르러야 한다.'는 법리를 선언하였고,[16] 이어 대법원 2020. 11. 12. 선고 2019나240858 판결[17]도 같은 법리로 원심이 총괄계약의 연장을 이유로 한 조정신청에 차수별 공사기간 연장에 대한 조정신청이 포함되어 있다고 전제한 것은 논리와 경험의 법칙을 위반하여 자유심증주의의 한계를 벗어나거나 지방계약법상 적법한 계약금액 조정신청 요건 및 법률행위의 해석에 관한 법리를 오해하여 판결에 영향을 미친 잘못이 있다고 판단하였다.

---

13) 대법원 2011. 10. 27. 선고 2011다53645 판결, 대법원 2012. 7. 5. 선고 2012다18632 판결 등

14) 대법원 2011. 1. 27. 선고 2010다81957 판결 등

15) 서울고등법원 2019. 8. 16. 선고 2017나2012996 판결의 상고심

16) 한편, 같은 날 선고된 대법원 2020. 10. 29. 선고 2020다232402 판결에서는 '원고들의 이 사건 공사대금 조정신청이 차수별 계약(1차 계약)의 공사기간 연장을 원인으로 한 간접비 조정신청에 해당한다고 판단한 원심(서울고등법원 2020. 4. 29. 선고 2019나2010062 판결)의 결론은 정당하다'고 판단하였는데, 이 사안은 원고들이 차수별 공사기간 연장에 따른 계약금액 조정신청을 하면서 산정근거만 총공사기간 연장에 따른 것을 첨부한 사건이었다.

17) 서울고등법원 2019. 5. 24. 선고 2016나2055903 판결의 상고심

이후 대법원은 객관적으로 연차별 공사기간 연장에 대한 조정신청 의사가 명시되었다고 볼 수 없다는 이유로 총괄계약의 연장을 근거로 한 계약금액 조정신청에 차수계약의 연장에 따른 조정신청 의사가 포함되어 있다고 본 하급심 판결들을 대부분 파기하였고,[18] 하급심 판례들도 대법원 판례의 뒤를 따랐다.[19]

4. 검토

장기계속계약은 본질적으로 사적자치가 지배하는 사법계약이고,[20] 계약금액 조정제도는 사정변경이나 신의칙에서 자동으로 도출되는 것이 아닌 법령과 공사계약 일반조건에 의해 부여된 권리이다. 2006. 5. 25. 개정된 공사계약 일반조건에서 장기계속계약의 경우 '각 차수별 준공대가 수령 전까지 조정신청을 하여야 조정금액을 지급받을 수 있다'고 규정[21]하고 있고, 이를 도급계약의 내용으로 편입하고 있는 이상, 장기계속계약의 경우에는 계약금액을 조정하려면 조정사유가 발생한 때의 차수계약 준공대가 수령 전까지 조정신청을 하여야 조정금액을 지급받을 수 있는 것으로 해석될 수밖에 없고, 달리 총괄계약의 연장을 이유로 전체 준공대가를 수령하기 전까지 계약금액 조정신청을 할 수 있다는 근거가 없다. 이러한 점에서 대법원 전원합의체 판결의 결론에 찬동한다.

대법원 전원합의체 판결의 다수의견은 예산 편성 및 집행의 특수성을 지나치게 강조하여 국가·지방계약법이 추구하는 대등한 계약의 원칙을 충분히 구현하지 못했다는 비판이 있으나,[22] 총괄계약의 연장을 이유로 한 계약금액 조정청구를 인정하려면 대등한

---

18) 대법원 2020. 12. 24. 선고 2020다216851 판결, 대법원 2021. 1. 14. 선고 2016다215721 판결, 대법원 2021. 7. 8. 선고 2020다221747 판결

19) 서울고등법원 2021. 3. 18. 선고 2020나2031904 판결, 서울고등법원 2021. 3. 18. 선고 2020나2038271 판결, 서울중앙지방법원 2021. 4. 1. 선고 2019가합541211 판결

20) 대법원 2017. 12. 21. 선고 2012다74076 전원합의체 판결

21) 민사실무연구회(2019. 1.) 지정토론문에서 이영선 판사는 이는 실무에서 공사기간 연장 등을 이유로 공사금액 조정이 필요한 경우에 실비정산 방식을 취하고 있기 때문에 실비 여부를 확인하는 절차가 필요한데, 상당한 기간이 지난 후에는 이를 확인하는 것이 곤란하다는 사정을 고려한 것이라고 보인다고 하면서, 총괄계약의 독자성과 구속력을 인정하고 총괄계약을 기준으로 하여야 한다는 견해를 취하는 것은 10년 이상 이어진 실무와 모순되는 것이 아닌지 의문을 제기하였다.

22) 권영준, "장기계속공사계약에서 총공사기간이 연장된 경우 총공사대금 조정 여부", 박영사, 『민법판례연구Ⅰ』, 2019. 6., 271쪽 이하.

계약의 원칙상 공기지연에 대한 지체상금도 총공사기간에 연동하여야 한다. 그러나 장기계속계약에서는 지체상금을 총계약기간과 연동하지 않고 각 차수별 계약의 불이행에만 부과하도록 설계되어 있다.

소수의견이나 종래의 하급심 판결은 총괄계약의 총공사기간이 연장되었지만 차수별 계약의 공사기간은 연장되지 않은 경우에는 총공사기간이 연장되었음에도 차수별 계약의 공사기간이 연장되지 않았다는 이유로 계약상대자의 계약금액 조정신청이 불가능하게 되고, 각 차수별 계약에서의 공사기간 연장 일수의 합계가 총괄계약에서의 공사기간 연장 일수보다 적은 경우에는 각 차수별 계약에서의 공사기간 연장 일수의 합계를 초과하는 총공사기간의 연장 일수에 대하여는 계약금액 조정신청을 할 수 없게 된다는 결론에 이르게 되어 불합리하다는 점을 지적하고 있으나, 이러한 비판은 법정책적으로는 타당할 수 있을지 모르나 의사표시의 해석론으로는 동의하기 어렵다.

현행 공사계약 일반조건의 해석으로는 총공사대금을 배분하여 각 차수별 계약을 체결하고 각 차수별 계약의 이행을 완료하게 되면 계약불이행 문제가 남지 않는다고 해석할 수밖에 없다. 예측하지 못한 공사기간의 장기화로 인한 시공업체의 원가부담 가중을 보상하는 방법은 별개의 수단으로 강구하는 것이 바람직하다고 본다.

Ⅲ. 공기연장 간접비 청구에 대한 새로운 법리구성 시도와 판례 동향

1. 공기연장 간접비 청구에 대한 새로운 법리구성 시도와 판례의 동향

법조 실무에서는 대법원 전원합의체 판결에 대한 평석이나 논문을 근거로 하여 대법원 전원합의체 판결을 우회하여 공기연장 간접비를 청구할 수 있는 법리로 다음과 같은 주장들이 제기되었다.

가. 채무불이행에 따른 손해배상청구

첫째, 도급계약의 내용에 편입된 입찰안내서에 총공사기간, 준공기한이 특정되어 있으므로, 당사자들은 이러한 계약 내용에 구속되고, 발주처의 책임 있는 사유로 총공사가 총공사기간 및 준공기한보다 지연되게 한 것은 채무불이행에 해당하여 발주처는 간접공사비 증가액 상당의 손해를 배상할 의무가 있다는 주장이다.

이에 대해 법원은 입찰안내서는 입찰에 참가하고자 하는 자가 당해공사의 입찰에 참가하기 전에 숙지하여야 하는 공사의 범위·규모, 설계·시공기준, 품질 및 공정관리 기타 입찰 또는 계약이행에 관한 기본계획 및 지침 등을 포함한 문서이므로(국가계약법 시행령 제79조 제1항 제7호), 입찰안내서에 총공사금액 및 총공사기간에 관한 기재가 있다 하더라도 이를 두고 총공사금액 및 총공사기간에 관하여 구속력을 부여하겠다는 발주처의 확정적인 의사표시로 보기 어렵고, 입찰안내서 중 총공사금액 및 총공사기간과 관련된 부분은 입찰에 참가하고자 하는 자들을 위하여 전체적인 사업의 규모나 공사금액, 공사기간 등에 관하여 잠정적으로 활용하는 기준을 제시하기 위한 부분이라고 보는 것이 합리적이라고 판단하였다. 법리적으로도, 공사도급계약에서 수급인에게 책임 없는 사유로 공사기간이 연장된 경우 수급인이 그에 따른 지체책임을 면하고 공사대금의 증액을 청구할 수 있을 뿐, 도급인이 수급인에게 수급인이 약정준공일까지 공사를 모두 마칠 수 있도록 해야 할 의무를 부담한다고 볼 수 없으므로, 공사기간 연장에 따라 추가로 발생한 간접비 그 자체가 발주처의 채무불이행에 따른 계약상대자의 손해에 해당한다고 볼 수 없다고 하였다.[23]

둘째, 총괄계약에서 정한 총공사기간의 구속력이 인정되지 않더라도, 발주처가 신의칙상의 부수의무 또는 협력의무를 위반하였다는 주장이다. 주된 논거는 다음과 같다.

① 지방계약법 제24조 제3항은 "지방자치단체의 장과 계약담당자는 이행에 수년이 필요한 계약을 체결할 때에는 계약이 지연되지 아니하도록 노력하여야 한다"라고 규정함으로써 발주처에게 계약이 지연되지 않도록 노력할 의무를 부과하고 있고, 이는 신의칙상 부수의무 또는 협력의무를 규정한 것이다.

② 발주처는 입찰 당시 예정된 공사기간이 지연되지 않도록 협조할 의무 또는 계약상대자가 발주처의 귀책사유로 연장된 공사기간으로 인하여 경제적 손해를 입지 않도록 적절한 조치를 취할 신의칙상 부수의무 내지 협력의무가 있으나, 예산확보 지연 등으로 총공사기간이 늘어난 것을 당해 차수별 계약의 연장이 아닌 새로운 차수별 계약의 체결방식으로 처리함으로써 총공사기간 연장에 따른 손해를 계약상대자에게 전가한 것은 신의칙상 부수의무 내지 협력의무를 위반한 것이므로, 발주처는 민법 제390조에 따라 계약상대자가 연장기간 동안 지출한 간접비 상당의 손해를 배상할 의무가 있다.

---

23) 서울중앙지방법원 2021. 4. 1. 선고 2019가합541211 판결

이에 대하여 법원은 총괄계약은 공사기간 등에 관하여 잠정적으로 활용하는 기준에 불과한 이상, 총괄계약에서 정한 총공사기간 중 일부만이 차수별 계약에 반영되었다고 하더라도 그러한 사정만으로 발주처가 계약상대자에 대하여 부담하는 신의칙상 부수의무 또는 협력의무를 위반하였다고 볼 수 없다고 판단하였다.[24]

나. 채권자지체에 따른 비용상환청구

발주처는 입찰안내서에 정해진 계약조건에 따라 확정된 사업기간 및 공사기간 내에 계약상대자가 공사를 완성할 수 있도록 그 계약기간을 준수할 계약상 의무 및 계약상대자의 정상적인 계약이행에 협조할 의무를 부담하고 있으나 이를 위반하여 공사를 지연시켰고, 이러한 발주처의 채권자지체로 계약상대자의 변제 비용(공사비용)이 증가하였으므로, 발주처는 민법 제403조[25]에 따라 증가한 간접비를 부담할 의무가 있다는 이론[26][27]에 근거한 주장이다. 주요 논거는 다음과 같다.

① 공기연장비용청구와 채권자지체는 이행기의 도과(이행가능)를 공통요건으로 한다.

② 목적물의 보관비용이나 변제의 비용은 그 지출이 현실적으로 된 것만으로 엄격하게 해석할 것은 아니고, 채무자가 스스로 채무자로서 하여야 할 바를 다하였는데도(변제제공), 채권자가 이에 응하여 수령 등의 필요한 협력을 다하였다면 지출할 필요가 없었는데 그러한 협력이 없었기 때문에 채무자가 재차의 이행을 위해 추가로 부담하게 되는 모든 비용을 의미하는 것으로 폭넓게 해석하는 것이 타당하다.

③ 간접비의 구성항목 중 일반관리비와 이윤을 제외한 나머지 간접노무비, 비용, 임차료나 보험료 등은 채권자지체기간 중 계약목적물의 보관에 소요된 비용과 채무자가 재이행을 위해 소요되는 비용 어느 하나 또는 양자에 해당하는 것으로 볼 수 있다.

④ 수급인에게는 총괄계약에 따른 '총공사시공의무'가 있기 때문에 채권자인 발주처도 예산을 확보하여 연차별 계약을 체결하는 등 수급인이 시공을 할 수 있는 조건을 제공할 협력의무를 부담한다.

---

24) 서울중앙지방법원 2020. 8. 12. 선고 2019가합521972 판결

25) "채권자지체로 인하여 그 목적물의 보관 또는 변제의 비용이 증가된 때에는 그 증가액은 채권자의 부담으로 한다."

26) 김태관, "공사계약일반조건상 공기연장에 따른 비용청구권에 관한 소고－채권자지체와의 비교·검토를 중심으로", 동아대학교 법학연구소, 『동아법학』 제78집, 2018. 2., 295쪽 이하.

27) 위 권영준, "장기계속공사계약에서 총공사기간이 연장된 경우 총공사대금 조정 여부", 269쪽 이하.

이에 대해 법원은 다음과 같은 이유로 채권자지체를 이유로 하는 증가비용 부담 청구를 받아들이지 않았다.[28]

① 채무자가 채권자지체를 이유로 증가비용의 부담을 청구하기 위하여는 민법 제460조에 따라 채무내용에 좇은 현실제공을 하거나 미리 변제받기를 거절한 채권자 등에 대하여 변제준비를 완료하여 이를 통지하고 그 수령을 최고하는 구두의 제공을 하여야 한다[대법원 2013. 4. 25. 선고 2010다44880(본소), 2010다44897(반소) 판결 참조].

② 이 사건 공사계약에 따른 원고들의 채무내용은 '이 사건 공사'라는 '일의 완성'이라고 할 것인데, 원고들은 피고의 협조의무 위반으로 인하여 이 사건 공사를 준공기한 내에 완성할 수 없었다고 주장하고 있으므로, 원고들 주장에 의하더라도 채무내용에 좇은 완성된 목적물의 현실 인도 완료 또는 완성된 목적물의 인도 준비 완료를 요건으로 하는 채권자지체 책임을 인정하기는 어렵다.

③ 원고들이 주장하는 채권자의 의무위반이란 당사자들이 총공사기간 및 준공기한이라는 계약내용에 구속됨을 전제로 하는 것이나, 그 구속력을 인정할 수 없다.

다. 계약금액 조정청구 요건의 재해석

대법원 전원합의체 판결을 우회하여 계약금액 조정청구의 요건을 재해석하려는 시도는 주로 아래와 같은 세 방향으로 전개되었다.

1) 총공사기간 이후에 체결된 차수계약 자체를 차수별 계약의 연장기간으로 보는 입장

장기계속계약에서 구체적인 권리의무는 연차별 계약에 따라 결정되어 연차별 계약만이 독립적인 계약으로서 의미가 있다고 보더라도, 당초 예정된 총공사기간이 연장된 경우 공기연장에 책임이 없는 계약상대자로서는 그 연장된 총공사기간 중 새롭게 체결되거나 진행되는 연차별 계약에 대하여 '연차별 계약의 연장에 따른 계약금액의 조정'을 신청할 수 있다는 논리다.

이에 대해 법원은 이러한 주장은 연장된 공사기간이 계약의 내용이 되어 구속력이 발생함을 전제로 하는 것이거나 그와 다를 바 없는 주장으로서,[29] 총공사기간 이후에

---

28) 서울중앙지방법원 2021. 4. 1. 선고 2019가합541211 판결
29) 서울고등법원 2019. 5. 24. 선고 2016나2055903 판결, 서울중앙지방법원 2020. 1. 30. 선고 2017가합564340 판결

체결되는 차수별 계약에서 조정신청만 하면 차수별 계약의 변경 여부와 무관하게 각 총공사기간이 연장된 기간 전부에 대하여 추가 간접공사비의 조정을 신청할 수 있다는 결론이 되어 대법원이 전원합의체 판결에서 밝힌 총괄계약의 구속력 및 차수별 계약과의 관계에 관한 법리와 부합하지 않는다고 판단하였다.[30)]

2) 총계약기간의 연장이 '그 밖에 계약내용의 변경'에 해당한다는 입장

장기계속계약 형태로 체결한 공사도급계약 중 총괄계약의 '총공사기간'은 견적의 전제 내지 기준으로서 역할을 하고, 총공사기간을 전제로 결정한 총괄계약의 계약단가에 대해서는 확정적인 효력이 발생하며, 연차별 계약금액은 총공사기간을 기준으로 하여 결정된 계약단가에 의하여 결정되므로, 당초 예정한 총공사기간 이후 공사를 진행하는 경우, 계약단가 결정의 전제가 되었던 기준에 변경이 발생한 것이거나 계약내용으로서 총공사기간에 변경이 발생한 것으로 보아야 하고, 이는 국가계약법 시행령 제66조 등에서 말하는 '기타 계약내용의 변경'에 해당하므로, 계약금액 조정이 허용되어야 한다는 이론이다.[31)]

이에 대해 하급심 법원들은 총공사기간의 구속력이 없다는 것을 이유로 국가계약법 시행령 제66조 등에서 말하는 '공사기간 등 계약내용의 변경'은 구체적인 권리의무가 확정된 연차별 계약에서 정한 공사기간 등 계약내용의 변경을 의미하는 것으로 해석하는 것이 타당하다고 판결하였다.[32)]

3) 대법원 전원합의체 판례의 적용범위를 제한하는 입장

대법원 전원합의체 판결의 다수의견이 사업연도가 경과함에 따라 총공사기간이 연장되는 경우 추가로 연차별 계약을 체결하면서 그에 부기하는 총공사금액과 총공사기간이 같이 변경되는 것일 뿐 연차별 계약과 별도로 총괄계약(총공사금액과 총공사기간)의

---

30) 서울고등법원 2020. 1. 22. 선고 2016나2017635 판결

31) 이경준, "대법원 2018. 10. 30. 선고 2014다25189 전원합의체 판결에 대한 평석-지하철 7호선 공기연장 간접비 사건, 총괄계약의 구속력을 중심으로", 한국건설법학회 제25회 세미나자료, 2021. 8., 6쪽.

32) 서울고등법원 2019. 8. 16. 선고 2017나2012996 판결, 서울중앙지방법원 2019. 11. 29. 선고 2015가합513782 판결, 서울고등법원 2020. 1. 22. 선고 2016나2017635 판결, 서울중앙지방법원 2020. 1. 30. 선고 2017가합564340 판결, 서울고등법원 2020. 1. 31. 선고 2018나2064659 판결, 서울고등법원 2020. 5. 13. 선고 2019나2012013 판결, 서울중앙지방법원 2020. 8. 12. 선고 2019가합521972 판결

내용을 변경하는 계약이 체결되는 것은 아닌 점을 근거로 장기계속공사계약의 당사자들은 총괄계약의 총공사금액 및 총공사기간을 각 연차별 계약을 체결하는데 잠정적 기준으로 활용할 의사만을 가지고 있을 뿐 확정적인 권리의무를 발생시키거나 구속력을 갖게 하려는 의사를 갖고 있지 않다고 본 것에 착안하여, '차수별 계약금액'이나 '차수별 공사기간'의 변경 없이 '총공사대금'이나 '총공사기간'만을 변경하는 내용의 변경계약을 체결한 경우에는 대법원 전원합의체 판결의 법리가 적용될 수 없다는 이론이다.[33]

그러나 법원은 이러한 경우에도 총괄계약을 변경하는 계약서의 작성은 그때까지의 공사진척상황 등을 총공사기간에 반영하여 향후 차수별 계약을 체결하는 데에 잠정적인 기준으로 활용하려는 의사로 이루어진 것으로 보아 독립된 별개의 계약으로 인정하지 않았다.[34]

2. 검토

채무불이행에 따른 손해배상책임을 묻는 견해들의 맹점은 입찰안내서나 최초 계약에 부기된 총공사기간 또는 총준공기한을 당사자들이 합의한 '계약조건'으로 보면, 이후 총괄계약의 변경을 통해 변경된 총공사기간 또는 총준공기한 역시 '계약조건'으로 보아야 하는데, 나중에 체결된 계약의 계약조건에 우선하여 입찰안내서나 최초 계약에 부기된 총공사기간 또는 총준공기한만이 구속력을 가진다고 볼 아무런 근거가 없다는 점에 있다. 순차적으로 계약이 변경되었을 때에는 최종의 계약서에 기재된 의사로 계약내용이 변경되었다고 보는 것이 합리적이고,[35] 장기계속계약도 최종 차수별 계약에 부기된 총공사기간과 총공사금액과 일치하여 차수별 계약의 최종 이행을 완료한다는 점에서 채무불이행 이론은 설득력이 없다고 본다.

채권자지체 이론도 당사자들이 차수계약에 부기한 계약금액과 계약기간을 변경해 가면서 최종 차수계약까지 계약에 따른 이행을 완료하였는데 나중에 체결된 계약조건들을 제치고 오로지 입찰에서 정한 총공사기간 또는 총준공기한만이 채권자지체에 대

---

33) 송종호, "장기계속 공사계약에서 총공사기간 연장에 따른 계약금액 조정 문제-대법원 2018. 10. 30. 선고 2014다235189 전원합의체 판결을 중심으로", 건국대학교 법학연구소, 『일감부동산법학 제21호』, 2020. 8., 99쪽.
34) 서울중앙지방법원 2020. 8. 12. 선고 2019가합521972 판결 등
35) 대법원 2020. 12. 30. 선고 2017다17603 판결

한 책임을 묻는 근거가 될 수 있는지에 대해서 침묵하고 있다는 점에서 채무불이행 책임설과 동일한 맹점을 갖고 있다. 총괄계약의 구속력을 전제하지 않으면 총공사기간 도과에 따른 채권자지체 자체가 성립할 수 없다는 점에서도 대법원 전원합의체 판결을 우회할 수 있는 법리로는 생각되지 않는다.

계약금액 조정청구 요건을 재해석하려는 시도 역시 총괄계약에서 정한 총공사기간의 구속력을 인정하지 않는 대법원의 법리를 전제로 인정하면서 동시에 총공사기간의 변경이 위 법령에서 말하는 '계약내용'의 변경에 해당한다고 주장하는 것이어서 법리적 모순이 있다고 생각되며, '기타 계약 내용의 변경'에 의한 계약금액 조정에 관한 국가계약법 제19조, 같은 법 시행령 제66조는 신의칙 또는 사정변경의 원칙에 의한 계약금액 조정을 일반화한 규정이라고 할 수 없다는 점에서 이러한 해석에 찬성하기 어렵다.[36]

결국, 대법원 전원합의체 판결을 우회하여 간접비를 청구하기 위하여 시도한 제반 법리구성은 확립된 의사표시 해석에 관한 법리 및 기존의 법이론에 부합하지 않는 한계가 있다고 판단되며, 대법원 전원합의체 판결 이후 정립된 법리로 인한 계약상대자의 상대적 불이익은 공기연장실무와 제도개선을 통해 해결할 수밖에 없다고 본다.

IV. 계약금액 조정의 실무상 쟁점들에 대한 최근 판례 동향

1. 연장기간이 후행 차수 공사기간과 중첩되는 경우의 간접비 산정

가. 판례의 동향

계약상대자들은 간접비 소송에서 발주처의 귀책사유로 연장된 각 연차별 공사계약의 공사기간에 대하여 그 공사기간 중 일부가 우연히 중첩되어 있다는 이유로 추가로 발생한 간접공사비를 인정하지 않는 것은 신의성실의 원칙에 반할 뿐만 아니라 발주처에게 연장된 공사기간에 대한 간접공사비 상당의 부당이득을 허용하는 결과가 된다고 주장하였다.

이에 대해 서울고등법원 2019. 10. 18. 선고 2017나2058732 판결과 같이 후행 차수 계약의 공사기간과 중복되는 기간에 수행한 선행 차수 계약의 연장기간에 투입된 비용은 산정하지 않기로 하는 당사자 간의 합의가 있었던 것이 아닌 이상 선행 차수 계약의 연장기간에 투입된 비용은 추가 간접공사비에 반영하는 것이 타당하다고 판결

---

36) 대법원 2014. 11. 13. 선고 2009다91811 판결

한 경우도 있으나,[37] 대부분의 하급심 판례는 연차별 계약을 기준으로 추가 간접비를 산정하는 경우, 각 연차별 계약의 공사기간이 연장되었다 하더라도 그 기간에 차회 연차별 계약이 중첩하여 체결·이행되는 경우에는 간접노무비, 경비, 일반관리비 등으로 구성되는 간접공사비의 속성상 중첩되는 차회 연차별 계약에 반영된 간접공사비 외에 별도의 간접비 부담이 발생한다고 볼 특별한 사정이 인정되지 아니하는 한 그 중첩기간에 대한 간접비는 인정될 수 없다는 입장을 취하고 있었다.[38]

대법원도 2021. 7. 8. 선고 2020다221747 판결에서 원심이 연차별 계약의 공사기간 연장으로 계약금액 조정을 인정하더라도 연장된 공사기간이 차회 연차별 계약의 공사기간과 겹치는 경우라면 겹치는 공사기간에 대한 추가 간접비는 이미 차회 연차별 계약의 공사대금에 반영되었으므로 별도로 계약금액 조정을 인정할 수 없다고 판단한 것은 연차별 계약상 중첩기간의 계약금액 조정방식에 관한 법리오해의 위법이 없다고 판결하여 중첩기간의 간접비 발생을 부정하였다.

나. 검토

간접공사비는 간접노무비, 경비 및 이에 비례한 일반관리비 및 이윤의 합계액으로 계산되는데, 간접노무비는 직접 시공에 투입되는 인력이 아니라 작업현장에서 보조작업에 종사하는 현장 감독자 등의 인건비를 말하는 것으로서, 하나의 현장에서 전회 연차별 계약에 따른 공사와 차회 연차별 계약에 따른 공사가 중첩되어 시공되고 있다고 하여 현장소장 등의 인력이 이중으로 투입되지 않는다. 간접비에 포함되는 경비 역시 시간변동경비로서, 각 차수공사가 중복되어 진행된다고 하여 현장사무소를 이중으로 설치하는 것도 아니므로, 중복하여 비용이 발생할 여지가 없다.

즉, 각 차수별 계약의 공사기간이 중첩되더라도 추가 간접비는 연장된 공사기간에

---

37) 다만, 위 판결도 '제4차 계약의 연장공사와 제5차 계약의 본공사의 인력조직을 별도로 편제하여 운영하거나 투입비용을 구분하여 사용하지 않았으므로, 이를 감안하여 추가 간접공사비를 산출하는 것이 타당하다.'는 이유로 연장기간 동안 발생한 간접공사비 전액을 산입하여야 한다는 주장은 받아들이지 않았다.

38) 서울중앙지방법원 2016. 1. 28. 선고 2013가합42125 판결, 서울중앙지방법원 2016. 7. 20. 선고 2014가합550456 판결, 서울중앙지방법원 2018. 4. 27. 선고 2016가합538443 판결, 서울고등법원 2019. 1. 11. 선고 2017나2001781 판결, 서울고등법원 2019. 5. 24. 선고 2016나2055903 판결, 서울중앙지방법원 2019. 11. 29. 선고 2015가합513782 판결, 서울고등법원 2020. 1. 31. 선고 2018나2064659 판결, 서울고등법원 2020. 5. 13. 선고 2019나2012013 판결, 서울중앙지방법원 2020. 8. 12. 선고 2019가합521972 판결 등

대응하여 모든 공사에 공통적으로 발생할 뿐, 각 차수별 계약상 공사에 대응하여 개별적으로 발생하는 것이 아니며,[39] 앞선 차수의 공사기간이 연장되더라도 선행 차수 공사 이전에 후행 공사가 개시된 경우에는 선행 차수 공사의 연장기간 동안 간접비의 추가 지출이 이루어지지 않았다고 보는 것이 상당하므로, 앞선 차수의 공기연장기간에 대하여 실비로 산정할 추가간접비가 존재하지 않는다고 보는 것이 타당하다.

2. 공백기에 발생하는 간접비 부담 주체

대법원 전원합의체 판결에 따르면, 차수별 계약을 기준으로 차수별 계약에서 정한 계약기간이 연장되는 때에만 계약금액 조정청구가 가능하게 되나, 차수별 계약 사이에 일정한 기간의 공백이 있는 경우, 계약상대자는 연차별 계약에 포함되지 않은 공백기에 공사현장의 유지·관리에 필요한 비용을 지출할 수밖에 없어, '공백기'에 지출한 비용의 부담 주체가 쟁점이 되었다.[40]

가. 발주처 부담설

계약상대자들은 차수별 계약의 계약기간 사이의 공백기에 지출한 비용은 발주처가 부담하여야 한다는 주장을 피력하였는데, 주된 논거는 다음과 같다.

① 공백기에 지출된 간접공사비는 계약상대자의 책임 없이 부담한 비용이므로, 공사기간의 연장에 준하여 다음 차수별 계약에서 반영하도록 조정할 수 있다.

② 원고들은 법률상, 계약상 의무 없이 차수계약 사이의 공백기에도 현장사무실 유지 및 현장관리 등을 위하여 간접노무인원을 계속 투입, 근무하게 하면서 비용을 지속적으로 지출하였다. 이로 인하여 원고들은 법률상 원인 없이 공백기 동안 간접공사비를 지출하는 손해를 입었고, 피고는 간접공사비 지출을 면하는 이익을 얻었으므로, 피고는 민법 제741조에 따라 간접공사비 상

---

39) 서울고등법원 2019. 5. 24. 선고 2016나2055903 판결, 서울고등법원 2020. 1. 31. 선고 2018나2064659 판결, 서울고등법원 2020. 5. 13. 선고 2019나2012013 판결, 서울중앙지방법원 2020. 8. 12. 선고 2019가합521972 판결

40) 종래 총괄계약의 구속력을 인정하는 하급심 판례들은 대체로 차수별 계약 사이의 공백기에도 계약상대자가 공사현장을 계속 관리하여 온 사실을 들어 차수별 계약 사이의 공백기간에 발생한 간접공사비를 연장된 기간의 추가 간접공사비에서 공제하거나 차수별 계약 사이의 기간을 연장된 공사기간에서 제외할 수는 없다고 판단하였다(서울중앙지방법원 2015. 12. 26. 선고 2014가합546143 판결 등).

당의 부당이득을 반환할 의무가 있다.

③ 원고들은 공백기에 법률상, 계약상 의무 없이 피고를 위하여 이 사건 공사현장을 관리하였고, 현장관리를 위한 필요비 또는 유익비로서 간접공사비 상당액을 지출하였으므로, 피고는 민법 제739조 제1항에 따라 사무관리비용을 반환할 의무가 있다.

나. 계약상대자 부담설

대부분의 하급심 판례들은 계약상대자가 공백기에 지출한 비용을 발주처가 상환할 의무가 없다고 판단하였고,[41] 주요한 논거는 다음과 같다.

① 장기공사계약은 각 회계연도에 확보된 예산의 범위 안에서 차수별 계약이 체결 및 이행될 것으로 입찰 당시에 이미 예정되어 있어, 계약상대자는 차수별 계약 사이에 예산확보 등을 위한 공백기간이 있을 수 있다는 것을 충분히 예견할 수 있었다.

② 총공사기간의 구속력이 없는 이상 차수별 계약의 계약기간 사이의 공백기는 계약기간이 아니어서 '계약내용의 변경'이 있다고 볼 수 없어 계약금액 조정의 대상이 되지 않는다.

③ 발주처에게 각 차수별 계약을 공백기간 없이 진행할 의무가 있다고 볼 수 없다.

④ 장기계속계약의 성질상 다음 차수의 계약이 예정되어 있으므로, 계약상대자가 다음 차수의 계약 이행을 위하여 공사현장을 유지·관리하는 행위를 하였다 하여 그것이 법률상 원인 없는 급부라고 단정하기 어렵다.

⑤ 공사현장의 유지·관리는 그 책임이 수급인인 계약상대자에게 있거나 다음 연차별 계약의 이행 편의 또는 준비를 위한 것이어서 계약상대자의 공사상 이익을 위한 것으로 볼 수 있다.

⑥ 사무관리가 성립하려면 우선 그 사무가 타인의 사무이고 타인을 위하여 사무를 처리하는 의사, 즉 관리의 사실상 이익을 타인에게 귀속시키려는 의사가 있어야 함은 물론 그 사무의 처리가 본인에게 불리하거나 본인의 의사에 반한다는 것이 명백하지 아니하여야 하는데(대법원 1997. 10. 10. 선고 97다26326 판결 등), 공백기의 현장관리사무는 수급인의 책임에 속하는 사무이거나 다음 차수의 계약 이행 편의 또는 이행 준비라는 수급인의 이익을 위한 측면이 크다는 점에서

---

41) 서울고등법원 2009. 3. 11. 선고 2008나32756 판결, 서울중앙지방법원 2014. 11. 28. 선고 2012가합80465 판결, 서울고등법원 2019. 8. 16. 선고 2017나2012996 판결, 서울고등법원 2020. 1. 22. 선고 2016나2017635 판결, 서울중앙지방법원 2020. 1. 30. 선고 2017가합564340 판결, 서울고등법원 2020. 1. 31. 선고 2018나2064659 판결, 서울고등법원 2020. 5. 13. 선고 2019나2012013 판결, 서울중앙지방법원 2020. 8. 12. 선고 2019가합521972 판결, 서울고등법원 2021. 3. 19. 선고 2020나2038271 판결

타인의 사무로 볼 수 없을 뿐만 아니라, 수급인이 의무 없이 발주처를 위하여 사무를 처리하는 의사로 공사현장을 관리하였다고 볼 수 없다.

다. 대법원 판례의 태도

대법원은 2020. 12. 24. 선고 2020다216851 판결, 2021. 7. 8. 선고 2020다221747 판결 등에서 차수별 공사계약 사이의 공백기는 앞선 차수의 공사계약이 종료되고 다음 차수 공사계약이 아직 시작되지 않은 상태의 기간일 뿐 계약기간으로 볼 수 없고, 연차별 공사계약 사이의 공백기에 계약상대자가 공사현장의 유지·관리에 필요한 비용을 지출하였더라도, 이를 통해 발주처가 법률상 원인 없이 이익을 얻었다거나 계약상대자가 발주처를 위하여 사무를 처리한 것으로 볼 수 없다고 판단한 원심판결에는 연차별 계약의 계약금액 조정신청, 연차별 계약 간의 공백기의 법적 성격 및 부당이득, 사무관리에서 타인을 위하여 사무를 처리하는 의사 판단에 관한 법리를 오해한 잘못이 없다고 판단하였다.

라. 검토

대법원 전원합의체 판결에 따르면, 총괄계약의 체결로 다음 차수 계약의 체결에 대한 구속력은 발생한 상태지만, 공백기는 계약금액 조정의 대상이 되는 '계약기간'에 포함될 수 없으므로, 계약금액 조정청구로서 공백기에 지출된 간접비를 청구하는 것은 인정하기 어렵고, 공백기의 비용부담 주체에 대한 별도의 합의가 존재하여야 한다.

그러나 공백기의 공기손실은 발주처나 시공사 모두에게 불이익한 결과를 초래하므로, 공사계약 일반조건을 정비하여 특별한 사정이 없는 한 발주처는 계약상대자로 하여금 차수별 계약에 따른 이행이 완료된 후 차회 차수별 계약 체결 이전이라도 차회 차수계약의 공사 범위에 포함될 것이 합리적으로 예상 가능한 물량에 대해 선시공을 하도록 하여 공백기 발생을 최소화하고, 이에 대한 비용은 다음 차수 계약의 계약금액에 반영하도록 제도화하는 것이 필요하다고 본다.

3. 설계변경과 기간연장이 중첩되는 경우의 간접비 산정

가. 설계변경으로 인한 공기연장과 기타 계약내용 변경으로서의 공기연장의 차이

공사량의 증가를 수반하는 설계변경이 있었을 때는 이론상으로는 증가된 공사량을 시공하기 위한 '절대공기'에 해당하는 공사기간의 연장이 수반되며,[42] 시공을 위한 '절대공기'의 존재는 공사량이 증가할 때 직접공사비 외에도 직접비의 변경에 따른 요율[43]로 간접공사비를 추가로 계상하는 것을 정당화하는 이유가 된다. 따라서 설계변경으로 인하여 공사기간이 연장된 경우에는 기간연장으로 인한 추가비용은 이미 설계변경 간접비 계산에 포함되어 있는 관계로 따로 산정하지 않고,[44] 설계변경에 따라 공기연장이 수반된다는 이유로 공기연장 간접비를 추가로 청구하는 것은 동일한 현장관리비의 이중청구에 해당한다고 본다.[45] 반면, 기타 계약내용의 변경에 해당하는 공사기간의 연장은 공사지체사유로 인한 것으로서, 연장기간 확정 후 연장기간 동안 발생한 실비를 준공대가 수령 전까지 청구하는 구조로 되어 있어, 설계변경으로 인한 추가 간접비와는 발생원인과 비용산정방식이 전혀 다르다.[46]

그런데 현장실무에서는 설계변경으로 인한 공기연장기간과 공사지체사유의 발생으로 인한 공기연장기간을 세밀하게 구분하는 것이 어렵기 때문에 각각의 연장기간을 따로 구분하여 처리하는 경우가 오히려 더 드물다. 이로 인하여 설계변경 사유와 기간

---

42) 공사계약 일반조건 제19조의7 제2항은 설계변경에 따른 추가조치로 계약상대자에게 조정이 요구되는 계약금액 및 기간을 제출하게 할 수 있으며, 제26조 제1항은 설계변경으로 인하여 준공기한내에 계약을 이행할 수 없을 경우에 계약기간 연장신청을 하여야 한다고 규정하고 있다.

43) 조달청의 시설공사 원가계산 제비율(제경비) 적용기준에 의한다. 공사기간에 따라 간접노무비율이나 기타 경비율이 약간씩 다르나, 36개월 초과공사는 비율이 동일하여 장기계속공사계약은 공사기간에 관계없이 직접비에 비례하여 간접비를 산정한다고 보아도 무방하다.

44) 이승현, "공공공사의 계약금액 조정", 예문사, 2009, 263쪽.

45) 황준화, "공공공사에서의 돌관공사 분쟁의 법적 쟁점과 과제: 공기연장 및 지체상금과의 관계를 중심으로", 광운대학교 대학원, 박사학위논문, 2019, 17쪽 이하. 반면, "공사물량이 증가되지만 주공정의 변경이 없어 연장기간이 필요하지 않음에도 불구하고 발주처가 공사관리 목적으로 자의적으로 공기를 연장하고 별도의 간접비를 지급하지 않거나 계약상대자의 책임 없는 사유로 공기가 연장되어 간접비를 지급해야 함에도 불구하고 이를 설계변경에 따른 간접공사비로 갈음하여 간접비를 지급하지 않는 경우"에는 설계변경으로 계약금액이 증가된 사실과 계약상대자의 책임없는 사유로 전체 공기가 연장된 것은 별개의 문제이므로, 이중계상의 대상이 될 수 없다고 한다.

46) 양자의 차이에 대한 상세한 내용은 정기창·박양호, 『공기연장 계약금액 조정실무』, 건설원가연구원, 2013. 8., 68쪽-69쪽.

연장 사유가 중첩되는 경우, 설계변경으로 인하여 증액된 간접비를 물량비례로 산정하는 현행 제도상으로는 각 사유별 연장기간과 비용을 구분할 수 없어, 설계변경으로 인한 간접비 변동이 연장기간에 합리적으로 배분되지 않는 문제가 발생한다.

나. 설계변경과 기간연장이 중첩되는 경우 간접비 산정에 대한 판례의 동향

1) 공사기간 연장으로 인한 간접공사비의 지급을 구할 수 없다는 입장

공사기간이 연장되었다 하더라도 물량증가에 따라 변경계약을 체결하였다면 공기연장에 따른 간접비는 변경계약에 따른 총공사대금에 모두 반영되었거나 그렇지 않다고 해도 당사자들이 변경된 총공사대금에 따라 공사를 시행하기로 합의한 것으로 보아야 한다는 입장이다.[47]

2) 설계변경에 따른 증액금액을 공제해야 한다는 입장

서울고등법원 2013. 11. 8. 선고 2013나11869 판결, 서울고등법원 2015. 11. 27. 선고 2014나2033107 판결, 서울동부지방법원 2015. 12. 16. 선고 2013가합1776 판결 등은 공사기간 연장을 직접 원인으로 한 간접공사비용을 산정함에 있어 해당 공사기간 내의 설계변경(물량증가)로 인한 간접공사비용은 이를 공제하는 것이 타당하다고 판결하였다.

공제하는 이유에 대해서는 설계변경으로 인한 공사물량 증가로 공사대금이 증액되었으나 간접노무인원 등을 충원하지 않고서도 증가된 물량의 공사를 하였을 경우에는 그 증액되는 공사대금에 포함되어 있는 간접공사비는 중복계산되는 결과를 초래한다고 설명하거나,[48] 설계변경으로 인한 간접공사비용을 공제하는 이유는 설계변경으로 인하여 추가간접비를 산정하는 대상이 되는 공기연장기간이 단축된다고 간주하기 때문이며, 이론상으로는 최초 공사기간에서 설계변경으로 인하여 증가된 공사기간만큼 추가간접비 산정 대상이 되는 공기연장기간에서 빼야 할 것이나, 각 설계변경으로 인하여 공사기간이 얼마나 증가 또는 감소되었는지를 파악하기가 매우 어렵기 때문에 보완적인 방법으로 설계변경으로 인하여 증가된 금액에서 간접비를 제하는 방법을 사

---

47) 서울중앙지방법원 2016. 1. 28. 선고 2013가합42125 판결, 서울고등법원 2016. 3 10. 선고 2015나2025745 판결 등

48) 서울동부지방법원 2015. 12. 16. 선고 2013가합1776 판결

용하는 것이라고 한다.[49]

3) 상호 무관한 별개의 비용이라는 입장

최근 선고된 대다수의 하급심 판결[50]은 설계변경으로 인한 계약금액 조정금액과 공사기간 연장으로 인한 계약금액 조정금액은 상호 무관한 별개의 비용이라는 입장을 취하였는데, 주요 논거는 다음과 같다.

① 설계변경으로 인한 계약금액 조정은 '공사물량의 변동'을 직접 원인으로 하는 것이고, 공사기간 연장으로 인한 계약금액 조정은 공사물량의 증감과는 관계없이 순수하게 '공사기간'의 연장을 직접 원인으로 하는 것으로서 별도의 항목에 따로 규정되어 있어 그 발생원인을 달리한다.

② 공사기간 연장으로 인한 계약금액 조정에 있어서는 연장된 공사기간 동안 실제 지출된 비용을 실비를 초과하지 아니하는 한도에서 산정한 금액으로 조정하도록 규정하고 있을 뿐이고, 설계변경으로 인한 계약금액 조정과 같이 계약단가나 낙찰률 또는 조정률 등에 의하여 일정한 산식에 따라 조정금액이 곧바로 산출되지는 않는다(산정방식의 차이).

③ 설계변경으로 인하여 공사금액이 변경되고 간접비도 증액되었다고 할지라도 이는 종전의 총공사기간을 전제로 한 간접비의 증액일 뿐이고, 총공사기간의 연장에 따른 간접비의 증액이 반영되었다고 볼 수 없고, 공사기간 연장 없이 설계변경만 있었던 경우에도 간접공사비는 일정 비율이 반영되므로, 설계변경으로 인하여 증액된 간접공사비 전액을 공사기간 연장으로 인하여 발생한 간접공사비에서 공제하여야 한다면 공사기간 연장 없이 설계변경만 있었던 경우와 비교하여 계약상대방에게 부당하게 불리하다.

④ 연장된 공사기간에 설계변경으로 공사물량이 증가함에 따라 당연히 추가되는 공사기간이 포함되어 있을 수 있다고 하더라도 이러한 기간을 구체적으로 특정하여 구별하기 어려우므로, 중복된 간접공사비가 있다고 하더라도 중복된 간접공사비의 범위를 명확히 특정할 수 없다.

---

49) 서울중앙지방법원 2015가합513782 사건 감정인의 2차 보완감정결과 4쪽에서 원용.

50) 서울중앙지방법원 2013. 8. 23. 선고 2012가합22179 판결, 서울고등법원 2015. 4. 2. 선고 2013나2032138 판결, 서울중앙지방법원 2016. 6. 1. 선고 2014가합20047 판결, 서울고등법원 2016. 7. 8. 선고 2015나2070547 판결, 서울중앙지방법원 2016. 7. 8. 선고 2013가합22169 판결, 서울고등법원 2016. 7. 15. 선고 2015나2006713 판결, 서울중앙지방법원 2016. 7. 20. 선고 2014가합550456 판결, 서울중앙지방법원 2018. 6. 11. 선고 2017나86332 판결, 서울고등법원 2019. 4. 5. 선고 2016나2005649 판결, 서울고등법원 2019. 8. 16. 선고 2017나2012996 판결, 서울중앙지방법원 2020. 4. 17. 선고 2018가합532074 판결 등

대법원도 2021. 9. 9. 선고 2018다246743 판결에서 원심[51]이 설계변경 때문에 공사기간이 연장되었고, 공사기간의 연장에 원고의 책임이 없다고 보아 공사기간 연장에 따른 간접비 증액청구를 받아들이면서, 공사기간 연장에 따른 간접비가 공사계약의 변경에 의하여 증액된 공사금액에 이미 반영되었다는 피고의 주장을 배척한 것에는 지방계약법상 계약금액조정 및 공사기간 연장에 따른 간접비 액수 산정 또는 신의칙에 관한 법리를 오해하는 등의 잘못이 없다고 판단하여 이러한 입장을 지지하였다.

4) 신의칙 및 공평의 원칙에 따른 감액을 인정하는 입장

일부 하급심 판결들[52]은 양자를 별개의 비용으로 보면서도 신의칙 및 공평의 원칙상 법원이 설계변경으로 증액된 간접비 액수를 고려하여 일정 비율을 감액하는 방법으로 적정한 조정금액을 결정할 수 있다고 하였는데, 주요한 이유는 다음과 같다.

① 계약내용 변경으로 인한 계약금액 조정은 실비를 초과하지 않는 범위 안에서 조정한다는 기준과 당사자 사이에 합의에 의하여 조정할 때의 한도만 제시되어 있을 뿐 설계변경 또는 물가변동으로 인한 계약금액 조정과 같이 계약단가나 낙찰률 또는 조정률 등에 의하여 일정한 산식에 따라 조정금액이 곧바로 산출되는 것이 아니다.

② 당사자 사이의 협의로 공사기간 변경에 따른 계약금액 조정절차가 진행되었을 경우 실비의 범위 내에서 그보다 적은 금액으로 계약금액 조정이 이루어졌을 가능성을 배제할 수 없고, 대법원 2013. 11. 28. 선고 2011다109012 판결에서 당사자 간의 협의에 의하여 공사기간 변경에 따른 계약금액 조정절차가 진행되었을 경우 실비의 범위 내에서 그보다 다소 적은 금액으로 계약금액 조정이 이루어졌을 가능성이 있는 점 등을 고려하여 공사기간 연장에 따라 발생한 실비를 20% 정도 감액한 것에 대해 위법이 없다고 판결하였다.

③ 계약상대자에게 책임 없는 사유로 공사기간이 연장되었으나, 그 기간 내에 설계변경으로 인하여 간접공사비가 추가된 경우, 연장기간에 지출된 간접공사비에는 순수하게 공사기간이 연장됨으로 인하여 지출하게 된 간접공사비 이외의 간접공사비도 혼재되어 있고 이를 명확하게 구분하기는 어렵다.

---

51) 서울중앙지방법원 2018. 6. 11. 선고 2017나86332 판결
52) 서울고등법원 2019. 8. 16. 선고 2017나2012996 판결, 서울고등법원 2019. 10. 18. 선고 2017나2058732 판결, 서울중앙지방법원 2020. 4. 17. 선고 2018가합532074 판결, 서울고등법원 2020. 5. 13. 선고 2019나2012013 판결

④ 공사물량의 증가는 당연히 공사기간 증가(연장)의 원인이 될 수 있으므로, 설계변경이 직접 원인이 되어 증액된 간접공사비와 공사기간 연장으로 인하여 발생된 간접공사비가 일부 중복된 부분이 있을 수 있다.

대법원은 2018. 12. 28. 선고 2016다245098 판결[53]) 및 2018. 12. 28. 선고 2016다240826 판결[54])에서 원심이 공사기간 연장에 따른 계약금액 조정은 당사자들의 합의에 따라 조정하도록 하는 원칙과 '실비를 초과하지 않는 범위 안에서'라는 조정금액의 한도를 제시하고 있을 뿐인 점 등을 이유로 법원이 제반 사정을 고려하여 원고들이 추가로 지출한 간접공사비를 일정 비율로 감액하는 방식으로 적정한 조정금액을 정할 수 있다고 판단한 부분에 대해서는 공기연장에 따른 계약금액 조정에 있어서 실비 산정에 관한 법리를 오해하거나 간접공사비를 이중으로 감액하는 등의 잘못이 없다고 하여 이러한 입장도 적법하다고 판단하였다.

다. 검토

설계변경으로 간접비가 증액되더라도 기존 공사와 상호 간섭되지 않는 공종이 추가되는 경우에는 공사량이 증가하더라도 공사기간의 연장이 수반되지 않을 수 있고, 기존의 공사기간에 여유공기가 확보되어 있거나, '돌관공사'로 공기를 단축하여 공사기간 연장 없이 공사를 마치는 경우도 있어, 현행 제도 아래서 계약상대자에게 책임 없는 사유로 공사기간이 연장되었으나, 그 기간 내에 설계변경으로 인하여 간접공사비가 추가된 경우, 연장기간에 지출된 간접공사비에는 순수하게 공사기간이 연장됨으로 인하여 지출하게 된 간접공사비 이외의 간접공사비도 혼재되어 있고 이를 명확하게 구분하기 어렵다.

그러나 액수나 기간을 특정할 수 없다고 하더라도 설계변경으로 인하여 증액된 간접비 역시 이론상으로는 추가 공사량을 시공하는데 소요되는 절대공기에 대한 비용이어서 설계변경으로 인한 연장기간에 발생한 비용에 한해서는 간접비가 중복계상된 것이라고 보아야 하며, 발생근거와 산정방식이 다르다고 하여 어느 경우에나 양자가 무관하다고 보는 것은 찬성하기 어렵다.

---

53) 서울고등법원 2016. 7. 15. 선고 2015나2006713 판결의 상고심
54) 서울고등법원 2016. 6. 16 선고 2015나2005994 판결의 상고심

일부 판례들이 취하는 것처럼 비율적으로 감액하는 방식 또한 재판이나 중재를 통하지 않고서는 적정한 감액비율을 결정할 수 없다는 점에서 분쟁을 예방하고 당사자들이 원만하게 분쟁을 해결하는 데는 큰 도움이 되지 못하므로, 불필요한 분쟁을 예방하기 위해서는 공기연장 신청 시 계약상대자로 하여금 추가공사로 소요되는 공사기간 ○일, 인허가 지연으로 인한 연장기간 ○일과 같이 사유를 구분하여 신청하도록 할 필요가 있다.[55][56]

V. 결어

대법원이 전원합의체 판결 및 후속 판례를 통해 밝힌 법리를 정리해보면, ① 장기계속계약에서 계약기간 연장을 이유로 한 계약금액 조정은 연차별 계약의 계약기간 연장만이 조정사유가 되며, 총괄계약에서 정한 총공사기간의 구속력은 인정할 수 없고, ② 객관적으로 차수별 공사기간 연장에 대한 조정신청 의사가 명시되었다고 볼 수 있을 정도에 이르러야 차수별 계약의 연장에 대한 계약금액 조정신청으로 인정할 수 있고, ③ 차수별 계약의 공사기간이 중첩된 기간이나, 계약기간이라고 볼 수 없는 차수별 계약 사이의 공백기에 대한 계약금액 조정신청은 인정할 수 없으며, ④ 공기연장 간접비에서 설계변경으로 인한 간접비 증액금액을 공제하는 것은 인정하지 않되, 법원이 신의칙 및 공평의 원칙상 설계변경으로 증액된 간접비 액수를 고려하여 일정 비율을 감액하는 방법으로 적정한 조정금액을 결정하는 것은 허용되는 것으로 요약할 수 있다.

이러한 법리는 장기계속계약이 사적자치가 지배하는 사법계약이라는 점, 공사계약 일반조건의 문언에 충실한 해석으로서 법적 안정성을 확보할 수 있다는 점에서 그 타당성을 인정할 수 있으나, 대법원 전원합의체 판결의 소수의견에서 공기연장 간접비 발생의 위험이 계약상대자에게 과도하게 전가되는 결과가 되는 것을 우려한 것도 여

---

55) 공사계약 일반조건 제19조의7(설계변경에 따른 추가조치 등), 제26조(계약기간의 연장) 제1항, 지방자치단체 공사계약 일반조건 제6절 공사 설계의 변경 7. 설계변경에 따른 추가조치 등, 제8절 계약이행의 지체와 계약의 해제·해지 2. 계약기간의 연장

56) 이수창, "장기계속공사계약 상 공기연장, 설계변경, 지체상금 부과가 경합된 경우의 법적 쟁점과 개선방안", 국회입법조사처, 『입법과 정책 제12권 제1호』, 2020. 4., 194쪽은 공사계약 일반조건 제23조 제6항을 신설하여 계약상대자에게 전체 공사기간 연장에서 설계변경에 따른 공사물량 증감에 의해 연장된 기간을 구분하여 계약금액 조정을 신청하도록 하는 방안을 제안하고 있다.

전히 유효하다.

따라서 장기계속공사계약으로 공사계약이 체결된 경우, 발주처와 계약상대자 모두 공사계약 일반조건 제26조 제1항 단서조항[57])을 최대한 활용하여 어느 차수계약의 계약기간 내에 발생한 공기연장사유로 인하여 발생한 공기연장 간접비는 해당 차수계약의 연장 및 계약금액 조정을 통해 최대한 당해 차수별 계약의 계약금액에 반영하여 국가계약법이 추구하는 대등한 계약의 원칙을 보다 충실하게 실현하고, 나아가 적정한 시기에 계속비 계약으로 전환하는 조건을 계약내용으로 편입하여 공기연장에 대한 위험을 합리적으로 배분하는 노력을 할 필요가 있다.[58])

---

57) "연장사유가 계약기간 내에 발생하여 계약기간 경과 후 종료된 경우에는 동 사유가 종료된 후 즉시 계약기간의 연장신청을 하여야 한다."

58) 위 황준화 "공공공사에서의 돌관공사 분쟁의 법적 쟁점과 과제: 공기연장 및 지체상금과의 관계를 중심으로", 198쪽 이하는 사업의 우선순위에 따라 장기계속계약으로 시행하되, 적정한 시기에 계속비예산으로 전환함으로써 장기계속계약의 단점을 보완하는 것을 제안하고 있다. 장기계속사업의 경우도 착공 후 2년 정도면 원활한 공사수행에 따른 보상, 인허가, 민원 등의 공사지연요인이 대부분 해결되어 사업의 정상추진이 가능하기 때문이라고 한다.

참고문헌

1. 단행본
이승현, 공공공사의 계약금액 조정, 예문사(2009).
정기창·박양호, 공기연장 계약금액 조정실무, 사단법인 건설원가연구원(2013. 8.).

2. 정기간행물
권영준, "장기계속공사계약에서 총공사기간이 연장된 경우 총공사대금 조정 여부", 박영사, 『민법
　　　판례연구 I 』, 2019. 6.
김태관, "공사계약일반조건상 공기연장에 따른 비용청구권에 관한 소고 – 채권자지체와의 비교·
　　　검토를 중심으로", 동아대학교 법학연구소, 동아법학 제78집, 2018. 2.
김태형, "간접비 소송의 주요 쟁점", 서울지방변호사회, 변호사 제49집, 2017. 1.
송종호, "장기계속 공사계약에서 총공사기간 연장에 따른 계약금액 조정 문제-대법원 2018. 10. 30.
　　　선고 2014다235189 전원합의체 판결을 중심으로", 건국대학교 법학연구소, 일감부동산법
　　　학 제21호, 2020. 8.
이수창, "장기계속공사계약 상 공기연장, 설계변경, 지체상금 부과가 경합된 경우의 법적 쟁점과
　　　개선방안", 국회입법조사처, 입법과 정책 제12권 제1호, 2020. 4.

3. 학위논문, 보고서 및 발표자료
이경준, "대법원 2018. 10. 30. 선고 2014다25189 전원합의체 판결에 대한 평석-지하철 7호선 공기연
　　　장 간접비 사건, 총괄계약의 구속력을 중심으로", 한국건설법학회 제25회 세미나자료, 2021. 8.
황준화, "공공공사에서의 돌관공사 분쟁의 법적 쟁점과 과제: 공기연장 및 지체상금과의 관계를
　　　중심으로", 광운대학교 대학원, 박사학위논문, 2019.

건조중선박에 대한 양도담보권의 성립과 관련한 법적 쟁점*

- 서울회생법원 2020. 10. 14. 선고 2019가합100764 판결 -

배성진 · 박봉규

목 차

[사안의 개요]

[소송의 경과]

[대상판결의 요지]

[연구]

I. 들어가며

II. 선수금환급보증과 양도담보계약의 체결

　　1. 선수금환급보증의 내용 및 성격
　　2. 담보물로서의 건조중선박

III. 건조중선박에 대한 양도담보권의 성립 및 회생절차에서 담보권자의 지위

　　1. 건조중선박에 대한 양도담보권의 성립
　　2. 양도담보권의 효력 범위
　　3. 도산절차에서 선수급환급보증을 제공한 금융기관의 법적 지위

IV. 외국에 소재한 동산의 물권 성립에 적용될 준거법

V. 대상판결의 시사점

---

* 이 글은 대한변호사협회의 『인권과 정의』 제499호(2021. 8.)에 게재된 논문이다.

[사안의 개요]

Ⅰ. 외화지급보증약정 체결 및 선수금환급보증서 발급

A은행(이하 '원고')은 B조선사(이하 '피고')와 외화지급보증약정을 체결하고, 위 지급보증약정에 기하여 원고는 피고가 수주한 원유운반선 두 척의 발주자를 수혜자로 하는 선수금환급보증서(이하 '이 사건 보증서')를 각 발급하였다.

Ⅱ. 건조중선박에 대한 양도담보계약 체결

원고는 이 사건 보증서를 각 발급하면서 원고가 발주자에 대하여 선수금환급보증의무를 이행할 경우 피고에 대하여 갖게 되는 구상금 채권을 담보하기 위해, 같은 날 1선박(이하 '이 사건 제1선박'), 2선박(이하 '이 사건 제2선박')을 담보목적물로 하는 각 양도담보계약을 체결하였다(이하 각 '이 사건 제1양도담보계약', '이 사건 제2양도담보계약'이라 하고 통틀어서 '이 사건 양도담보계약'). 이 사건 각 양도담보계약은 같은 날, 같은 장소에서 체결되었고 양도담보목적물의 소재지로 피고의 국내 사업장 두 곳을 명시하고 있다.

Ⅲ. 피고의 회생절차 개시 및 선박건조계약 해제에 따른 보증금 지급 등

이후 유동성이 악화된 피고는 법원에 회생절차 개시신청을 하여 회생절차 개시결정을 받았다.

피고의 관리인은 회생절차 개시 후 이 사건 각 선박에 관한 선박건조계약을 해제하였고, 원고는 발주자의 선수금환급보증금 지급요청에 따라 미화 26,208,500달러를 발주자에게 지급하였다.

Ⅳ. 원고의 회생담보권 신고 및 피고의 이의

이 사건 제1선박의 블록은 양도담보계약서에 기재된 피고의 국내 사업장에 소재하고 있었으나, 이 사건 제2선박의 블록(이하 '이 사건 중국 소재 물건')은 양도담보계약서에 기재되지 않은 중국 법인(하도급업체)의 사업장에 소재하고 있었다. 이 사건 제1선박 블록의 담보가치에 대하여 원, 피고는 일정 금액에 대해 합의하고 위 물건에 대한 원고의 회생담보권을 인정하기로 하였으나, 이 사건 중국 소재 물건에 대하여는 합의에 이르지 못했다. 피고는 원고의 동의를 얻어 이 사건 중국 소재 물건을 매각하였고(매각대금 6,517,299,428원), 그 처분대금은 원고에 개설된 피고 명의 계좌에 예치되어 있다.

원고는 피고의 회생절차에서 피고에 대한 이 사건 보증서 관련 구상금 채권 등을 회생담보권으로 신고하였으나, 당시 피고의 관리인은 이에 대해 모두 이의를 하였다.

[소송의 경과]

Ⅰ. 서울회생법원 2019. 2. 18.자 2016회확756호 회생채권조사확정재판

원고는 서울회생법원에 회생담보권의 확정을 구하는 회생담보권조사확정재판을 신청하였는데, 서울회생법원은 이 사건 제1선박(건조중선박)에 대해서는 회생담보권을 인정하였으나 이 사건 중국소재 물건(이 사건 제2선박의 건조중선박)에 대해서는 회생담보권을 인정하지 않는 취지의 결정을 하였다(이하 '이 사건 조사확정재판').

Ⅱ. 서울회생법원 2020. 10. 14. 선고 2019가합100764 판결 채권조사확정 재판에 대한 이의의 소[1]

원고는 이 사건 조사확정재판 결정에 불복하여, 채권조사확정재판에 대한 이의의 소를 제기하였다. 대상판결에서는 ① 준거법이 대한민국 법인지, ② 이 사건 중국 소재 물건에 관하여 양도담보권이 성립하였는지가 문제되었다. 원, 피고의 주장을 정리하면 다음과 같다.

피고의 주장: 이 사건 중국 소재 물건은 중국법에 따라 중국에서 설립된 중국법인이 점유하고 있었으며, 위 물건은 처음부터 중국에 있었다. 따라서 이 사건 중국 소재

---

1) 피고가 항소하였으나(서울고등법원 2020나2041321호 사건), 2021. 2. 16. 항소 취하하여 제1심판결이 확정되었다.

물건에 대한 양도담보권의 성립 여부는 국제사법 제19조2)에 따라 목적물의 소재지법인 중국법에 따라야 한다.

그런데 중국법은 양도담보권을 인정하지 않으므로, 이 사건 중국 소재 물건에 대한 양도담보권은 처음부터 성립하지 않았다. 따라서 이 사건 중국 소재 물건에 대한 양도담보권 성립을 전제로 한 원고 주장은 이유 없다.

원고의 주장: 대법원은 국제사법 제1조가 '이 법은 외국적 요소가 있는 법률관계에 관하여 국제재판관할에 관한 원칙과 준거법을 정함을 목적으로 한다'고 규정하고 있으므로, 거래 당사자의 국적주소, 물건 소재지, 행위지, 사실발생지 등이 외국과 밀접하게 관련되어 있어 곧바로 내국법을 적용하기보다는 국제사법을 적용하여 그 준거법을 정하는 것이 더 합리적이라고 인정되는 법률관계에 대하여는 국제사법의 규정을 적용하여 준거법을 정하여야 한다고 판단하고 있는데(대법원 2008. 1. 31. 선고 2004다26454 판결 등 참조), 이 사건의 경우 국제사법을 적용하여 준거법을 정하는 것이 합리적인 경우에 해당하지 않으므로 대한민국 법이 준거법이 되어야 한다.

이 사건 양도담보계약은 원고의 은행여신거래기본약관이 적용되는데 위 기본약관 제21조 제2항은 준거법을 대한민국 법으로 하고 있다. 이 사건 양도담보계약은 모두 국문으로 체결되었고, 같은 날 같은 장소에서, 동일한 목적으로, 대한민국 법인인 원, 피고 사이에 체결되었다. 이 사건 양도담보계약은 모두 양도담보목적물의 소재지 및 보관장소를 모두 국내(같은 장소)로 명시하고 있고, 위 담보목적물의 소유권을 계약 당일 채권자인 원고에게 양도하고 인도까지 마친 것으로 규정하고 있다. 담보목적물의 변경물에 관하여도 양도담보권이 설정된 것으로 하였다. 원고에 우선하거나 경합하는 권리를 주장할 제3자가 존재하지도 않는다. 담보목적물의 소재지라는 우연한 사정에 의하여 담보의 효력이 달라진다는 것은 원, 피고의 의사에 부합하지 않고, 원고에게는 뜻하지 않은 손실을, 피고에게는 뜻하지 않은 이득을 주게 되어 불합리하다. 이러한 결과는 채권자 사이의 형평을 중요하게 고려하는 회생절차의 취지에도 어긋난다.

---

2) 국제사법 제19조(물권의 준거법) ① 동산 및 부동산에 관한 물권 또는 등기하여야 하는 권리는 그 목적물의 소재지법에 의한다.

② 제1항에 규정된 권리의 득실변경은 그 원인된 행위 또는 사실의 완성 당시 그 목적물의 소재지법에 의한다.

[대상판결의 요지]

이 사건에서 법원은 이 사건 중국 소재 물건에 관한 양도담보권의 성립 및 효력에 관한 법률관계는 국제사법을 적용하여 그 준거법을 정하는 것이 더 합리적인 경우라고 볼 수 없으므로, 대한민국 법을 준거법으로 봄이 타당하다고 판단하였다. 또한, 대한민국 법을 준거법으로 하는 이상 이 사건 중국 소재 물건에 관하여 적법·유효하게 양도담보권이 설정되었고 따라서 이를 전제로 한 회생담보권의 성립도 인정된다고 판단하였다.

[연구]

Ⅰ. 들어가며

국내조선업은 2008년 이후 10년 이상 불황에 빠졌다. 2008년 금융위기 이후 글로벌 물동량의 감소에 따라 선가가 하락하고, 조선 발주가 크게 줄면서 국내 조선회사들은 수익성 있는 일감 확보에 어려움을 겪었다. 2014년부터는 국제 유가가 급락하면서 국내 조선회사들이 중점을 두고 있던 해양플랜트 분야에서 대규모 손실까지 발생하였다. 2015년 이후 정부 주도로 대대적 인력 감축 등 조선회사들에 대한 고강도 구조조정이 시작되었고 그 과정에서 중소형 조선업체가 일감 부족을 버티지 못하고 상당수 쓰러졌을 뿐 아니라, STX조선해양, 성동조선해양 등 상당한 규모의 조선회사들도 회생절차에 들어가게 되었다.[3]

국내 조선업의 불황으로 선박 건조 과정에서 국내 조선회사들에 신용을 제공한 국내 금융기관들도 채권 회수에 어려움을 겪게 되었고, 이 과정에서 법률적 분쟁이 증가하게 되었다.

선박건조계약에서 금융기관은 조선회사를 위하여 선수금환급보증Refund Guarantee의 형태로 신용을 제공하고 있다. 발주자는 선박을 주문할 때 선수금을 지급하는데, 이후 선박이 계약대로 인도되지 못할 경우에 대비하여 선박건조계약 체결 시 금융기관의 선수금환급보증서를 요구하고 있다. 발주자는 선박을 인도받지 못하게 되면, 위 보증서에 근거하여 금융기관으로부터 선수금을 대신 지급받게 된다. 선수금환급보증은 독립적 은행보증first demand bank guarantee의 하나로서 수익자인 발주자의 청구가 있기만 하

---

3) 신호경, "20조원 쏟아붓고도 끝나지 않는 조선업 '구조조정'", 연합뉴스, 2018. 3. 18.

면 선수금환급보증의 요건을 충족한 이상 금융기관이 무조건적인 지급의무를 부담하게 된다. 보통 해외기업인 발주자는 국내에서 소송 등을 통해 선수금 채권을 상환 받으려면 적지 않은 비용과 시간을 소요하게 되므로, 국내 금융기관의 보증이행에 따라 간이하게 선수금을 회수하려고 한다. 따라서 해외 발주자가 선수금환급보증서를 발급받는 조건으로 국내 조선회사와 선박건조계약을 체결하는 것이 조선업계의 실무이며, 발주자는 선수금의 담보 목적을 위하여 건조중선박을 이용하지 않는다. 이에 따라 선수금환급보증을 제공한 국내 금융기관이 건조중선박을 담보로 확보하고 있다. 이와 같이 금융기관이 선수금환급보증에 따라 보증의무를 이행할 경우 조선회사에 갖게 되는 구상금채권을 담보하기 위하여 건조중선박에 저당권을 설정하는 것도 고려해볼 수 있겠으나, 실무에서는 금융기관이 조선회사와 건조중선박을 담보목적물로 한 양도담보계약을 체결하는 방식으로 담보를 확보하고 있다.

앞에서 살펴본 대상판결은 이와 같은 배경 하에서 조선회사와 금융기관 사이에 발생한 분쟁으로 국제사법의 적용 여부 및 건조중선박에 대한 양도담보권의 성립 여부가 쟁점이 된 사안이다. 이 사건 채권조사확정재판에서는 이 사건 중국 소재 물건이 외국에 소재하고 있어 외국적 요소가 있으므로 국제사법을 적용하여 양도담보권의 성립 여부를 판단하여야 한다는 피고 주장을 받아들여, 법원이 이 사건 중국 소재 물건에 관한 양도담보권의 성립을 인정하지 않았다. 그러나 대상판결은 단순히 외국적 요소가 있다고 하여 국제사법을 적용하는 것은 타당하지 않고, 계약 당사자들의 의사와 계약의 내용 등의 구체적 사정을 검토할 때 국제사법을 적용하여 그 준거법을 정하는 것이 더 합리적인 경우로 볼 수 없다고 보고 채권조사확정재판의 판단을 변경하였다.

대상판결을 통해 (i) 선박건조계약에서 선수금환급보증의 형태로 금융기관이 신용을 제공하면서 어떠한 담보를 확보하고 있는지, (ii) 조선회사가 도산절차에 들어간 경우 담보권자인 금융기관이 어떠한 지위를 가질 수 있는지, (iii) 양도담보권의 성립과 관련하여 금융기관과 조선회사 사이에 어떠한 분쟁이 발생할 수 있는지 등을 확인할 수 있다. 이 논문에서는 관련된 법적 쟁점을 먼저 살펴본 후 대상판결의 시사점을 검토해보고자 한다.[4]

---

[4] 저자들은 대상판결 사건에서 원고를 대리한 법무법인(유) 지평의 담당변호사이나, 이 논문은 소속 법무법인의 입장과는 무관하다는 점을 밝힌다. 대상판결 사건에서는 "이 사건 중국 소재 물건의 양도담보권 성립을 판단함에 있어 준거법이 국내법이 되는지, 물건의 소재지법인 중국법이 되는지"가 결론 도출에 있어 가장 선결적인 부분이 된다. 다만, 논문의 서술 순서는 이 논문을 읽는 독자들이 이 논문만을 읽더라도 대상판결에서 양 당사자의 주장 전제가 되는 기본 법리를 쉽게 살펴볼 수 있도록 선수금환급보증의 내용, 건조중선박의 양도담보권 성립 등과 관련한 논의를 먼저 배치하고, 준거법과 관련한 논의는 마지막에 서술하였다.

II. 선수금환급보증과 양도담보계약의 체결

1. 선수금환급보증의 내용 및 성격

선박건조계약은 발주자의 주문에 따라 조선회사가 선박을 건조한 후 이를 정해진 시기까지 발주자에게 인도하기로 하는 계약이다. 발주자는 선박건조의 진행 단계에 따라 선박건조대금을 일반적으로 5회에 걸쳐 나누어 지급하게 된다Payment in Installment.[5] 발주자는 선수금을 지급하면서 조선회사의 채무불이행 또는 파산 위험을 헤지hedge하기 위하여 금융기관의 선수금환급보증을 요구하게 되고, 조선회사는 통상적으로 주거래은행(이하 이 논문에서 선수금환급보증을 제공하는 은행을 '보증은행'으로 지칭한다)으로부터 선수금환급보증서를 발급받아 발주자에게 제출하게 된다.

선수금환급보증에서 보증은행은 조선회사의 선수금환급채무에 대하여 보증을 하는 것이 아니라, 주채무자로서 선박건조계약상 발주자에게 선수금을 환급할 의무를 부담하게 된다. 즉, 선수금환급보증은 그 명칭은 '보증'이라는 용어를 사용하고 있기는 하나 법적으로는 보증은행의 의무는 보증책임이 아니라 선수금환급보증서에 의하여 창설된 주채무자로서의 독립적 채무이다.

이러한 선수금환급보증의무는 독립적 은행보증의 일종이다.[6] 대법원은 독립적 은행보증의 경우 보증인이 수익자의 청구가 있기만 하면 보증의뢰인이 수익자에 대한 관계에서 채무불이행책임을 부담하게 되는지 여부를 불문하고 그 보증서에 기재된 금액을 지급할 (무조건적인 지급)의무가 있어, 수익자와 보증의뢰인 사이의 원인관계와 단절되는 추상성과 무인성이 있다고 판시하였다(대법원 2014. 8. 26. 선고 2013다53700 판결 등 참조).

주채무의 발생, 존속, 소멸에 따라 보증채무도 발생, 존속, 소멸하고 보증채무의 범위도 주채무의 범위에 한정되는데(민법 제430조), 독립적 은행보증의 경우 보증인이 보증의뢰인과 보증수익자 사이의 법률관계상의 일체의 항변을 포기한 것으로 취급되므

---

5) 정우영·현용석·이승철, 「해양금융의 이해와 실무」, 한국금융연수원(2011), 288쪽.
　　선박건조 단계는 ① 계약 체결, ② 강제절단(Steel Cutting), ③ 용골거치(Keel Laying), ④ 진수(Launching), ⑤ 인도(Delivery)의 5단계로 구분되는데, 각 단계별로 분할하여 발주자로부터 건조대금을 지급받게 되는 것이 일반적이다.

6) 선박건조계약에서 선수금환급보증의 법적 성질이 독립적 은행보증이라는 점을 명시적으로 판단한 대법원 판결로 대법원 2015. 7. 9. 선고 2014다6442 판결 참조.

로 보증인은 통상의 보증과 달리 원인관계와 무관하게 무조건적인 지급의무를 부담하게 된다. 이러한 독립적 은행보증의 성질을 대법원은 추상성 및 무인성이라고 지칭하고 있다.

독립적 은행보증의 일종으로서 선수금환급보증은 보증은행이 발주자에 대해 주채무자와 같은 지위에서 선수금의 반환을 약속한 것이고, 선박건조계약상 정한 바에 따라 발주자가 선수금을 반환할 것을 요청하는 경우 은행보증의 추상성과 무인성을 악용하여 보증인에게 청구를 하는 것임이 객관적으로 명백하여 권리남용에 해당하는 경우가 아닌 이상(대법원 2015. 7. 9. 선고 2014다6442 판결 등 참조), 보증은행은 보증서에 기재된 금액을 발주자에게 지급할 의무가 있다.

2. 담보물로서의 건조중선박

가. 건조중선박의 개념

이러한 선수금환급보증을 보증은행이 제공함에 따라 '건조중선박'은 발주자가 아니라 보증은행이 담보물로 확보하게 된다. 선박은 건조 과정에 설계기간을 포함하여 1~2년 이상의 기간이 걸리므로 상당 기간 동안 건조중선박으로 존재하며, 선박이 건조되는 과정의 특성상 시간적·장소적으로 계속적으로 유동하고 변질하는 특성이 있다.[7]

건조중선박은 건조공정 단계에 따라 원자재(강재), 블록,[8] 블록의 결합품, 완공된 선박 등의 과정에서 계속 변화하게 된다. 건조공정의 작업장들은 공정 효율의 문제, 하도급의 문제 등으로 장소적으로 분리되어 있는 경우도 적지 않다.[9]

위와 같은 건조중선박의 특성은 후술하는 양도담보권의 성립과 관련하여 여러 가지 법적 문제를 야기하게 된다.

한편 건조중선박의 개념이 문제될 수 있다. 상법은 제790조에서 '건조 중 선박'이라는 용어를 사용하고 있으나 정의 규정을 두고 있지 않고, 선박등기규칙도 제23조에서 '건조 중인 선박'이라는 용어를 사용하고 있으나 별도의 정의규정을 두고 있지 않다. 이와 같이 우리 법에서 건조중선박에 대한 별도 정의 규정을 두고 있지 않아 특별

---

7) 서영화·김재현, "건조중 선박의 담보 및 집행과 관련한 법적 문제" 「한국해법학회지」 제38권 제1호(2016), 14-15쪽.
8) 선박을 구성하는 철재구조물을 의미하는데, 선박은 블록을 용접하는 방식으로 건조된다.
9) 서영화·김재현, 앞의 논문, 19쪽.

한 제한이 있다고 볼 수 없고, 선박 건조를 시작하는 시점에도 건조중선박에 대한 담보를 제공하고 자금을 조달하고 있으므로, 선박 건조 계획 단계부터 건조중선박으로 보아야 할 필요성이 있다. 이렇게 보지 않는 경우 담보권자 입장에서는 건조중선박으로 인정되는 시점까지 담보를 확보하지 못하는 시간적 공백이 발생하게 되어 불합리한 해석이 되기 때문이다.

나. 건조중선박에 저당권을 설정하여 담보를 확보하는 방법

우리 법상 건조중선박에 대해서는 저당권 설정이 가능하다. 상법 제787조 제1항은 등기한 선박은 저당권의 목적으로 할 수 있다고 규정하고 있고, 동조 제2항은 선박의 저당권은 그 속구(屬具10))에 미친다고 규정하고 있다. 속구목록에 기재한 물건이 선박의 종물로 추정되므로(상법 제742조) 속구목록에 기재한 물건은 저당권의 목적물이 된다. 한편, 속구목록에 기재되어 있지 않은 속구도 선박에서 사용되는 속구인 이상 저당권의 목적이 되고, 저당권 설정 이후의 증가한 속구도 그 선박에 필수적인 장비이거나 또는 당사자 간의 합의가 있는 경우 저당권의 목적이 된다.11) 상법 제790조는 이 절의 규정은 건조 중의 선박에 준용한다고 규정하여, 건조 중 선박도 등기한 경우 저당권을 설정하는 것을 허용하고 있다. 선박등기규칙 제23조는 건조 중 선박에 대한 저당권의 등기 절차를 규정하고 있다.

그러나 실무적으로 건조중선박에 대한 저당권을 설정하는 경우가 극히 적은 것으로 알려져 있다. 따라서 보증은행이 건조중선박에 저당권을 설정하여 담보를 확보하는 경우도 실무에서 찾아보기 어렵다.

이와 같이 저당권 설정 방식이 활용되지 않는 이유로 다음과 같은 점들이 제시되고 있다.

첫째, 선박법은 ① 국유 또는 공유의 선박, ② 대한민국 국민이 보유하는 선박, ③ 대한민국 법률에 따라 설립된 상사법인이 소유하는 선박, ④ 대한민국에 주된 사무소를 둔 제3호의 법인으로서 그 대표자(공동대표인 경우에는 그 전원)가 대한민국 국민인 경우에 그 법인이 소유하는 선박을 한국선박으로 규정하고 있고(제2조), 선박법상 등기할 수 있는 선박은 한국선박으로 제한되어 있는데(제8조 제1항), 현재 국내의 조선사들

---

10) '속구'란 선박과는 별도로 선박의 사용에 제공되는 목적으로 선박에 계속적으로 부속되는 물건을 말한다.
11) 편집대표 정동윤(정해덕 집필부분), 「주석상법」 제5편 해상, 한국사법행정학회(2015), 463쪽.

이 건조하는 선박의 대부분은 해외발주자들 또는 파나마, 마셜제도 등 편의치적국에 설립된 SPC^Special Purpose Company가 발주하는 것이어서 선박법상 한국선박에 해당하지 아니하여 건조중선박에 관한 저당권 제도가 이용되기 어렵다는 것이다.12) 이러한 의견에 대해서는 실제 사용되는 선박건조계약서에서 건조중선박의 소유자를 발주자가 아닌 국내 조선사로 규정하고 있으므로, 조선사는 발주자에게 건조중선박을 인도할 때까지는 건조중선박의 소유자가 되어 등기적격 문제가 발생하지 않는다는 반대 견해가 있다.13) 선박건조계약에서 발주자가 선박건조에 필요한 돈을 분할하여 선지급하기는 하나,14) 건조된 선박의 소유권은 특약에 의하여 인도 이전에는 원시적으로 건조자인 조선회사에 귀속되기 때문에 선박법상 한국선박에 해당하지 아니하여 저당권 설정이 어렵다는 전자의 견해는 동의하기 어렵다.15)

둘째, 저당권의 목적물인 건조중선박이 유동하고 변질하는 특성을 갖고 있어, 저당권자의 입장에서 담보가치를 확정하기 어려운 문제가 있는데, 반면 양도담보권의 경우 유동·집합양도담보계약의 법리상 지리적·장소적으로 산재되어 있거나, 증감·변동하는 물건의 경우에도 양도담보권의 효력이 미치게 되어 담보권자 입장에서 더 유리하다는 견해이다.16) 선박에 대한 저당권의 효력은 그 속구에도 미치나(상법 제787조 제2항), 저당권이 성립한 이후에 설치된 속구에도 저당권의 효력이 미칠 것인지, 또한 저당권의 목적물이 지리적·장소적으로 산재되어 있는 경우 저당권의 효력이 미칠 수

---

12) 김성균, "건조중 선박의 저당권 등기 제도에 대한 연구"「중앙법학」제9집 제2호(2007), 946-948쪽.

13) 서영화·김재현, 앞의 논문, 27쪽.

14) 대법원은 도급계약에서의 소유권귀속에 관하여 특별한 약정이 있는 경우에는 계약에서 정한 바에 따르나 특별한 약정이 없는 경우 도급인이 재료의 전부 또는 주요 부분을 제공한 경우에는 소유권이 도급인에게 귀속하고, 수급인이 재료의 전부 또는 주요 부분을 제공한 경우에는 소유권이 수급인에게 귀속한다고 보고 있다(대법원 2003. 12. 18. 선고 98다43601 전원합의체 판결 등 참조). 선박건조계약의 성격을 도급계약으로 볼 때 도급인인 발주자가 선박건조대금을 분할하여 조선회사에 선지급하므로 건조대금을 지급하는 발주자에게 소유권이 원시적으로 귀속된다고 해석될 것인지 문제가 될 수 있다.

15) 선박건조계약에서 완성된 선박의 소유권이 건조자에게 귀속되도록 하는 특약이 없는 경우에도 건조된 선박의 소유권은 건조자인 조선회사에 원시적으로 귀속한다고 해석하는 것이 합리적이라는 견해와 관련하여, 이정원, "선박건조계약상 발주자와 건조자의 법률관계에 관한 고찰"「선진상사법률연구」통권 제62호(2013), 113-114쪽. 특약이 없는 경우라면 발주자에게 소유권이 원시 귀속되는 것으로 볼 여지가 있다는 견해와 관련하여 김인현, "선박건조 표준계약서(SAJ)에 대한 연구"「한국해법학회지」제34권 제2호(2012), 155쪽 및 이한무, "건조중인 선박에 관한 몇 가지 법률 쟁점의 검토"「한국해법학회지」제33권 제2호(2011), 94-97쪽.

16) 서영화·김재현, 앞의 논문, 27-30쪽.

있을 것인지 논란이 생길 수밖에 없고, 이에 따라 유동·집합양도담보계약의 법리가 적용되는 양도담보의 형태로 담보를 확보할 유인이 있다고 생각된다. 보증은행이 양도담보계약을 통해 담보를 확보하는 가장 주된 원인으로 판단된다.

셋째, 비용의 문제이다. 저당권의 경우 민사집행법상 경매절차에 의하여야 하지만 양도담보권의 경우 건조중선박을 직접 변제에 충당하거나 이를 매각하여 그 매각금을 변제에 충당할 수 있어 실행절차가 신속하여 시간과 비용을 절약할 수 있다. 또한 저당권의 경우 지방세법상 저당권 등록을 위해 채권금액의 1천분의 2에 해당하는 금액에 대하여 등록 면허세가 부과되는데(제28조 제1항 제2호 나목), 건조중선박의 가액이 크고 채권액도 대부분 큰 것을 고려할 때 담보권자 입장에서 저당권 등록 시 발생하는 적지 않은 등록 비용이 큰 부담이 될 수 있다. 이러한 비용의 문제도 저당권 방식을 채택하지 않는 주요한 유인이 되는 것으로 보인다.

이러한 건조중선박의 특성과 비용 등의 문제 때문에 보증은행은 저당권 설정 방식으로 담보를 확보하는 것을 꺼리게 된다고 볼 수 있다. 이에 따라 보증은행은 조선사와 양도담보계약을 체결하고, 담보목적물을 건조중선박으로 하는 방식으로 담보를 확보하고 있다. 아래에서는 건조중선박에 관한 양도담보권의 성립과 관련한 문제에 대해서 항을 바꾸어 살펴보기로 한다.

III. 건조중선박에 대한 양도담보권의 성립 및 회생절차에서 담보권자의 지위

1. 건조중선박에 대한 양도담보권의 성립

양도담보는 그 설정을 목적으로 하는 양도담보계약과 그 목적 권리의 이전에 필요한 공시 방법을 갖춤으로써 성립하고, 목적물이 동산인 경우 그 공시 방법으로 목적물의 인도가 있어야 한다(대법원 1997. 7. 25. 선고 97다19656 판결 등 참조). 그런데 인도의 방법에는 특별한 제한이 없고, 점유개정의 방법에 의하더라도 무방하다. 또한, 동산에 대하여 점유개정의 방법으로 양도담보를 일단 설정한 후에는 양도담보권자나 양도담보설정자가 그 동산에 대한 점유를 상실하였다고 하더라도 그 양도담보의 효력에는 아무런 영향이 없다(대법원 2000. 6. 23. 선고 99다65066 판결 참조).

점유개정이란 양도인이 양수인과 점유매개관계를 설정하여 양수인에게 간접점유를 취득시키고, 스스로는 양수인의 점유매개자로서 점유를 계속하는 것을 말한다(민법 제189조). 양도담보권자가 소유자로서 간접점유만을 취득하고, 직접점유는 계속해서 설정자가 가짐으로써, 담보권 설정 후에도 설정자가 담보목적물을 사용·수익할 수 있도록 하기 위해 무용의 절차(점유가 양도인으로부터 양수인에게로 다시 양수인으로부터 양도인에게로 순차 이전되어야 하는 절차)를 생략하는 것이다.[17]

보증은행은 조선사와 양도담보계약을 체결하면서 점유개정의 방식으로 건조중선박에 대한 인도를 받게 된다. 조선사가 선박을 건조하기 위해 건조중선박을 점유해야 하므로, 점유개정 방식의 인도를 받는 것이다.

이에 따라 양도담보계약에는 양도담보권이 설정됨과 동시에 목적물의 소유권을 채무자가 채권자에게 양도한다는 내용을 담게 된다. 채권자가 점유개정의 방식으로 양도담보계약의 체결과 동시에 목적물의 소유권을 양도받게 되는 것이다.

동산양도담보에서 이와 같이 금전채무를 담보하기 위하여 채무자가 그 소유의 동산을 채권자에게 양도하되 점유개정의 방법으로 인도하고 채무자가 이를 계속 점유하기로 한 경우에는, 특별한 사정이 없는 한 동산의 소유권은 신탁적으로 이전됨에 불과하여 채권자와 채무자 사이의 대내적 관계에서 채무자는 의연히 소유권을 보유하나 대외적인 관계에 있어서 채무자는 동산의 소유권을 이미 채권자에게 양도한 무권리자가 되는 것이어서 채무자가 다시 다른 채권자와 사이에 양도담보설정계약을 체결하고 점유개정의 방법으로 인도를 하더라도 현실의 인도가 아닌 점유개정으로는 선의취득이 인정되지 아니하므로 나중에 설정계약을 체결한 채권자는 양도담보권을 취득할 수 없다(대법원 2004. 12. 24. 선고 2004다45943 판결).

2. 양도담보권의 효력 범위

건조중선박은 시간적·장소적으로 계속 유동하고 변질하므로 유동집합물에 대한 양도담보의 성격을 갖는다고 볼 수 있다. 대법원도 이와 동일한 취지에서 건조중선박에 대한 양도담보권의 효력을 다룬 적이 있다.

대법원은 보증은행이 선수금환급보증서를 발급하면서, 지급보증채무를 이행한 후의 구상금채권을 확보하기 위하여 양도담보권설정계약을 체결한 사실관계에서, 양도

---

17) 지원림, 「민법강의」, 홍문사(2015), 527쪽.

담보권설정계약상 양도담보권의 효력이 현재의 집합물 위에 미치고, 나중에 반입된 물건에도 미친다고 하였다(대법원 2016. 4. 28. 선고 2012다19659 판결 참조). 다만 그 물건이 제3자의 소유라면 양도담보권의 효력이 미치지 않는다.

대법원은 유동집합물에 대한 양도담보설정계약의 경우, 양도담보의 효력이 미치는 범위를 명시하여 제3자에게 불측의 손해를 입지 않도록 하고 권리관계를 미리 명확히 하여 집행절차가 부당히 지연되지 않도록 하기 위하여 그 목적물을 특정할 필요가 있으므로, 담보목적물은 담보설정자의 다른 물건과 구별될 수 있도록 그 종류, 소재하는 장소 또는 수량의 지정 등의 방법에 의하여 외부적·객관적으로 특정되어 있어야 하고, 목적물의 특정 여부 및 목적물의 범위는 목적물의 종류, 장소, 수량 등에 관한 계약의 전체적 내용, 계약 당사자의 의사, 목적물 자체가 가지는 유기적 결합의 정도, 목적물의 성질, 담보물 관리와 이용방법 등 여러 가지 사정을 종합하여 구체적으로 판단해야 한다고 보았다(대법원 2003. 3. 14. 선고 2002다72385 판결 참조).

건조중선박의 양도담보계약은 선박별로 체결된다. 해당 선박의 명칭, 수량, 단가, 가액, 소재 장소 등을 특정하였다면 위 대법원 판결의 법리에 따를 때 양도담보목적물이 외부적·객관적으로 특정되었다고 봄이 타당하다.

그런데 여러 하도급 업체와 협력하는 방식으로 선박이 건조되고 있어 계약에서 특정하고 있지 않은 소재지에 건조중선박의 블록이 소재하고 있는 경우가 있다. 이 때에도 양도담보권의 효력이 미칠 수 있는지 문제가 된다. 이는 곧 담보권자의 입장에서 담보목적물의 현황을 주기적으로 파악하여야 하는 부담을 안게 된다는 문제와 연결된다. 그런데 선박을 건조하는 조선소에서는 가공 상태에 있는 수 개의 물건들이 혼재되어 적치되어 있고, 그 물건이 제3자의 소유인지도 식별하기 어렵다(제3자의 소유인 경우 양도담보권의 효력이 미치지 않는다). 담보권자는 금융기관으로서 이러한 현황을 구체적으로 파악할 능력이 되지 않기 때문에, 채무자인 조선사가 알려주는 정보(소재지 및 현황)에 의존할 수밖에 없게 된다.

만약 조선소가 선박의 소재지를 국내에 위치한 사업장으로 보증은행에 알려줬고, 양도담보권설정계약서에도 소재지를 그렇게 기재하고 있었는데, 보증은행에 알리지 않은 채 발주사로부터 받은 선수금으로 원자재를 구입하여 해외 사업장에서 선박을 건조하고 있었다면 해외에 소재한 건조중선박에 양도담보권의 효력은 미칠 수 있는가. 국내 조선사들은 해외 사업장을 갖고 있거나 해외의 하도급 업체와 협력하는 경우도 적지 않기 때문에 이러한 사례가 문제될 수 있다.

대상판결도 이러한 점이 문제되었다. 조선회사인 피고는 이 사건 제2선박의 소재지를 국내에 위치한 사업장 두 곳으로 보증은행에 알려줬고, 양도담보계약에도 그렇게 기재하고 있었으나 실제로는 중국의 사업장에서 선박이 건조되고 있었다.

이 사건 소송에서 피고(조선회사)는 설사 준거법이 대한민국 법이 된다 하더라도, 이 사건 중국 소재 물건의 경우 계약에서 특정하고 있는 소재지인 국내 사업장에 위치해 있지 않았으므로 양도담보권의 성립이 인정될 수 없다고 주장하였다.

그러나 이러한 사안에서라면 아래와 같은 이유에서 계약서에 기재되지 않은 소재지에 건조중선박이 위치한 경우에도 양도담보권의 효력이 미친다고 보는 것이 타당하다.[18]

첫째, 담보목적물이 소재하는 장소를 국내 사업장으로 기재하였다고 하더라도, 목적물이 특정되지 않았다고 보기 어렵다. 선박의 종류, 가액, 수량이 기재된 이상 담보설정자의 다른 물건과 구별될 수 있을 정도로 특정되었다고 보아야 한다.

둘째, 계약 당사자의 의사(특정 선박을 건조하기 위하여 건조중선박을 담보로 제공하고 그 대가로 금융기관의 신용을 제공받기로 하였다는 점)와 목적물의 유기적 결합 정도, 건조중선박의 특성 등을 고려할 때 해당 목적물이 양도담보권의 목적으로 특정되었다고 보아야 한다. 이때 건조중선박이 여러 개의 물건으로 나뉘어 장소적으로 산재하고 있는 경우(일부는 계약서에 기재된 소재지, 일부는 계약서에 기재되어 있지 않은 소재지)에도 양도담보권의 효력이 모두 미칠 수 있는지에 대해서는 개별적 검토가 필요할 것이다. 하지만 이 사건의 경우 이 사건 제2선박의 블록이 모두 유기적으로 결합되어 하나의 장소에 소재하고 있었다. 이러한 경우 양도담보권의 목적으로 특정되지 않았다고 볼수는 없다.

한편, 하도급 업체들이 유치권을 주장하는 경우 양도담보권자의 지위가 불안정해질 수 있어 문제될 수 있다. 상법 제58조 소정의 상사유치권은 그 성립 당시 채무자 소유의 물건인 것에 대하여 이를 행사할 수 있는데, 대외적 관계에서 채무자는 무권리자가 되므로(대법원 2004. 12. 24. 선고 2004다45943 판결 참조), 건조중선박에 대한 상사유치권은 성립할 수 없다고 할 것이다.

다만 민사유치권은 채무자 소유의 물건에 한정하지 않으므로 채권과 유치 물건의

---

18) 대상판결 사건에서 원고가 주장한 내용과 동일하다. 대상판결에서 법원이 이와 같은 원고의 주장을 받아들였다고 할 수 있다.

견련성이 인정되는 경우 성립 가능성이 있다. 양도담보권자 입장에서는 조선회사의 하도급 업체들을 파악하여 사전에 유치권 포기각서를 받아두는 것을 고려해볼 수 있으나, 이를 위해서는 계약 체결 시점에 조선회사의 협력이 요구될 것이다.

3. 도산절차에서 선수급환급보증을 제공한 금융기관의 법적 지위

양도담보계약 체결 후 조선사가 기업회생절차에 들어가게 된 후 조선사의 관리인이 선박건조계약을 해제하여,[19] 발주자가 선수급환급보증서에 따라 청구를 하고 보증은행이 선수금을 지급하게 된다. 이때 보증은행은 양도담보권자로서 회생담보권자의 지위를 갖게 된다.

「채무자회생 및 파산에 관한 법률」(이하 '채무자회생법') 제141조 제1항은 "회생채권이나 회생절차개시 전의 원인으로 생긴 채무자 외의 자에 대한 재산상 청구권으로서 회생절차 개시 당시 채무자의 재산상에 존재하는 유치권·질권·저당권·양도담보권·가등기담보권·「동산·채권 등의 담보에 관한 법률」에 따른 담보권·전세권 또는 우선특권으로 담보된 범위의 것은 회생담보권으로 한다"라고 규정하고 있다.

집단적 갱생절차를 통해 채권자 전체의 이익을 공평하게 도모하려는 회생절차의 취지에는 담보권자가 무담보권자보다 차등적인 변제 비율을 적용받는다는 합리적 평등을 포함하므로, 회생담보권자의 지위를 인정받는 경우 무담보권자(회생채권자)보다 높은 변제율이 적용된다. 회생채권자로서 변제받을 수 있는 금액과 회생담보권자로서 변제받을 수 있는 금액의 차이가 큰 경우가 많으므로, 보증은행의 입장에서는 양도담보권자로서의 지위를 인정받는 경우와 그렇지 않은 경우 사이에 회수할 수 있는 채권 액수가 크게 달라지게 된다.

이 사건에서도 담보권자로 인정받는 경우와 그렇지 않은 경우의 변제비율 차이가 매우 컸기 때문에, 조선사가 기업 운영을 위해 금융기관의 도움을 받을 절실한 필요가 있음에도 대립각을 세우며 담보권의 성립을 부정하려고 하였다.

조선사가 선박건조계약을 체결하면서 보증은행의 선수급환급보증을 선사에 제공하는 것이 필수적이므로, 조선사가 유동성 부족 등을 이유로 회생절차를 신청하고 회

---

19) 채무자회생 및 파산에 관한 법률 제119조에 따라 쌍무계약에 관하여 채무자와 그 상대방이 모두 회생절차 개시 당시에 아직 그 이행을 완료하지 아니한 때에는 관리인은 계약을 해제 또는 해지하거나 채무자의 채무를 이행하고 상대방의 채무이행을 청구할 수 있다.

생절차 개시 이후 선박건조계약을 해제하게 되면 선수급환급보증을 제공한 보증은행은 거액의 손실을 보게 된다. 그러한 상황에서 담보권까지 부정되면 회생담보권자의 지위를 확보하지 못하는 보증은행은 채권의 대부분을 회수할 수 없게 된다. 회생담보권자와 일반 채권자 사이의 변제비율이 달라지게 되므로, 보증은행이 담보권자로 인정받느냐 그렇지 않느냐가 다른 채권자들의 채권 회수에도 큰 영향을 미칠 수 있다. 나아가 조선사가 신규 신용공여를 받아 회생을 도모하는 경우 금융기관 간 이해관계도 엇갈릴 수 있을 것이다.

조선사의 구조조정을 대비하여 채권금융기관 조정위원회가 2010년 조선사에 대한 구조조정 등을 추진할 경우의 '조선업구조조정 처리기준'을 제정하였으나, 위 기준의 적용과 손익정산 결과 등을 둘러싼 분쟁은 끊이지 않고 있다고 한다.[20] 조선사가 도산절차에 들어가게 되는 경우 금융기관과 조선사 사이에서 발생할 수 있는 분쟁, 금융기관 사이에서 발생할 수 있는 분쟁 등을 고려하여 사전에 일정 기준을 수립해둘 필요가 있다. 또한 금융기관이 조선사의 선박수출거래를 위하여 매우 높은 위험을 인수하는 것을 고려할 때, 담보권의 안전한 확보를 위해 금융기관이 계약적 장치를 보다 정교하게 마련하는 것도 필요하다고 생각된다.

Ⅳ. 외국에 소재한 동산의 물권 성립에 적용될 준거법

대상판결에서 문제된 양도담보계약에서는 설정자가 은행여신거래기본약관을 승인하고, 양도담보계약을 체결한다는 규정을 두고 있었고, 당시 사용된 은행여신거래기본약관에서는 여신거래의 준거법을 국내법으로 명시하고 있었다. 이와 같이 계약에서 준거법을 국내법으로 명시하고 있음에도 조선회사는 준거법이 중국법이 되어야 한다고 주장하였다.

국제사법 제1조는 "이 법은 외국적 요소가 있는 법률관계에 관하여 국제재판관할에 관한 원칙과 준거법을 정함을 목적으로 한다"고 규정하고 있고, 국제사법 제19호 제1항은 "동산 및 부동산에 관한 물권 또는 등기하여야 하는 권리는 그 목적물의 소재지법에 의한다"고 규정하고 있다. 대법원은 "국제사법 제1조가 '이 법은 외국적 요소

---

20) 이상재, "조선사 구조조정 관련 실무상 몇 가지 쟁점", 「도산법연구」 제10권 제2호(2020), 119쪽.

가 있는 법률관계에 관하여 국제재판관할에 관한 원칙과 준거법을 정함을 목적으로 한다'고 규정하고 있으므로, 거래 당사자의 국적·주소, 물건 소재지, 행위지, 사실발생지 등이 외국과 밀접하게 관련되어 있어 곧바로 내국법을 적용하기보다는 국제사법을 적용하여 그 준거법을 정하는 것이 더 합리적이라고 인정되는 법률관계에 대하여는 국제사법의 규정을 적용하여 준거법을 정하여야 한다"고 기본적인 법리를 판시하였다 (대법원 2008. 1. 31. 선고 2004다26454 판결). 위 2004다26454 판결에서 대법원은 매매계약 체결 당시 매매목적물이 필리핀 내에 있었으므로 국제사법의 적용에 의하여 매매계약의 준거법은 필리핀법이 된다고 판단하였다.

조선회사는 위 규정 및 선행 대법원 판결을 근거로, 이 사건 중국 소재 물건이 선박의 최초 건조 단계부터 중국에 소재하고 있었기 때문에 그 소재지인 중국법에 따르는 것이 타당하다고 주장하였다. 계약에서 준거법을 국내법으로 정하고 있다 하더라도 이 사건 중국 소재 물건이 건조 시작 시점부터 계속하여 외국인 중국에 소재하고 있었으므로, 물권의 준거법은 목적물의 소재지법에 의하는 것이 타당하다고 주장한 것이다. 채권조사확정재판에서도 조선회사의 이러한 주장을 받아들였기 때문에, 회생담보권의 성립을 부정하였다.[21]

대법원의 위 판결에 대해서는 채권행위와 물권행위를 준별하여, (i) 계약의 경우 계약 당사자의 의사에 따라 준거법이 판단되어야 하고, (ii) 물권행위는 국제사법 제19조에 의해 결정되는 물권의 준거법에 따라 판단해야 한다는 국제사법계의 주류적 논의가 있으나,[22] 이러한 논의에 의하면 이 사건 중국 소재 물건의 양도담보권 성립 여부를 판단함에 있어 준거법은 대한민국법이 되어야 한다는 금융기관의 주장은 더욱 설득력을 잃게 된다. 대법원 판결을 비판하면서, 물권에 대해서는 일률적으로 국제사법 제19조에 의해 결정되는 물권의 준거법에 따라 판단해야 한다는 위와 같은 국제사법

---

21) 대법원 2004다26454 판결에서 "기계의 소재지인 필리핀법"에 따라 매매계약의 준거법이 결정되어야 한다는 결론을 내렸고, 채권조사확정재판에서 위 대법원 판결을 인용한 조선회사의 주장을 받아들여 이 사건 중국소재 물건에 관한 회생담보권 성립을 인정하지 않았으므로 채권조사확정재판에 대한 이의의 소를 제기할 시점에는 조선회사의 주장에 법리적 설득력이 있는 것으로 보이는 상황이었다. 저자들은 소송 과정에서 대법원 2004다26454 판결이 잘못된 판결이라고 정면 비판하는 것으로는 제1심 법원을 설득하기가 어려울 것이라고 보고, "대법원 2004다26454 판결에 의하더라도 준거법은 국내법이 되어야 하고, 위 판결에 대한 조선회사의 주장이나 이를 받아들인 채권조사확정재판 결정이 위 대법원 판결을 오독한 것"이라고 주장하는 방법을 채택했다.

22) 석광현, "외국 소재 동산 소유권이전 준거법과 대법원판결들의 오류", 법률신문 제3960호(2011).

학계의 주장에는 동의하기 어렵다. 이러한 경우 물권의 성립 여부는 언제나 국제사법 제19조에 의해 물건의 소재지법에 의하여 결정되므로, 구체적 타당성의 관점에서 부당한 판단이 내려질 수밖에 없기 때문이다.

위 대법원 판결은 분명하게, "국제사법을 적용하여 그 준거법을 정하는 것이 더 합리적이라고 인정되는 법률관계에 대하여는 국제사법의 규정을 적용하여 준거법을 정하여야 한다."고 판시하여, 준거법 적용에 있어 국제사법이 적용되는 범위를 '합리적 인정'이라는 기준으로 제한하고 있다. 대법원 2004다26454 판결은 단순히 물건의 소재지가 필리핀이기 때문에 매매계약의 준거법이 필리핀법이 된다고 판단한 것은 아니며, '합리적 인정'이라는 기준에 근거하여 국제사법의 적용 여부를 개별적으로 결정한 것으로 이해된다.

대법원 2004다26454 판결을 단순하게 이해하는 경우 (i) 외국적 요소가 개입되어 있다면, (ii) 계약의 준거법과 무관하게 물권의 준거법은 국제사법에 따라 물건의 소재지법이 된다고 해석하게 되나, 위와 같은 '합리적 인정'이라는 기준의 제한을 간과한 것이다. 조선회사의 주장이나, 조선회사의 주장을 받아들인 채권조사확정재판의 결정에는 모두 위와 같은 '합리적 인정'의 기준에 따라 국제사법의 적용 여부가 결정된다는 대법원 판시 부분을 간과한 오류가 있다고 생각된다. 물건의 소재지가 해외에 있다는 이유만으로 곧바로 물권의 성립이 언제나 국제사법의 개입에 따라 물건의 소재지법에 근거하여 판단되어야 한다는 결론으로 이어지는 것은, 개별적 사건의 구체적 타당성을 고려하지 않은 것으로 불합리하다.

대상판결 또한 "국제사법의 적용이 더 합리적이라고 인정되는 법률관계에서 국제사법이 적용되는 것"인데, 이 사건의 경우에는 국제사법의 적용이 더 합리적인 경우라고 볼 수 없다고 하여 제한적인 해석을 했다. 대상판결은 아래와 같은 점에서 대한민국 법을 준거법으로 보아야 한다고 보았다.[23]

첫째, 이 사건 양도담보계약은 대한민국 법인 사이에서 국문으로 작성된 계약서에 의해 체결되었고, 계약을 통해 승인한 원고의 여신거래기본약관에서는 준거법을 대한민국 법으로 정하고 있었다.

둘째, 이 사건 양도담보계약서는 양도담보목적물의 소재지 및 보관장소를 모두 국

---

23) 대상판결의 결론은 원고의 주장을 그대로 받아들인 것이다.

내로 명시하고 있었다. 나아가 계약 규정들을 살펴볼 때, 원고와 피고가 이 사건 양도
담보계약 및 이에 따른 양도담보권의 성립 및 효력, 실행까지도 대한민국 법을 적용하
려는 의사였던 것으로 해석된다.

셋째, 이 사건 중국 소재 물건은 이 사건 제1선박과 경제적으로 동일한 목적을 달
성하기 위해 동일한 기회에 일체로 체결된 양도담보계약에서 정한 담보목적물이다.
피고 또한 이를 달리 취급할 의사가 없었던 것으로 해석된다.

이 사건처럼 (i) 국내 법인 사이에서, (ii) 국문으로 계약이 체결되었고, (iii) 계약에
서 담보권의 성립, 효력, 실행 모두 국내법을 적용함을 예정하고 있었으며, (iv) 담보
목적물의 소재지 및 보관장소를 국내로 명시하고 있었던 경우라면, 단순히 이 사건 중
국 소재 물건의 소재지가 중국이라는 이유만으로 외국적 요소가 있음을 인정하여 국
제사법 규정을 통해 중국법을 준거법으로 결정하는 것은 합리적이지 않다. 대상판결
이 대법원 판결에 반하는 판단을 내린 것은 아니며, 이와 같이 해석하는 것이 오히려
기존 법리에 부합하는 결론으로 판단된다.

다만 국제사법의 적용 여부에 관한 대법원 판결은 '합리적 인정'이라는 제한을 어
떤 기준으로 판단해야 할 것인지 명확하지 않다는 점에서 향후 이와 같은 쟁점(계약의
준거법이 국내법으로 정하여져 있으나 물건의 소재지가 해외인 경우 준거법이 국내법이 될 것인지
국제사법의 적용에 따라 해외법이 될 것인지)이 다시 문제될 때 하급심 법원에서 대상판결
과 같은 판단을 내리지 않을 가능성도 있는 것으로 보인다.[24] 대법원 2004다26454 판
결에 대해서 국제사법 학계에서 일부 논의가 진행되었음에도, 대법원에서 이러한 법
리를 구체적으로 확인하거나 변경한 바가 없으므로 근시일 내에 이러한 기준이 대법
원 판결을 통해 확립되기는 어려울 수 있다. 따라서 금융기관으로서는 이러한 준거법
적용과 관련한 법적 문제가 있다는 점까지 고려하여 선박금융계약 체결 시 주의할 필
요가 있다.

V. 대상판결의 시사점

법원의 판단은 타당하다. 만약 이 사건 중국 소재 물건에 관하여 국제사법이 적용

---

24) 전술한 것처럼 이 사건은 조선회사인 피고가 항소를 취하하여 제1심판결인 대상판결이 확정되었기 때문에,
대법원의 최종적인 판단을 받지 못했다.

되어 양도담보권이 성립하지 않는다면 국내 금융기관이 외국 사업장에서 물건을 제조하는 제조 기업에 대한 여신 제공을 쉽게 할 수 없게 된다. 이 사건의 경우 채무자인 피고가 양도담보 목적물의 소재지를 국내로 알려주어, 그러한 내용으로 양도담보계약이 체결되었기 때문에 원고는 피고가 이 사건 선박을 외국에서 건조한다는 사정으로 여신거래에 외국적 요소가 개입될 수 있다는 사정을 모르고 있었다. 피고의 주장처럼 채무자가 담보목적물을 외국에 소재하게 하고, 외국법을 적용받아 담보가치를 부정할 수 있게 되면 금융기관은 여신거래를 위해 채무자가 알려준 담보목적물의 소재지가 실제 소재지와 일치하는지, 외국에 소재하는 경우 외국법제가 어떻게 담보물권을 규율하고 있는지 구체적인 조사·확인 절차를 거쳐야 하게 되는데, 이 경우 상당한 비용이 추가 소요될 수밖에 없다. 결국 금융기관은 외국 사업장에서 물건을 제조하는 대부분의 제조 기업에 대한 여신 제공을 꺼리게 되거나 더 많은 담보를 요구하게 될 수밖에 없어 금융거래가 경색될 것이다. 형평의 원칙에 비추어 보더라도 원고의 보증하에 조달한 자금이 이 사건 중국 소재 물건으로 모습을 바꾼 것에 불과한데, 원고의 담보권이 부정된다는 것은 타당하지 않다.

선박건조계약에서 국내 금융기관들은 조선회사들을 위하여 해외 발주사에 대하여 선수급환급보증서의 형태로 신용을 제공하고, 건조중선박을 목적물로 한 양도담보권을 취득하는 방식으로 담보를 확보하고 있다. 그런데 건조중선박이 다수의 장소에서 흩어져 건조되는 경우가 적지 않으므로 하도급 업체가 유치권을 주장할 수 있고, 나아가 건조 장소가 외국 소재지가 된 경우 조선회사가 국제사법의 적용을 주장하여 담보권을 확보하지 못하게 될 위험이 있다. 채권자인 금융기관으로서는 이러한 가능성을 염두에 두고 사전에 계약서에 적절한 조치들을 강구해둘 필요가 있다. 국내 조선업이 발전하기 위해서라도 이러한 분쟁 사례에 대한 논의 및 이를 반영한 담보 확보 및 계약서 작성 방식에 대한 연구가 필요할 것이다.

참고문헌

1. 단행본

편집대표 정동윤(정해덕 집필부분), 주석상법, 한국사법행정학회(2015).

정우영·현용석·이승철, 해양금융의 이해와 실무, 한국금융연수원(2011).

지원림, 민법강의, 홍문사(2015).

2. 논문 및 발표문

김성균, "건조중 선박의 저당권 등기 제도에 대한 연구", 중앙법학, 제9집 제2호(2007).

김인현, "선박건조 표준계약서(SAJ)에 대한 연구", 한국해법학회지, 제34권 제2호(2012).

서영화·김재현, "건조중 선박의 담보 및 집행과 관련한 법적 문제", 한국해법학회지, 제38권 제1
호(2016).

석광현, "외국 소재 소유권이전 준거법과 대법원판결들의 오류", 법률신문 제3960호(2011).

이상재, "조선사 구조조정 관련 실무상 몇 가지 쟁점", 도산법연구 제10권 제2호(2020).

이정원, "선박건조계약상 발주자와 건조자의 법률관계에 관한 고찰", 선진상사법률연구 통권 제62호
(2013).

이한무, "건조중인 선박에 관한 몇 가지 법률 쟁점의 검토", 한국해법학회지 제33권 제2호(2011).

3. 기타

신호경, "20조원 쏟아붓고도 끝나지 않는 조선업 '구조조정'", 연합뉴스(2018. 3. 18.).

동반매도청구권 ^{Drag-Along Right} 에 대한 연구*

- 대법원 2021. 1. 14. 선고 2018다223054 판결을 중심으로 -

이유진

목 차

Ⅰ. 들어가며

Ⅱ. 대법원 2021. 1. 14. 선고 2018다223054 판결

  1. 대상 사건의 사실관계와 사건 연혁
  2. 당사자의 주장과 판시사항
  3. 동반매도청구권과 관련한 판시사항의 주요 쟁점

Ⅲ. 동반매도청구권의 행사 조건

  1. 민법 제150조 제1항의 존재 의의 및 적용 요건
  2. 동반매도청구권의 행사 조건에 대한 검토
  3. 소결

Ⅳ. 동반매도청구권 행사 조건 성취 방해로 인한 조건 성취 의제 여부

  1. 매각 절차 협조의무 불이행 및 조건 성취 방해 여부
  2. 조건 성취 방해로 인한 조건 성취 의제 가능 여부
  3. 소결

Ⅴ. 소수주의 권리 보호 방안에 대한 약간의 논의

  1. 소수주주 권리 보호 방안 논의의 필요성
  2. 동반매도청구권 행사 절차로서의 M&A 절차
  3. 소수주주와 동반매도청구권

Ⅵ. 맺으며

---

* 이 글은 상사판례연구회의 『상사판례연구』 제34권 제3호(2021. 9.)에 게재된 논문이다.

I. 들어가며

M&A 계약에서 벤처캐피탈이나 사모펀드를 포함한 재무적 투자자들은 적극적으로 투자자금을 회수하기 위한 수단으로 동반매도참여권tag-along right 내지 동반매각청구권drag-along right, 풋옵션 또는 매도권right to sell, 위반에 대한 벌칙조항penalty clause을 적극적으로 이용한다.[1] 이외에도 재무적 투자자들은 일정 기간 동안 양도를 금지하고 다른 주주나 이사회의 승인을 얻도록 금지하는 조항(이른바 'lock-up 조항'), 우선매수청구권right of first refusal 조항, 콜옵션 및 이들의 다양한 조합을 주주간 계약에서 사용하고 있다.[2] 재무적 투자자는 통상적으로 경영에 직접 관여하지 않기 때문에 경영에 관여하는 투자자가 대주주가 되고 재무적 투자자는 소수주주가 되는 경우가 많은데, 이때 소수주주의 권익을 법령에서 정해진 것 이상으로 보호하고자 하는 취지로 위와 같은 조항을 주주간 계약에 삽입한다.[3]

이 중 '동반매도청구권[4]'이란 주주간 계약의 일방 주주가 제3자에게 그 보유 주식을 매도하고자 하는 경우 상대방 주주로 하여금 그 보유 주식을 해당 제3자에게 동시에 매도하도록 강제할 수 있는 권리를 의미한다.[5] 이는 일방 주주(주로 재무적 투자자)가 자신이 보유한 주식만으로 경영권 프리미엄을 받기 곤란한 상황에서, 타방 주주(주로 전략적 투자자)의 보유분까지 일괄 매각하여 주당 매각 단가를 극대화할 수 있도록 한다.[6] 위와 같이 동반매도청구권은 주로 재무적 투자자들인 소수주주의 이익을 보호

---

1) Isabel sáez lacave & Nuria bermejo gutierrez, "Specific investments, opportunism and corporate contracts: a theory of tag-along and drag-along clauses", European business organization law review volume 11(2010) 431쪽; 이삼열, "M&A 상황에서 계약상의 주식양도제한-동반매도참여권(tag-along right), 동반매각청구권(drag-along right)을 중심으로-", 「연세법학」 제31호, 연세법학회, 2018, 106쪽에서 재인용.

2) 이동건·류명현·이수균, "주주간 계약상 주식양도의 제한-주식양도제한조항에 관한 실무상 쟁점을 중심으로-", 「BFL」 제88권, 서울대학교 금융법센터, 2018, 20쪽.

3) 이삼열, 앞의 논문, 100쪽.

4) 계약서나 문헌에서 드래그얼롱(drag-along) 및 태그얼롱(tag-along)의 용어 자체가 정비되어 있지 않다. 계약 등에서 태그얼롱은 매도참여권·공동매도권·동반매도청구권 등, 드래그얼롱은 동시매도강제권·공동매도청구권·동반매도요구권 등의 번역어가 혼용되고 있다. '드래그얼롱' 및 '동반매도청구권'의 용어 정의와 관련하여 이제원·권철호, "소수지분투자에 있어 원금보장 및 자금회수방안", 천경훈 편저, BFL 총서 ⑫ 우호적 M&A의 이론과 실무(제1권), 소화(2017), p. 445(각주 46). 이하에서는 드래그얼롱을 '동반매도청구권'으로 통칭하되, 판결문과 주주간 계약에서 '동반매도요구권'이라 쓴 경우에는 이를 원문 그대로 인용한다.

5) 이동건·류명현·이수균, 앞의 논문, 29쪽.

6) 천경훈, "주주간 계약의 실태와 법리-투자촉진 수단으로서의 기능에 주목하여-", 「상사판례연구」 제26집 제3권, 한국상사판례학회, 2013, 13쪽.

하기 위하여 주주간 계약에서 이용되는 조항이다.[7] 이는 주주간 계약에 의한 주식양도제한 조항의 일례이다.

대법원은 주주들 사이에서 주식양도를 제한하는 규정은 주주의 투하자본회수의 가능성을 전면적으로 부정하는 등 공서양속에 반하지 않는 한 원칙적으로 유효하다는 입장을 견지하고 있다.[8] 다만 그렇다고 하더라도 주주간 계약의 주식양도제한 조항에 의하여 재무적 투자자들에게 부여되는 각각의 권리는 법령에서 전혀 정하고 있는 바 없이 주주간 계약을 통해 완전히 사적으로 부여되는 것이기 때문에, 판결에서 그 권리의 유효성을 인정하는 것은 향후 조항의 활용 가능성을 높이고 관련된 실무의 방향성을 제시하며, 관련 법리를 보다 구체화하는 토대가 된다는 점에서 큰 의미를 갖는다. 이와 관련하여 동반매도청구권에 대하여 법원이 최초로 주주간 계약에 따라 정해진 동반매도청구권의 유효성과 판단한 사건이 '두산인프라코어 주식회사 사건'이다.[9] 이하에서는 두산인프라코어 주식회사 사건(이하 '대상 사건')의 사실관계와 당사자들의 주장, 하급심을 포함한 각 심급 판시사항의 주요 쟁점을 동반매도청구권에 초점을 맞추어 살펴본다. 대상 사건의 주요 쟁점은 항소심과 상고심을 거치면서 보다 구체화되었거나, 각 심급별로 의견이 달라졌기 때문에 각 심급의 판단을 모두 살펴보는 데에 논의의 효용이 있다. 그 후 동반매도청구권의 조건 및 조건의 성취와 관련한 쟁점들을 해석론의 관점에서 보다 심층적으로 검토하고, 나아가 소수주주의 권리 보호 방안에 대해 논의한다.

---

7) 이삼열, 앞의 논문, 99쪽.

8) 대법원 2008. 7. 10. 선고 2007다14193 판결, 대법원 2000. 9. 26. 선고 99다48429 판결. 대법원은 '회사와 주주들 사이에서, 혹은 주주들 사이에서 회사의 설립일로부터 5년 동안 주식의 전부 또는 일부를 다른 당사자 또는 제3자에게 매각·양도할 수 없다는 내용의 약정을 한 경우, 그 약정은 주식양도에 이사회의 승인을 얻도록 하는 등 그 양도를 제한하는 것이 아니라 설립 후 5년간 일체 주식의 양도를 금지하는 내용으로 이를 정관으로 규정하였다고 하더라도 주주의 투하자본회수의 가능성을 전면적으로 부정하는 것으로서 무효'라는 이유로 '정관으로 규정하여도 무효가 되는 내용을 나아가 회사와 주주들 사이에서, 혹은 주주들 사이에서 약정하였다고 하더라도 이 또한 무효'라고 판단한 바 있다.

9) 서울중앙지방법원 2017. 1. 12. 선고 2015가합572866 판결(1심), 서울고등법원 2018. 2. 21. 선고 2017나2016899 판결(항소심), 대법원 2021. 1. 14. 선고 2018다223054 판결(상고심), 서울고등법원 2021. 1. 20. 접수 2021나 2003364 사건(진행 중)으로 이어지는 일련의 사건을 의미한다.

II. 대법원 2021. 1. 14. 선고 2018다223054 판결

1. 대상 사건의 사실관계와 사건 연혁

가. 당사자

대상 사건의 원고는 오딘2 유한회사(이하 '오딘2'),[10] 시니안 유한회사(이하 '시니안'),[11] 넵튠 유한회사,[12] 하나제일호이며, 이하 시니안, 넵튠, 하나제일호를 통칭하여 '제2투자자들'이라 한다. 대상 사건의 피고는 두산인프라코어 주식회사,[13] 주식회사 두산,[14] 두산중공업 주식회사, 재단법인 두산연강재산이다.

나. 주주간 계약의 내용

1) DICC 지분매매계약 및 주주간 계약(오딘2 유한회사 관련)

대상 사건에서 제1투자자들은 2011. 3. 25. 피고 두산인프라코어 및 DICI로부터 DICC 지분 중 20%를 3,800억원에 매수하는 내용의 계약(이하 'DICC 지분매매계약')을 체결하였다. 이와 함께, 제1투자자들은 2011. 3. 25. 피고 두산인프라코어와 DICC 지분 보유관계 및 투자금 회수방안에 관한 사항을 합의하는 내용의 계약(이하 'DICC 주주간 계약')을 체결하였다. 이후 원고 오딘2는 2011. 3. 31. 제1투자자들로부터 DICC 지분매매계약 및 주주간 계약을 승계하여, 2011. 4. 28. 피고 두산인프라코어 및 DICI에게 3,800억을 지급하고 DICC 지분 20%를 매수하였다. DICC 주주간 계약의 주요 내용은 아래와 같다.

---

10) 「자본시장과 금융투자업에 관한 법률」(이하 '자본시장법')상 투자목적회사로, 코에프씨미래에셋그로쓰챔프 2010의4호사모투자전문회사(이하 '코에프씨미래에셋PEF'), 아이엠엠로즈골드사모투자전문회사(이하 '아이엠엠'), 하나제일호사모투자전문회사(이하 '하나제일호')가 소유하고 있다. 코에프씨미래에셋PEF, 아이엠엠, 하나제일호를 통칭해 '제1투자자들'이라 한다.
11) 자본시장법상 투자목적회사로, 미래에셋파트너스오호 사모투자전문회사(이하 '미래에셋PEF')가 설립하였다.
12) 자본시장법상 투자목적회사로, 아이엠엠이 설립하였다.
13) '두산공정기계(중국)유한공사(Doosan Infracore (China) Corporation, 이하 'DICC')'와 '두산(중국)투자유한공사(Doosan Infracore (China) Investment, 이하 'DICI')'의 지분을 소유하고 있었다.
14) 두산그룹의 모회사. 계열회사인 주식회사 두산캐피탈(이하 '두산캐피탈')은 두산캐피탈의 중국 현지 법인인 두산(중국)융자임대 유한공사(Doosan (China) Financial Leasing Corp., 이하 'DCFL')를 통해 DICC로부터 건설기계 등을 구입하고자 하는 고객에게 금융상품을 판매하는 영업을 영위하였다.

〈DICC 주주간 계약의 주요 내용 요약〉

제3조 주식의 양도

3.4 회사의 기업공개가 실행되지 않을 경우의 매도

(a) 매도를 위한 요건

본건 지분매매거래 종결일로부터 3년 내에 회사의 기업공개가 실행되지 않을 경우, 당사자들 사이에 달리 합의되지 않는 한, 자신이 보유하고 있는 회사의 주식 전부(일부의 매도는 불가)를 매도하고자 하는 일방 당사자(이하 "매도주주")는 ① 원칙적으로 복수의 매수희망자(선의의 제3자여야 함)들이 회사에 대한 실사를 실시하고 ② 매수희망 가격 및 거래조건을 제시하는 입찰절차를 진행하여야 하며(입찰절차 시작시 상대방 당사자에게 그 사실을 통지해야 하며, 당사자 사이에서 달리 합의하는 바에 따라 입찰절차가 아닌 방식으로 진행할 수 있음) 그 결과 가장 유리한 가격 및 거래조건을 제시한 매수예정자(이하 "매수예정자")가 결정된 이후로서 ③ 매수예정자와 정식 계약을 체결하기 전에, 상대방 당사자에게 서면으로 주식매도 결정의 통지(이하 "매도결정 통지")를 하여야 한다. (중략)

(b) 매도주주의 동반매도요구권^{Drag-along}

(중략) (iii) 동반매도요구권 행사의사가 명시된 매도결정통지를 수령한 상대방 당사자는 당해 통지를 수령한 날부터 14일 이내에 매도주주에 대한 서면 통지를 통해 (x) 매도주주의 동반매도 요구에 동의하거나, (y) 매도주주가 보유한 회사의 주식 전부를 (중략) 자신(또는 지정하는 제3자)이 매수하거나, (z) 매도결정통지에 기재된 것보다 유리한 조건으로 회사의 주식 전부를 매수할 것을 청약한 새로운 투자자에게 매도할 것을 제안할 수 있다. 단, 상대방 당사자가 위 14일 이내에 위 (x) 내지 (z)의 통지를 하지 않는 경우 매도결정통지에 응하여 자신의 보유 주식 전부를 매도하는 것에 동의한 것으로 본다.

(v) 상대방 당사자가 위 (iii)목의 (y)에 따라 자신이 직접 매수할 것을 제안한 경우, 당해 제안서가 매도주주에게 도달한 시점에 당사자들 사이에 제안서에 기재된 가격에 따른 주식매매계약이 체결된 것으로 간주되고, 가격을 제외한 계약조건은 당사자들 간에 추가협의를 통하여 결정한다.

2) 두산캐피탈 신주인수계약 및 주주간 계약(시니안 유한회사 등 관련)

대상 사건에서 제2투자자들은 2011. 3. 22. 두산캐피탈이 실시할 유상증자에서 500억 원 규모의 실권주를 인수하는 내용의 투자 계약(이하 '두산캐피탈 신주인수계약')을 체결하였다. 이후 제2투자자들 중 미래에셋PEF은 시니안에, 아이엠엠은 넵튠에 계약 당사자의 지위를 양도하였다. 이에 따라 원고 시니안, 넵튠, 하나제일호(이하 '원고 시니안 등')는 2011. 4. 28. 두산캐피탈과 유상증자 실권주를 49,731,662,500원에 인수하였다. 이와 함께 원고 시니안 등은 2011. 4. 28. 피고 두산, 두산중공업, 두산인프라코어(이하 '피고 두산 등')와 투자금의 사용 및 회수 방안에 관한 사항을 합의하는 내용의 계약(이하 '두산캐피탈 주주간 계약')을 체결하였다. 이때 두산캐피탈 신주인수계약으로 발행된 두산캐피탈 주식을, ① 피고 두산중공업은 2013. 5. DHIA Holdings를 통해 DHIA LLC에 양도하였고, ② 피고 두산인프라코어는 2013. 5. DIAC에 양도하였으며, ③ 피고 두산은 2013. 6. 피고 두산연강재단에 기부하였다. 이와 함께, DHIA LLC, DIAC 및 피고 두산연강재단(이하 '피고 두산연강재단 등')은 피고 두산 등으로부터 두산캐피탈 주주간 계약을 승계하였다. 두산캐피탈 주주간 계약의 주요 내용 요약은 아래와 같다.

〈두산캐피탈 주주간 계약의 주요 내용 요약〉

> 제2조 주식의 양도 등
> 2.4 대상회사 주식의 상장이 실행되지 않을 경우의 매도
> "일방 당사자(이하 "매도주주")는 ① 복수의 매수희망자(선의의 제3자여야 함)들이 회사에 대한 실사를 실시하고 ② 매수희망 가격 및 거래조건을 제시하는 입찰절차를 진행하여야 하며" (중략) "매도주주의 동반매도요구권Drag-along 행사의 경우 (x) 매도주주의 동반매도 요구에 동의하거나, (y) 매도주주가 보유한 회사의 주식 전부를 (중략) 자신 (또는 지정하는 제3자)이 매수하거나, (z) 매도결정통지에 기재된 것보다 유리한 조건으로 회사의 주식 전부를 매수할 것을 청약한 새로운 투자자에게 매도할 것을 제안할 수 있다."
> 제3조 대상회사의 조직 및 경영
> – 두산측 주주는 대상회사로 하여금 두산(중국)융자임대유한공사(이하 'DCFL')에 대한 지분비율을 현재와 같이 그대로 유지하도록 노력하여야 한다.

다. 각 지분 매각절차 진행 과정

1) DICC 지분 매각절차 진행 과정

DICC 주주간 계약에서 정한 시점(2011. 4. 28.로부터 3년)인 2014. 4. 28.까지 DICC 에 대한 기업공개IPO가 실시되지 않았다. 이에 2014. 4. 29. 원고 오딘2는 피고 두산인 프라코어에 DICC 지분 매수를 요청하였으나 받아들여지지 않자, 2014. 6. 20. 원고 오딘2 주식매도청구권 행사로 지분 전체 매각절차를 진행할 예정임을 표시하였다. 이 후 2015. 5. 27. DICC 지분 매각 공고 및 입찰절차가 개시되었고, 매수희망자로부터 인수의향서LOI를 제출받았으나, 피고 두산인프라코어가 자료 제공을 거부하면서 매각 에 실패하였다.

2) 두산캐피탈 지분 매각절차 진행 과정

두산캐피탈은 2011. 3. 22. 체결한 두산캐피탈 지분인수계약으로 조달한 자금을 DCFL 유상증자 대금으로 사용하여 DCFL 지분 80%를 보유하였다. 이후 두산캐피탈은 소유하고 있던 DCFL 지분을 2011. 12. 30. DICC에 29%, 2015. 7. 17. DICI에게 51% 매각하여 모두 처분하였다. 2015. 8. 5. 피고 두산인프라코어는 원고 시니안 등에게 피고 두산연강재단 등이 보유하고 있던 두산캐피탈 주식을 합계 70억원에 메리츠금융지주에 매각할 것을 통지하면서, 두산캐피탈 주주간 계약에 따른 우선매수권 내지 동반매도청구권을 행사할 것인지 여부를 밝히도록 요청하였다. 이후 메리츠금융지주는 주식매수를 포기하였으나, 다시 2015. 10. 5. 원고 시니안 등에게 위 두산캐피탈 주식을 미국계 사모펀드인 JCF에 70억원에 매각할 것을 통지하면서 두산캐피탈 주주간 계약에 따른 우선매수권 내지 동반매도청구권을 행사할 것인지 여부를 밝히도록 다시금 요청하였다. 원고 시니안 등은 이에 불응하였다. 2015. 10. 27. 피고 두산연강재단 등은 보유하고 있던 두산캐피탈 지분 전량을 JCF에 매각하였다.

2. 당사자의 주장과 판시사항

가. 동반매도청구권과 관련한 원고들의 주장 및 청구

1) 동반매도청구권의 행사조건

원고 오딘2는 DICC 주주간 계약에 따라 피고 두산인프라코어에 대하여 DICC 지분 일체를 함께 매각할 것을 요구하는 동반매도청구권을 보유한다. 원고 시니안 등은 두산캐피탈 주주간 계약에 따라 피고 두산연강재단 등에 대해 두산캐피탈 지분 일체를 함께 매각할 것을 요구하는 동반매도청구권을 보유한다. 각 주주간 계약에서는 '입찰절차를 진행하여 가장 유리한 가격 및 거래조건을 제시한 매수예정자를 결정'할 것을 정지조건으로 하고 있다.[15]

---

15) 서울중앙지방법원 2017. 1. 12. 선고 2015가합572866 판결 중 동반매도요구권 행사에 따른 매매대금청구 부분을 중심으로 정리하였다.

2) 피고들의 조건 성취 방해

원고 오딘2의 DICC 주주간 계약 관련, ① 원고 오딘2가 피고 두산인프라코어에 DICC 지분 매각절차의 진행의사를 밝히고 매각 성사가능성 및 매도 목표가격의 산정을 위해 필요한 기초자료의 제공을 요청하였음에도 불구하고 피고 두산인프라코어가 이를 거절하였다. ② 원고 오딘2가 인수의향서를 제출받았음에도 불구하고 피고 두산인프라코어는 진정성이 확인되지 않았다는 이유로 관련 자료 제공 및 협조를 거부하였다. 원고 시니안 등의 두산캐피탈 주주간 계약 관련, ① 피고 두산 등은 두산캐피탈 주주간 계약에 따라 DCFL 지분비율 유지의무가 있었음에도 지분을 계열사인 DICI에 헐값에 매도하였다. 또한, ② 피고 두산인프라코어의 주도하에 보증계약 등을 변경함으로써 DICC와 DCFL의 동반성장관계를 깨트렸고, ③ DCFL 지분매각 후에 두산캐피탈 지분을 매각함으로써 두산캐피탈의 투자가치를 현저히 떨어뜨림으로써 원고 시니안 등이 동반매도요구권 행사를 시도조차 할 수 없도록 방해하였다.

3) 조건 성취로 인한 동반매도청구권 행사 및 매매대금 청구

피고들의 행위는 조건의 성취로 인하여 불이익을 받을 자가 신의성실에 반하여 조건 성취를 방해한 경우에 해당하므로, 민법 제150조 제1항에 따라 동반매도요구권의 행사조건이 성취된다. 원고 오딘2는 피고 두산인프라코어와, 원고 시니안 등은 피고 두산연강재단과 각각 주식매매계약이 체결된 것으로 간주된다. 동반매도요구권의 행사로 인한 결과 중 동반매각, 제3자 매각은 지분 매각절차 진행을 통한 가격형성을 전제로 하는 것이므로 그 이행이 불가능한 바, 유일하게 이행이 가능한 지분매수에 응하여야 한다. 원고 오딘2는 피고 두산인프라코어와, 원고 시니안 등은 피고 두산연강재단과 각각 DICC 주주간 계약 및 두산캐피탈 주주간 계약에 따라 주식매매계약이 체결된 것으로 간주되어 DICC 주주간 계약 및 두산캐피탈 주주간 계약에 따라 매매대금을 지급할 의무를 진다.[16]

---

16) 이 사건에서 피고들의 조건 성취 방해행위가 고의적이었다는 점을 주장하면서도 채무불이행 및 불법행위로 인한 손해배상청구는 예비적으로 청구하고 있는데, 이는 손해배상청구에 비하여 매매대금청구는 고의 또는 과실이 있었는지 여부와 관련 없이 그 행위가 신의칙 위반임을 입증하는 것으로 족하기 때문에 승소가능성이 높고, 과실상계도 적용될 여지가 없어 승소시 예상되는 보상금액이 크다는 장점 때문으로 보인다. 유사하게 조건 불성취에 따른 조건 성취 의제 쟁점이 다투어진 ELS 분쟁에서 제소의 배경에 대한 설명으로, 이승희, "ELS 분쟁의 현황과 법적 쟁점", 「YGBL」 제2권 제2호, 연세대학교 법학연구원 글로벌비즈니스와 법센터, 2010, 56쪽.

나. 1심 법원의 판단

1) 동반매도청구권의 행사조건 판단

- 매수예정자의 결정이 동반매도요구권의 효력을 발생시키는 정지조건에 해당하는지 여부와 관련하여(소극)

1심 법원의 판단[17])에 따르면, DICC 주주간 계약 및 두산캐피탈 주주간 계약의 규정은 문언상 매도주주가 주식매도결정 통지를 하기 전에 입찰절차를 진행하고 유리한 가격 및 거래조건을 제시한 매수예정자를 결정할 의무를 이행하여야 한다는 의미로 해석되며, '매수예정자의 결정'을 동반매도요구권의 효력 발생을 위한 조건으로 명시하고 있지 않다. 매도주주가 주식 매각을 위한 입찰절차를 진행하여 매수예정자가 결정되었다고 하더라도 정식계약을 체결하기 위해서는 가격 등 거래조건에 대한 구체적인 협상 및 합의가 이루어져야 한다. 매수예정자의 결정만으로 곧바로 동일한 매도절차에서 동일한 가격 및 거래조건으로 그 주식을 매도할 것을 요구하는 동반매도요구권의 효력이 발생한다고 볼 수 없다.

2) 피고들의 조건 성취 방해 여부 판단(소극)

DICC 주주간 계약의 경우, 피고 두산인프라코어가 원고 오딘2의 DICC 지분 매각 절차에 있어서 매수예정자의 결정 과정을 방해하였다고 인정하기에 부족하고, 달리 이를 인정할 증거가 없다. DICC 주주간 계약상 회사에 대한 실사를 실시할 수 있는 주체는 '매수희망자들'로만 규정되어 있고, 매도주주인 원고 오딘2가 직접 실사를 진행할 수 있는지에 관한 명문의 규정은 존재하지 않는다. 원고 오딘2는 동반매도요구권의 실질적인 행사를 위해서는 매도주주의 실사가 필수적으로 요구되므로, 피고 두산인프라코어의 실사협조 의무는 주주간 계약상 당연히 도출된다고 주장하나, 명문의 규정이 없음에도 피고 두산인프라코어에게 원고 오딘2의 지분 매각을 위한 실사에 협조할 의무가 발생한다고 보기 어렵다. 주주간 계약서에서는 입찰절차에 관하여 '복수의 매수희망자들이 선의의 제3자일 것'을 명시하고 있고, 피고 두산인프라코어가 매수희망자들의 선의 여부를 확인한 후에 통상적인 M&A 수준의 자료를 제공하겠다는 입장을 취한 것을 두고 입찰절차를 통한 매수예정자의 결정 과정을 방해한 행위로 평가

---

17) 서울중앙지방법원 2017. 1. 12. 선고 2015가합572866 판결을 기초로 정리하였다.

할 수 없다. 두산캐피탈 주주간 계약의 경우, 피고 두산 등이 원고 시니안 등의 두산캐피탈 주주간 계약에 따른 매수예정자의 결정 과정을 방해하였다고 인정하기에 부족하고, 달리 이를 인정할 증거가 없다. 즉, 피고 두산 등이 주주간 계약을 위반하고 두산캐피탈의 투자가치를 떨어뜨렸다고 볼 수 없고, 원고 시니안 등이 이러한 사정으로 두산캐피탈의 지분 매각절차를 진행할 수 없었다고 볼 수 없다. 두산캐피탈 주주간 계약은 "피고 두산 등은 두산캐피탈이 유상증자 이후에도 DCFL에 대한 지분비율을 현재와 같이 그대로 유지하도록 노력하여야 한다"고 규정하고 있을 뿐, 그 지분을 유지할 '계약상 의무'를 부과하고 있지는 않다. 보증약정의 변경 등으로 DCFL의 기업가치가 떨어졌다고 인정할 증거가 없다. 두산캐피탈의 DCFL과 사업연관성이 있는 DICI에 지분을 매도하였다는 사정만으로 그 가격산정, 매각절차에서 공정성을 상실하였다고 볼 수 없다.

3) 조건 성취 방해로 인한 동반매도요구권 조건 성취 의제 여부 판단(소극)

매수예정자의 결정이 동반매도요구권의 효력을 발생시키는 정지조건에 해당하지 않으며, 통상적인 M&A 수준의 자료를 제공하겠다는 입장을 취한 것을 두고 조건 성취를 방해하였다고 인정하기도 어렵다. 따라서 조건 성취 방해로 인한 조건 성취 의제를 인정하지 않다.

다. 항소심 법원의 판단

1) 원고 오딘2의 청구에 대한 판단

가) 동반매도청구권의 행사조건 판단

- 매수예정자와 매각금액 결정이 동반매도요구권의 효력을 발생시키는 정지조건에 해당하는지 여부와 관련하여(적극)

항소심 법원의 판단[18]에 따르면, 법률행위에서 조건은 법률행위의 효력의 발생 또는 소멸을 장래의 불확실한 사실의 성부에 의존하게 하는 법률행위의 부관으로서 법률행위의 효과의사와 일체적인 내용을 이루는 의사표시이므로, 어떤 사실의 성부를 법률행위의 효력발생의 조건으로 하기 위해서는 그러한 의사가 법률행위의 내용에 포함되어 외부에 표시되어야 한다(대법원 2012. 4. 26. 선고 2011다105867 판결). 원고 오딘2

---

18) 서울고등법원 2018. 2. 21. 선고 2017나2016899 판결을 기초로 정리하였다.

가 일반적인 M&A 절차를 거쳐 가장 유리한 매각금액 및 거래조건을 제시한 매수예정 자를 결정하는 것은 장래의 불확실한 사실에 해당한다. 원고 오딘2의 동반매도요구권 은 위와 같이 매수예정자와 매각금액이 결정되는 것을 정지조건으로 하는 것으로 볼 수 있다. 피고 두산인프라코어는 이러한 조건의 성취로 인한 원고 오딘2의 동반매도요 구권행사에 따라 자신의 DICC 지분 80%를 매도하거나 원고 오딘2의 DICC 지분 20% 를 매수예정자 결정 과정에서 정해진 매각금액에 매수해야 하는 등의 불이익을 받을 당사자의 지위에 있다.

나) 피고들의 조건 성취 방해 여부 판단(적극)

원고 오딘2가 한 자료제공 요청은 일반적인 M&A 절차에서 매도인이 투자소개서 작성과 기업가치 평가를 위해 필요로 하는 보통 수준의 자료 범위 내에 있는 것으로 보인다. 기업의 계속기업가치 추정의 기초 또는 전제가 되는 것으로서 매도주체가 매 각준비 단계에서 파악하고 있어야 할 뿐만 아니라 매수희망자들로서도 향후 예비입찰 서에 매수희망가격을 제출하기 위한 확인이 필요한 사항에 해당한다. 그러나 피고 두 산인프라코어가 제공한 자료는 보통의 M&A 절차에서 요구되는 수준의 투자소개서 작 성이나 기업가치 평가에 사용되기에는 부족한 것이다. 매수예정자와 매수금액의 결정 이 동반매도요구권의 효력을 발생시키는 정지조건에 해당하며 조건 성취를 방해하였 다고 인정되므로, 조건 성취 의제를 인정한다. 조건이 성취된 것으로 의제되는 시점은 신의성실에 반하는 행위가 없었더라면 조건이 성취되었으리라고 추산되는 시점이다 (대법원 1998. 12. 22. 선고 98다42356 판결). 이 사건 매각절차가 첫 번째 입찰에서 매수예 정자가 결정되지 않을 가능성을 고려하더라도 피고 두산인프라코어의 위와 같은 방해 행위가 없었더라면 원고 오딘2로서는 이 사건 소 제기일 무렵에는 매수예정자와 매각 대금이 결정되어 피고 두산인프라코어에 동반매도요구권의 의사가 명시된 매도결정통 지를 할 수 있었다고 추산할 수 있다.

2) 원고 시니안 등의 청구에 대한 판단

원고 시니안 등의 청구[19])에 대한 판단으로서, 두산캐피탈 주주간 계약의 경우, 피

---

19) 원고 시니안 등은 항소심에서 제1심에서의 주위적 피고 두산연강재단에 대한 동반매도요구권 행사에 따른 매매대금청구를 취하하고, 제1심에서의 예비적 피고 두산인프라코어, 두산 및 두산중공업을 주위적 피고로 삼았으며, 제1심에서의 주위적 피고 두산연강재단과 예비적 피고 두산인프라코어를 각 예비적 피고로 삼아 채무불이행으로 인한 손해배상청구와 불법행위로 인한 손해배상청구를 추가하였다.

고 두산캐피탈이 대상 사건 신주인수대금을 수령한 때로부터 약 3개월 후에 엔디나인 매입확약을 하고, DCFL 지분을 2차에 걸쳐 피고 두산인프라코어의 종속회사인 DICI, DICC에 매각하기는 하였으나, 위와 같은 사실만으로 피고 두산 등이 두산캐피탈 신주인수계약 당시부터 원고 시니안 등을 기망하여 위 신주인수계약을 체결하도록 하였다는 사실을 인정하기에 부족하고, 달리 이를 인정할 증거가 없다. 따라서 조건 성취 방해를 인정하지 않는다.

라. 상고심 법원의 판단

- DICC 주주간 계약 관련, 피고들의 조건 성취 방해 여부 판단(소극)

상고심 법원의 판단[20]에 따르면, 피고 두산인프라코어는 원고 오딘2가 진행하는 매각절차의 상황과 진행단계에 따라 DICC 지분의 원활한 매각을 위해서 적기에 DICC에 관한 자료를 제공하고 DICC를 실사할 기회를 부여하는 등의 방법으로 협조할 의무가 있다. 다만 대상 사건의 경우 원고 오딘2의 동반매도요구권 행사만으로는, 원고 오딘2와 피고 두산인프라코어가 그 소유의 DICC 주식을 매도하는 상대방이 누구인지, 매각금액이 얼마인지 등이 구체적으로 특정되지 않고, 특별한 사정이 없는 한 (x), (y), (z)항이 선택채권의 관계에 있다고 보기도 어려우며, 사실상 기업인수계약과 마찬가지인 대상 사건 매각절차의 특성 등에 비추어 보더라도 피고 두산인프라코어가 원고 오딘2의 자료제공 요청에 응하지 않았다는 사정만으로 민법 제150조 제1항의 방해행위에 준할 정도로 신의성실에 반하여 조건 성취를 방해하였다고 보기도 어렵다.

3. 동반매도청구권과 관련한 판시사항의 주요 쟁점

이하에서는 DICC 주주간 계약의 동반매도청구권과 관련한 판시사항의 주요 쟁점[21]을 각 심급별로 논한다.

---

20) 대법원 2021. 1. 14. 선고 2018다223054 판결 중 동반매도요구권 및 DICC 주주간 계약과 관련된 판시사항을 정리하였다.

21) 대상 사건에서 원고 오딘2의 DICC 주주간 계약에 기초한 청구와 원고 시니안 등의 두산캐피탈 주주간 계약은 서로 완전히 다른 두 개의 사실관계로 이루어져 있다. 대상 사건에서 원고 시니안 등은 항소심에서 동반매도요구권 행사에 따른 매매대금청구를 취하하였고, 원고 오딘2의 DICC 주주간 계약에 기초한 청구 부분에서는 동반매도청구권의 기능과 의미, 조건과 효과가 구체적으로 논의되었으므로, 이하에서는 DICC 주주간 계약을 중심으로 논의한다.

가. 동반매도청구권의 기능과 의미

1심 판결에서는 이에 대하여 달리 정의하지 않았으나, 항소심 판결에서는 판단의 전제로서 동반매도요구권 조항의 기능을 아래와 같이 명확히 판시하였다. "비상장 회사의 소수 지분으로는 경영권을 행사할 수 없기 때문에 비상장 회사의 소수 지분에 투자하게 되면, 투자금 회수를 위해 소수 지분을 매각하는 것이 어렵고, 설령 매각이 가능하다고 하더라도 경영권 프리미엄이 없는 저가에 매각될 수밖에 없기 때문에 투자금 회수 방안이 확보되지 않는 한 이 사건 제1투자자들과 같은 사모투자전문회사가 비상장 회사의 소수 지분에 투자하는 것을 기대하기 어렵다. 그렇기 때문에 DICC 지분매매계약 당시 사업재편과 재무구조개선을 위한 자금이 필요했던 피고 두산인프라코어는 원고 오딘2의 투자를 유도하기 위하여 DICC 지분매매계약과 동시에 DICC 지분매매대금의 회수 방안을 확보해주기 위하여 DICC 주주간 계약을 하면서 거기에 기업공개 조항과 동반매도요구권 조항을 포함시킨 것이다."

또한, 같은 판결에서 이 사건 동반매도요구권의 의미도 아래와 같이 정의하고 있다. "동반매도요구권은 소수주주인 원고 오딘2가 자신의 DICC 지분 20%를 매각절차 조항에 따라 매각할 때 피고 두산인프라코어에게 DICC 지분 80%를 함께 매도할 것을 요구할 수 있는 권리이다. 이러한 동반매도요구권 행사 결과 원고 오딘2로서는 경영권 프리미엄을 보유한 피고 두산인프라코어의 DICC 지분 80%도 함께 매도할 수 있게 되므로 자신이 보유한 DICC 지분 20%에 대해서도 경영권 프리미엄을 인정받을 수 있어 위 20%만 매각대상으로 할 때보다 높은 매도가격에 투자금을 회수할 수 있다."

나. 동반매도청구권의 행사 조건 및 조건의 성취

1심 판결에서는 동반매도청구권의 행사 조건과 관련하여, '매수예정자의 결정'이 동반매도요구권의 효력을 발생시키는 정지조건에 해당하는지에 대해 소극적인 입장을 취하면서, "DICC 주주간 계약 및 두산캐피탈 주주간 계약의 규정은 문언상 매도주주가 주식매도결정 통지를 하기 전에 입찰절차를 진행하고 유리한 가격 및 거래조건을 제시한 매수예정자를 결정할 의무를 이행하여야 한다는 의미로 해석되며, '매수예정자의 결정'을 동반매도요구권의 효력 발생을 위한 조건으로 명시하고 있지 않다"고 판시하였다. 즉, 정식계약을 체결하기 위해서는 가격 등 거래조건에 대한 구체적인 협상 및 합의가 이루어져야 하기 때문에 매수예정자의 결정만으로 곧바로 동일한 매도절차에서 동일한 가격 및 거래조건으로 그 주식을 매도할 것을 요구하는 동반매도요구권의 효력이 발생한다고 볼 수는 없다고 하였다.

반면 항소심 판결에서는 "'매수예정자와 매각금액 결정'이 동반매도요구권의 효력을 발생시키는 정지조건에 해당한다"고 판시하면서, "원고 오딘2가 일반적인 M&A 절차를 거쳐 가장 유리한 매각금액 및 거래조건을 제시한 매수예정자를 결정하는 것은 법률행위의 '조건'인 장래의 불확실한 사실에 해당한다"고 하였다. 즉, 원고 오딘2의 동반매도요구권은 위와 같이 매수예정자와 매각금액이 결정되는 것을 정지조건으로 한다는 것이다.

한편 상고심 판결에서는, "매도주주가 동반매도요구권을 행사하기 위해서는 반드시 사전에 가장 유리한 매각금액과 거래조건을 제시한 매수예정자가 결정되어 있어야 하고, 매수예정자가 결정된 다음 매수예정자와 정식계약을 체결하기 전에 상대방 당사자에게 서면으로 매수예정자와 매도가격 등 거래조건이 기재된 매매계약서 양식이 첨부된 매도결정통지를 하여야 한다. 그런데 위 계약에서는 매도주주가 DICC 주식을 매도할 경우에 원칙적으로 복수의 매수희망자를 대상으로 하는 입찰절차를 실시하도록 하면서도 상대방 당사자가 협조하지 않는 등으로 입찰절차가 원활하게 진행되지 않아 매수예정자와 매각금액이 결정되지 않으면 어떠한 법률효과가 발생하는지에 관해서는 어떠한 내용도 정하고 있지 않다"고 판시하면서, "매수예정자와 매각금액이 결정되지 않으면 어떠한 법률효과가 발생하는지에 관하여 내용이 정해져 있지 않기 때문에 설령 조건 성취를 의제하려 하더라도 구체적으로 그 조건 성취로 인한 법률행위의 효과를 정할 수 없다"고 판시하였다. 즉, 매수예정자와 매각금액 결정이 동반매도청구권의 행사 조건이라는 항소심의 판단을 배척한 것은 아니지만, 매수예정자와 매각금액 결정에 더하여 '매수예정자와 매도가격 등 거래조건이 기재된 매매계약서 양식이 첨부된 매도결정통지'를 해야 한다는 내용을 추가로 설시하면서도, 설령 '매수예정자와 매각금액 결정'만을 조건으로 보아 조건이 성취되었다고 하더라도 이때 '어떠한 효과'가 발생하는지가 특정되어 있지 않다면 어떠한 사실(이 사안에서는 매수예정자와 매도가격 등 거래조건이 기재된 매매계약서 양식이 첨부된 매도결정통지)이 법률행위의 조건으로서 성취가 의제된다 하더라도 '조건 성취의 결과로서 특정한 법률행위'가 발생할 수 없다는 취지이다.

다. 동반매도청구권 행사시 매각절차 협조의무의 범위

1심 판결에서는 DICC 주주간 계약상의 동반매도청구권 행사와 관련하여, "주주간 계약상 명문의 규정이 없음에도 피고 두산인프라코어에게 원고 오딘2의 지분 매각을 위한 실사에 협조할 의무가 발생한다고 보기 어렵다"고 판시하면서, "피고 두산인프라코어가 매수희망자들의 선의 여부를 확인한 후에 통상적인 M&A 수준의 자료를 제공하겠다는 입장을 취한 것을 두고 입찰절차를 통한 매수예정자의 결정 과정을 방해한 행위로 평가할 수 없다"고 판시하였다.

반면 항소심 판결에서는 "동반매도요구권 조항에 따라 매각절차를 진행할 때에 이에 협조할 의무가 있다"는 점을 전제로 하여, "원고 오딘2가 한 자료제공 요청은 일반적인 M&A 절차에서 매도인이 투자소개서 작성과 기업가치 평가를 위해 필요로 하는 보통 수준의 자료 범위 내에 있는 것으로 보인다"고 판단하였다. "기업의 계속기업가치 추정의 기초 또는 전제가 되는 것으로서 매도주체가 매각준비 단계에서 파악하고 있어야 할 뿐만 아니라 매수희망자들로서도 향후 예비입찰서에 매수희망가격을 제출하기 위한 확인이 필요한 사항에 해당한다"는 것이다. 이러한 전제하에, 피고 두산인프라코어가 제공한 자료는 보통의 M&A 절차에서 요구되는 수준의 투자소개서 작성이나 기업가치 평가에 사용되기에는 부족한 것이라 판시하였다.

상고심 판결에서도 "원고 오딘2가 동반매도청구권을 행사한 상황에서, 피고 두산인프라코어는 원고 오딘2가 진행하는 매각절차의 상황과 진행단계에 따라 DICC 지분의 원활한 매각을 위해서 적기에 DICC에 관한 자료를 제공하고 DICC를 실사할 기회를 부여하는 등의 방법으로 협조할 의무가 있다"고 명확하게 판시하였다.

라. 협조의무 불이행의 효과 – '방해행위'로 인해 조건 성취가 의제되는지

1심에서는 "매수예정자의 결정이 동반매도요구권의 효력을 발생시키는 정지조건에 해당하지 않으며, 통상적인 M&A 수준의 자료를 제공하겠다는 입장을 취한 것을 두고 조건 성취를 방해하였다고 인정하기도 어렵다"고 판단하였다. 따라서 조건 성취 방해로 인한 조건 성취 의제 역시 인정하지 않았다.

반면 항소심에서는 "원고 오딘2에게 동반매도요구권 조항을 둠으로써 그 권리를 보장하기로 약속한 이상 이 사건 매각절차에 협조할 의무가 있음에도 불구하고, 이러한 협조의무를 위반하여 원고 오딘2의 동반매도요구권 행사의 정지조건이 되는 매수예정자와 매각대금 결정의 성취를 방해하였다"고 판단하였다. "매수예정자와 매수금액의 결정이 동반매도요구권의 효력을 발생시키는 정지조건에 해당하며 피고 두산인프라코어가 이러한 조건의 성취를 방해하였다고 인정"하였으므로, 협조의무 불이행으로 조건 성취를 방해한 결과로서 조건 성취 의제의 효과도 인정하였다. 이때 "조건이 성취된 것으로 의제되는 시점은 신의성실에 반하는 행위가 없었더라면 조건이 성취되었으리라고 추산되는 시점으로서 이 사건 소 제기일 무렵"으로 추산하였다.

반면 상고심 판결에서는 "민법 제150조 제1항이 방해행위로 조건이 성취되지 않을 것을 요구하는 것과 마찬가지로, 위와 같이 유추적용되는 경우에도 단순한 협력 거부만으로는 부족하고 이 조항에서 정한 방해행위에 준할 정도로 신의성실에 반하여 협력을 거부함으로써 계약에서 정한 사항을 이행할 수 없는 상태가 되어야 한다. 이 사건의 경우 원고 오딘2의 동반매도요구권 행사만으로는, 원고 오딘2와 피고 두산인프라코어가 그 소유의 DICC 주식을 매도하는 상대방이 누구인지, 매각금액이 얼마인지 등이 구체적으로 특정되지 않고, 특별한 사정이 없는 한 (x), (y), (z)항이 선택채권의 관계에 있다고 보기도 어려우며, 사실상 기업인수계약과 마찬가지인 이 사건 매각절차의 특성 등에 비추어 보더라도 피고 두산인프라코어가 원고 오딘2의 자료제공 요청에 응하지 않았다는 사정만으로 신의성실에 반하여 조건 성취를 방해하였다고 보기도 어렵다."고 판시하여 협조의무 불이행 자체로써 신의성실에 반하여 조건 성취를 방해하였다고 보기 어렵다고 판단하였다.

III. 동반매도청구권의 행사 조건

이하에서는 동반매도청구권의 조건 및 조건의 성취와 관련한 쟁점들을 해석론의 관점에서 보다 심층적으로 검토하고, 나아가 소수주주의 권리 보호 방안에 대해 논의한다.

1. 민법 제150조 제1항의 존재 의의 및 적용 요건

민법 제150조 제1항에서는 (i) 조건의 성취로 인하여 불이익을 받을 당사자가

(ii) 신의성실에 반하여 조건의 성취를 방해한 때에 (iii) 상대방은 그 조건이 성취한 것으로 주장할 수 있다고 정하고 있다. 조건이 있는 법률행위의 당사자는 조건 성취에 따른 법률행위 효과의 발생 또는 소멸에 대해 일정한 기대를 갖기 때문에, 부당한 조건의 불성취가 있는 경우 그러한 행위로 막고자 하는 법률효과를 인정함으로써 기대권을 보호하려는 데 본조의 취지가 있다. 본조는 신의성실 원칙을 규정한 민법 제2조를 조건 성취와 관련하여 구체적으로 표현한 것이기도 하다.[22]

조건은 법률행위의 효력의 발생 또는 소멸을 장래의 불확실한 사실의 성부에 의존케 하는 법률행위의 부관으로서 당해 법률행위를 구성하는 의사표시의 일체적인 내용을 이루는 것이므로, 의사표시의 일반원칙에 따라 조건을 붙이고자 하는 의사, 즉 조건의사와 그 표시가 필요하다.[23] 대상 사건에서는 어떠한 사실관계가 동반매도요구권의 효력을 발생시키는 정지조건인지가 문제되고 있으므로, 이하에서는 동반매도청구권의 행사 조건과 관련하여 대상 사건의 사실관계와 정지조건의 구성 요건에 대하여 보다 구체적으로 검토한다.

2. 동반매도청구권의 행사 조건에 대한 검토

대상 사건에서는 어떠한 조건이 동반매도청구권의 효력을 발생시키는 정지조건에 해당하는지가 쟁점이 된다. 조건이 성취될 수 있었으나 상대방의 방해로 성취되지 못하였다고 주장하기 위해서는, 무엇이 조건인지가 먼저 확정되어야 하기 때문이다. 정지조건이란 '불확실한 사실'에 '법률행위 효력 발생'을 의존케 하는 법률행위의 부관이다.[24] 즉, 목표하는 법률행위와 이를 위한 조건이 확정되어 있어야 조건이 성취되었을 때 법률행위의 효력 발생을 주장할 수 있다.

DICC 주주간 계약에서는 매도주주가 매도결정통지를 통해 동반매도청구권을 행사한 경우, 상대방은 그 통지를 수령한 날로부터 14일 이내에 (x) 동반매도요구에 동의하거나 (y) 매도 대상 주식을 자신(또는 제3자)이 매수하거나 (z) 보다 유리한 조건으로 회사의 주식 전부를 매수할 것을 청약한 새로운 투자자에게 매도할 것을 제안할 수 있다(DICC 주주간 계약 제3.4조 (b)항 (iii)호, 이하 '대상 조항'). 매도주주가 동반매도청구권을

---

22) 남성민, 「주석 민법」 제5판(편집대표 김용덕), 한국사법행정학회, 2020, 663쪽.

23) 대법원 2003. 5. 13. 선고 2003다10797 판결.

24) 지원림, 「민법강의(제15판)」, 홍문사, 2017, 360쪽.

행사할 때에 목표하는 법률행위는 대상 조항의 (x), (y), (z)의 선택지 공히 매도주주의 지분에 대한 매매계약 체결이다. 따라서 적어도 매매계약 체결을 위해서 필요한 내용인 '매수예정자'와 '매각대금결정'이 정해져야 하는데, DICC 주주간 계약에서는 이에 더하여 매수예정자와 매각대금 결정 내용, 동반매도청구권의 행사 의사가 기재된 '매도결정통지'가 최종적으로 이루어져야 그 법적 효력이 성취될 수 있다고 정하고 있다 (DICC 주주간 계약 제3.4조 (b)항 (ii)호). 입찰절차가 진행되어 매수예정자와 매각대금 결정이 이루어진다 하더라도 매도주주의 선택으로 매도결정통지를 하지 않을 수 있는 것이다. 이러한 점을 고려하면, 동반매도청구권의 행사 조건은 매수예정자와 매각대금, 동반매도청구권의 행사 의사가 기재된 '매도결정통지'로 볼 수 있다. 매도결정통지에는 '매수예정자와 매도가격 등 거래조건'이 포함되어야 하기 때문에 매각 절차가 진행되지 않아 매수예정자와 매도가격 등이 정해지지 않는다면 매도결정통지가 이루어질 수 없다. 즉, 행사 조건을 '매수예정자와 매각금액 결정'으로 보는 경우와 '매수예정자와 매각금액 등 거래조건이 기재된 매도결정통지'로 보는 경우 모두 매각 절차가 진행되지 않는다면 조건 성취가 불가능하다. 결국 둘 중 어느 쪽을 행사 조건이라 보더라도, 해석론에 있어서 매각 절차가 진행되지 않으면 조건이 충족될 수 없다는 결론은 동일하다.

결론적으로, 이 사건 계약서에 따르면 매매계약의 법적 효과가 발행하기 위해서 매수예정자와 매각대금, 동반매도청구권의 행사 의사가 기재된 매도결정통지가 있어야 한다. 한편 법원의 판결 내용을 살펴보면, 대상 사건의 항소심 판결에서는 '매수예정자와 매각금액 결정은 동반매도청구권의 행사 조건'이라고 판시하였으나, 대법원 판결에서는 '매수예정자와 매도가격 등 거래조건이 기재된 매매계약서 양식이 첨부된 매도결정통지'를 해야 한다는 판시 내용이 추가되었다. 대법원에서 매도결정통지가 행사 조건이라는 점을 명시적으로 서술하지는 않았으나, 매수예정자와 매각금액 '결정' 외에 이에 더하여 매도주주의 선택으로 통지 여부가 결정될 수 있는 매도결정 '통지'를 해야 한다는 내용을 추가로 기재하였다는 점에 비추어 볼 때, 매도결정통지가 행사 조건이라는 취지로 해석할 수 있을 것이다.

3. 소결

입찰절차가 진행되어 매수예정자와 매각대금 결정이 이루어진다 하더라도 매도주주의 선택으로 매도결정통지를 하지 않을 수 있다는 점을 고려하면 동반매도청구권의 행사 조건은 매수예정자와 매각대금, 동반매도청구권의 행사 의사가 기재된 매도결정통지라고 봄이 타당하다. 대법원에서도 매도결정통지가 행사 조건이라는 점을 명시적으로 서술하지는 않았으나, 매수예정자와 매각금액 결정 외에 매도주주의 선택으로 통지 여부를 결정할 수 있는 매도결정통지를 해야 한다는 내용을 추가로 기재하였다는 점에 비추어 볼 때, 매도결정통지가 행사 조건이라는 취지로 해석할 수 있다.

IV. 동반매도청구권 행사 조건 성취 방해로 인한 조건 성취 의제 여부

1. 매각 절차 협조의무 불이행 및 조건 성취 방해 여부

가. 실사자료 미제공이 매각 절차 협조의무의 불이행에 해당하는지(적극)

대상 사건에서 조건이 (i) 성취될 수 있는 것이었으나 (ii) 성취 방해로 인하여 성취되지 않은 것이어야 성취 방해로 인한 조건 성취 의제가 인정된다. DICC 주주간 계약에는 '보유 주식을 매도하고자 하는 매도주주는 입찰절차를 진행하여야 한다'고만 쓰여 있을 뿐 명시적으로 입찰절차 진행에 대하여 상대방의 협조의무를 정하고 있지 않다. 대상 사건에서는 대주주가 실사자료를 제공하지 않아 매각절차가 진행되지 않았다. 실사자료 제공을 비롯하여 입찰절차 진행에 대한 상대방의 협조의무가 성립하여야 협조의무 불이행의 효과로서의 '조건 성취 방해' 행위를 논할 수 있으므로, 이하에서는 조건 성취 방해 여부의 선결 문제로서 매각절차 협조의무의 범위 및 불이행 여부를 논의한다.

대상 사건과 같이 계약에 명시적으로 협조의무의 범위가 정해져 있지 않은 경우, 처분문서에 나타난 법률행위의 해석이 문제된다. 원칙적으로 법률행위 해석은, "당사자가 표시한 문언으로 그 의미가 명확하게 드러나지 않아 처분문서에 나타난 법률행위의 해석이 문제되는 경우 그 문언의 형식과 내용, 법률행위가 이루어진 동기와 경위, 당사자가 법률행위를 통하여 달성하려는 목적과 진정한 의사, 거래와 관행 등을 종합적으로 고려하여 논리와 경험의 법칙, 그리고 사회일반의 상식과 거래의 통념에 따라 합리적으로 해석하여야 한다."[25] 대상 사건에서 해석의 대상이 되는 처분문서인 DICC 주주간 계약에 나타난 매각절차를 살펴보면, 회사의 지분을 매수하고자 하는 매수예정자는 매각절차에서 투자대상회사의 현황과 재무 상태, 향후 전망을 파악하고 이를 기반으로 기업가치 평가를 진행하며, 투자 여부와 투자 대금을 포함한 의사 결정을 한다. 대상 사건의 항소심에서 자세히 설시하고 있듯 통상적인 지분 매각절차에서 예비 실사 및 본 실사가 이루어진 다음에야 최종 협상 대상자와 매매대금이 결정된다는 점에 비추어보면, 실사자료의 제공은 매각절차에 있어 필수불가결하다. 즉, 대상 사건에서 동반매도청구권의 상대방은 매도주주가 매각절차를 진행하여 동반매도청구권을 행사할 수 있도록 협조할 의무가 있다. 피고는 매도주주가 요청한 실사자료와 투자소개서 작성을 위해 필요하다는 취지로 자료 역시 매각절차에서 매도주주인 원고에게 제공하지 않아, 매각절차 협조 의무를 불이행하였다.

결론적으로, DICC 주주간 계약을 법률행위 해석의 원칙에 따라 합리적으로 해석하였을 때, 실사자료 및 투자소개서 작성을 위한 자료의 제공은 협조의무 범위 내에 포함된다. 피고는 매도주주인 원고의 요청에도 불구하고 실사자료 및 투자소개서 작성을 위한 자료를 제공하지 않았으므로 매각절차 협조의무를 다하지 않은 것이다. 대상 사건에 대한 판결에서도, 1심을 제외하면 항소심과 대법원 모두 같은 취지로 판단하였다. 이하에서는 매각절차 협조의무 불이행이 조건 성취 방해행위에 해당하는지를 검토한다.

나. 조건 성취 방해행위 해당 여부(소극)

실사자료 미제공이 매각절차 협조의무 불이행에 해당한다 하더라도, 협조의무 불이행이 조건 성취 방해행위로 판단되어야 조건 성취가 의제될 수 있다. 따라서 이하에서는 실사자료를 제공하지 않아 매각절차 협조의무를 다하지 않은 피고의 행위가, 채무불이행에서 더 나아가 '조건 성취 방해행위'에 해당하는지를 검토한다.

방해행위는 부작위라도 무방하지만, 방해행위와 조건 불성취 사이에 인과관계가 있어야 하고, 조건 성취의 가능성이 없는 경우에는 적용되지 않는다. 즉, 조건 성취에 대한 정당한 기대권이 있어야 한다.[26] 즉, 협조의무 불이행이 조건 성취 방해행위로 판단되기 위해서는 직접적으로 협조의무 불이행으로 '인하여' 조건 불성취의 효과가

---

25) 대법원 1994. 3. 25. 선고 93다32668 판결, 대법원 2017. 2. 15. 선고 2014다19776, 19783 판결.
26) 지원림, 「민법강의(제15판)」, 홍문사, 2017, 364쪽.

나타났는지, 즉 매각절차 진행을 통해 매매상대방 확정 및 매매대금 확정이 되어 매도결정통지를 하고 그에 따라 매매계약이 체결될 수 있다는 '정당한 기대권'이 있었는지가 문제된다.

대상 사건에서 매각절차가 본격적으로 시작되기도 이전인 투자소개서 작성 단계에서 절차 진행이 중단된 것으로 볼 때, 절차 진행 중단이 단순히 피고 측의 자료 제공 거부만으로 인한 결과라고 보기는 어렵다. '실사자료 미제공이 조건 성취 방해행위이고 이로 인해 매도결정통지를 할 수 없었다'고 주장하기 위해서는, 적어도 자료가 제공되기만 하면 매수예정자와 매각금액 등 거래조건이 기재된 매도결정통지가 이루어질 수 있다는 기대권이 있어야 한다. 그러나 투자소개서 작성 단계부터 실사자료를 제공하지 않은 피고 측의 다소 적대적인 태도로 인하여 투자 절차에 참여한 투자자가 투자 의사를 강력히 견지하기 어려웠을 가능성이 어느 정도 있다 하더라도, 통상적인 매각절차에 비추어 보면 투자소개서 제공 이후 실사가 진행되는 중에도 투자자가 매수 의향을 철회하는 등의 경우가 빈번하므로 투자소개서 작성 단계에서부터 매수예정자와 매각금액이 정해져 매도결정통지를 할 수 있으리라는 기대권을 확정적으로 갖기는 어렵다.

결론적으로, 원고가 실사자료 제공을 하지 않아 DICC 주주간 계약상의 매각절차 협조의무를 불이행하였다 하더라도, 투자소개서 제공 단계에서는 향후 매수예정자와 매각금액이 정해질 것이라는 희망이 있을 뿐, 확정적인 기대권이 있는 것은 아니어서 조건 성취 방해행위에 해당하지는 않는다. 대법원 역시 대상 사건 매각절차는 여러 가지 변수에 따른 불확실성을 가진다고 설시하여, 같은 입장으로 보인다. 다만 이하에서는 실질적으로 실사자료가 제공되어야 매각절차가 진행될 수 있다는 점을 보다 폭넓게 고려하여, 실사자료 미제공을 조건 성취 방해행위로 판단하는 경우를 상정하여, 그 불이행의 효과에 대해서 추가로 검토를 진행한다.

2. 조건 성취 방해로 인한 조건 성취 의제 가능 여부(소극)

- 조건 성취 방해로 인해 조건 성취가 의제되는 경우 원고 소유의 DICC 지분에 관한 매매계약이 체결되었다고 볼 수 있는지

조건 성취 방해가 인정되어 조건 성취(매수예정자와 매각금액이 정해진 상태의 매도결정

통지)가 의제된다면 이로 인해 효력이 발생할, '목표하는 법률행위'가 특정되었는지를 살펴보아야 한다. 앞서 살펴본 바와 같이 DICC 주주간 계약의 대상 조항에서는 매도주주가 매도결정통지를 통해 동반매도청구권을 행사한 경우, 상대방은 그 통지를 수령한 날로부터 14일 이내에 (x) 동반매도요구에 동의하거나 (y) 매도 대상 주식을 자신(또는 제3자)이 매수하거나 (z) 보다 유리한 조건으로 회사의 주식 전부를 매수할 것을 청약한 새로운 투자자에게 매도할 것을 제안할 수 있도록 정하고 있다. 대상 조항에서는 상대방이 병렬적으로 세 가지의 선택지를 갖게 되므로, 동반매도청구권의 행사가 목표하는 법률행위가 특정되었다고 볼 수 있는지와 관련하여, 선택채권에 해당하는지와 특정이 가능한지가 문제된다.

선택채권은 수 개의 서로 다른 급부 가운데 선택에 의하여 결정되는 하나의 급부를 목적으로 하는 채권이다. 선택채권의 목적은 선택적으로 정하여져 있을 뿐이므로 선택에 의하여 어느 하나의 급부로 특정될 때까지는 채권의 목적은 확정되지 않고 채권을 이행할 수도 없다.[27] 따라서 선택채권은 특정이 필요한데, 대상 조항과 같이 선택권 행사의 기간이 있는 경우 선택권자가 선택을 하지 않으면 상대방이 일정 기간을 정해 선택을 최고하고 나서 선택권을 이전받을 수도 있고(민법 제381조 제1항), 애초에 이행불능한 선택지가 있는 경우 채권의 목적은 잔존한 선택지에 있게 된다(민법 제385조 제1항). 특정이 되지 않은 상태이더라도, 선택채권 역시 온전히 성립한 채권이므로 인적·물적 불이행으로 인한 담보를 세우게 하거나 불이행으로 인한 손해배상액의 예정을 할 수 있다.[28]

대상 사건에서 동반매도청구권에 따라 매도주주에게 발생하는 채권의 목적은 상대방의 선택에 좇아 확정되므로 이는 선택채권이라 할 수 있다. 항소심의 입장도 같다. 다만, 대법원의 입장은 이와 다소 다른데, 대법원은 대상 조항에서 (x) 동반매도에 대한 동의가 원칙이고 (y) 매도 대상 주식의 매수나 (z) 보다 유리한 조건의 매도 제안은 추가적 권리일 뿐이고, 이들이 대등하고 병렬적인 선택채권의 관계가 아니라고 판시하였다. 이는 '상대방 당사자가 위 14일 이내에 위 (x) 내지 (z)의 통지를 하지 않는 경우 매도결정통지에 응하여 자신의 보유주식 전부를 매도하는 것에 동의한 것으로 본다'는 내용이 조항 말미에 기재되어 있기 때문으로 보인다. 그러나 소수주주가 주주

---

27) 이혁, 「주석 민법」 제5판(편집대표 김용덕), 한국사법행정학회, 2020, 273쪽.

28) 상동.

간 계약에 동반매도청구권 조항을 기재하고자 하는 이유를 살펴보면, 이는 대상 사건 항소심에서 동반매도청구권의 기능으로서 설시한 바와 같이 투자금 회수 방안을 확보하기 위함이다. 즉, 입찰절차에서 정해진 '거래 상대방'과의 거래 성사가 아니라, 입찰절차에서 정해진 금액 이상을 보전 받고자 하는 '순수한 경제적 동기'가 투영된 권리라 할 수 있다.

이는 (i) 대상 조항에서 (x)를 원칙으로 기재하고 있지 않을 뿐더러 (ii) (x), (y), (z)의 선택지가 병렬적으로 기재되어 있다는 점, (iii) 대상 조항의 문언상 주식 매수 가격 범위(매도결정통지에 기재된 것과 동일하거나 그 이상)만 지켜진다면 상대방의 선택에 의하여 매수예정자나 상대방, 상대방이 지정한 제3자 중 누구든 지분 매수가 가능하다는 점에서 확인할 수 있다. 즉, 대상 조항에서 입찰절차에서 정해진 금액을 매수예정 동반매도청구권의 기능이나 의미, 계약서의 기재 양태, 소수주주의 경제적 동기를 고려할 때, 소수주주의 입장에서는 (x), (y), (z)의 선택지에 우열관계가 있다거나 (x)가 원칙적인 채권의 목적이라 보기 어렵고, (x), (y), (z)의 선택지는 병렬적 관계에 있는 선택채권으로 해석하는 것이 보다 적절하지 않을까 생각된다. 이에 기초하면, 대상 조항의 경우 (x), (y), (z)의 선택지가 병렬적으로 존재하고 있으므로 선택에 의해 급부가 특정되기 전에 채권의 목적이 확정되지 않는다. 계약서의 문구에 따라 선택권이 매도주주가 아닌 상대방에게 있다는 점이 명확하고, 달리 선택의 최고가 이루어질 수도 없었으므로 선택권이 매도주주에게 이전되었다고 보기도 어렵다. 무엇보다, 위에서 검토한 바와 같이 매수예정자와 매각금액이 정해질 수 있다는 기대권이 있다고 보기도 어려운 상황에서는, 대상 조항의 모든 선택지가 불능인 경우이므로 채권의 목적으로 확정될 수 있는 잔존하는 선택지가 존재하지도 않는다.

결론적으로, 실사자료를 제공하지 않아 협조의무를 불이행한 것이 조건 성취 방해로 인정되어 매수예정자와 매각금액이 정해진 상태의 매도결정통지가 있었다는 내용으로 조건 성취가 의제되고 그로 인하여 동반매도청구권이 행사되었다 하더라도, 매수예정자와 매각금액이 정해질 수 있다는 기대권이 있다고도 보기 어려운 상황에서는 동반매도청구권 행사로 인해 효력이 발생할 '목표하는 법률행위'가 특정될 수 없으므로 원고 소유의 DICC 지분에 관한 매매계약은 체결되었다고 보기 어렵다. 대법원 판결에서도 "매수예정자와 매각금액이 특정되었다고 볼 수 없는 상태에서 조건 성취 방해에 따른 조건 성취를 의제하더라도 그것만으로 곧바로 매도주주와 상대방 당사자

사이에 어떠한 법적 효과가 발생하는지를 정할 수 없다"고 판시하였다. 비록 DICC 주주간 계약에 기재된 (x), (y), (z)의 선택지가 선택채권인지 여부에 대해서는 이견이 있으나, 법률효과를 특정할 수 없어 원고 소유의 DICC 지분에 관한 매매계약은 체결되었다고 보기 어렵다는 점에서는 결론적으로 동일하다.

3. 소결

대상 사건에서 매각절차 협조의무 범위 내에 실사자료 제공이 포함되며, 피고는 실사자료를 제공하지 않았으므로 피고에 대한 협조의무를 다하지 않은 것이라 볼 수 있다. 다만, 어느 정도 거래 금액과 상대방이 정해진 단계에서 매각절차가 중단된 것이 아니라, 매각절차가 본격적으로 시작되기 전인 투자설명서 작성 및 제공 단계에서 매각절차가 진행되었다. 따라서 실사자료가 제공되지 않는다는 사정만으로는 매수예정자와 매각금액이 정해질 것이라는 확정적인 기대권이 없어 조건 성취 방해행위에 해당하지 않고, 협조의무 불이행만으로 동반매도청구권의 조건 성취를 의제하기 어렵다고 볼 수 있다. 예컨대, (i) 본실사 진행 이후 가격조정절차 단계라거나 (ii) 적어도 매수희망금액과 매수조건 등을 기재한 예비입찰서를 제출하는 예비입찰절차가 진행된 단계라면 매각 조건이 상당히 구체화된 상태이므로 조건 성취에 대한 정당한 기대권이 인정되어 협조의무 불이행과 매각절차 중단 간의 직접적 인과관계를 인정할 수 있을 것이다. 이 사안에서는 투자소개서 제공 단계에서 실사자료가 제공되지 않았기 때문에 매각절차가 진행되지 않은 측면이 있고, 대법원은 그럼에도 불구하고 대상 사건과 같이 협조의무 불이행과 매각절차 중단 간의 직접적 인과관계를 명확하게 규명할 수 없는 경우로 보아 다소 보수적으로 판단한 것으로 보인다.

즉, 설령 협조의무를 불이행한 것이 조건 성취 방해로 인정되어 매수예정자와 매각금액이 정해진 상태의 매도결정통지가 있었다는 내용으로 조건 성취가 의제되고 그로 인하여 대주주와의 매매계약이 체결되었다 하더라도, 매수예정자와 매각금액이 정해지지 않은 상태에서는 DICC 주주간 계약상의 선택채권이 특정되지 않아 채권의 목적이 확정되지 않았으므로, 동반매도청구권 행사로 인해 원고 소유의 DICC 지분에 관한 매매계약의 효력이 발생한다고 보기 어렵다. 비록 대상 조항에서 동반매도청구권의 행사 효과로 발생하는 채권이 선택채권인지 여부에 대해서는 논의의 여지가 있으나, 매수예정자와 매각금액이 정해지지 않은 상태에서는 선택채권인지 여부를 불문하고 동반매도청구권 행사로 인해 원고 소유의 DICC 지분에 관한 매매계약의 효력이 발생하지 않는다. 다만, 대상 사건과 같이 매각절차가 중단되었으나 매수예정자와 매각금액이 정해질 수는 없는 단계에서도 소수주주가 동반매도청구권 조항을 통해 투자금을 회수할 수 있는 방안이 있는지에 대해서 이하에서 논한다.

V. 소수주주의 권리 보호 방안에 대한 약간의 논의

1. 소수주주 권리 보호 방안 논의의 필요성

대상 사건 판결을 통해 주주간 계약과 동반매도청구권 행사와 관련한 여러 주제가 실무적으로 다투어졌다. 특히, 동반매도청구권의 기능과 의미, 동반매도청구권 행사 시 협조 의무의 범위에 대한 해석론에 있어 구체적인 결론이 내려졌다는 점에서 대상 사건 판결이 시사하는 바가 크다. 비록 동반매도청구권의 행사 조건의 기준은 이번 대법원 판결만으로 확립되었다고는 보기는 어렵지만, 결국 주주간 계약에서 계약 조건을 어떻게 정하느냐에 따라 결정되도록 사적 영역에 남겨둘 수밖에 없을 것이다.

다만, 대상 사건과 같이 매각절차가 중단되었으나 매수예정자와 매각금액이 정해질 수 없는 단계에서도 소수주주가 동반매도청구권 조항을 통해 투자금을 회수할 수 있는 방안에 대해 추후 검토가 필요하다. 대주주가 실사자료 제공을 거부하여 매각절차의 진행에 전혀 협조하지 않는 경우라면 소수주주 입장에서 지분에 상응하는 만큼 회사에 대해 영향력을 행사하기도 어렵고 대주주의 협조 없이는 회사의 도움을 기대하기도 어렵다. 그렇다면 경영권을 가지지 않은 재무적 투자자 입장에서는 주주간 계약에서 정한 동반매도청구권의 행사를 보장받는 것이 중요한 의미를 갖는다.

2. 동반매도청구권 행사 절차로서의 M&A 절차

회사의 지분을 매각하기 위한 M&A 절차는 사적 자치의 영역이므로 절차의 단계 설정과 진행방식 모두 계약 당사자들 간에 정하여질 수 있는 것이나, 대상 사건의 2심 판결문에서 설시된 바와 같이 통상적으로는 아래와 같은 경쟁입찰방식으로 진행된다.

〈매도자 입장에서 본 일반적인 M&A 절차의 구조〉

① 매도대상의 확정, ② 매각주간사, 법률자문사 선정, ③ 내부적 법률문제 사전 검토 및 거래구조 검토, ④ 투자소개서^{IM}와 입찰안내서 작성, ⑤ 예비실사를 위한 Data Room 준비, ⑥ 인수의향서^{LOI}를 제출하고 비밀유지약정^{Non Discloser Agreement, 약칭 NDA}을 체결한 매수희망자를 대상으로 투자소개서^{IM}와 입찰안내서 배포, ⑦ 위 매수희망자들의 예비실사 진행, ⑧ 매수희망자들이 매수희망금액과 매수조건 등을 기재한 예비입찰서^{Non Binding Offer}를 제출하는 예비입찰절차 진행, ⑨ 예비입찰서를 심사하여 우선협상대상자 선정, ⑩ 우선협상대상자와 양해각서^{MOU} 협상 및 체결, ⑪ 본실사(상세실사) 진행, ⑫ 최종인수제안서 제출 및 가격조정절차 진행, ⑬ 본계약 협상, ⑭ 본계약 체결, ⑮ 거래종결

소수주주인 재무적 투자자가 매도주주로서 동반매도청구권을 행사하여 대주주 지분까지 함께 매각하기 위해서는 실사를 통해 대상회사의 현황을 파악하여 매각목표 및 매각전략을 수립하고, 잠재적 매수희망자들과 접촉도 해야 하며, 투자설명서를 작성하여 배포하고, 입찰에 참가한 매수희망자들에게는 대상회사에 대한 실사 기회도 제공하여야 한다. 이러한 M&A 절차는 경영권을 보유하고 있는 대주주와 대상회사의 협조 없이는 사실상 진행될 수 없다.[29]

대법원의 입장을 고려할 때 향후에는 재무적 투자자들이 자신들의 주식을 대주주의 주식과 함께 처분하기 위하여 대주주의 협조의무에 대하여는 현행 실무보다 더 상세히 규정하는 편이 더 바람직할 것으로 보인다. 그와 더불어 매각절차 이행을 직접 대주주에게 청구할 수 있도록 하는 방안도 대안으로 고려해야 한다. 이하에서는 계약서에 보다 구체적으로 매각절차에 대해 기재할 수 있는지, 보다 적극적으로 매각절차 진행을 촉구하는 방식이 무엇이 있을 수 있는지 논의한다.

3. 소수주주와 동반매도청구권

우선 이 사건 대법원 판결에서 말하는 것처럼 소수주주인 재무적 투자자들이 동반매도청구권 행사를 위한 조건 성취에 대한 정당한 기대권이 인정되기 위해서는 '목표하는 법률행위'가 특정되어야 할 필요가 있다. 예컨대 다소 불확실하더라도 구체적인 매수희망자와, 그와 진행된 논의에 기초하여 정하여진 매수희망금액의 범위를 가능한 한 구체적으로 대주주에게 통지하였다면 목표하는 법률행위가 특정되었다고 볼 수 있

---

29) 이동건·류명현·이수균, 앞의 논문, 33쪽.

을 것이다. 그러나 실무적으로 M&A 절차에서 설령 매수희망자가 있다고 하더라도 실사자료가 준비되지 않은 상태에서 매수 금액에 대한 논의가 진행되어 그 범위가 정해지는 것이 현실적으로 과연 가능한 것인지는 의문이다.

물론 목표하는 법률행위를 특정하는 것 이상으로 아예 대주주를 상대로 한 매각절차 진행을 정해 두는 방안을 생각해 볼 수 있다. 예컨대 계약서에 보다 구체적으로 동반매도청구권 행사 시 매각절차 진행 방식을 기재하고 각 단계에서의 협조의무와 불이행 시의 효과, 손해배상 책임에 대해 기재한다면 '협조의무 불이행'에 대한 구제 수단을 확보할 수 있을 것이다. 투자소개서 제공 단계에서 대주주가 협조의무를 불이행하는 경우에 그다음 단계인 예비실사를 건너뛰어 현재까지 논의된 가격으로 예비입찰절차가 진행된 것으로 의제하거나, 우선협상대상자 선정 및 본실사 단계에서 대주주가 협조의무를 불이행하는 경우에 예비입찰서에 기재된 가격으로 계약 체결을 의제하는 등 불이행 시의 효과를 구체화하고, 나아가 이에 기초하여 각 단계에서 협조의무를 불이행한 경우의 손해배상 책임을 정해 둘 수도 있겠다. 대주주가 협조의무를 불이행하였을 때에 다음 단계로 진행하도록 강제하거나, 각 단계별로 협조의무 불이행에 대하여 손해배상 책임이 정해져 있다면 대주주가 매각절차의 진행 자체를 중단하기 어려울 것이다.

그러나 소수주주가 원한다고 하여, 이러한 내용이 협상단계에서 대주주에게 흔쾌히 받아들여질 것인지는 명확하지 않다. 오히려 실무의 관점에서 보면 대주주의 경제적 사정이 매우 어려워 재무적 투자자가 절대 우위에 서지 않는 한, 이러한 조건으로 인해 협상이 도중에 성사되지 않을 위험이 더 크다고 보인다. 이러한 점을 고려할 때 대상 판결의 판시내용은, 주주간 계약을 통해 소수주주의 투자금회수를 위해 동반매도청구권을 미리 정해두었음에도 불구하고 소수주주가 이러한 동반매도청구권을 행사하기 위해서는 현실적으로 실현되기 어려운 부담을 과도하게 인정한 것으로 평가될 여지가 있고, 결론적으로 이로 인하여 대주주가 그의 '협조의무 불이행'에도 불구하고 소수주주와 계약상 합의한 동반매도청구권의 행사를 보장하지 않아도 그에 대해 책임지지 않는 불합리한 결과가 초래되었다고 평가할 수 있다.

VI. 맺으며

상법에서는 주주간 계약으로 주식양도를 제한하는 약정에 대하여 달리 규정하고 있지 않다. 따라서 주주간 계약 및 주식양도 제한 약정과 관련하여서는 주주간 계약이 가능한지에 대한 논의부터 실제로 약정을 어느 정도로 구체화할 수 있는지에 대한 논의까지 다양한 범주의 논의가 존재한다. 이는 주주간 계약의 다른 조항도 그러하듯이 회사법적인 면에서 단체적·획일적으로 법률관계를 규율하려고 하는 반면, 개인법적 영역으로서 탄력적으로 법률관계를 규율하는 측면도 있기 때문이다.[30] 이 사건이 발생한 근본적인 원인도 주주간 계약의 자율성으로 인해, 주주간 계약의 내용이 명확하게 규정되지 않았기 때문으로 보인다. 기본적으로 동반매도청구권이 주주간 계약에 의하여 정해진 권리이기는 하지만, 대주주가 동반매도청구권 행사시 매각절차에 대해 어느 정도의 협조 의무가 있는지, 대상 사건과 같이 대주주가 권리 행사에 협조하지 않는 경우에 어떠한 방식으로 매각절차에 협조하도록 요청할지, 혹은 협조하지 않는 경우에 어떠한 방식으로 그로 인해 발생하는 손해를 보전할지, 만약 명백히 동반매도청구권의 조건이 성취될 수 없도록 방해하였다고 인정할 만한 작위 또는 부작위가 있어 동반매도청구권의 조건 성취가 의제되었으나 매각금액과 매수결정자가 정해지지 않은 경우에 어떠한 법률효과를 발생시켜야 하는지에 대하여 공백이 있기 때문이다.

동반매도청구권은 완전히 사적인 합의인 주주간 계약에서 발생하는 권리이기 때문에, 법리가 정비된다 하더라도 주주간 계약에서 동반매도청구권의 행사 조건을 포함하여 계약서에 조건을 명확히 하는 것이 무엇보다 중요하다.

동반매도청구권을 행사할 때에 어떠한 방식으로 매각절차를 진행할 것인지, 매도 가액과 대상자를 좁은 범위로나마 특정할 수 있을지 각 단계에서 당사자들의 권리와 의무 및 그 불이행의 효과는 무엇인지를 단계별로 구체적으로 규정할 수 있도록 실무를 정립해 갈 필요가 있다.

---

30) 이동건·류명현·이수균, 앞의 논문, 37쪽.

참고문헌

Ⅰ. 단행본

김정호, 회사법(제7판), 법문사(2021).

송옥렬, 상법강의(제10판), 홍문사(2020).

이철송, 회사법강의(제29판), 박영사(2021).

지원림, 민법강의(제15판), 홍문사(2017).

편집대표 김용덕, 주석 민법(제5판), 한국사법행정학회(2020).

편집대표 정동윤, 주석 상법(제5판), 한국사법행정학회(2014).

Ⅱ. 일반논문

김주영, "파생결합증권거래와 민법 제150조(조건 성취, 불성취에 대한 반신의행위)-대상판결: 대법원 2015. 5. 14. 선고 2013다3811호 판결-", 서울대학교 금융법센터, 「BFL」 제75권(2016).

김희철, "벤처투자계약상 주식매수청구권의 활용 및 배제에 관한 소고", 한국금융법학회, 「금융법연구」 제17권 제3호(2020).

이동건·류명현·이수균, "주주간 계약상 주식양도의 제한 -주식양도제한조항에 관한 실무상 쟁점을 중심으로-", 서울대학교 금융법센터, 「BFL」 제88권(2018).

이삼열, "M&A 상황에서 계약상의 주식양도제한 -동반매도참여권(tag-along right), 동반매각청구권(drag-along right)을 중심으로-", 연세법학회, 「연세법학」 제31호(2018).

이상훈, "최근 주가연계증권 소송과 민법상 조건 성취 방해 법리", 서울대학교 금융법센터, 「BFL」 제80권(2016).

이승희, "ELS 분쟁의 현황과 법적 쟁점", 연세대학교 법학연구원 글로벌비즈니스와 법센터, 「YGBL」 제2권 제2호(2010).

이제원·권철호, "소수지분투자에 있어 원금보장 및 자금회수방안", 천경훈 편저, 「BFL 총서 ⑫ 우호적 M&A의 이론과 실무(1)」, 소화(2017).

천경훈, "주주간 계약의 실태와 법리 -투자촉진 수단으로서의 기능에 주목하여-", 한국상사판례학회, 「상사판례연구」 제26집 제3권(2013).

최승재, "최근 파생상품관련 주요 판례에 대한 소고", 한국상사판례학회, 「상사판례연구」 제28권 제3호(2015).

Ⅲ. 보도자료

"대법원 2018다223054 매매대금 등 지급 청구의 소(두산 사건) 보도자료", 대법원 공보관실(2021. 1. 14.).

"PEF 운영 관련 법령해석 안내", 금융위원회 자산운용과·금융감독원 자산운용감독실(2015. 2. 10.).

"사모투자전문회사(PEF) 옵션부 투자 모범규준 개정", 금융위원회 자산운용과·금융감독원 자산운용감독실 사모펀드팀(2013. 4. 11.).

IV. 뉴스

김남권, "사모투자펀드 옵션부 투자 범위 넓어진다", 연합뉴스(2015. 2. 10.).

김덕성, "[리걸타임즈 이달의 변호사] 두산인프라코어 '1조원 소송' 승소 이끈 박재우 변호사", 리
    걸타임즈(2021. 2. 3.).

손현수, "[판결] 두산인프라코어, 중국법인 매각 불발 관련 소송서 사실상 '승소'", 법률신문(2021. 1. 14.).

온라인 플랫폼의 '자기우대'와 경쟁법상 쟁점[*]

장품

목 차

I. 서론

II. 대형 온라인 플랫폼 사업자의 자사우대 행위 규제 동향

    1. EU: 구글 쇼핑 사건과 '게이트키핑' 규제
    2. 미국: 반독점규제 패키지 법안과 빅테크 규제

III. 자사우대 규제의 이론적 배경과 논쟁

    1. 시장지배력의 전이와 경쟁제한의 우려
    2. 플랫폼 사업자의 '동등대우 의무'와 필수설비이론
    3. 플랫폼 '중립성' 논쟁

IV. 결론: 국내 공정거래법의 적용과 한계

I. 서론

온라인 플랫폼 규제는 디지털 경제 시대의 세계적 흐름이다. 온라인 플랫폼 규제와 관련하여 온라인 플랫폼 사업이 갖는 고유한 '경쟁제한적 속성'이 있고, 그에 따라 기존의 경쟁법으로 규제할 수 없는 특정한 '행위 유형'이 있는 것으로 인식된다. 특히 문제되는 행위가 바로 '자기우대self-preferencing' 행위이다.

자기우대는 온라인 플랫폼이 중개자 지위를 이용하여 자신이 운영하는 서비스 또

---

[*] 이 글은 한국공정경쟁연합회의 『경쟁저널』 제209호(2021. 11.)에 실린 논문이다.

는 자신과 거래관계에 있는 특정 서비스를 차별적으로 우대하는 행위를 말한다.[1] 아마존Amazon이 자신의 전자상거래 플랫폼에 자신의 PBPrivate Brand상품인 '아마존 베이직Amazon Basic' 상품을 적극적으로 노출하는 행위, 구글Google이 특정 검색 알고리즘algorithm을 설계하여 경쟁 비교쇼핑 서비스의 검색 노출 순위를 낮추는 행위가 그 예이다.

복수사업을 영위하는 사업자가 자사 제품이나 서비스를 '우대'하는 영업 활동은 종래부터 있어 왔다. 백화점과 대형마트에서 자사 브랜드 또는 계열사 브랜드 매장 공간을 우호적으로 할애해주는 행위, 자사 제품의 판촉 활동에 매진하는 행위도 일종의 '자기우대' 행위다. OTTOver The Top 업체인 넷플릭스Netflix가 '오리지널' 콘텐츠를 전략적으로 광고하거나, 포털 사이트 다음이 홈페이지 첫 화면에 '카카오TV' 영상 클립을 먼저 노출하는 것도 마찬가지다. 수직적 통합사업자의 이런 자기우대 행위가 '대형 온라인 플랫폼'을 매개로 진행될 경우 반경쟁의 폐해가 더 발생하는 것일까? 자기우대 행위가 갖는 위법성의 징표를 정확히 포착할 수 있는 이론적 배경은 무엇일까?

이 글은 이러한 문제의식을 바탕으로 ① 자사우대 규제에 관한 유럽과 미국의 동향을 개괄적으로 살펴보고 ② 기존 경쟁법 이론에 기반한 자사우대 규제 논의를 소개한 다음 ③ 국내 공정거래법 적용에 있어 고민할 시사점을 차례대로 지적하고자 한다.

II. 대형 온라인 플랫폼 사업자의 자사우대 행위 규제 동향

1. EU: 구글 쇼핑 사건과 '게이트키핑' 규제

가. 구글 쇼핑 사건[2]: 수직통합 플랫폼 사업자의 자사우대 규제 사건

EU집행위원회는 2017년 구글 서비스 중 두 가지 영업 방식을 문제로 삼았다. 하나는 구글이 '판다Panda 알고리즘'이라는 검색 알고리즘을 적용하면서 타사의 비교쇼핑 서비스 노출 순위를 떨어뜨린 행위였다. 이 알고리즘에 따르면, 다른 웹사이트 내용을 스크랩하거나 복사하는 웹사이트, 즉 독자성이 낮은 콘텐츠의 노출 순위는 낮아진다. 그에 따라 다른 쇼핑 서비스에 이미 게시된 상품을 비교해서 보여주는 타사의 비교쇼

---

1) 정인석, "디지털플랫폼의 규제와 경쟁정책에 관한 고찰", 산업조직연구 제29집 제2호(2021), 31쪽.
2) Google Search (Shopping), Case AT. 39740 (2017).

핑 서비스도 검색 결과에 노출이 덜 된다.[3] 문제된 또 다른 행위는, 구글 쇼핑 서비스 제휴상품이 일반 검색 결과에서 다른 상품보다 눈에 띄는 '쇼핑 유닛shopping unit' 형태로 표시된 것이었다. 이 검색 결과는 판다 알고리즘의 적용을 받지 않으며, 다른 비교 쇼핑 서비스와 달리 사진, 부가 정보, 가격 표시가 함께 전면에 노출된다.[4] EU 집행위원회는 이러한 구글의 영업 방식이 "자사의 수직vertical 검색 서비스를 우대하는 배치preferential placement로서 경쟁 서비스를 배제한다"고 판단하고,[5] 약 24억 유로의 과징금과 시정명령을 부과하였다.

주목할 점은 EU 집행위원회가 구글의 행위를 유럽기능조약the Treaty on the Functioning of the European Union; TEFU 제102조에 열거된 행위 유형, 예를 들어 거래 조건 차별이나 끼워팔기 행위로 특정하지 않고, "현 시장에서의 지배적 지위를 인접시장으로 확장하면 남용 행위가 성립할 수 있다"는 일반론만 언급하였다는 사실이다.[6] '거래상대방에 대한 동등한 거래'가 전제되어야 하는 거래 조건 차별 행위[7]나, '계약 체결'을 전제로 하는 끼워팔기 행위는 '자사 서비스 우대'가 핵심인 이 사건에 적용하기는 어려웠을 것으로 이해된다. 이 사건은 EU가 대형 온라인 플랫폼 사업자의 자기우대 행위 규제를 입법화하는 결정적 계기가 된다

나. EU 플랫폼 규칙과 디지털시장법DMA

EU는 2019년 '온라인 플랫폼 시장의 공정성 및 투명성 강화를 위한 이사회 규칙' (이하 'EU 플랫폼 규칙'이라 한다)을, 2020년 「디지털시장법Digital Markets Act; DMA」 안을 각각 제정하였다.

EU 플랫폼 규칙의 핵심은, 온라인 플랫폼 사업자의 지위 남용 행위를 직접적으로 규제하지 않고, 거래상대방에게 투명하고 구체적인 설명 의무를 부과하는 방식으로 '사전' 규제를 하는 데 있다. 규제 대상은 온라인 중개 서비스 제공자(오픈마켓, 앱스토어, SNS)와 검색엔진 사업자이며, 시장지배적 사업자에 국한되지 않는다. EU 플랫폼 규칙

---

3) Ibid., paras. 349-358.

4) Ibid., paras. 370-372.

5) Ibid., para. 32.

6) Ibid., paras. 334, 649.

7) "(c) applying dissimilar conditions to equivalent transactions with other trading parties, thereby placing them at a competitive disadvantage."

에 따르면, 이들 사업자는 플랫폼 이용 사업자와의 거래 조건을 사전에 약관으로 명시하고, 약관에 '노출 순위에 영향을 미치는 요소', '특정 이용자에 대한 차별 의무 및 차별에 대한 근거' 등을 제시해야 한다.[8] 예를 들어, 소비자 접근에 영향을 주는 설정 차이가 있는지, 플랫폼 이용에 지불해야 하는 비용에 차이가 있는지 여부 등 차별적 대우의 내역과 그 근거가 되는 경제적·상업적·법적 고려사항이 기재되어야 하는 것이다.[9]

DMA는 '핵심 플랫폼 사업자'Core Platform Service의 게이트키핑gatekeeping 규제에 초점을 맞춘다.[10] 일정 규모 이상의 게이트키퍼 플랫폼 사업자는[11] 자사 서비스 또는 제품의 우대 행위가 금지된다. ① 이용자가 사전 설치된 서비스를 삭제un-installing하고 자신이 원하는 서비스를 선택할 수 있도록 해야 하고 ② 디스플레이, 등급, 연결linking 등 모든 형태로 중요성prominence을 표시하는 랭킹에 있어 법적·상업적·기술적 측면에서 자신 또는 같은 소속 기업집단에 유리하도록 차별화하거나 자기우대적 조치를 해서는 안 된다.[12]

EU 플랫폼 규칙이 온라인 플랫폼 사업자와 플랫폼 이용 사업자와의 거래관계P2B를 약관으로 규율하는 규범이라면, DMA는 대형 온라인 플랫폼 사업자의 반경쟁적 행위를 규율하는 규범이라 할 수 있다. 공통적으로 '온라인 플랫폼 사업자의 자사우대 행위'를 억제하는 내용이 담겨 있어, 온라인 플랫폼의 거래상대방 보호와 경쟁 보호의 측면 모두에서 자사우대를 문제 삼고 있음을 알 수 있다.

---

8) 이정란, "온라인 플랫폼 공정화법 제정안에 대한 검토", 경쟁법연구 제43권(2021), 62쪽.

9) Regulation(EU) 2019/1150 Article 7.

10) 최계영, "유럽연합 디지털 시장법안(Digital Market Act_DMA) 주요 쟁점 분석", 정보통신정책연구원 (2021), 4쪽.

11) 특정 양적 한도[(thresholds)를 넘어서는 기업은 게이트키퍼로 추정하고, 양적한도는 (a) 최근 3개 회계연도에 유럽 경제지역(EEA)에서 연간 매출액 65억 유로 이상 또는 지난 1년간 평균 시가총액(또는 이에 상응하는 공정시장 가치]이 650억 유로 이상으로, 적어도 3개 이상 회원국에서 핵심 플랫폼 서비스를 제공하고 (b) 지난 회계연도에 역내 월 4,500만 활성(active) 이용자 및 1만 이상 사업 이용자가 있으며 (C) 지난 3개 회계연도 각각에서 (b) 기준을 충족할 경우에 해당한다. 이에 해당하지 않더라도 향후 게이트키퍼가 될 가능성이 있는 사업체는 핵심 서비스 시가총액, 매출이나 이윤성장률 등을 고려하며, 2년 단위로 심사를 하여 지정할 수 있다(최계영, 위 논문 11-12쪽).

12) 최계영, 위 논문 15-16쪽.

2. 미국: 반독점규제 패키지 법안과 빅테크 규제

가. 미국 하원의 반독점규제 패키지 법안 발의

미국 하원 반독점소위원회[13]는 지난 2020. 10. 6. 빅테크 기업의 반독점협의를 조사한 '디지털 시장 경쟁 조사 보고서'[14]를 발표하였다. 이 보고서는 약 16개월 동안 최고경영자 청문회와 자료 조사 등을 바탕으로 GAFA$^{Google, Apple, Facebook, Amazon}$의 사업전략과 시장 현황 등을 분석한 후 경쟁제한 행위를 지적하였고, 그 대표 사례로 구글의 '자사 컨텐츠나 광고를 유리하게 배치하는 행위'와 아마존의 '자사 제품을 검색 화면 상단에 배치하는 행위' 등을 명시하였다.

이후 미국 하원은 2021. 6. 11. '역사상 가장 강력한 독점규제 입법'이라고 불리는[15] 5개 패키지 법안을 발의하였는데,[16] 이 법안은 4개 빅테크 기업을 정면으로 겨냥한다. 규제 대상 플랫폼$^{covered\ platform}$의 규모를 ① 미국 내 월간 사용자 수^{MAU} 5,000만 명 또는 사업자 수가 10만 명 이상이고 ② 플랫폼을 소유·지배하는 개인이나 법인의 연간 매출 또는 시가총액이 6,000억 달러를 초과하며 ③ 플랫폼에서 판매 또는 제공되는 제품과 서비스의 핵심 거래상대방$^{critical\ trading\ partner}$인 플랫폼 사업자로 제한하였고, 이 요건을 충족하는 기업은 GAFA 외에 발견하기 어렵기 때문이다. 대상 플랫폼은 연방거래위원회^{FTC}나 법무부^{DOJ}가 지정하고, 한번 지정되면 소유 또는 지배구조의 변경과 무관하게 10년간 그 지위가 유지된다.

특히 이 패키지 법안 중 「미국 온라인 시장의 혁신 및 선택에 관한 법률」이 대상 플랫폼 운영자$^{covered\ platform\ operator;\ CPO}$의 자기우대를 직접 규제하는 법이다. ① CPO 자

---

13) 정식 명칭은 '반독점법, 상법 및 행정법 소위원회(Subcommittee on Antitrust, Commercial and Administrative Law of the Committee on the Judiciary)'이다.

14) Investigation of Competition in Digital Markets: Majority Staff Report and Recommendations.

15) https://cicilline.house.gov/press-release/house-lawmakers-release-anti-monopoly-agenda-stronger-online-economy-opportunity

16) 법안의 공식 명칭은 '온라인 경제 강화: 기회, 혁신 그리고 선택(A Stronger Online Economy: Opportunity, Innovation, Choice)'이다. 세부적으로는 ① 미국 온라인 시장의 혁신 및 선택에 관한 법률(American Innovation and Choice Online Act) ② 플랫폼의 경쟁 및 기회에 관한 법률(Platform Competition and Opportunity Act) ③ 플랫폼 독점 종식에 관한 법률(Ending Platform Monopolies Act) ④ 서비스 전환 지원을 통한 호환성 및 경쟁 증진에 관한 법률(Augmenting Compatibility and Competition by Enabling Service Switching Act; ACCESS Act) ⑤ 기업 인수합병 신청비용 현대화에 관한 법률(Merger Filing Fee Modernization Act)으로 구성되어 있다.

신의 제품·서비스·사업을 타 사업자에 비하여 우대하거나 ② 타 사업자의 제품·서비스·사업을 배제하고 불이익을 주거나 ③ 서로 유사한 지위에 있는 사업자들을 차별 대우하는 행위는 금지된다.[17]

「플랫폼 독점 종식에 관한 법률」은 한 발 더 나아가, CPO가 자신의 플랫폼을 사용하는 타 사업을 소유·지배하는 행위를 아예 금지한다. 예를 들어, CPO가 ① 제품·서비스의 제공 또는 판매를 목적으로 대상 플랫폼을 사용하거나 ② 대상 플랫폼에 대한 접근 또는 대상 플랫폼에서의 우대 조건으로 제품 또는 서비스를 제공하거나 ③ 이해 충돌을 발생시키는 다른 사업을 소유, 지배하거나 그에 대한 수익권을 갖지 못하게 하는 것이다. '이해 충돌'은 ① CPO가 대상 플랫폼이 아닌 다른 사업을 소유 또는 지배하고 ② 그로 인하여 CPO가 대상 플랫폼에서 자사 제품·서비스·사업을 경쟁사에 비하여 우대하거나, 경쟁사 또는 잠재적 경쟁자를 배제 또는 불이익을 받게 할 동기 및 능력을 갖게 되는 경우를 의미한다. 나아가, CPO가 소유 또는 통제하고 있는 타 사업체를 통하여 자신의 대상 플랫폼에서 제품이나 서비스를 실제로 제공한 사실이 없다 할지라도, 자기우대 또는 경쟁사 차별 행위를 할 '동기 및 능력'이 있으면 적용된다.

---

17) 구체적인 내용은 다음과 같다.
- CPO 자신의 제품·서비스·사업과 관련하여 사용 가능한 플랫폼, 운영체제, 하드웨어 및 소프트웨어 기능 등에 대하여 플랫폼을 사용하는 사업자가 접근 또는 상호작용하는 것을 제한 또는 방해하는 행위;
- CPO가 제공하는 제품 또는 서비스의 구매 또는 사용을 조건으로 대상 플랫폼에 접근하거나 또는 대상 플랫폼에서 우대해주는 행위;
- 사업자가 대상 플랫폼에서의 활동으로 인하여 획득한 비공개 정보를 CPO 자신의 제품 또는 서비스 제공에 사용하는 행위;
- 사업자가 대상 플랫폼에서의 활동으로 발생시킨 데이터에 대하여 접근하는 것을 계약, 기술적 제약 등을 통하여 제한 또는 방해하는 행위;
- 대상 플랫폼 사용자들이 대상 플랫폼에 사전에 설치된 소프트웨어 등을 제거하는 것을 제한 또는 방해하는 행위;
- 사업자가 대상 플랫폼에서 거래 목적으로 사용자들에게 통신 정보 또는 하이퍼링크를 제공하는 것을 제한 또는 방해하는 행위;
- 검색, 랭킹 등을 포함한 대상 플랫폼의 모든 사용자 인터페이스(UI)와 관련하여, CPO 자신의 제품·서비스·사업을 다른 사업자에 비해 우대하는 행위;
- 사업자의 가격 책정에 개입 또는 이를 제한하는 행위;
- 사업자 또는 사업자의 사용자·고객이 다른 제품 또는 서비스와 상호작용하거나 연결하는 것을 제한하거나 막는 행위;
- 관련 법령의 위반에 대하여 신고한 사업자 또는 사용자에게 보복하는 행위

나. 앱마켓 법률의 자사우대 금지 조항

2021. 8.에는 「오픈 앱마켓 법률Open App Markets Act」이 미국 상·하원에서 발의되었다. 미국 내 사용자 수가 5,000만 명을 초과하는 앱스토어를 보유하거나 운영하는 회사는, 앱스토어 또는 운영체제를 통하여 앱을 배포하는 조건으로 ① 대상 회사의 인앱 결제 시스템 사용을 강제하거나 ② 다른 앱스토어와 동일하거나 유리한 조건 제공(MFN 조항)을 강제하는 행위 등 배타조건부적인 행위를 할 수 없고, 나아가 "앱스토어에서 대상 회사 또는 그 협력사의 앱을 부당하게 우대하거나 타사의 앱들보다 더 상위에 랭크하는 행위"가 제한된다.[18]

이와 같이 미국은 빅테크의 영업 활동에 대한 직접적이고 전면적인 규제를 시도하고 있으며, 특히 온라인 플랫폼 사업자의 자사우대를 경쟁제한 행위의 주요 유형으로 지목하고 있음을 알 수 있다.

III. 자사우대 규제의 이론적 배경과 논쟁

1. 시장지배력의 전이와 경쟁제한의 우려

가. 미국과 EU의 시장지배력 전이 이론 적용의 차이

자사우대 행위 규제의 정당성은 한 시장에서 지배력을 갖는 사업자가 그 지배력을 레버리지leverage로 활용하여 다른 시장으로 지배력을 쉽게 '전이'한다는 우려에서 찾을 수 있다. 이른바 '시장지배력 전이' 이론이다. 이 이론은 1940년대에 미국에서 처음 등장하였는데, Griffith 사건과 Spectrum Sports사건, Trinko 판결[19]을 차례대로 거치면서 '두 번째 시장(인접시장)의 독점화 성공 확률이 위험할 정도로 높은 경우'에 한하여 시장지배력 전이를 인정하는 것으로 정리되었다.[20] 이렇게 엄격한 요건이 제시됨에 따라 "연방대법원이 레버리지 이론을 사실상 포기했다"는 평가가 따랐다.[21] 호벤캠프

---

18) H.R.5017; S.2710.

19) Verizon Communications Inc. v. Law Offices of Curtis v. Trinko, LLP, 540 U.S. 398.

20) Herbert Hovenkamp, Federal Antitrust Policy, The Law of Competition and Its Practice, 5th Edition(2016), p. 427.

21) 주진열, "티브로드 사건에 대한 고찰: 시장지배력 전이 이론을 중심으로", 경쟁법연구 25권(2012), 261-262쪽.

[공정거래] 온라인 플랫폼의 '자기우대'와 경쟁법상 쟁점 **227**

Hovenkamp 역시 "인접시장second market, adjacent market에서 독점을 발생하게 하는 레버리지는 일반적으로 높은 가격이나 생산량 축소(품질 저하)를 결정하지 않고, 경쟁제한효과를 초래하는 경우에만 셔면법 위반이 문제"될 수 있다고 하면서 "인접시장에 존재하는 다른 기업에 달갑지 않더라도 셔면법이 다룰 문제가 아니라, 계약 위반이나 상사불법 행위business tort 문제로 다뤄져야 한다"고 지적한바 있다.[22]

EU 경쟁당국의 경우 미국보다 시장지배력 전이 이론을 적극적으로 수용한다. EU 집행위원회는 "한 시장에서의 지배적 지위를 하나 또는 그 이상의 인접시장으로 확장하는 행위"가 남용 행위가 될 수 있다고 하였고,[23] EU 경쟁총국의 2019. 6. 보고서도 "수직통합사업자가 플랫폼 시장에서 지배적 지위에 있으면 상품시장이나 서비스시장으로 지배력 전이가 될 수 있다"고 하였다.[24] 다만, 유럽사법재판소ECJ는 보다 신중한 입장인데, Tetra Pak 사건에서 "시장지배적 지위 남용 행위가 성립하기 위해서는 ① 시장지배적 지위와 남용 행위 사이에 인과관계가 존재해야 하고 ② 시장지배적 지위가 존재하지 않는 인접시장에서 이루어진 행위로서 그 효과가 인접시장에서 발생하는 경우에는 시장지배적 지위와 남용 행위간 인과관계가 존재하지 않아 시장지배적 지위 남용 행위로 규율할 수 없는 것이 원칙"이라고 하면서, '특수한 상황special circumstances'이 존재하는 경우에만 예외적으로 규율할 수 있다고 선을 그었다.[25]

나. 시장지배력 전이 이론의 한계와 온라인 플랫폼 사업의 적용

결국, 시장지배력 전이에 기반한 경쟁제한성 판단은 법리적으로나 보편적으로 널리 수용되는 이론이라고 평가하기는 어렵다. 시장지배력 전이의 관점에서 경쟁제한성을 지적하는 EU 경쟁당국도, 그 자체가 독자적인 위법 행위의 유형을 갖는다고 지적하기보다, 거래 거절이나 끼워팔기, 차별 취급이나 약탈가격 등 다양한 남용 유형을 레버리지의 관점에서 설명하는 '도구'적 개념으로 활용한다고 볼 수 있다.[26]

---

22) Areeda · Hovenkamp, Fundamentals of Antitrust Law (1994), 283-284쪽; 이재구, 공정거래법 이론, 해설과 사례, 119쪽에서 재인용.

23) Op.cit., paras. 334, 649.

24) 장품 · 박상진, "플랫폼 사업자의 자기우대 규제-EU 구글 쇼핑 사건을 중심으로", 플랫폼경쟁법, 박영사 (2021), 64-65쪽.

25) Tetra Pak International SA v. Commission (Tetra Pak Ⅱ), Case C−333/94 [1996] ECR Ⅰ−5951.

26) 이봉의, "디지털 플랫폼의 자사 서비스 우선에 대한 경쟁법의 쟁점", 법학연구 제30권 제3호(2020. 9.), 379쪽

시장지배적 사업자의 사업 영역이 확장되면서, 인접시장에 영향력을 미칠 수 있다는 우려가 시장지배력의 '전이'로 이어지기 위해서는, 인접시장의 구체적인 경쟁 상황에 근거한 분석이 필요하다. 예를 들어, 우리 대법원은 시장지배적 지위 남용 행위의 부당성을 판단하는 기준으로서, "상품의 가격 상승, 산출량 감소, 혁신 저해, 유력한 경쟁사업자의 감소" 등 경쟁제한의 효과가 발생하거나 그러할 우려가 있는 사정을 제시하는데,[27] 시장지배력이 행사되는 시장의 인접시장에서 이러한 판단 기준이 본질적으로 달라질 이유는 없을 것이다. 인접시장에 영향을 미칠 우려를 근거로 고도의 경쟁제한성을 추정할 경우, 시장지배적 지위를 행사하는 시장보다 인접시장에서 오히려 경쟁제한성이 쉽게 인정되는 모순이 발생할 수도 있다.[28]

온라인 플랫폼의 경우 참여자 증가에 필요한 한계비용이 적어 사업 확대가 용이하고, 공격적 마케팅과 저가低價 전략으로 시장점유율을 급격히 확대한 후 인접시장으로 진출하려는 유인을 갖는다. 이용자가 많아질수록 효용이 늘어나는 간접 네트워크indirect network 효과를 통하여, 이용자들을 플랫폼에 고착화lock in하기도 한다. 이러한 특성으로 인하여 대형 온라인 플랫폼 사업자가 갖는 시장의 지배력이 인접시장에 영향을 미칠 때, 그 효과가 타 시장에 비하여 상대적으로 빠르고 강력하다는 우려가 제기될 수도 있다.

다만, 온라인 플랫폼에는 플랫폼 이용자들이 여러 플랫폼을 병행하여 이용하는 '멀티호밍multi-homing' 현상이 동시에 발생한다는 점도 고려할 필요가 있다. 모든 이용자가 복수의 플랫폼을 이용할 경우 한쪽 면의 이용자 입장에서 반대면의 이용자가 여러 플랫폼에 가입되어 있어, 어느 플랫폼을 이용해도 연결될 수 있다.[29] 멀티호밍이 이용자의 플랫폼 고착화를 완화시키는 것이다. 플랫폼에 대한 소비자 선호가 다양해지고 플랫폼이 차별화된 기능을 제공하면서 틈새시장niche market이 형성되기도 한다.[30] 우리의 시장 현황을 놓고 보면, 온라인쇼핑시장에서 플랫폼 이용자들이 쿠팡과 네이버 쇼핑에만 전적으로 의존하는 게 아니라, 식료품은 '마켓컬리', 인테리어는 '오늘의집', 의류는 '지그재그'나 '무신사' 등으로 취향, 연령, 플랫폼 특성에 따라

---

27) 대법원 2007. 11. 22. 선고, 2002두8626, 전원합의체 판결.
28) 장품 · 박상진, 앞의 논문, 74쪽.
29) 정인석, 앞의 논문, 19쪽
30) 정인석, 앞의 논문, 19쪽.

수요가 세분화된다.

결국, "시장지배력을 갖는 온라인 플랫폼 사업자가 인접시장으로 서비스를 확대할 경우 고착화된 이용자들은 따라갈 수밖에 없다"는 도식이 플랫폼 시장의 실질을 정확히 반영한다고 보기 어렵다. 온라인 플랫폼 사업자의 시장지배력 전이에 대한 우려에서 출발한 '자사우대 규제'도 수직통합적 사업자가 인접시장에 미치는 영향력을 '경쟁제한적 속성'이 내재된 '전이'의 관점으로만 평가하지 않도록 신중한 접근이 필요하다.

2. 플랫폼 사업자의 '동등대우 의무'와 필수설비이론

가. 온라인 플랫폼 사업자의 동등대우 의무 인정 여부

시장지배력 전이가 온라인 플랫폼 사업자의 '자사우대'가 시장에 미치는 경쟁제한 측면에서 논의된다면, '동등대우 의무'는 온라인 플랫폼 사업자의 지위와 행위 규범 차원에서 거론된다. "자사 상품과 서비스를 우대해서는 안 된다"는 금지 규범은, 온라인 플랫폼 사업자가 거래상대방을 '동등하게 대우할 의무'가 있음을 전제로 하기 때문이다. 구글 쇼핑 사건에서 EU 집행위원회도 시장지배적 사업자의 '특별 책임'special responsibility을 언급하면서, 시장지배적 플랫폼 사업자에게 동등한 경쟁 조건level playing field을 보장할 의무가 있다고 지적하였다.31)

다만, 시장지배적 플랫폼 사업자에게 '부당하게 거래 조건을 차별하지 않을 의무'를 넘어서 '동등한 경쟁을 보장할 의무'까지 부과할 근거는 뚜렷하지 않다. '동등한 거래상대방을 합리적인 이유 없이 차별해서는 안 되는 의무'와 '자기 자신과 상대방을 동등하게 대우해야 할 의무'는 엄연히 구별되기 때문이다. 무엇보다 수직통합을 일구어 낸 사업자가 경쟁사업자와의 거래를 '거절'하는 것이 아니라, 자신의 기업 내 활동in-house activities을 '우대'하는 정도의 행위는 시장 참여자들이 합리적으로 예견 가능할 수 있는 범위 내에 있다고 볼 수 있다.32)

---

31) 장품·박상진, 앞의 논문 75-76쪽.

32) Ibáñez Colomo, "Self-Preferencing— Yet Another Epithet in Need of Limiting Principles", World Competition Volume 43. Issue 4 (2020), pp. 5-15.

나. 필수설비이론의 적용과 한계

이처럼 유독 온라인 플랫폼 사업자에게 '동등대우 의무'가 부과되는 것은, 대형 온라인 플랫폼 사업자가 제공하는 서비스가 '필수설비essential facilities'의 성격과 유사하다는 시각에서 착안한 것으로 보인다. 구글 쇼핑 사건에서 구글도 자사의 일반 검색 서비스가 필수설비의 '필수성' 기준을 충족하는 경우에만 경쟁 비교쇼핑 서비스에 상당한 비율의 노출을 제공할 의무가 인정될 수 있다고 항변한 바 있다.[33]

원래 필수설비이론은 특정 사업 영위에 필수적인 설비를 독점적으로 소유 또는 통제하고 있는 사업자는, 다른 사업자가 특정 사업을 영위하기 위하여 정당한 대가를 지급하고 그 설비를 이용하고자 할 경우에 거절할 수 없다는 이론이다.[34] 즉, '시장지배적 사업자의 부당한 거래 거절'을 규제하는 것에 목적이 있다.

그런데 만약 시장지배적 사업자가 제공하는 상품이나 서비스가 필수설비에 해당하여 거래 의무가 발생하더라도, 이를 '거래 개시'를 넘어 '동일하게 대우할 의무'로까지 확장할 근거가 부족하다. 더구나 '필수설비 사용의 거절 행위'가 엄격한 요건하에서만 부당성이 인정되는 점을 고려하면(Bronner 판결),[35] 거절 행위보다 위법성이 약한 '우대'행위를 더 완화된 요건 하에서 인정하는 결론은 모순되어 보인다. 이러한 맥락에서, 시장 서비스 사업자가 제공하는 서비스가 필수설비에 해당하더라도 '동등하게 대우할 의무'까지 발생할 수는 없고, '상업성이 있는commercially viable' 사업을 영위하기에 충분한 접근을 허용하는 정도라면 족하다는 견해는 설득력을 갖는다.[36]

---

33) Paras. 645-652.

34) 임영철·조성국, 공정거래법, 법문사(2018), 51쪽.

35) Oscar Bronner GmbH & Co. KG v. Mediaprint Zeitungs und Zeitschriftenverlag GmbH & Co. KG, Mediaprint Zeitungsvertriebsgesellschaft mbH & Co. KG and Mediaprint Anzeigengesellschaft mbH & Co. KG, Case C-7/97 (1998). 오스트리아의 일간지이자 오스트리아 전역에 신문 배송망을 갖춘 계열회사를 보유한 미디어프린트(Mediaprint)가 다른 일간지 회사인 오스카 브로너(Oscar Bronner)의 자사 배송망 이용 신청을 거절한 것이 시장지배적 지위 남용 행위[구 유럽공동체(EC)조약 제86조 위반]에 해당하는지가 문제된 사안이다. 오스카 브로너는 필수설비이론을 근거로 법 위반 성립을 주장하였으나, 유럽공동체 법원은 미디어프린트의 신문 배송망이 '필수적(indispensable)'이라고 보려면 최소한 다른 신문 배송망의 출현이 '경제적으로 실현 가능(economically viable)'하지 않을 것이 요구되는데, 이러한 관점에서 미디어프린트의 거래 거절 행위가 시장지배적 지위 남용 행위에 해당하지 않는다고 판단했다.

36) Sea Containers v. Stena Sealink, case IV/34.689 (1994), OJ L 015.; Bo Vesterdorf, "Theories of self-preferencing and duty to deal—two sides of the same coin", Competition Law & Policy Debate, Vol.1 (2015), pp. 6-7.

3. 플랫폼 '중립성' 논쟁

온라인 플랫폼 서비스를 '필수설비'와 유사한 서비스로 접근하는 시각은, 근본적으로 플랫폼의 '중립성'에 대한 시각을 공유한다. '플랫폼 중립성Platform Neutrality'이란 플랫폼의 본질적 기능인 중개 서비스와 관련하여, 플랫폼 사업자에게 플랫폼에 참가하는 이용자를 비차별적으로 취급할 것을 요구하는 규범이다.37) 이렇게 플랫폼에 '중립성'을 요구하게 된 배경에는, 과거에 논의된 망 중립성과 검색 중립성의 관념이 영향을 미친 것으로 보인다. '망 중립성Network Neutrality'이란 공공 정보망의 효용성을 극대화하기 위해서는 모든 콘텐츠, 웹사이트, 그리고 플랫폼들이 동등하게 다뤄져야 한다는 원칙으로서,38) 특히 최종 이용자들이 인터넷에 접속하는 마지막 구간에서, 특정 콘텐츠나 데이터를 합리적인 이유 없이 차별적으로 취급해서는 안 된다는 원칙을 의미한다. 이와 유사하게 '검색 중립성Search Neutrality'은 인터넷 검색엔진이 사용하는 검색 알고리즘의 구조와 검색 결과에 있어서, 자신의 것과 다른 경쟁사업자 또는 하류사업자의 것을 차별하지 않는 것을 의미한다.39)

플랫폼 중립성이 망 중립성과 검색 중립성에서 개념을 차용할 수 있을 정도로 동등한 층위의 개념이라고 보기는 어렵다. 플랫폼은 전통적으로 국가나 공공 분야에서 제공되는 '공적 설비'가 아니라, 시장에서 상품과 서비스가 유통되는 과정에서 발생한 거래상 '도구tool'에 가깝기 때문이다. 실제로 플랫폼에서 유통되는 상품과 서비스의 다양성만큼, 플랫폼 서비스도 무수하게 변용되고 발전하여 왔다. 숙박업중개시장, 음식배달중개시장, 온라인쇼핑시장, 앱스토어 시장은 모두 '온라인 플랫폼'을 통한 거래라는 공통점만 있을 뿐, 이용자의 특성, 경쟁 현황, 사업자들의 자유로운 진입 여부 등 여러 면에서 차이를 보인다. 온라인 플랫폼 사업자들은 '시장 내의 경쟁'이 아니라 '시장을 위한 경쟁'을 한다고 평가되는데,40) 이는 온라인 플랫폼에서 제공되는 서비스가 그만큼 다양하고41) 지속적으로 변화한다는 사실을 뒷받침하는 것이기도 하다.

---

37) 홍명수, "플랫폼 중립성의 경쟁법적 의의", 동아법학 제90호(2021), 116쪽.

38) Tim Wu, "Network Neutrality, Broadband Discrimination", Journal on Telecom and High Tech Law Vol.2 (2003), 141, 이상윤·이황, "검색 중립성과 경쟁법 집행원리", 경쟁법연구 제40권(2019), 262쪽에서 재인용.

39) 이상윤·이황, 앞의 논문 267쪽.

40) 서정, "플랫폼의 시장획정과 시장지배력에 관한 쟁점", 경쟁법연구 제42권(2020), 7쪽.

41) 마빈 애모리(Marvin Ammori), "실패한 비유: 망 중립성 대 '검색' 및 '플랫폼' 중립성", 경쟁법연구 제33권 (2016), 394-396쪽.

민간 영역에서 혁신과 경쟁을 통하여 서비스를 확장해 나가고 있는 온라인 플랫폼 분야에서 '중립 의무'를 부과하는 것은 서비스의 실질에 부합하지 않고, 오히려 시장의 역동성에 저해가 되는 결과를 낳을 수 있다. 온라인 플랫폼이 말 그대로 온라인 플랫폼이라는 이유로 '자사의 서비스를 우대해서는 안 된다'는 행위 규범이 바로 도출될 수는 없는 것이다.

IV. 결론: 국내 공정거래법의 적용과 한계

이처럼 온라인 플랫폼의 자사우대 행위 규제가 그 세계적 흐름과는 별개로 경쟁법상 탄탄한 이론적 근거를 갖추고 있거나, 온라인 플랫폼 비즈니스의 본질을 정확히 포착하고 있는지는 의문이다. 미국의 규제는 'GAFA'라는 초대형 온라인 플랫폼 사업자의 독점적 시장 구조를 개혁하기 위한 뉴 브랜다이즈New Brandeis학파의 정치적 의지가 반영되었고,[42] 유럽의 규제는 역내 유력한 디지털 플랫폼 기업이 없는 상태에서 미국 빅테크 기업의 진출을 견제하고 국가경쟁력을 보호하기 위하여 진행되는 측면을 무시할 수 없다.[43] 우리 경쟁법의 입법과 집행에 있어 외국의 사례를 무비판적으로 대입하는 걸 경계해야 하는 이유이기도 하다. 오히려 국내 온라인 플랫폼 시장은 온라인 플랫폼에 기반한 새로운 비즈니스 모델이 지속적으로 탄생하고, 새로운 시장을 창출하기 위한 치열한 경쟁이 지속적으로 발생하는 현상이 관찰된다. 디지털 경제 부문의 성장과 혁신의 속도는 점차 빨라질 수밖에 없을 것이다. 입법 목적의 정당성과 별개로, 온라인 플랫폼 사업의 혁신성을 저해하지 않으면서도 공정한 거래 질서 확립에 효과적으로 기여하는 균형점을 찾기 위한 노력이 필요하다.

---

42) 정영진, "리나 칸: '반독점역사의 종말론'과 뉴브랜다이즈 운동", 경쟁저널 제208호(2021. 9.).

43) 최계영, 앞의 논문, 29쪽, 5쪽; 정인석, 앞의 논문, 36쪽; Economist, "The EU unveils its plan to rein in big tech" (2020. 12. 15)는 중국이 미국 플랫폼 진입을 원천적으로 차단하여 알리바바와 텐센트 같은 세계적 규모의 기업을 갖게 된 점을 유럽이 부러워한다고 평가하였다.

참고문헌

Ⅰ. 단행본

이재구, 공정거래법 이론, 해설과 사례. 지식과감성(2020).

임영철·조성국, 공정거래법, 법문사(2018).

Areeda·Hovenkamp, Fundamentals of Antitrust Law, Wolters Kluwer (1994)

Herbert Hovenkamp, Federal Antitrust Policy, The Law of Competition and Its Practice, 5th Edition, West (2016).

Ⅱ. 논문

마빈 애모리(Marvin Ammori), "실패한 비유: 망 중립성 대 '검색' 및 '플랫폼' 중립성", 경쟁법연구 제33권(2016).

서정, "플랫폼의 시장획정과 시장지배력에 관한 쟁점", 경쟁법연구 제42권(2020).

이봉의, "디지털 플랫폼의 자사 서비스 우선에 대한 경쟁법의 쟁점", 법학연구 제30권 제3호(2020. 9.).

이상윤·이황, "검색 중립성과 경쟁법 집행원리", 경쟁법연구 제40권(2019).

이정란, "온라인 플랫폼 공정화법 제정안에 대한 검토", 경쟁법연구 제43권(2021).

장품·박상진, "플랫폼 사업자의 자기우대 규제 — EU 구글 쇼핑 사건을 중심으로", 플랫폼경쟁법, 박영사(2021).

정영진, "리나 칸: '반독점역사의 종말론'과 뉴브랜다이즈 운동", 경쟁저널 제208호(2021. 9.).

정인석, "디지털플랫폼의 규제와 경쟁정책에 관한 고찰", 산업조직연구 제29집 제2호(2021).

주진열, "티브로드 사건에 대한 고찰: 시장지배력 전이 이론을 중심으로", 경쟁법연구 제25권(2012).

최계영, "유럽연합 디지털 시장법안(Digital Market Act_DMA) 주요 쟁점 분석", KISDI Premium Report 21-1, 정보통신정책연구원(2021).

홍명수, "플랫폼 중립성의 경쟁법적 의의", 동아법학 제90호(2021).

Bo Vesterdorf, "Theories of self-preferencing and duty to deal — two sides of the same coin", Competition Law & Policy Debate, Vol. 1 (2015).

Economist, "The EU unveils its plan to rein in big tech" (2020. 12. 15.).

Ibáñez Colomo, "Self-Preferencing — Yet Another Epithet in Need of Limiting Principles", World Competition Volume 43. Issue 4 (2020).

Tim Wu, "Network Neutrality, Broadband Discrimination", Journal of Telecommunications and High Technology Law, Vol. 2 (2003).

메타버스 관련 법적 쟁점*

신용우

목 차

I. 서론

II. 메타버스와 지식재산권

    1. 저작권

    2. 상표권 등

    3. 디자인권

    4. 이용자 아이템 소유권

III. 메타버스와 윤리 · 사회적 쟁점

    1. 개요

    2. 개인정보 · 프라이버시 침해

    3. 성범죄

IV. 결론

I. 서론

대표적인 메타버스 기업 로블록스Roblox 하루 사용자가 2021. 8. 기준 4,800만 명에 이르고, 네이버의 자회사 스노우에서 개발한 메타버스 플랫폼인 제페토Zepeto도 글로벌 가입자가 2억 명에 달한다. 글로벌 SNS 기업인 페이스북Facebook은 메타버스를 인터넷 다음 단계로 보면서 사명을 '메타Meta'로 변경하였다. SK텔레콤은 메타버스 플랫폼 이

---

* 이 글은 정보통신기획평가원의 『주간기술동향』 제2028호(2021. 12. 22.)에 게재된 논문이다.

프랜드ifland를 출시하였고, 부동산 플랫폼 업체 직방의 직원들은 '메타폴리스'라는 가상 오피스로 출근하고 있다.

메타버스는 ICT 업계를 넘어 경제·산업 전반에서 주목받고 있다. 메타버스Metaverse란 세계Universe와 초월Meta의 합성어로서 가상과 현실이 융합되어 만들어지는 초현실적 세계를 의미한다. 가상현실Virtual Reality: VR, 증강현실Augmented Reality: AR, 혼합현실Mixed Reality: MR, 확장현실eXtended Reality 등의 개념과 기술이 메타버스로 통합·확장되고 있다. 5G, VR 헤드셋/장갑 등 하드웨어 인프라와 실감콘텐츠 등 소프트웨어·콘텐츠가 융합하여 기술적 기반을 형성하고 있으며, 코로나19로 인한 비대면 사회의 가속화가 메타버스 사회를 앞당기고 있다.

메타버스는 VR, AR 등 단순한 요소기술을 넘어 사회경제적 변화를 이끄는 동력이 될 수 있을 것으로 평가된다. 아직 시작 단계이나 앞으로 메타버스 기술은 점차 발전하고 플랫폼으로서 현실세계를 보완·확장하거나 대체할 것으로 예상되고 있다.

메타버스를 법적인 측면에서 살펴보면, 기존에 인터넷 등장과 확산에 따라 이루어졌던 쟁점과 논의가 메타버스에서 재현되거나 심화되어 진행되고 있다. 본고에서는 메타버스 내에서의 활동과 관련하여 발생할 수 있는 법적 쟁점들을 살펴보고 기존 법률의 해석 방법과 새로운 입법의 필요성을 살펴보고자 한다. 디지털 가상세계인 메타버스에서 많은 이용자들이 디지털 콘텐츠를 소비할 것으로 보이므로 저작권, 상표권 등 지식재산권과 관련한 새로운 쟁점들이 예상된다. 또한, 메타버스를 현실세계의 확장이라고 볼 때 기존에 문제가 되어 왔던 개인정보, 프라이버시 보호 등 윤리·사회적 쟁점들도 부각될 것으로 예상된다.

II. 메타버스와 지식재산권

1. 저작권

가. 메타버스와 저작재산권 제한

인간의 사상 또는 감정을 표현한 창작물이 저작물이며, 이를 창작한 저작자 등은 저작물에 대한 저작권을 가진다. 현실세계에서 일정한 권리를 갖는 저작물을 무단으로 사용하는 경우 복제권 등 저작재산권이 침해될 수 있다.

이와 관련하여, 현실세계의 골프장 코스를 컴퓨터 그래픽으로 재현하여 온라인 서비스를 제공한 사건에서 법원은 골프장 코스를 건축저작물로 판단한 바 있다(서울고등법원 2016. 12. 1. 선고 2015나2016239 판결, 이 사건은 대법원 2020. 3. 26. 선고 2016다276467 판결로 확정됨). 메타버스에서 현실의 저작물을 구현하는 경우 위 사건의 경우보다 더욱 생생하게 표현할 수 있어 저작권 침해에 해당할 가능성이 높아진다고 볼 수 있다.

저작권법은 일정한 경우 저작재산권을 제한하는데, 저작물이 메타버스에서 표현되는 경우 그 제한 범위가 문제된다. 저작권법 제35조 제2항은 개방된 장소에 항시 전시되어 있는 미술저작물 등의 복제·이용을 자유롭게 이용하도록 규정하고 있어 야외에 전시된 미술저작물 등을 사진·동영상 등으로 만들어 배포할 수 있으며, 다만 건축물을 건축물로 복제하는 등의 이용은 제한되고 판매 목적의 복제를 금지하고 있어 상업적 이용은 제한된다(소위 '파노라마의 자유' 조항). 현재 많이 서비스되는 메타버스에서의 건축물은 [그림 1(a)]와 같이 게임 속 배경화면에 가까워 건축물을 그대로 복제한 것으로 인정되지는 않을 것이다. 그러나 [그림 1(b)]와 같이 현실의 건축물이 메타버스에서 재현될 때 높은 해상도의 콘텐츠로서 머리에 착용하는 디스플레이 장치인 HMD Head Mounted Display를 통해 제공된다면 실물과 거의 유사한 심미감을 줄 수 있어 해당 조항 적용 여부가 불확실할 수 있다.

[그림 1] 메타버스 내 건축물

(a) '마인크래프트' 게임 속 UC버클리 캠퍼스   (b) '티랩스'의 한옥 게스트하우스 디지털 트윈

출처: 머니S, "월 2억원 버는 게임 '당신도 쉽게 개발할 수 있다'", 2021. 3. 24. (사진 제공: 마이크로소프트)[1]

출처: 매일경제, "'메타버스' 활용해 집 둘러보고 계약까지…비대면 부동산시대 성큼", 2021. 8. 17. (사진 제공: 티랩스)[2]

---

1) 머니S, "월 2억원 버는 게임 "당신도 쉽게 개발할 수 있다"", 2021. 3. 24.

2) 매일경제, "'메타버스' 활용해 집 둘러보고 계약까지…비대면 부동산시대 성큼", 2021. 8. 17.

2019년에 신설된 저작권법 제35조의3(부수적 복제 등)은 사진촬영, 녹음 또는 녹화 (촬영 등)를 하는 과정에서 보이거나 들리는 저작물이 촬영 등의 주된 대상에 부수적으로 포함되는 경우 저작재산권자의 이익을 부당하게 해치지 않는 한 이를 복제·배포·공연·전시 또는 공중송신할 수 있도록 규정하고 있다. VR·AR 콘텐츠는 현실에 존재하는 물체 또는 배경 등을 부수적으로 포함할 수 있으며, 위 조항에 의해 관련 저작재산권을 일부 제한함으로써 VR·AR 콘텐츠 제작·유통 활성화를 기대할 수 있다. 다만, 가상융합세계인 메타버스 안에서는 현실감을 높이는 데 건물 배경 등이 중요한 역할을 할 수 있으므로 부수적 복제 등에 해당되지 않을 수 있다.

저작권 공정이용 일반조항인 제35조의5의 적용도 고려할 수 있다. 저작권법 제35조의5는 "저작물의 통상적인 이용 방법과 충돌하지 아니하고 저작권자의 정당한 이익을 부당하게 해치지 아니하는 경우 저작물을 이용할 수 있다"고 하면서 이에 해당하는지를 판단하기 위한 고려사항으로서 ① 이용의 목적 및 성격, ② 저작물의 종류 및 용도, ③ 이용된 부분이 저작물 전체에서 차지하는 비중과 그 중요성, ④ 저작물의 이용이 그 저작물의 현재 시장 또는 가치나 잠재적인 시장 또는 가치에 미치는 영향을 규정하고 있다. 해당 조항을 메타버스에 적용하는 데 있어, 메타버스에서의 저작물 이용이 현실세계 저작물의 '대체재'인지 '보완재'인지 여부가 중요하며 2차적 이용이 변형적 이용에 해당할수록 대체관계에 속하지 않는 것으로 판단될 가능성이 크다는 견해가 있다.[3]

2021년 초 발의된 저작권법 전부개정안(도종환 의원 대표발의, 의안번호 제2107440호)에는 컴퓨터를 이용한 자동화된 정보 분석에 필요하다고 인정되는 범위 내에서는 저작권자의 이용허락을 받지 않아도 저작물을 이용할 수 있도록 하는 저작재산권 제한 조항이 신설되었다(법률안 제43조). 학술연구 목적 외에 상업적 목적의 경우에도 적용되나, 해킹·불법 다운로드 등 불법적으로 저작물에 접근하는 경우에는 적용되지 않는다.[4] 이 조항이 도입된다면 인공지능이 메타버스 내의 저작물을 이용하여 분석하더라도 저작권 침해에 해당하지 않을 수 있어 관련 기술 고도화를 기대할 수 있다. 다만, 위 저작권법 제35조의5와 같은 공정이용 일반조항으로 해결이 가능하지는 않은지, 저

---

3) 정원준, 「메타버스의 부상과 저작권법의 새로운 도전과제」, 2021 국제저작권기술 콘퍼런스 발표자료, 2021. 11. 3., 23쪽.

4) 문화체육관광부, "「저작권법」 전부개정안 주요 내용 설명자료", 2020. 11. 2., 9쪽.

작재산권자의 이익이 부당하게 침해되지 않는지 등의 쟁점에 대해 검토가 필요하다.

나. 메타버스 내 공연에 대한 해석

코로나19로 인해 다수의 공연·전시가 취소되는 등 오프라인에서의 문화예술 활동이 급격히 위축되었던 반면, 메타버스 공연·전시 등 새로운 문화예술 향유 형태가 발생하고 있다. 국내외 유명 가수들의 콘서트가 메타버스 플랫폼을 통해 이루어지고 있다.[5]

우리나라 저작권법은 '공연'(제2조 제3호), '공중송신'(제2조 제7호), '방송'(제2조 제8호), '전송'(제2조 제10호), '디지털음성송신'(제2조 제11호)을 구분하여 정의하고 있는데, 메타버스 내에서의 콘서트·공연이 저작권법상 어떤 유형의 이용행위인지 검토가 필요하다.

저작권법 제29조에 따르면 공표된 저작물을 영리 목적 없이 반대급부를 받지 않으면서 '공연' 또는 방송하는 경우 저작재산권이 제한된다. 메타버스 콘서트가 '공연' 또는 '방송'에 해당된다면 위 조항에 따라 일정한 요건하에 자유로운 이용이 가능하다.

음악저작물 사용료도 문제될 수 있다. 한국음악저작권협회가 규정하는 "음악저작물 사용료 징수규정"은 음악저작물의 이용유형을 공연, 방송, 전송, 웹캐스팅, 복제 및 배포, 대여 및 기타로 구분하고 있으며, 각 유형별로도 이용형태에 따라 세분화하여 각기 다른 사용료 산정 기준을 적용하고 있다. 메타버스 내에서의 콘서트에 대하여 위 징수규정은 명확한 기준을 제시하고 있지 않은데, 일단 위 유형 중 '웹캐스팅(웹을 통한 방송)'에 가까운 것으로 보인다.

메타버스 내 콘서트는 이용자의 요청에 의해 송신이 개시되고 공중이 동시에 수신하므로 저작권법의 이용행위 유형 중 '디지털음성송신'에 가깝다는 견해가 있다.[6] 최근 발의된 저작권법 전부개정안은 '디지털동시송신'이라는 개념을 도입하여 음성과 영상을 아울러 인터넷을 통해 실시간으로 일방향 송출하는 행위를 포섭할 수 있도록 하였으며, 메타버스 내 콘서트는 이에 해당될 가능성이 있다.

디지털 기술이 발달하고 문화서비스 제공 방식이 급변하는 시대에 새로운 형태의 서비스가 출현할 때마다 저작권 사용료 기준이 문제되고 있다.[7] 이용자 입장에서 동

---

5) 모마, "메타버스 세계에서 콘서트를 즐기다", 브런치, 2021. 8. 12.

6) 임형주, 「메타버스와 IP」, 가상융합경제 활성화 포럼 발표자료, 2021. 9. 30., 31쪽.

7) 김경숙, 「메타버스에서 발생할 수 있는 다양한 법적 문제를 짚어보며」, 「엔콘텐츠」 제19호, 한국콘텐츠진흥원, 2021. 6., 39쪽.

일·유사하게 문화콘텐츠를 향유할 수 있다면 동일·유사한 사용료를 징수할 필요가 있으며 다양한 매체와 방식 간 형평성도 고려할 필요가 있다. 메타버스 시대를 맞아 "음악저작물 사용료 징수규정"에 대한 논의와 검토가 필요해 보인다.

다. 퍼블리시티권 인정 여부

메타버스 내에서 타인의 초상 등을 무단으로 활용할 경우 퍼블리시티권이 침해될 수 있다. 퍼블리시티권은 초상사용권 또는 인격표지권으로 불릴 수 있으며, 사람이 그가 가진 성명, 초상이나 기타의 동일성을 상업적으로 이용하고 통제할 수 있는 배타적 권리를 말한다.[8]

우리나라에는 퍼블리시티권에 관한 법률상 명문 규정이 없었는데, 2021. 11. 10. 국회 본회의에서 통과된 「부정경쟁방지 및 영업비밀보호에 관한 법률 일부개정법률안」은 유명인의 초상·성명 등 타인을 식별할 수 있는 표지를 공정한 상거래 관행이나 경쟁질서에 반하는 방법으로 자신의 영업을 위해 무단으로 사용함으로써 타인의 경제적 이익을 침해하는 행위를 부정경쟁행위의 유형으로 신설하여 금지하도록 하였다.

아울러 최근 발의된 저작권법 전부개정안에서는 초상 등(성명·초상·목소리 또는 그 밖에 이와 유사한 것)을 일종의 재산권으로서 보호하는 규정을 두고 있다.

메타버스 내에서의 실감콘텐츠는 유명인의 초상 등을 현실세계에서와 유사하게 재현할 수 있으며 디지털화되어 있어 그 진위 여부 확인이 쉽지 않으므로 퍼블리시티권을 둘러싼 분쟁이 더 많이 발생할 수 있다.

2. 상표권 등

가. 개요

메타버스는 온라인 가상세계로서 지리적 한계를 넘어 많은 소비자와 접할 수 있어 많은 기업들이 상품이나 서비스의 마케팅을 추진하고 있으며, 상표의 사용도 증가하고 있다. 메타버스에서 현실세계의 유명 상표를 사용할 경우 상표법 또는 부정경쟁방지법 위반이 우려된다. 특히, 상표적 사용 여부, 상표의 지정상품 분류 등이 문제될 수 있다.

---

8) 서울동부지방법원 2006. 12. 21. 선고 2006가합6780 판결.

나. 상표적 사용

상표적 사용이란 출처표시로서의 사용을 말한다. 상표권으로 보호되는 상표를 사용하더라도 상품의 출처표시로서 사용된 것이 아니라면 상표적 사용이 아니므로 상표권의 침해로 볼 수 없다. 이와 관련하여 대법원은 "상표의 본질적인 기능이라고 할 수 있는 출처표시를 위한 것이 아니어서 상표의 사용으로 인식될 수 없는 경우에는 등록상표의 상표권을 침해한 행위로 볼 수 없다고 할 것이고, 그것이 상표로서 사용되고 있는지의 여부를 판단하기 위해서는 상품과의 관계, 당해 표장의 사용 태양(즉, 상품 등에 표시된 위치, 크기 등), 등록상표의 주지저명성 그리고 사용자의 의도와 사용경위 등을 종합하여 실제 거래계에서 그 표시된 표장이 상품의 식별표지로서 사용되고 있는지 여부를 종합하여 판단하여야 한다."고 판시하였다(대법원 2003. 4. 11. 선고 2002도3445 판결).

[그림 2] 험비Humvee 실제 차량 및 Call of Duty 내 험비 이미지

[험비 실제 차량]

[Call of Duty 내 험비 이미지]

출처: 사진은 참고문헌 [9]의 이미지 재사용.

이와 관련하여 게임 내에서 사용된 상표 관련 분쟁 사례를 참고할 수 있다. 다목적 군용차량인 '험비Humvee'의 제조사 AM 제너럴General은 2017년 게임회사인 액티비전 블리자드Activision Blizzard사가 'Call of Duty'라는 게임에서 자사 험비 군용차량의 상표와 외부형태를 무단으로 사용한 행위에 대해 상표권 침해 소송을 제기하였다. 뉴욕남부법원은 2020. 4. AM 제너럴의 청구를 기각하면서, △ 해당 상표가 상품의 출처 표시를 위한 것이 아니고 게임의 사실감을 높이기 위한 예술적 관련성을 가지며, △ 두 상품의 소비자는 각각 군대와 게임이용자로서 상이하고 잘못 구매할 위험이 없으며, AM 제너럴이 게임 산업에 진출한다는 증거가 없으므로 출처가 혼동되지 않아 상표권 침

해에 해당하지 않는다고 판단하였다.[9)]

만약, 군용차량을 제조하는 AM 제너럴이 메타버스 내에서 모의 전투 프로그램을 운영한다면 출처 혼동이 인정되어 상표권 침해가 인정될 수도 있을 것이다. 현실을 보완·대체하는 메타버스에서 표지가 사용되는 경우 상표적 사용인지 여부는 해당 표지가 사용되는 맥락을 살펴봐야 할 것이다.

다. 지정상품 분류

상표를 등록할 때는 상표가 적용되는 상품종류의 범위를 지정하도록 하는데, 등록된 상표의 보호범위와 관련하여 이러한 지정상품의 동일·유사 여부가 문제된다. 이와 관련하여 대법원은 "지정상품의 유사 여부는 대비되는 상품에 동일 또는 유사한 상표를 사용할 경우 동일 업체에 의해 제조 또는 판매되는 상품으로 오인될 우려가 있는가의 여부를 기준으로 하여 판단하되, 상품 자체의 속성인 품질, 형상, 용도와 생산 부문, 판매 부문, 수요자의 범위 등 거래의 실정 등을 종합적으로 고려하여 일반 거래의 통념에 따라 판단하여야 한다."고 판시하였다(대법원 2005. 8. 19. 선고 2003후1086 판결).

메타버스 내에서 물건에 의해 상표를 사용한 경우, 현실세계에서의 유형물인 지정상품과 유사한 상품으로 볼 수 있을지 문제가 된다. 현재 서비스되는 메타버스는 현실세계와 차이가 있으며 품질, 용도, 수요자의 범위 등이 상이하여 유사하지 않다고 볼 수 있다. NICE 분류에 따른 제9류에는 '내려받기 가능한 이미지 파일'이 포함되어 있으며 메타버스상의 이미지는 이 분류에 따라야 한다는 주장이 가능하다. 예를 들어, 현실세계의 운동화에 사용된 상표는 NICE 분류 제25류(의료, 신발, 모자)에 해당하는 반면, 메타버스 내에서의 운동화에 사용된 상표는 제9류에 해당하여 구분된다는 것이다.

이와 관련하여 글로벌 스포츠 의류 기업인 나이키[nike]는 메타버스 내에서의 나이키 브랜드 운동화 및 의류 판매를 염두에 두고 상표를 출원하면서 NICE 분류 제9류(내려받기 가능한 이미지 파일 등), 제35류(광고업 등), 제41류(스포츠 및 문화활동업 등)로 지정한 것으로 알려져 있다.[10)]

메타버스가 현실세계를 대체하는 방향으로 발전하면 메타버스 내에서의 물건을 단순히 이미지파일로 볼 수 없으며 동일 업체에 의해 제조·판매되는 상품으로 오인될

---

9) TYZ LAW GROUP, "Humvee Case Against Call of Duty Maker Crashes and Burns", 2020. 5. 28.

10) CNBC, "Nike is quietly preparing for the metaverse", 2021. 11. 2.

가능성을 배제할 수 없다. 추후 메타버스 발전 상황에 따라 별도의 지정상품 분류가 필요할 수 있을 것으로 생각된다.

라. 저명표지 희석화

국내에 널리 인식된 상표 등 타인의 저명표지를 무단으로 사용한 경우, 사용 분야가 달라 오인·혼동 가능성이 없는 경우라도 해당 표지의 식별력이나 명성을 손상시킨다면 위법한 행위가 될 수 있다. 「부정경쟁방지 및 영업비밀보호에 관한 법률」 제1호 다목은 이와 같은 '저명표지 희석화' 행위를 부정경쟁행위 중 한 유형으로 정의하고 금지하고 있다. 예를 들어, 유명 명품 브랜드 루이비통Louis Vuitton의 표지와 로고를 이용하여 "LOUIS VUITON DAK(루이비통닭)" 간판 등을 사용한 치킨가게에 대해 법원은 상표가 갖는 식별력이나 명성을 손상하는 행위에 해당한다고 하면서 부정경쟁방지법 위반으로 판단하였다.[11] 사람들이 해당 치킨을 명품 브랜드에서 만든 것으로 오인하거나 혼동할 가능성은 거의 없지만, 그동안 해당 브랜드가 쌓아올린 고급 이미지가 손상될 수 있다는 점을 이유로 들고 있다.

현실세계에서 널리 알려진 유명 브랜드를 메타버스에서 무단으로 사용하는 경우, 사용되는 분야가 다르고 오인·혼동 가능성이 없다고 하더라도 그 가치를 훼손하는 행위로 인정된다면 법적으로 문제될 수 있어 주의가 필요하다.

3. 디자인권

기존에 「디자인보호법」에서 보호하는 디자인은 "물품의 형상·색체 또는 이들을 결합한 것으로서 시각을 통해 미감美感을 일으키게 하는 것"으로 정의해 물품에 표현된 디자인만 등록이 가능하였다.

메타버스 내에서 사용되는 디자인의 경우 물품에 표현된 디자인인지 여부가 명확하지 않았는데, 2021. 10. 21. 시행된 개정 디자인보호법에서 화상디자인을 도입하였다. 개정 디자인보호법 제2조 제2의2호는 '화상'이란 디지털 기술 또는 전자적 방식으로 표현되는 도형·기호 등[기기(器機)의 조작에 이용되거나 기능이 발휘되는 것에 한정하고, 화상의 부분을 포함한다]을 말한다고 정의하면서, 디자인이 표현되는 '물품'의 범위에 '화

---

11) 서울중앙지방법원 2016. 4. 12. 선고 2016가단6871 판결.

상'이 포함되도록 하였다. 이 정의에 따르면 현실세계의 물품 없이 메타버스 내에서만 구현된 디자인에 대해 등록을 받아 보호가 가능할 것으로 전망된다.

한편, 이미 공지된 디자인과 동일·유사한 디자인은 신규성을 상실하여 디자인등록을 받을 수 없으므로, 의류·신발 등 기존에 다른 물품으로 등록받은 디자인과 동일·유사한 디자인의 경우 화상디자인으로 새로 등록받기 어려운 점을 고려해야 한다.

4. 이용자 아이템 소유권

메타버스에서 이용자가 소유·판매하는 상품이나 콘텐츠 등 아이템의 소유권 인정 여부가 불명확하다. 우리나라에서는 대체로 온라인 게임에서 아이템의 소유권을 게임 회사가 보유하고 있는데, 메타버스에서도 이런 상황이 이어진다면 가상세계의 확장에 한계가 있을 수 있다.

이를 해결하기 위해 블록체인 기반의 NFT^{Non-Fungible Token, 대체불가 토큰}에 의한 아이템의 권리 보호 방안을 검토할 수 있다. NFT는 디지털 콘텐츠에 대한 일종의 등기권리증으로서 해당 디지털 콘텐츠의 원본성과 유일성을 기술적으로 보장할 수 있다. 가상세계인 메타버스에서의 콘텐츠는 물리적 실체에 기반하고 있지 않아 「민법」상 '물건'으로 볼 수 없어 전통적인 관점에서 소유권 등을 인정하기 어려운데, NFT를 이용하면 아이템에 대한 권리를 창설하고 보호할 수 있을 것으로 기대된다.

III. 메타버스와 윤리 · 사회적 쟁점

1. 개요

메타버스는 현실세계를 보완·확장하거나 대체한다. 미국 미래학협회인 ASF^{Acceleration Studies Foundation}는 2007년 '메타버스 로드맵^{Metaverse Roadmap}' 보고서를 발표하면서 메타버스를 구현 공간과 정보 형태에 따라 증강현실, 라이프로깅, 거울세계, 가상세계로 구분하였다.[12] 이처럼 현실세계를 보완·확장·대체하는 경우 현실세계에서 발생하던 사회적·윤리적 문제가 그대로 재현되거나 심화될 수 있다.

---

12) Acceleration Studies Foundation, "Metaverse Road map, Pathway to the 3D Web", 2007.

2. 개인정보 · 프라이버시 침해

메타버스에서는 특히 생체정보 수집·이용이 문제될 수 있다. 단순히 PC나 스마트폰의 화면을 통해 접하는 메타버스에서는 문제가 될 가능성이 적지만, 메타버스 접속을 위해 머리에 착용하는 디스플레이 장치HMD나 몸에 입는 수트suit를 이용하는 경우 눈동자, 신체반응 등 생체정보를 상시 수집할 수 있다. 심장 박동 등 신체적·생리적·행동적 반응을 수집하여 정신적·정서적 능력 분석에 활용할 수도 있다. 생체정보는 민감정보에 해당하여 일반 개인정보보다 처리가 제한되며, 정보주체의 별도 동의 등 수집·이용 요건이 엄격하므로 주의가 필요하다.

이에 더하여, 메타버스에서 프라이버시 보호 규칙이 아직 불분명하며, 개인정보에 대한 통제권 행사에 필요한 정보를 확인하기 어렵고, 아동 프라이버시 보호에 대한 보호가 어렵다는 문제도 제기되고 있다.[13]

위치정보와 관련하여, 메타버스의 실시간·동시적 특성으로 이용자의 위치정보가 수집될 수 있으며, 수집된 위치정보는 성명 등 다른 정보와 결합이 가능하여 개인을 식별할 수 있어 문제된다. 다만, 「위치정보의 보호 및 이용 등에 관한 법률」 제2조 제1호는 '위치정보'를 "이동성이 있는 물건 또는 개인이 특정한 시간에 존재하거나 존재하였던 장소에 관한 정보"로 정의하고 있는데, '장소'에 대해 특별히 설명하고 있지 않지만 현실세계에서의 물리적 장소를 전제하는 것으로 해석된다면 메타버스 내에서의 위치는 위치정보법 규율 대상에 해당하지 않을 수 있다.

프라이버시 침해 관점에서, 메타버스 내에서의 활동에 관한 과도한 정보 수집은 사이버스토킹으로 인정될 수 있다. 가상세계에서 개인을 표상하는 아바타에 대한 정보 수집이 개인정보 수집에 해당하는지, 사생활 침해에 해당하는지는 불분명하다.[14]

메타버스 서비스 초기 단계에는 서비스 이용약관, 개인정보처리방침 등에 개인정보와 프라이버시 보호를 위한 내용이 충분히 반영될 수 있도록 기업의 자율규제 노력이 필요하며, 현행법으로 규율이 어려운 경우가 발생하면 별도의 입법을 고려할 수 있다.

---

13) 이진규, 「메타버스와 프라이버시, 그리고 윤리-논의의 시작을 준비하며」, 『2021 KISA REPORT』 제2호, 한국인터넷진흥원, 2021. 2., 27-28쪽.

14) 손승우, 「또 다른 세계 '메타버스'의 부상과 법·정책적 과제」, 2021 제9차 규제혁신법제포럼 자료집, 한국법제연구원, 2021. 7., 103쪽.

3. 성범죄

메타버스는 인터넷이 확장된 세계라고 할 수 있으며, 기존에 인터넷상에서 발생했던 성범죄가 재현될 수 있다. 메타버스 내 아바타를 대상으로 하는 성적 행위가 발생할 수 있으며, 온라인 그루밍, 오딩(온라인 데이팅) 범죄 등이 발생하는 것으로 알려져있다. 특히, 현재 메타버스의 주요 이용자 중 10대가 많아 이를 대상으로 한 성범죄 피해가 발생하고 있어 문제된다.[15]

「정보통신망 이용촉진 및 정보보호 등에 관한 법률」 제44조의7 제1항 제1호는 온라인상 음란한 영상 등을 배포·판매·임대하거나 공공연하게 전시하는 행위를 금지하고 있으며, 메타버스 내에서 음란물을 제작·유통하는 경우에도 적용될 수 있다.

최근 제정되어 2021. 10. 21. 시행된 「스토킹범죄의 처벌 등에 관한 법률」은 '스토킹행위'로서 "우편·전화·팩스 또는 「정보통신망 이용촉진 및 정보보호 등에 관한 법률」 제2조 제1항 제1호의 정보통신망을 이용하여 물건이나 글·말·부호·음향·그림·영상·화상(이하 '물건 등'이라 한다)을 도달하게 하는 행위"를 규정하고 있어, 메타버스와 같은 온라인 공간에서의 스토킹도 처벌대상에 포함될 수 있다.

「아동·청소년의 성보호에 관한 법률」 제15조의2(아동·청소년에 대한 성착취 목적 대화 등) 역시 2021. 3. 23. 신설되었으며, 온라인상에서 성적 욕망이나 수치심 또는 혐오감을 유발할 수 있는 대화를 지속적·반복적으로 한 경우 형사처벌이 가능하다.

IV. 결론

메타버스는 기존의 인터넷이 확장되었다고 볼 수도 있고 질적으로 새로운 형태의 가상세계라고 볼 수도 있다. 현재로서는 인터넷에 적용되는 법리를 기준으로 메타버스에서의 행위를 평가할 수 있으나, 추후 메타버스가 현실세계를 대체할 정도로 발전할 경우 기존 법률에 대한 새로운 해석 또는 입법이 필요할 수 있다.

현실세계에서 형성된 권리를 강조할 경우 메타버스에서의 활동이 제한될 수 있고, 반대로 메타버스에 법적용이 미흡할 경우 현실세계의 권리가 부당하게 침해될 수 있다. 현실세계에서 엄격히 적용되는 윤리적·사회적 기준이 메타버스에서 작동하지 않

---

15) 한겨레, "스토킹에 유사성행위까지…'신종' 메타버스 아동성범죄, 처벌 가능한가", 2021. 9. 23.

는 경우 이용자로부터 외면당할 수 있다. 현실세계와 메타버스가 조화롭게 병행되어 메타버스를 통해 현실세계가 무한히 확장될 수 있도록 올바른 법제도 정립에 대한 연구가 필요하다.

참고문헌

Ⅰ. 판례

서울동부지방법원 2006. 12. 21. 선고 2006가합6780 판결
서울중앙지방법원 2016. 4. 12. 선고 2016가단6871 판결

Ⅱ. 논문 및 발표자료

김경숙, "메타버스에서 발생할 수 있는 다양한 법적 문제를 짚어보며", 「엔콘텐츠」 제19호, 한국
    콘텐츠진흥원, 2021. 6.
문화체육관광부, "「저작권법」 전부개정안 주요 내용 설명자료", 2020. 11. 2.
손승우, "또 다른 세계 '메타버스'의 부상과 법·정책적 과제", 2021 제9차 규제혁신법제포럼 자료
    집, 한국법제연구원, 2021. 7.
이진규, "메타버스와 프라이버시, 그리고 윤리 – 논의의 시작을 준비하며", 『2021 KISA REPORT』
    제2호, 한국인터넷진흥원, 2021. 2.
임형주, "메타버스와 IP", 가상융합경제 활성화 포럼 발표자료, 2021. 9. 30.
정원준, "메타버스의 부상과 저작권법의 새로운 도전과제", 2021 국제저작권기술 콘퍼런스 발표자
    료, 2021. 11. 3.

Ⅲ. 웹사이트 및 인터넷 신문 기사

매일경제, "'메타버스' 활용해 집 둘러보고 계약까지…비대면 부동산시대 성큼", 2021. 8. 17.
머니S, "월 2억원 버는 게임 '당신도 쉽게 개발할 수 있다'", 2021. 3. 24.
모마, "메타버스 세계에서 콘서트를 즐기다", 브런치, 2021. 8. 12.
한겨레, "스토킹에 유사성행위까지…'신종' 메타버스 아동성범죄, 처벌 가능한가", 2021. 9. 23.
Acceleration Studies Foundation, "Metaverse Road map, Pathway to the 3D Web", 2007.
CNBC, "Nike is quietly preparing for the metaverse", 2021. 11. 2.
TYZ LAW GROUP, "Humvee Case Against Call of Duty Maker Crashes and Burns", 2020. 5. 28.

특집: ESG

ESG 경영의 핵심: 이해관계자 통합 관점의 신뢰경영[*]

이준희

1. ESG와 ESG 경영

ESG는 기업의 재무적인 리스크와 성과를 지속가능한 비즈니스 맥락에서 관리하는 비재무 경영에 대한 환경Environmental, 사회Social, 거버넌스Governance를 의미한다.

[그림 1]에서 보듯이 지난 20여 년 동안 한국기업들은 사회책임활동CSR: Corporate Social Responsibility을 기업의 준법(환경규제, 사업장관리, 회계·재무관리), 윤리경영(감사, 기업문화) 및 지역사회 공헌 등으로 수행해왔다. 기업의 내부 프로세스를 개선하거나, 규제나 고객의 요구에 맞추고, 기업의 브랜드와 평판 관리에 맞춰 기업 경영의 지속가능경영이라는 맥락을 유지해왔다. 하지만 2021년 코로나19 이후, 투자와 금융, 정책 등은 기업의 안정적인 중장기적 기업 가치에 대한 새로운 패러다임을 향하여 속도를 내고 있다.

---

[*] 이 글은 조세통람의 『택스넷(www.taxnet.co.kr)』(2021. 7. 15.)에 실린 칼럼이다.

[그림 1] 기업의 비재무(지속가능/ESG) 경영의 변화

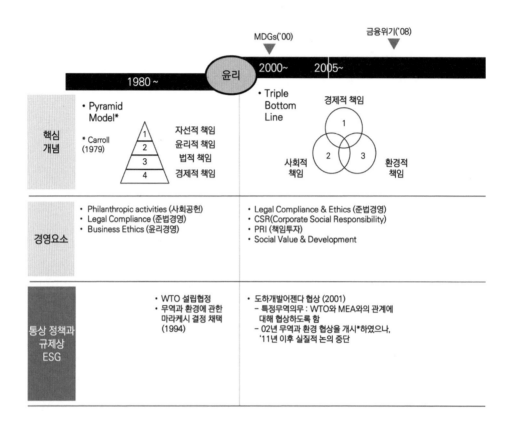

우리가 이야기하는 기업 경영의 패러다임 변화는 '이해관계자 자본주의'라는 개념의
본격적인 확대라고 볼 수 있다. 투자자들이 ESG 정보에 대한 공시와 커뮤니케이션을
요구하고, 글로벌 고객으로부터 지속가능 경영 활동 준수 및 관리에 대한 요구가 지속
해서 증가하고 있는 가운데, 환경이나 사회문제에 대한 국제적 이니셔티브와 국가 차
원의 정책의 변화가 기업 비즈니스의 역할과 책임의 변화, 또다른 시장의 변화로 이어
지고 있기 때문이다. 이제는 한두 개의 부서의 역할이나 활동관리 수준에서는 기업의
재무 및 비재무 통합관리가 불가능하고 비효율을 발생시킨다.

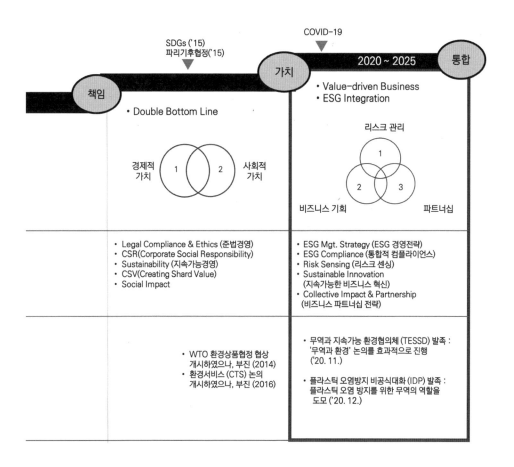

	SDGs ('15) 파리기후협정('15) ▼	COVID-19 ▼	
책임	가치	2020 ~ 2025	통합
	• Double Bottom Line 경제적 가치 (1 2) 사회적 가치	• Value-driven Business • ESG Integration 리스크 관리 (1) 비즈니스 기회 (2 3) 파트너십	

	• Legal Compliance & Ethics (준법경영)
	• CSR(Corporate Social Responsibility)
	• Sustainability (지속가능경영)
	• CSV(Creating Shard Value)
	• Social Impact
		• ESG Mgt. Strategy (ESG 경영전략)
		• ESG Compliance (통합적 컴플라이언스)
		• Risk Sensing (리스크 센싱)
		• Sustainable Innovation
		  (지속가능한 비즈니스 혁신)
		• Collective Impact & Partnership
		  (비즈니스 파트너십 전략)	

	• WTO 환경상품협정 협상
	  개시하였으나, 부진 (2014)
	• 환경서비스 (CTS) 논의
	  개시하였으나, 부진 (2016)
		• 무역과 지속가능 환경협의체 (TESSD) 발족 :
		  '무역과 환경' 논의를 효과적으로 진행
		  ('20. 11.)
		• 플라스틱 오염방지 비공식대화 (IDP) 발족 :
		  플라스틱 오염 방지를 위한 무역의 역할을
		  도모 ('20. 12.)	

[표 1]은 ESG 경영의 중점영역과 관련한 세부 이슈들을 보여주고 있다. 비즈니스의 경쟁력을 위해서 컴플라이언스(준수) 측면에서 반드시 해야 하는 경영 활동 뿐 아니라 비즈니스 성장을 위한 새로운 제품 개발, 생산 및 판매에 대한 프로세스 개선을 위한 투자, 새로운 기술 협력과 투자 등에 대한 활동을 포함한다. 크게 리스크와 기회 관점에서 ESG 경영이 이루어진다.

[표 1] ESG 경영 중점영역 및 이슈

ESG	주요 영역	영역별 세부 내용 및 이슈
E	1. 기후행동	탄소배출 저감관리,제품 탄소 발자국 관리, 기후 변화 리스크 관리, 재생 에너지 전환
	2. 자원선순환	재활용 원재료, 재활용 가능한 제품 개발(재활용 플라스틱), Closed Loop 구축
	3. 물 관리	용수 사용량 저감, 용수 재활용, 물 리스크 지역 관리 및 지원
	4. 생물다양성	생물 다양성 보호
	5. 오염 및 배출 관리	폐기물 저감 관리, 대기오염 물질 저감 관리, 토지 오염 저감 관리
	6. 친환경 제품	친환경 기술/제품 개발(재생에너지, 친환경 건물), 친환경 기술 인증
	7. 제품 책임	화학물질및유해물질 관리, 제품의 환경 및 사회 임팩트 평가 관리, 제품 안전성 강화
S	8. 인적 자본	임직원 역량 개발, 우수 인력 보유, 조직문화 관리
	9. 인권 경영	동등한 기회 및 차별금지, 강제노동및 아동노동 금지, 인권 영향 평가
	10. 다양성 및 포용성	임직원 다양성(성별, 종교, 인종, 국가 등) 관리
	11. 안전 보건	사업장 안전리스크 저감, 임직원 보건 관리 강화
	12. 공급망 책임 관리	공급망 인권 관리, 공급망 환경 관리
	13. 지역사회 임팩트	사회공헌, CSV, 임팩트 투자,동반성장
	14. 친사회 제품	사회문제(통신 접근성, 금융 접근성, 의료 서비스 접근성) 해결을 위한 제품
	15. 정보보호	개인정보보호, 사이버 보안
G	16. 위원회 운영	위원회 운영(감사위원회, 사회이사추천위원회, 보상위원회), ESG 이슈 검토 프로세스
	17. 이사회 구성	성별, 전문성 등을 고려한 이사회 구성
	18. ESG 운영 체계	ESG 전담 조직
	19. 컴플라이언스/ 리스크관리	윤리경영, 공정거래, 리스크 관리 체계
	20. 기업 지배구조/ 운영	배당정책, 경영진의 자사주 매입 등 정책
	21. 이해관계자 소통	ESG 공시 및 커뮤니케이션, ESG 평가 대응

2. 이해관계자 경영과 전략적 경영관리

　　사회가 요구하는 기업의 역할과 책임, 그리고 기업의 성장을 통한 가치 창출과 임팩트Impact는 이해관계자 경영에서 가장 중요한 맥락이고, 이에 대해 얼마나 선제적으로 비즈니스 성장 전략growth strategy과 경영 관리 전략management strategy을 상세하게 수립하고 운영, 관리하는지가 ESG 경영의 가장 중요한 성공요인이라고 볼 수 있다.

[그림 2]는 이해관계자 경영의 기본 구조를 보여주고 있다. 업종 특성과 조직, 고객 및 투자자들의 니즈needs에 따라 환경, 사회 관련한 경영과제 및 활동을 각 유관부서가 어떻게 계획Plan – 실행Do – 평가See 등을 실행하는지는 기업마다 다르다.

따라서 기업들은 ESG 경영에 대해 진단할 때 '이해관계자 기대치'와 '경영전략 의지치' 그리고 실제적인 '단기-중장기 리스크와 성과에 대한 예상치' 등에 대한 종합적 분석이 필요하다. 이를 기반으로 한 조직의 역량 강화 및 내재화에 대한 고민을 통해 이해관계자 경영은 실질적으로 숫자(재무) 및 정성 성과(스토리텔링)와 연계될 수 있다.

ESG 경영을 한다는 것은, 모든 부서가 고객, 투자자, 정책 등에 영향을 받아 '비용 효율성' 관점과 제품 자체의 '품질' 경영에 집중된 기존의 의사결정 기준 및 성과평가의 기준들을 균형 있게 바꾸어가는 과정을 의미한다.

ESG 경영을 도입하거나 고도화하는 기업은 비즈니스를 통한 가치 혁신에 대한 이해와 그 기업만의 ESG 경영의 중점영역 등에 대한 명확한 정의가 반드시 필요할 것이다. CEO의 의지, 중장기적 비즈니스 경영 전략에 대한 개념, 리더십-실무·사업장-본사 등의 역할과 기능, 유기적인 성과관리 등은 가장 우선적으로 검토해야 하는 요소들이다.

ESG 경영은 이해관계자 경영 관점에서의 선택과 집중, 전략적 의사결정이다. 따라서 항상 리더십leadership과 조직은 빠질 수가 없는 핵심동력인데, 이와 관련하여 모든 주요 부서/기능별 조직문화, 일하는 방식, 성과목표 및 관리에 ESG 경영관점을 내재화하는 것이 ESG 경영 관점에서의 필수 어젠다agenda가 된다.

[그림 2] 이해관계자 경영의 구조

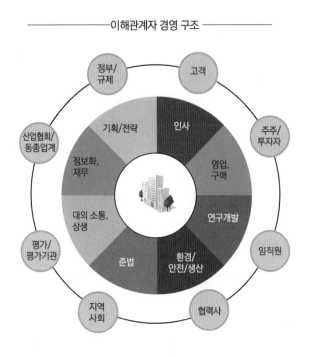

구분	예시	관련성이 높은 기능
정부/ 규제	국내·외 정부 규제&정책, 정부부처 (환경부, 노동부, 산업부 등)	기획/전략, 환경/안전/생산, 준법
고객	고객사	영업/구매, 연구개발
주주/투자자	국민연금, BlackRock, 금융사 등	기획전략, 대외 소통/상생
임직원	임직원	인사, 준법
협력사	협력사	영업/구매
지역사회	사업장 인근 지역 주민, NGO/시민단체, 국제기구, 미디어	대외 소통/상생
평가/ 평가기관	KCGS(한국기업지배구조원), Ecovadis, MSCI, CSA 등	기획/전략, 대외소통/상생
산업협회/ 동종업계	동종사	기획/전략, 연구개발

[그림 3] 주요 기능별 ESG 경영 관점 어젠다

전략	중장기 지속가능한 성장전략, 신시장 진출 전략, M&A
재무/IR	환경, 사회 경영 요소 포함 회계/재무 관리, 재무-비재무(ESG) 연계 정보 관리
구매	지속가능한 공급망 관리, 책임 구매, 공정 구매, 협력사 관리
인사	다양성과 포용성, 형평성, 인권 존중 노사관계, 휴먼 캐피털
사업	ESG 고려한 비즈니스, 임팩트 비즈니스, 파트너십을 통한 비즈니스
연구개발	환경 및 인권을 고려한 상품 개발, ESG와 Technology
생산	안전과 보건, 제품 책임
법무	ESG Integration Advanced Compliance, 해외 규제 동향 포함한 규제 센싱
커뮤니케이션	이해관계자 커뮤니케이션
PR/IR	소비자, 지역사회 관련 ESG 커뮤니케이션
CSR	전략적 임팩트 활동/CSV 추진

3. ESG 경영 고도화와 과제

ESG 경영을 한다는 것은, 전사 차원의 모든 부서가 이해관계자 관점의 성과를 균형적으로 모색한다는 것이다. 다시 말해서, 이해관계자 관점의 사업 성과관리를 통한 비즈니스 수익모델을 만들어가는 기반을 마련한다는 의미이다. 구체적으로 ESG 경영을 도입하고 고도화하기 위해서는 어떤 부분들을 점검하고 경영과제를 해야 할 것인가?

글로벌 기업들은 빠른 속도로 환경, 사회 영역에서 자원선순환, 공급망 관리, 친환경 혁신기술 등에 대한 이니셔티브를 선점하여 시장 포지셔닝market positioning 중이며, 글로벌 시장 안에서 비즈니스의 기회를 다각적으로 모색하고 있다.

국내 기업들도 이러한 부분에 선제적 모니터링monitoring을 통해 이해관계자 자본주의에서의 투자 매력을 한층 더 높이고, 경영전략 관점에서의 검토가 필요한 시점이다. 국내 기업들 간에는 서둘러 ESG 경영을 도입하기 위해 투자자 관점의 평가 결과를 비교하면서 ESG 관리지표를 만들어가고 평가점수를 올리는 것을 화두로 삼기도 한다. 하지만 이것은 정말 단기적인 대응에 머무르는 것이고, 아직 ESG 평가체계나 기준이 통일되어 마련되지 못한 현황을 고려해보더라도 ESG 경영의 내재화에서 가장 건강하지 못한 경우가 된다.

　　ESG 경영 도입과 고도화의 출발점은 "사업(제품과 비즈니스) 그리고 이해관계자"이다. 기업이 속한 산업industry의 변화, 시장에서의 경쟁기업peer group들의 동향을 포함하여 중요한 이해관계자stakeholder를 명확하게 판단하여 ESG 경영 로드맵roadmap을 그려내는 기업만이 ESG 경영을 통한 성장이 가능할 것이다. 아래 [그림 4]는 ESG 경영을 위한 네 가지 핵심 영역을 보여준다. 기업은 이러한 핵심영역을 준법과 윤리경영(컴플라이언스), 고객의 요구사항에 대응하거나 프로세스 효율성을 개선하는 관점과 비교 우위적인 시장 경쟁력 및 비즈니스 기회 창출이라는 관점으로 나눠서 살펴봐야 한다. 이러한 과정에서 분절화되어 모호해진 주요 유관부서 간 역할과 기능의 R&RRole & Responsibility는 명확해지고 효율적인 통합 성과관리가 가능하게 된다.

[그림 4] ESG 경영 고도화를 위한 핵심 과제

　　기술technology과 파트너십partnership이 당분간 새로운 시장으로의 중요한 파이프라인pipeline이 될 것이다. ESG 경영 전략은 탄소저감, 신재생에너지, 공급망리스크 이슈 등 비즈니스가 갖는 새로운 도전과제와 리스크에 대처하는 기술, 신사업 기회관점으로의

끊임없는 모색과 변화를 가능하게 한다. 새로운 제품개발이나 기술투자 영역의 의사결정 프로세스에도 그러한 관점이 내재화되어야 하는데, 이것은 거버넌스^G와 사회^S영역 인사^{human capital management}정책과도 매우 밀접하게 관련이 있다. 특히, 사회^S의 중점 이슈들은 이해관계자에서 파생되거나 요구되는 리스크이고, 이에 대한 ESG 경영은 준법^{legal compliance}을 넘어서는 것이다. 이해관계자의 이슈를 빠르게 파악하고 분석하는 조직의 역할이 강화되고 거버넌스^G 부분에서도 선진화가 필요한 부분이다.

요즘 ESG 경영의 실체에 대해 다양한 의견과 관점이 존재한다. 그러나 기업은 흔들림 없이 기업 본연의 존재의 이유와 성장전략에 집중하면 될 것이다. 기업경영 관점에서 ESG 그 안을 들여다보면 결국 고객과 투자자가 요구하는 가치, 그리고 더 나아가 사회에서의 기업의 역할과 기능에 대한 것이다.

지속가능 혁신 기술과 성장, 그리고 건강한 사회에서 기업의 역할에서 포트폴리오 변화와 신시장에 대한 도전은 분명히 선택과 집중이 필요한 부분이다. ESG 경영의 핵심은 기업의 가치를 결정하는 이해관계자들에 대한 신뢰를 쌓아가는 일이다.

2022년 ESG의 키워드는?*

지현영

2022년에도 ESG환경·사회·지배구조는 여전히 뜨거울 것 같다. 여기저기에서 경영의 메가트렌드의 하나로 ESG가 손꼽히고 있다. 그렇다면 2022년에는 어떤 이슈들이 ESG 경영의 주요한 키워드가 될까? 국외 전문기관이 내놓고 있는 자료를 분석해보았다.

먼저 '공급망 관리'이다. 프랑스, 독일, 네덜란드 등 유럽연합EU 개별 국가의 경우 일정 규모 이상의 기업에 자신의 사업 영역뿐 아니라 직·간접적 공급업체에서 발생하는 인권 또는 환경에의 부정적인 리스크를 관리할 의무를 부과하는 공급망 실사법을 도입했다. 2024년에는 EU의 기업 지속가능 실사 지침이 시행될 예정이라 국내 수출기업에 더 큰 영향이 불가피하다. 규제의 도입과 무관하게, 특히 온실가스 감축과 관련해 기업 간B2B 요구도 강력해질 전망이다. 대부분의 글로벌 대기업이 넷제로(탄소중립)를 선언함에 따라 2022년에는 공급업체에 더 적극적으로 온실가스 감축을 요구할 것으로 보인다. 하청업체에 대한 단가 인하 요구만큼이나 탄소 감축 압력이 일상적인 현상이 될 수 있다. 이에 한국산업기술진흥원은 ESG와 연관해 유망한 핵심 기반기술 중의 하나로 공급망 관리기술을 꼽기도 했으며, 이를 위한 인공지능AI 활용도 논의되고 있다.

'ESG 워싱에 대한 규제 및 감독 강화' 또한 화두가 될 것으로 보인다. ESG 워싱이란 환경, 사회, 지배구조의 각 지표에 대한 개선을 실제로는 하지 않으면서 하는 것처

---

* 이 글은 『세계일보』(2021. 12. 23.)에 실린 칼럼이다.

럼 위장하는 것을 뜻한다. 특히 환경 측면에 집중한 '그린 워싱'이 문제가 되어 왔는데, 2021년 규제를 강화한 프랑스에 이어 영국도 소비자 피해배상과 형벌 규정을 적용하는 등 2022년부터 강력 단속을 시행할 것을 예고하고 있다. 국내에서도 '한국형 녹색분류체계'가 본격적으로 시범 운영될 예정이다.

'소셜 워싱'을 예방하기 위한 '사회적 채권 가이드라인'이나 '소셜 분류체계'의 수립 움직임도 가속화될 전망이다. 코로나19 여파로 작년 사회적채권 발행이 급증했는데, 한국거래소에 따르면 현재 상장된 사회적채권은 112조 7000억 원에 달해 녹색채권보다 그 비중이 압도적으로 높다. 기획재정부는 2022년 사회적채권 가이드라인 공개를 예고한 상태이며, 작년 EU에서도 소셜 분류체계 초안을 내놓은 바 있다. 이에 따라 '사회' 영역에 대한 구체적인 논의가 더욱 활발해질 것으로 보인다.

'식량 안보'와 '생물다양성'에서 파생되는 이슈가 중요해질 것으로 보인다. 기아 사태가 심각한 아프리카 북부와 중동 지역은 작년 코로나19, 경기침체, 기후위기로 인한 재난이 겹치며 더욱 곤경에 처했다. 식량과 물 부족으로 인한 분쟁이 증가하고 있으며, 기후위기에 제대로 대응하지 않으면 전 세계 기아인구가 2억 명 가까이 늘어날 수 있다고 한다. 특히 2021년 코로나19로 일부 국가들이 취한 곡물 수출제한 조치는 식량 자급률의 중요성을 실감하게 했으나, 우리나라는 그 대비가 잘 이루어지지 못하고 있어 우려된다. 2022년에는 ESG 관점에서도 농업, 대체식품 등 식량과 관련한 이슈가 더욱 활발히 논의될 전망이다.

기후위기는 생물다양성도 심각하게 위협하고 있다. 2020년 제26차 기후변화 당사국총회COP26만큼이나 유의미한 국제회의가 중국에서 열렸는데, 유엔 생물다양성협약 당사국 총회CBD COP14가 그것이다. 주요국들은 생물다양성 손실을 멈추기 위한 새로운 프레임워크 초안을 공개했고, 2022. 4. '해양 및 육상 지역의 보호종에 대해 서식지 면적을 30% 이상 확보'하는 등 2050년까지의 목표에 대한 협상을 이어갈 것이다. 주요 기업 또한 지속가능보고서에 생물다양성과 관련한 내용을 포함하고 있다. 2021년 COP26에서도 2030년까지 산림 손실방지 합의가 이루어진 만큼, 기업에 대한 생물다양성 보전 요구는 더욱 강화될 것이다.

2022년 ESG 경영에 대한 요구는 더욱 고도화되고 세분화될 것이며, 기업과 규제 당국을 넘어 개인의 소비와 삶에도 그 영향이 확산될 것으로 보인다. ESG는 더 이상 업계에 국한된 용어가 아닌 시민들의 일상적 용어이자 요구가 되어 가고 있다.

인권경영과 ESG*

민창욱

1996. 6. 미국의 한 잡지에 12세 파키스탄 소년이 나이키 로고가 새겨진 축구공을 바느질하는 사진이 실렸다. 시민단체들은 나이키가 아동노동을 착취한다고 거세게 비난했다. 나이키는 "본사는 디자인과 마케팅을 담당하고 제품 생산은 협력사에 아웃소싱했다"면서 "협력사의 공장은 우리가 관리하지 않는다"고 반박했다. 그러나 전 세계에 비난 여론이 일면서 나이키의 매출과 주가가 폭락했다. 나이키 경영진은 뒤늦게 사과하고 재발방지 대책을 수립했다.

몇 가지 의문이 든다. 기업이 협력사 공장에서 발생한 인권침해까지 책임져야 하는가. 인권침해가 협력사 관리자의 고의나 과실로 발생했다면 어떨까. 글로벌 기업이 개발도상국에 진출한 경우 자국(선진국) 수준의 인권경영을 해야 하는가 아니면 해당 국가 수준에 맞는 준법경영만 하면 되는가.

이같은 의문에 답하고자 유엔은 2011. 6. '유엔 기업과 인권 이행지침'UNGPs을 만들었다. UNGPs는 '국가의 인권보호의무'와 '기업의 인권존중책임'을 구별하면서 양자가 상호 독립적임을 밝혔다. 특정 국가의 인권보호법제가 미비하더라도 기업은 이와는 별개로 어느 나라에서든 국제적으로 승인된 인권목록을 존중할 책임이 있다. UNGPs는 기업이 인권존중책임을 다하려면 인권실사를 실시해 전사적으로 인권 리스크를 발

---

* 이 글은 『서울경제』(2021. 7. 8.)에 실린 칼럼이다.

견·평가·관리해야 한다고 봤다.

　다소 논쟁적인 부분은 기업의 인권존중책임이 미치는 범위다. UNGPs는 기업이 인권침해를 '야기'caused한 경우뿐만 아니라 기업이 제3자의 인권침해에 '기여'contributed to하거나 이에 '직접적으로 연결'directly linked to된 경우에도 책임이 있다고 밝혔다. 기업은 자신과 사업 관계를 맺은 제3자(협력사)의 인권침해에 간접적으로 '연루'되지 않을 책임까지 부담한다는 것이다.

　앞선 사례에서 나이키는 직접 아동을 고용하지 않았다. 그러나 협력사의 아동노동 착취를 방조하거나 묵인했고 이로 인해 이익을 얻었다면 나이키는 간접적 인권침해에 대해서도 책임이 있다고 볼 수 있다.

　ESG환경·사회·지배구조 시대 기업의 공급망 관리가 화두이다. 각국은 공급망에서 인권침해를 예방하기 위해 UNGPs의 원리를 담은 법률을 제정하고 있다. 프랑스는 2017년 인권실사의무화법을 만들었고 EU 의회는 2021. 3. 인권실사의무화법안 채택을 결의했다. EU 법안은 기업뿐만 아니라 공급망에 대한 실사의무를 규정하면서 기업이 제3자의 인권침해에 '기여'한 경우에도 손해배상책임이 있다는 취지를 명시했다. 최근 입법예고된 우리 인권정책기본법안에도 기업이 "제3자의 인권침해에 관여하지 않아야" 한다는 조항이 있다.

　우리 기업도 인권실사를 통해 직·간접적 인권침해 요소를 점검해 보는 것이 어떨까. 인권경영의 법제화 추이와 별개로 기업 활동이 이해관계자들의 인권에 미칠 영향을 차분히 짚어 보는 것은 ESG 경영의 첫걸음이 될 것이다.

ESG와 노사관계*

임성택

ESG 시대, 자본주의의 대전환

코로나19라는 유례없는 사태를 맞으며 세계는 ESG로 뜨겁다. 환경, 사회, 지배구조의 약자인 ESG는 투자와 금융에서 시작되어 시장과 기업을 조금씩 바꾸고 있다. ESG와 같은 비非재무 요소가 기업가치 및 지속가능성에 결정적이라는 인식이 만들어지고 있다. ESG의 배경으로는 기후위기 등이 거론되지만 무엇보다도 이해관계자 자본주의의 대두가 중요하다.

2019년 미국의 대기업 협의체인 비즈니스 라운드 테이블BRT은 '기업의 목적에 관한 선언'을 발표했다. 주주를 위한 눈앞의 이윤만 추구하지 않고 근로자와 고객, 협력업체, 지역사회 등 이해관계자를 고려하는 근본적 책무를 이행한다는 내용이다. 이를 두고 주주 자본주의의 종식, 포용적 자본주의로의 전환이라는 보도가 이어졌다. 다보스 세계경제포럼WEF에서도 비즈니스가 이해관계자 자본주의를 전적으로 받아들여야 한다고 논의하였다. 운용자산 규모가 1경 원에 가까운(2020. 12. 말 기준 8.68조 달러) 미국 자산운용사 블랙록은 "이해관계자와의 긴밀한 관계가 수익률 향상을 견인한다."라며 기업들에게 이해관계자를 중심에 둘 것을 요구하고 있다. 우리는 지금 자본주의의 대전환을 보고 있다.

---

* 이 글은 ㈜중앙경제의 『월간 노동법률』 제361호(2021. 6.)에 실린 칼럼이다.

ESG 중 노동 이슈

노동은 ESG 중 Social 영역의 중요 이슈이다. 국제적 ESG 공시기준인 GRI 기준Global Reporting Initiative Standards 등에 따르면 기업은 노사관계와 관련하여 아래의 사항을 보고해야 한다. 안전과 보건, 인권이라는 항목을 제외하고도 노동 관련 이슈는 이렇게 광범위하다.

이해관계자	이슈	지표
임직원	노사관계	노동조합 설립 및 운영 여부
		결사 및 단체교섭의 자유를 보장하기 위해 기업이 취한 조치
		독립적인 노동조합 내에 포함되는 임직원의 비율
		단체교섭 협약이 적용되는 임직원 비율
	보상 및 복지	전 직원 보수 평균값(중간값) 대비 CEO 보수의 비율
		임직원에 대한 개인성과 보상 여부
		임직원에 대한 장기 인센티브
		근로자 복리후생
		퇴직연금 및 퇴직자 지원 제도
		우리사주제도
	역량 개발	임직원 역량 향상을 위한 교육프로그램
		프로그램별 임직원 참여율
		임직원 평균 교육 훈련시간 및 교육비용
	다양성, 형평성	임직원의 연령 구성
		임직원의 성별 구성
		소수자 비율(고령자, 외국인, 장애인 등)
		성별 임금 격차
	기업문화	이직률
		평균 근속연수
		직원 참여도
	기타	일과 가정 양립을 위한 지표
		기간제 근로자 비율

ESG와 노사관계 변화

ESG는 근로자를 보는 관점을 바꾸고 있다. 자본주의는 본래 자본 중심, 주주 중심의 기업을 전제로 한다. 자본은 노동을 고용하여 생산시설과 자원을 투입한 뒤 부가가치를 만들어낸다. 여기서 노동은 하나의 자원이다. 그런데 이해관계자 자본주의로 전환하면서 노사관계에 커다란 변화가 요구되고 있다. 근로자가 단순한 피용인이 아니라 중요한 이해관계자로 여겨지기 때문이다.

2019년 BRT 성명에서도 "직원들에게 투자함(공정한 보상과 중요한 혜택 제공, 다양성과 포용성, 존엄과 존중을 촉진)"이라는 부분이 "주주를 위한 장기적 가치를 창출함"보다 훨씬 앞서서 강조되고 있다. 근로자에게 투자하는 것(인적 자본), 근로자에게 공정한 보상과 혜택을 제공하는 것(근로조건), 근로자를 존엄한 존재로 인정하고 존중하는 것(인권경영), 근로자의 의견을 경영에 반영하는 것(경영관여) 등이 중요한 문제가 되고 있다.

인적 자본^{human capital}의 중요성

'인적 자본'이라는 개념이 다시 각광을 받고 있다.[1] 근로자를 인적 자원^{human resource}을 넘어 인적 자본^{human capital}으로 보는 것이다. 물적 자본^{capital} 못지않게 인적 자본^{labour}이 중요하다는 것이다. 사람은 '비용'이 아니라 '자본'이다. ESG 경영의 중심은 '사람'이다. 개인의 발전이 기업의 성장을 뒷받침한다. 사람에 투자하라. 이런 말들이 새삼 강조되고 있다.

하버드 로스쿨 기업지배구조 포럼이 2020. 3.경 발표한 '글로벌 기관투자자 조사결과'에 따르면 인적 자본 관리는 기후위기에 이어 두 번째로 중요한 ESG 과제로 인식되고 있다(응답자의 91%가 기후위기, 64%가 인적 자본관리를 중요한 ESG 과제로 꼽았다). 인적 자본이 기업의 성과와 밀접한 관련이 있고, 근로자 만족도가 높은 회사가 수익률도 좋고 주가도 더 높게 형성된다는 연구결과도 나오고 있다.

2020. 3.경 300개 이상의 세계적 기관투자자들이 함께 코로나 긴급 성명을 발표했다. 코로나 위기를 이유로 직원들을 해고하지 말 것, 직원들의 건강과 안전을 위해 유

---

1) 교육이나 직업훈련 등으로 경제적 가치나 생산력을 높일 수 있는 자본을 뜻한다. 인적자본이란 용어는 1950년대 말 미국의 노동경제학자인 슐츠 등에 의해 본격적으로 쓰이기 시작했다. 슐츠는 "인적 자본의 증가는 공장이나 설비 증가보다 경제성장에 더 큰 공헌을 한다."라고 주장했다.

급휴가를 줄 것, 직원 자녀의 돌봄을 지원할 것, 해고 노동자에 대한 건강보험을 지원할 것 등을 기업들에게 권고하였다. "불황은 짧고 인재는 영원하다."라는 말처럼 인적 자본이 중요해진 것이다.

한국에서도 다양한 사례가 나오고 있다. 최근 SK그룹은 'mySUNI'라는 교육 플랫폼을 만들었다. 급변하는 경영환경에서 지속가능한 성장을 위해서는 구성원의 역량을 키워야 한다는 배경에서다. 사장급의 최고학습책임자^{CLO, Chief Learning Officer}가 임명되었다. 커리큘럼도 인공지능, 디지털 전환, 글로벌과 같은 현안뿐 아니라 행복, 사회적 가치 등 다양하다. 놀라운 것은 직원들은 연간 근무시간의 10%가량인 200시간의 학습시간을 근무시간으로 인정받는다는 것이다. LG전자는 최근 스마트폰 사업부를 철수하기로 했다. 적자 사업부를 접을 때에 정리해고를 하던 과거와는 달리 LG전자는 해당 사업본부 직원들의 고용을 유지하고, 해당 직원들의 직무역량 등을 고려해 재배치할 계획이라고 밝혔다.

근로자의 경영관여^{employee engagement 2)}

기업 지배구조에서 근로자의 목소리를 강화하는 것은 ESG 시대의 중요한 거버넌스 이슈이다. 종전의 논의인 근로자 경영참여^{employee participation}를 ESG 맥락에서 재조명하고 있는 것이다.

근로자 경영참여는 독일의 공동결정제도와 같이 근로자가 자본가와 동등한 권리를 가지고 기업을 함께 경영하는 사례도 있고, 노동이사(노동조합 추천이사) 제도와 같이 이사회에서 근로자를 대표하는 사람을 지명하는 경우도 있다. 반면 전통적 노조가 아닌 사회적 파트너십^{social partnership}을 통해 사용자와 근로자 간의 경영협의가 이루어지는 경우, 근로자들이 이사회가 아닌 주주총회를 통해 경영관여를 하는 경우도 있다(우리사주제도). 전통적인 방식인 노동조합에 의한 단체협약도 넓게 보면 경영참여의 한 형태로 볼 수 있다.

ESG는 employee engagement라는 개념으로 이해관계자의 하나인 근로자의 목소

---

2) 투자자들이 행동적 주주로서 적극적으로 관여하는 것을 engagement라고 한다. 주주제안, 주주총회에서의 적극적 의결권 행사뿐 아니라 소통, 협의 등의 방법으로 회사의 이슈에 관여하는 다양한 활동을 말한다. engagement 개념을 근로자에 관해서도 원용하여 경영참여를 재조명하고 있다.

리를 듣는 것, 근로자들이 경영에 관여하는 것을 중요시한다. 다만 ESG 투자자들은 하나의 방식이 아니라 다양한 경영관여 방식이 있음을 인정한다. 실질적으로는 경영을 할 때 근로자의 의견을 얼마나 수렴하는지, 민주적 노사관계를 가지고 있는지를 중요하게 고려한다.

다양성, 평등과 포용^{DE&I : diversity, equity and inclusion}

다양성, 평등과 포용은 서구사회에서 가장 중요한 ESG 이슈로 떠오르고 있다. 미투#MeToo와 Black Lives Matter흑인의 생명도 소중하다 운동 이후 기업의 젠더 또는 인종 문제가 부각되었기 때문이다. 조직 내 다양성을 확보하겠다는 기업들의 선언이 줄을 이었다. 마이크로소프트는 2025년까지 흑인의 임원 비율을 2배로 늘리겠다고 선언했고, 골드만삭스는 '인종 형평성 개선위원회'를 조직하겠다고 밝혔다. 구글도 2025년까지 소수인종 임원 비율을 30% 이상 늘리겠다고 발표했다. 투자자들도 이사회에 다양성을 요구하고 나섰다. 나스닥은 다양성 이사 제도를 요구하여 여성 정체성을 가진 이사 1명과 소수자(인종, 장애, 성소수자 등)를 대표하는 이사 1명을 선임하지 않으면 나스닥에서 퇴출하는 프로그램을 만들고 있다.

한국에서도 여성 이슈가 중요하게 등장하고 있다. 한국 기업의 여성 비율, 여성 임원 비율은 OECD 국가 중에서 가장 낮은 편이다. 이런 문제의식을 배경으로 자산총액 2조 이상인 주권상장법인에 대하여 여성이사 1명을 의무화하는 법률이 만들어졌다. 여성이사 1명을 선임하는 것은 상대적으로 용이하지만 직원 중 여성 비율, 특히 임원 중 여성 비율을 하루아침에 높이는 것은 어렵다. 시장은 근본적인 변화를 요구한다. 세계의 투자자들은 Women Index를 만들어 투자심사에서 활용하고 있다. 여성 고용 비율, 성별 근속연수, 여성 임원비율 등을 토대로 기업이 여성을 얼마나 잘 활용하는지 살펴보고 '여성 친화기업'에 투자하고 있는 것이다.

ESG를 통한 노사관계 혁신

우리나라의 노사관계는 지난 시기에 많은 발전을 하였다. 그러나 여전히 부족한 부분도 많다. 아직 많은 기업들이 결사의 자유, 단체교섭의 권리를 인정하지 않고 있다(2019년 전국 노동조합 조직현황을 보면 노동조합 조직률은 12.5%이다. 300명 이상 사업장도 45%가량은 노동조합이 없다). 근로자를 이해관계자로 취급하는 기업문화도 정립되어 있지 않다. 민주적 노사관계가 형성되지 않은 사업장도 많다. 일부 기업에서는 대립적 노사관계로 인하여 노사간 협력은 요원하다. 노사관계가 눈앞의 이익에 집중하여 지속가능발전에 장애물이 되는 경우도 있다. 비정규직, 기간제 근로자 그 밖의 사회적 소수자의 문제는 노사관계에서 외면되고 있다.

인권경영은 확산되지 못하고 있다. 한국의 사기업 중 외부기관을 통하여 인권영향평가를 하고 인권보고서를 공개하는 경우를 찾기는 어렵다. 다양성 및 포용성도 아직 걸음마 단계이다. 여성 비율은 매우 낮고 여성 임원비율은 더욱 낮다. 이런 수치는 일과 가정의 양립이 쉽지 않은 환경을 고스란히 보여준다. 장애인, 경력단절 여성, 외국인, 고령자를 비롯한 사회적 소수자의 고용은 여전히 외면받고 있다.

ESG의 흐름은 이러한 문제를 해결하는 단초를 제공하고 있다. 근로자를 이해관계자로 보아 그 목소리를 경청하고, 근로조건을 개선하며, 역량개발을 위해 투자하는 흐름이 만들어지고 있다. 인권이 기업의 필수 요소라는 인식도 확대되고 있다. 다양성 및 포용성을 존중하는 문화도 생기고 있다. 예를 들어, 러쉬코리아는 비혼자를 위한 복지제도를 시행하고, 구글코리아는 게이글러스Gayglers라는 성소수자 지지모임을 만들었다고 한다. ESG가 한국의 노사관계 또는 기업문화를 발전시키는 계기가 되기를 기대해본다.

ESG와 PEF 투자[*]

안중성

ESG는 환경Environmental, 사회Social, 지배구조Governance의 약자로 기업의 비재무적 성과 및 지속가능성을 평가하는 기준이다. E(환경)는 기후변화, 탄소배출, 환경오염, 신재생 에너지, 폐기물관리 등에 관련된 이슈를 포함하고, S(사회)는 소비자보호, 데이터보호, 산업안전, 지역사회 관계, 인권, 노동기준 등에 관련된 이슈를 포함하며, G(지배구조)는 이사회 구성 및 활동, 감사제도, 배당정책, 주주권리 보호 등과 관련한 이슈를 포함한다. 그리고 ESG 투자는 이러한 ESG 이슈를 투자 의사결정에 반영하는 것을 의미한다.

전 세계적으로 ESG 투자 규모가 최근 급속히 증가하면서 지속적으로 확대되는 추세이고, 국내에서도 ESG 투자는 사회적 지속가능성을 높이며 중장기적 수익성을 제고한다는 투자자의 인식 확산과 더불어 한국거래소의 자산총액 2조 원 이상 상장기업에 대한 지배구조 공시 의무화 등 관련 규제가 정비되며 국내 자산운용업계의 아주 중요한 이슈가 되었다. 국내에서는 연기금·공제회 등이 ESG 투자를 주도하고 있는데, 이들이 그동안은 주로 자산운용사의 주식·채권형 펀드에 대해 ESG 투자 관련 요소를 반영하였다면, 최근에는 PEF 출자를 함에 있어서도 ESG 투자 관련 요소를 적극 반영하고 있는 것으로 파악된다.

이러한 ESG 투자 흐름은 2021. 2. 말 한국수출입은행의 글로벌 ESG 투자를 위한

---

[*] 이 글은 『리걸타임즈』 제152호(2021. 3.)에 실린 칼럼이다.

PEF 위탁운용사 선정 공고를 통해서도 확인할 수 있는데, 한국수출입은행은 PEF의 투자 단계에서 투자대상기업의 ESG 수준 진단을 통해 개선방안을 도출하고, 투자회수 단계에서 실질적인 ESG 개선 효과를 평가하는 방식으로 우리 기업의 ESG 내재화를 위한 체질 개선을 꾀한다는 계획인 것으로 파악된다. 그리고 해당 공고안에서는 운용사의 투자 관련 내규, 의사결정과정, 시스템 등에서의 ESG 요소 반영 여부와 ESG 투자전략이 운용사 선정의 주요 평가요소인 것으로 확인된다.

또한 ESG 외부 전문기관의 ESG 진단과 ESG 내재화 성과평가를 통해 한국수출입은행에 귀속되는 기준수익률 일부를 운용사에게 인센티브로 제공하는 등 위탁운용사를 통한 투자대상기업의 적극적인 ESG 경영내재화를 유도할 방침인 것으로 알려져 있다.

최근 한국산업은행, 국민연금, 한국교직원공제회와 같은 국내 연기금·공제회 등에서도 위탁운용사를 선정함에 있어, ESG 관련 운용사 내규 구축 및 운영 현황 등을 포함하여, 구체적인 ESG 투자 전략, ESG 이슈 등 비계량적 정보의 수집 및 평가방법, ESG 관련 이슈 발생 시의 대응전략 등이 마련되어 있을 것이 요구되고 있는 상황이다.

이처럼 국내 PEF 시장에서도 PEF 운용사에 대한 ESG 투자 방안 마련이 주요 기관투자자를 중심으로 요구되고 있으며, 이러한 움직임은 ESG 투자 흐름 속에 국내 PEF의 일반적인 투자자들에게까지 확대될 것으로 예상된다. 이에 PEF 운용사들도 이러한 추세를 적극적으로 인식하고 관련 시장 확대에 대비하여 ESG 투자 원칙과 정책을 수립하는 등 대응방안을 마련할 필요가 있을 것으로 판단된다.

그렇다면 PEF 운용사들은 ESG 투자 확산 추세에 구체적으로 어떠한 방안으로 대응해야 할까? PEF 운용사들의 규모, 인력 구성, 주된 투자 분야 산업 등에 따라 다르겠지만, 기본적으로 PEF는 ① 자금모집Fund Raising → ② 투자대상기업에 대한 투자Investment → ③ 기업가치 제고Value-addition → ④ 투자 회수Exit의 단계로 운용되는데, 이러한 PEF의 4단계 프로세스별로 ESG 투자와 관련해 필요한 사항이 충분히 고려되어야 할 것이다.

첫째, PEF의 자금모집Fund Raising 단계에서는 PEF 운용사의 ESG 정책 및 규정이 투자자들의 ESG 관련 정책과 ESG 투자 철학에 부합하여야 할 것이고, 투자자들이 이를 평가할 수 있는 시스템이 마련되어야 할 것이다. 그리고 PEF 운용사 자체적으로 사내 전문인력 양성 및 외부 전문기관 등과의 협력 등을 통해 ESG 관련 환경 변화에 효과적으로 대응할 수 있는 리스크 관리체계가 구축되어 있어야 ESG 투자를 원하는 투자자들에게 보다 높은 평가를 받을 수 있을 것으로 생각된다.

둘째, 투자Investment 단계에서는 투자대상기업에 대한 실사Due Diligence 등을 통해 ESG 주요 이슈를 파악하고 이를 심사하며, 투자의사결정 과정에서 이러한 이슈들이 정확하게 검토되었는지 확인될 수 있는 ESG 요소 체크리스트가 활용될 수 있어야 할 것이다. 그리고 투자대상기업의 비재무 영역ESG 및 재무적 가치를 측정할 수 있는 수단tool을 개발하고, ESG 관리체계, ESG 관련 컴플라이언스 및 예방제도와 같은 기본적인 ESG 규정 · 정책 및 프로세스가 구축되어 이러한 장치들이 투자의사결정 단계에서 충분히 고려되도록 하여야 할 것이다.

셋째, 투자 이후 기업가치 제고Value-addition 단계에서는 투자대상기업의 지배구조 투명성, 인적자원 관리, ESG 관련 제품 및 서비스의 지속가능성에 대해 적극적으로 관여하고, 이러한 내용이 PEF 투자자들과 지속적으로 공유될 수 있는 방안이 마련되어야 할 것이다. 투자대상기업과의 관계에서는 기업의 관리와 가치 제고의 일환으로 ESG 위험을 최소화하고 투자대상기업의 ESG에 적극 관여할 수 있도록 경영 관련 가이드라인 및 체크리스트 마련 등의 시스템 구축이 필요하다.

또한 PEF 투자자들과의 관계에서는 투자대상기업의 ESG 위험 및 기회에 관한 중요사항의 변화 여부와 이를 투자자들이 지속적으로 모니터링 할 수 있도록 ESG 경영 공시 및 대외 커뮤니케이션을 적극적이고 선제적으로 할 필요가 있을 것이다.

넷째, 투자 회수Exit 단계에서는 투자대상기업의 ESG 내재화 성과 평가를 통해 투자 회수 시점에 투자대상기업의 ESG 적정성을 평가할 수 있는 수단 마련이 중요하게 고려되어야 할 것이다. 그리고 ESG 투자 성과에 따른 운용사의 공정하고 합리적인 성과 공유 시스템이 작동될 수 있도록 제도화하는 방안도 필요할 것으로 생각된다.

국내 PEF 시장에서의 ESG 투자 및 관리가 과거에는 단순히 규범적인 수준에 불과하였다면, 최근에는 실질적인 수단으로 변화해가는 과정에 있다. 특히 PEF는 투자대상기업의 경영에 참여하여 기업의 가치를 창출한다는 점에서, ESG 투자에 가장 적합하게 활용할 수 있는 투자 수단vehicle이 될 수 있다고 생각한다. PEF 운용사 입장에서는 최근의 ESG 투자 흐름 속에 ESG 투자 및 관리에 적극적이고 선제적으로 대응하여, 투자를 통한 긍정적인 사회적 가치 창출에 힘을 모을 필요가 있을 것이다.

법률가의 글쓰기

법률가의 글쓰기*

김지형

시작하며

세 개의 질문으로 시작합니다.

질문 1 법률가는 왜 좋은 글을 써야 하는가

답을 대신하여 신문 칼럼 하나를 소개합니다. "하버드·MIT 졸업생들의 고백"이라는 제목의 글입니다.

> 하버드대학을 졸업한 40대 직장인 1,600명에게 '대학 시절 가장 도움이 되었던 수업이 무엇이냐'고 물었습니다. 90% 이상이 글쓰기 수업이라고 답했습니다. MIT의 경우, 졸업생들이 강력히 건의해서 '글쓰기 센터'가 만들어졌습니다. 코페르니쿠스, 갈릴레이, 뉴턴, 다윈 등 위대한 과학자들은 모두 위대한 작가였다고 합니다.
>
> -한국경제 2017. 2. 10.자 「고두현의 문화살롱」 중에서

글쓰기는 소통communication입니다. 법률가는 평생 작가 못지않게 많은 글을 씁니다. 좋은 글을 쓰지 못하는 작가를 좋은 작가라고 말할 수 없습니다. 법률가 역시 뛰어난 문장가가 되지 못하면 탁월한 법률가라고 말할 수 없습니다.

---

* 이 글은 지평교육연구위원회 주관 아래 필자가 집필하여 사내 이메일로 22회에 걸쳐 주간 연재물 형식으로 발송한 에세이를 하나로 묶은 것이다.

질문 2 어떤 글이 좋은 글인가

쓰는 이가 즐겁게 쓴 글이어야 합니다. 읽는 이에게 끌리는 글이어야 합니다. 글의 논조가 물 흐르듯 통하는 글이어야 합니다. 이 모두를 갖추었을 때 비로소 좋은 글이라고 말할 수 있습니다.

질문 3 어떻게 해야 좋은 글을 쓸 수 있을까

정답이 없습니다. 유일한 답은 '공부'입니다. 스스로 해야 합니다. 일상적으로 해야 합니다. 글쓰기 공부는 시작은 있되 끝은 없습니다. 무엇보다 글을 쓸 때마다 묻고 또 물어야 합니다. "나는 이 글에 정말 치열한가."

다음에 귀띔해 드리는 스무 꼭지 역시 정답은 아닙니다. 새로울 것도 없습니다. 글쓰기에 치열하려는 법률가를 응원하기 위해 간추린 것일 뿐입니다.

#1

"항상 읽는 이를 생각하라"

수사학rhetoric에서 설득력을 높이는 세 가지를 말합니다. 에토스ethos, 파토스pathos, 로고스logos가 그 것입니다. 에토스는, 같은 말이라도 말하는 이가 누구냐에 따라 설득력이 다르다는 것입니다. 파토스는, 듣는 이에게 친화적이어야 설득력을 높일 수 있다는 것입니다. 로고스는, 논리적 완결의 정도에 따라 설득력이 다르다는 것입니다. 법률문장에서는 파토스적 요소가 가장 중요하다고 생각합니다. 내가 쓰고 싶은 것이 아니라 독자가 읽고 싶어 하는 것을 써야 합니다.

법률가가 쓰는 글의 독자들은 대체로 매우 까다롭습니다. 취향도 서로 다릅니다. 이들이 읽으면서 고개를 끄덕이게 할 글을 써야 합니다.

예를 들어, 판사는 그대로 판결문으로 옮겨도 좋을 만한 글을 가장 좋아합니다. 판사는 체계적인 글, 쟁점 정리가 잘 된 글에 끌린다는 뜻입니다. 판사는 또한, 증거관계에 충실한 글을 좋아합니다. 증거를 뛰어넘는 주장은 판사의 믿음을 크게 떨어뜨립니다. 주장에는 항상 증거를 인용하는 서술방식이 좋습니다. 그리고 판사는 법리적 주장이 명확한 글을 좋아합니다. 무리한 추론은 신뢰감을 급속하게 떨어뜨립니다. 어법·용례·맞춤법(붙여쓰기, 띄어쓰기 포함)도 판사에게 친숙한 것을 선택하라고 권합니다. 법률문헌 등을 인용하는 방법도 판사의 눈에 익은 것을 사용하는 게 좋습니다. 글쓴이가 말하려는 것을 판사가 놓치지 않게 할 방법도 고민해야 합니다. 그중 하나로 시각적 효과를 높이는 방법을 잘 활용해야 합니다. 소제목을 활용하여 '핵심을 이루는 문구'를 넣고, 논거를 여럿 열거할 때 원문자 등을 활용하며, 밑줄, 굵은 글씨체, 다른 서체 등을 활용하고, 박스도 활용하며, 도표·서식·사진 등을 활용하고, 각주도 적절히 활용해야 합니다. 또 하나, 판사에게 가르치려는 듯한 어조를 사용하는 것도 금기시해야 합니다. 상대를 거칠게 비난하는 어조도 피하는 것이 좋습니다.

자문의견을 기다리는 고객은 판사와 다릅니다. 법리보다는 솔루션을 원합니다. 이유보다 결론을 먼저 알고 싶어 합니다. 의견서를 쓸 때 결론을 앞세우라는 것도 그 때문입니다.

#2

"상대와 차별화된 글을 쓰라"

법률가의 글쓰기에는 맞상대가 있는 경우가 많습니다. 어떻게 하면 상대보다 좋은 글을 쓸 것인가 생각해야 합니다. 상대가 내 글을 읽고 움찔하게 하는 글을 써야 합니다. 소송은 비교우위의 게임일 수 있습니다. 필자가 법관으로 있을 때, 즉 법률문장의 독자였을 때의 경험에 따르면, 이러한 비교우위 여부가 재판결과에 굉장히 큰 변수로 작용했던 기억이 남아 있습니다.

조심할 것은, 상대의 함정이나 꾐에 넘어가서는 안 된다는 것입니다. 불리하면 쟁점을 흐리면서 엉뚱한 쪽으로 끌고 가려고 합니다. 소송전략을 미리 세우고 늘 점검하면서 그 틀을 지켜야 합니다.

#3

"쉽게 Clear 쓰라"

읽는 이가 '어렵다'고 생각하면 끝장입니다. 아무것도 모르는 이에게 쓴다고 생각하고 써야 합니다.

쉽게 쓰는 일은 매우 어려운 일입니다. 완전한 이해가 선행되어야 하기 때문입니다. 예를 들어, 뉴턴Isaac Newton이 만유인력의 법칙을 '떨어지는 사과'로 설명하는 것은 결코 간단한 일이 아니었을 것입니다. 하지만 뉴턴은 탁월한 문장가였고, 우리는 뉴턴의 그 설명으로 만유인력을 너무도 쉽게 이해합니다.

정말 잘 아는 사람의 글은 매우 쉽습니다. 그래서 이 귀띔 말을 다르게 표현하면, 완전히 알고 글을 쓰라는 것입니다.

#4

"간결하게 Compact 쓰라"

"知者는 不言이고 言者는 不知니라."

노자의 도덕경에 나오는 말입니다. 직역하면 이렇습니다. "아는 사람은 말이 없고, 말하는 사람은 알지 못하느니라." 저는 이 문구를 이렇게 풀이합니다. "제대로 아는 사람은 말이 많지 않고, 말이 많은 사람일수록 잘 모르는 사람이다."

잘 아는 사람이 쓰는 글은 간결합니다. 간결한 문장이 전달력과 이해도를 높입니다. 길게 쓰면, 읽는 이의 호흡이 가빠지고 의미의 연결이 끊어집니다. 한 줄에 한 문장씩 쓰려고 마음먹어 봅시다. 수식어 남용도 하지 맙시다.

간결하게 쓰기 위해서는 시간과 공을 많이 들여야 합니다. 괴테가 '사랑하는 여동생에게 짧은 편지를 쓰려 했는데 시간이 없어서 긴 편지를 쓰게 되었다'고 자책했다는 일화에서 위대한 문장가의 면모를 엿봅니다.

"중용"에 관해 써본 예시 글입니다.

> 누군가 즉문즉설로 유명한 법륜스님에게 주량이 어느 정도일 때 중용을 갖추었다고 할 수 있는지 물었는데, 스님께서는 많이 마셔야 할 때 많이 마시고, 적게 마셔야 할 때 적게 마시며, 마시지 말아야 할 때 마시지 않는 것이 중용이라는 말씀으로 중용을 설파하였습니다.

이 한 문장의 글을 이렇게 고쳐 쓸 수도 있을 것입니다.

> 법륜스님이 계십니다. 즉문즉설로 이름난 분입니다. 누군가 스님에게 물었습니다. "주량이 어느 정도일 때 중용을 갖추었다고 말할 수 있습니까." 스님이 답했습니다. "많이 마셔야 할 때 많이 마시고, 적게 마셔야 할 때 적게 마시며, 마시지 말아야 할 때 마시지 않는 것, 이것이 중용이다."

'법률문장을 하나하나 다 간결하게 쓸 수는 없는 노릇 아닌가'라는 의문에 대해서는, '별로 중요하지 않은 내용은 좀 긴 문장을 써도 되지만, 핵심을 담고 있는 문장은 짧게 끊어서 쓰라'는 이영희 선생의 말씀("대화" 중에서)이 조금 도움이 되지 않을까요? '한 문장의 길이가 2백자 원고지 세 줄 정도를 넘지 않도록 신경을 써왔다. ⋯ 긴 문장이 나온 뒤에는 짧은 문장이 두세 개쯤 나와서 독자가 한숨 돌릴 수 있도록 구성을 하고. ⋯ 문장이 길면 읽는 사람의 호흡이 가쁘고, 앞뒤 의미의 연결에 혼란이 올 수 있다는 생각에서지.'라는 이영희 선생의 말씀(위 "대화" 중에서)도 잘 음미해 볼 만합니다.

#5

"정확하게 Concise 쓰라"

누구도 두루뭉술하고 모호한 글에는 고개를 끄덕이지 않습니다. 정확하지 않은 내용이 일부라도 포함되면 아무도 설득하지 못합니다. 더 불행한 결과는 글 전체에 대한 믿음을 무너뜨린다는 것입니다.

주장의 근거를 객관적으로 명확하게 제시하여야 합니다. 사실에 관한 주장은 증거로, 법리에 관한 주장은 논거로 충실하게 뒷받침되어야 합니다. 의뢰인에 대한 애정이 넘친 나머지, 주관적 판단으로 무리하게 추론하지 말아야 합니다.

앞서 영문이 병기된 세 가지 키워드 Clear, Compact, Concise는 국제적으로 통용됩니다. 함석천 부장판사는 법률신문(2013. 10. 28.자, 「法臺」에서)에 기고한 글("또 다른 법대에서")에서 이 점을 확인해 주었습니다. 한미 지재소송 국제컨퍼런스에서 만난 미국의 어느 판사가 간담회 때 이런 말을 하더라는 것입니다. '자신이 법대에서 변호사에게 권하고 싶은 말을 세 단어로 간추리면 Compact, Concise, Clear이다.'

#6

"논리적 오류를 범하지 마라"

논리적 오류는 치명적일 수 있습니다. 대법원 판례는 "논리칙"을 말합니다. 논리학을 공부해야 합니다. 논리학에서 말하는 논리적 오류의 전형적인 유형([별첨] 참조)을 알아두면 좋겠습니다.

유명 베스트셀러 "아프니까 청춘이다"는 후건긍정의 오류입니다.

영업양도와 근로관계의 승계에 관한 판례 법리는 순환논리의 치명적인 오류를 범하고 있습니다. 판례는, 영업양도의 경우 근로관계가 원칙적으로 승계된다고 하면서 그 이유를 상법상 영업양도라 함은 물적 설비와 함께 근로관계 등 기업의 인적 조직이 포괄적으로 승계되는 것을 뜻하기 때문이라고 합니다.

논점이탈 오류의 대표적인 예는, 둘이 한참 논쟁하다가 한쪽이 "너 몇 살이야?" 하고 화내는 것을 들 수 있습니다. 결과 과장의 공포에 호소하는 오류도 논점이탈의 오류에 속합니다. 노동사건에서 흔히 볼 수 있습니다. 실제로 판사에게는 아주 효과적인 논거일 수는 있습니다. 오류임을 알면서도 하는, 다분히 의도적으로 역이용하기도 하는 오류이기도 합니다. 그렇게 하라는 뜻은 절대 아닙니다.

이러저러한 여러 유형의 논리적 오류를 정확히 알면, 상대 주장이나 하급심 판단의 논리적 오류를 파고들 수 있을 것입니다.

논리적 오류를 피하라는 것은 논증의 소극적인 측면입니다. 적극적인 측면에서 논증을 말한다면, 설득력 있게 논거를 제시하는 것이 중요합니다. 뒤에 이어지는 일곱 번째부터 열한 번째까지의 귀띔 말은 이에 관한 것들입니다. 설득력을 높이는 로고스적인 요소들입니다.

[별첨] 논리적 오류의 전형적인 유형

-김지형, "노동법리의 법적논증"(서울대학교 법학평론 제4권)에서 발췌

1. 논리적 추론규칙에 위반하는 것을 '오류'라고 한다. 오류에는 '형식적 오류'와 '비형식적 오류'가 있다.

2. 형식적 오류는 주장의 내용과 관계없이 논리 전개의 형식에서 반드시 따라야 할 논리적 규칙들을 준수하지 않는 데서 생기는 오류를 말한다.

가. 전건 부정前件 否定의 오류

'p이면 q이다'를 전제로 하여, 'p가 아니면 q가 아니다'라는 결론을 이끌어내는 오류를 말한다. 예를 들어, '아프면 학교에 가지 않는다'에서, '아프지 않으면 언제나 학교에 간다'는 결론을 내는 경우이다. 학교에 가지 않는 경우는 아픈 경우 외에도 여러 경우가 있으므로, 이러한 추론은 오류이다.

나. 후건 긍정後件 肯定의 오류

'p이면 q이다'를 전제로 하여, 'q이면 p이다'라는 결론을 이끌어내는 오류를 말한다. 예를 들어, '아프면 학교에 가지 않는다'에서, '학교에 가지 않았다면 아픈 것이 틀림없다'는 결론을 내는 경우이다.

다. 선언지 긍정選言肢 肯定의 오류[흑백사고(黑白思考)의 오류]

A이면서 동시에 B인 경우가 있거나 A나 B 외에도 다른 경우가 있을 수 있음에도 불구하고 '무엇은 A이거나 B이다'는 전제에서, 'A이면 B가 아니고 B이면 A가 아니다'라는 결론을 이끌어내는 오류이다.

라. 삼단논법의 오류(매개념 부재의 오류, 매개념 애매의 오류)

예를 들어 '모든 사람은 죽는다'(대전제) → '소크라테스는 사람이다'(소전제) → '그러므로 소크라테스는 죽는다'(결론)의 전형적인 삼단논법에서 대전제와 소전제 중에 나타나는 '사람'이 매개념媒槪念이고, 중개념中槪念이라고도 한다. 대전제와 결론의 술어가 되는 개념(→ 죽음)을 대개념大槪念, 소전제의 주어가 되는 개념(→ 소크라테스)을 소개념이라 하고, 대전제와 소전제에 포함되어 소개념과 대개념을 매개하여 결론을 성립시킨다고 하여 매개념이라 한다. 이러한 세 개의 개념 대신 네 개의 개념이 등장하여 결과적으로 매개념이 없거나, 매개념을 애매하게 설정하는 오류를 삼단논법의 오류라 한다.

마. 선결문제 미해결의 오류

부당가정, 동어반복, 순환논리, 거지논법, 질문구걸의 오류라고도 한다.

바. 논점 절취의 오류

증명되어야 할 것을 참으로 가정하여 논증하는 오류를 말한다. 순환 논증, 악순환 논증, 주장된 본래의 명제를 증명하지 못한 논증이라고도 한다.

사. 자가당착의 오류(비정합성의 오류)

서로 모순되거나 양립할 수 없는 두 가지 주장을 동시에 내세워 논증함으로써 발생하는 오류를 말한다.

3. 비형식적 오류는 논리 전개의 형식에서는 논리적 규칙을 준수하고 있지만, 논리를 전개해 가는 과정에서 오류를 범하는 것을 말한다.

가. 논점이탈의 오류

주의분산의 오류 또는 허수아비 공격의 오류(A를 증명하여야 하는 것이 핵심 논점인데도 이와 무관한 B를 주장하고 증명함으로써 그 주장의 정당성을 논증하려는 것이다. 논증에 무용한 증명이어서 결과적으로 논증은 실패로 돌아간다. 의도적으로 실질적인 논점에서 예상되는 약점을 숨기기 위해 핵심에서 벗어난 다른 논점을 제기하여 주의를 분산시킴으로써 쟁점을 왜곡하거나 혼란을 일으키는 수법이 악의적으로 동원되기도 하나, 이러한 의도 없이 행하여지는 경우도 있다), 질투에 호소하는 오류, 소수에 호소하는 오류, 적절한 양이나 비율에 호소하는 오류, 증오에 호소하는 오류, 속물근성에 호소하는 오류, 동정에 호소하는 오류, 당사자의 명성이나 권위, 특권에 호소하는 오류, 인신공격이나 조롱에 호소하는 오류, 대중에 호소하는 오류, 나이에 호소하는 오류, 전통이나 선례에 호소하는 오류, 새로움에 호소하는 오류, 결과 과장의 공포에 호소하는 오류 등이 이에 속한다.

나. 아직 거짓으로 증명되지 않았다는 이유로 참이라고 주장하거나, 참이라고 증명되지 않았다는 이유로 거짓이라고 주장하는 오류

존재의 증명의 부재를 부존재가 증명되었다고 주장하는 오류를 말한다.

다. 우연의 오류

일반원칙이 적용될 수 없는 예외적인 상황인데도 여기에도 일반원칙이 그대로 적용되어야 한다고 주장하는 오류를 말한다.

라. 역逆우연의 오류

흔히 '성급한 일반화의 오류'라고 한다. 아직 일반화시킬 수 없는 단편적이고 예외적인 상황에서 나온 것을 일반원칙이라고 주장하는 오류를 말한다. 우리 대법원 판례 중에는 심심치 않게 「원심은 …라고 판단하였는바, 원심판결의 이유를 기록에 비추어 살펴보면, 원심의 이러한 판단은 정당하다.」는 형식의 판결문을 찾아볼 수 있다. 이것은 당해 사건의 개별 사안에 대한 판단의 정당성만을 인정한 것이므로, 이러한 판례를 들어 일반적인 판례법리의 성립을 주장하는 것은 성급한 일반화의 오류에 해당할 것이다.

마. 거짓 원인의 오류(인과관계 추론의 오류), 논리비약의 오류

논거와 논리적 연결고리 없이 결론에 이르는 오류를 말한다.

바. 복합질문의 오류

사. '너도 하잖아' 논증의 오류

아. 애매함(얼버무림과 모호함)의 오류

자. 구성의 오류

개별적인 것에만 속하는 것이 전체에 해당한다고 주장하는 것을 말한다. 부분의 속성에서 전체 속성을 잘못 추론하는 것(예: 시카고에서 여행하면서 단편적으로 겪은 나쁜 경험들을 토대로 '시카고는 끔찍한 도시다'라고 추론하는 것)과, 개체 원소의 속성 또는 모임의 한 성원에서 모임의 속성 또는 원소들의 총합을 추론하는 것(예: 마피아 단원들이 이탈리아계라는 이유로 모든 이탈리아계 미국인을 범법자로 추론하는 것)의 두 가지 형식 중 하나이다.

차. 분할의 오류

'구성의 오류'에 반대로 주장되는 오류이다. 전체의 특성이 전체를 구성하는 부분들의 특성이라고 추론하거나(예: 이탈리아 파스타가 세계 최고라는 이유로 로마에 있는 파스타 가게에서 파스타를 먹는 것은 세계 최고의 파스타를 먹는 것이라고 추론하는 것), 한 집합의 특성이 그 집합의 일부 성원의 특성이라고 추론하는 것(예: 뉴욕 양키스가 메이저 리그 최고의 야구팀이라는 이유로 그 팀의 2루수 선수가 메이저 리그 최고의 2루수라고 추론하는 것)을 말한다.

#7

"중요한 것을 먼저 쓰라"

의제를 선점하라는 것입니다. 핵심 논거를 먼저 제시해서 임팩트를 주어야 합니다. 그 뒤에 보충적 논거가 따라오게 하는 것이 좋습니다. 전투에서 군사의 배치가 중요하듯이, 논증에서는 논거의 배치가 승패를 가릅니다.

황진구 부장판사도 "유혹하는 글쓰기"라는 제목으로 법률신문 월요법창(2016. 2. 1.자)에 기고한 글에서 이 점을 강조하고 있습니다. "중요한 것을 먼저 써라. 논거들 중에는 핵심이 있다. 그것이 설득력을 가질 때 공감이 이루어진다."

이것이 성공을 거두려면 '무엇이 핵심인지를 가려낼 수 있는 능력'이 있어야 함은 물론입니다. 명의가 그러하듯, 맥을 잘 짚어야 합니다. 이에 관해서는 뒤에서 따로 다루겠습니다(#18 "핵심을 꿰뚫어 보라").

#8

"동문서답하지 마라"

동문서답東問西答, 독자가 무엇을 알고 싶어 하는지 모를 때 저지를 수 있는 실수입니다. 그러나 실수라고 이해와 용서를 받을 수 있을까요? 독자의 짜증을 유발하는 순간, 결과는 혹독합니다.

"유혹하는 글쓰기"의 황진구 부장판사도 이 점을 놓치지 않습니다. "법률문서는 글을 통한 대화인 경우가 많다. 동문서답을 아름답게 쓰는 것보다 투박하더라도 물어본 것에 대답해 주는 것이 더 필요하다."

#9

"(하나하나) 섬세하게 쓰라"

작가 김훈은 아래 글에서 섬세한 글쓰기가 무엇인지 실감나게 일깨워줍니다.

> 내가 쓴 장편소설 '칼의 노래' 첫 문장은 "버려진 섬마다 꽃이 피었다"입니다. 이순신이 백의종군해서 남해안으로 내려왔더니 그 두 달 전에 원균의 함대가 칠천량에서 대패해서 조선 수군은 전멸하고 남해에서 조선 수군의 깨진 배와 송장이 떠돌아다니고 그 쓰레기로 덮인 바다에 봄이 오는 풍경을 묘사하기 시작한 것입니다. "버려진 섬마다 꽃이 피었다"에서 버려진 섬이란 사람들이 다 도망가고 빈 섬이란 뜻으로, 거기 꽃이 피었다는 거예요. 나는 처음에 이것을 "꽃은 피었다"라고 썼습니다. 그리고 며칠 있다가 담배를 한 갑 피면서 고민 고민 끝에 "꽃이 피었다"라고 고쳐놨어요. 그러면 "꽃은 피었다"와 "꽃이 피었다"는 어떻게 다른가. 이것은 하늘과 땅의 차이가 있습니다.
>
> "꽃이 피었다"는 꽃이 핀 물리적 사실을 객관적으로 진술한 언어입니다. "꽃은 피었다"는 객관적 사실에 그것을 들여다보는 자의 주관적 정서를 섞어 넣은 것이죠. "꽃이 피었다"는 사실의 세계를 진술한 언어이고 "꽃은 피었다"는 의견과 정서의 세계를 진술한 언어입니다. 이것을 구별하지 못하면 나의 문장과 소설은 몽매해집니다. 문장 하나하나마다 의미의 세계와 사실의 세계를 구별해서 끌고 나가는 그런 전략이 있어야만 내가 원하고자 하는 문장에 도달할 수 있습니다.
>
> ─김훈의 에세이 "바다의 기별" 중에서

법률문장에 사실에 대한 서술이 빠질 수 없습니다. "사실은 존재하지 않는다. 오로지 해석만이 존재할 뿐이다." 니체가 한 말입니다. 얽히고설킨 사실을 있는 그대로 다 열거하는 것은 불가능하기도 하고 의미도 없습니다. 그중에서 유의미한 사실을 간추리고 강약과 완급을 조절해서 스토리를 만드는 일을 법률가도 해야 합니다. 사실을 해석하고 재구성해야 합니다. 여기에는 작가적 감수성도 발휘되어야 합니다. 무미건조한 글이 감흥이나 감동을 줄 수는 없습니다.

법을 말할 때는 명료하고 자신 있는 논조를 갖추어야 합니다. 판례를 인용할 때도 저인망식으로 열거하지 말고 불리한 것과 유리한 것을 구분해서 인용 여부를 가려야 합니다. 법리적 논거를 세울 때 그것을 뒷받침할 적절한 예시를 발굴·제시하면 효과적입니다.

사실은 사실대로 법은 법대로 세밀하게 써야 하고, 동시에 사실과 법은 이것을 명확히 구분해서 말해야 합니다. 이 둘을 애매하게 섞어 쓰지 말라는 뜻입니다.

#10

"꼬투리 잡히지 마라"

제시한 여러 논거 중에 어느 하나라도 허점이 확인되면 그 논거는 처음부터 없었던 것보다 훨씬 더 나쁜 영향을 줍니다. 해악은 그 논거에 그치지 않습니다. 글 전체의 신뢰감을 확 떨어뜨리게 됩니다. 논거 하나하나마다 가장 적대적인 반대의견을 가진 쪽에 서서 한 번 더 생각해야 합니다. 반대자가 제기할 반론을 미리 예상하고 논거를 다듬어야 합니다. 쓸데없이 꼬투리를 잡힐 만한 논거는 아예 빼야 합니다.

미국연방대법관을 역임한 어느 분의 일화는 시사하는 바가 큽니다. 이 분은 보수적 성향의 대법관이었는데, 자신의 로클럭^{law clerk} 서너 명 중 한 명은 반드시 진보적 의견을 가진 로스쿨생 중에서 선발하여, 대법관 전체 평의에 앞서 그 로클럭과 치열한 논쟁을 벌였다고 합니다.

#11

"짜임새 있게 쓰라"

우선 '전체적으로 논리 구성을 어떻게 할까'의 문제입니다. 예를 들어, 사실심 소송서면과 법률심 소송서면의 차이는 하급심 판결문과 대법원 판결문과 대비해 보면 금방 알 수 있습니다. 사실심은 '사실관계 → 법리적용 → 결론'으로 구성됩니다. 법률심은 '법리 → 원심의 법령위반 사유 → 결론'으로 구성됩니다.

'사실관계를 어떻게 구성할까'와 관련해서는, 스토리텔링의 기법이 필요하다고 말씀드리고 싶습니다. 왜 내 의뢰인이 법적 보호나 권리구제를 받는 것이 타당한지 호소력 짙은 스토리텔링이 필요합니다.

'법리적 논거를 어떻게 구성할까'와 관련해서는, 대체로 귀납법(미괄식)보다는 연역법(두괄식)이 좋겠다는 생각입니다. 그리고 여러 논거들을 배치하는 데는 전략적인 고려가 필요합니다. 앞서도 말씀드렸지만, 의제를 선점할 수 있는 주된 논거가 무엇이고, 그것을 보완해 주는 보충논거가 무엇인지를 가려, 전체적인 구성에 완결성을 더하여야 합니다. 특히 주의할 것은, 가능한 다양한 논거를 제시하되, 제시한 여러 논거 중에 어느 논거가 다른 논거와 사이에 모순이나 충돌이 있으면 안 된다는 것입니다. 다음 회回에서는 '문장의 전달력을 높이기 위해 좀 더 디테일하게 고려해 볼 점들'을 세 가지 정도 말씀드릴까 합니다(#12~#14).

#12

"수사修辭, 레토릭를 창조하라"

독자에게 울림이나 강렬한 인상을 남길 수 있는 한 마디가 있으면 좋겠습니다. 수사는 예술입니다. 창의력이 요구됩니다. 원하는 메시지 전달에 딱 들어맞는 은유(메타포)나 정곡을 찌르는 표현이 들어가면 살아 숨 쉬는 글이 될 것입니다.

신용복 선생도 "담론"에서 이 점을 강조하고 있습니다. 귀곡자鬼谷子의 시론을 소개하는 대목에서 레토릭이 중요하다고 말합니다. 귀곡자는 전국시대 장의張儀와 소진蘇秦의 스승으로 알려진 인물이라고 합니다.

> 귀곡자 연구자들에 의하면 소크라테스는 레토릭에 실패했다고 합니다. 소크라테스 대화법의 전형인 '너 자신을 알라!'가 그렇다는 것입니다. 상대방을 대단히 불쾌하게 하는 어법입니다. 키 작고 머리도 벗어진 소크라테스는 1년 내내 같은 오버코트를 입고 다녔습니다. 그런 행색으로 던지는 "너 자신을 알라!"고 하는 도발적 언어는 불쾌하기 짝이 없습니다. … 공자도 그런 점에서 정치 영역에서 실패한 사람이라고 봅니다. 14년간 여러 나라를 유랑했지만 자리를 얻지 못했습니다. … 자신의 지식을 꾸며서 어리석은 사람들을 모욕하고, 자기의 행실을 닦는 것은 좋지만 그것으로 다른 사람의 허물을 드러나게 했다는 것입니다. … 교언영색巧言令色만 하더라도 그렇습니다. 말씨와 외모를 꾸미는 것은 인仁이 아니라고 했습니다. 귀곡자는 반대로 그것을 해야 한다고 주장합니다. 상대방을 설득해야 하고, 설득하기 위해서는 그와의 대화가 기쁜 것이어야 합니다. … 귀곡자는 언어를 좋은 그릇에 담아서 상대방에게 기분 나쁘지 않게 전달하는 것, 그것이 성誠이라고 했습니다.

미국연방대법원 판결문에는 그야말로 눈부신 수사가 많이 등장합니다. 예를 들어, 올리버 웬델 홈스 대법관은 판결문에서 표현의 자유를 "우리가 아무리 싫어하는 생각이라도 자유롭게 말할 수 있는 권리Freedom for the thought that we hate"라고 썼습니다. 미국연방대법원 판결문에는 다양한 서양고전 작품이 인용됩니다. "미국연방대법원 판결문에 나타난 서양고전작품"이라는 제목의 안경환 교수 논문(한국법학원, 「저스티스」 제27권 제1호 게재)에 따르면, 판결문에는 호머Homer · 아리스토파네스Aristophanes · 플라톤Plato · 아리스토텔레스Aristotle · 플루타르크Plutarch · 타키투스Tacitus · 아우구스티누스Augustine · 아퀴네스Thomas Aquinas · 초서Chaucer · 홉스Hobbes · 셰익스피어Shakespeare · 베이컨Francis Bacon · 스피노자Spinoza · 밀턴Milton · 로크Locke · 몽테스키외Montesquieu · 애덤 스미스Adam Smith · 칸트Kant · 존 스튜어트 밀J. S. Mill · 멜빌Melville · 마르크스Marx · 톨스토이Tolstoy · 윌리엄 제임스William James · 프로이트Freud 등이 대표적으로 인용되고 있다고 합니다. 뿐만 아니라 팝송 가사까지 인용되기도 합니다. 2016년에 노벨문학상을 수상한 팝송 가수 밥 딜런Bob Dylan의 '구르는 돌처럼Like a Rolling Stone'에 나오는 "가진 게 아무것도 없으면 아무것도 잃을 게 없다When You Got Nothing, You Got Nothing to Lose"는 가사가 그 예입니다.

#13

"풍부한 어휘를 구사하라"

넓게 보아 레토릭^{rhetoric}의 범주에 듭니다. 여기서 구체적으로 강조하고 싶은 것은, 1~2쪽 안에 같은 단어를 절대 반복해서 쓰지 말라는 것입니다.

이영희 선생은 글쓰기에 관하여, "사실 나는 내 글이 문학은 아니지만 글을 쓸 때 아름답고 정확한 문장을 쓰도록 노력해 왔다."면서, "그래서 200자 원고지에 혹 같은 낱말이 들어있으면 다른 낱말로 대체"했다고 합니다(이영희 선생의 "대화" 중에서).

글을 쓸 때는 항상 네이버 사전을 함께 열어놓는 것도 생각해 볼 수 있지 않을까요?

#14

"퇴고하고, 퇴고하고, 퇴고하라"

"끝날 때까지는 끝난 것이 아니다.^{It ain't over 'til it's over}"

미국 메이저리그 전설적인 포수 요기 베라^{Yogi Berra}가 뉴욕 메츠 야구팀 감독으로 있을 때 한 말이지요. 그는 이 말 끝에 리그 최하위에 있던 팀을 포스트 시즌에 진출시키는 기적을 일으켰습니다.

글쓰기 역시 퇴고를 완전히 마칠 때까지는 끝난 것이 아닙니다. 퇴고를 다 마쳤다고 생각할 때 또다시 퇴고해야 합니다. 이영희 선생의 말씀은 글쓰기에서 퇴고란 무엇인가를 일깨워 줍니다.

> … 다 정리를 해놓고 보니 너무나 허술하다는 생각, 특히 지금까지 내가 세상에 내놓은 글을 기준으로 볼 때는 도대체 내가 한 얘기가 이 모양인가 싶을 정도로 한심한 거야. 그래서 밤에 '어느 쪽의 무슨 행에 그 낱말이 잘못 되었구나', '앞뒤 순서가 잘못 되었구나', 이런 생각이 들면 자다 말고 나와서 떨리는 손으로 한 시간 정도 수정하곤 했어. 그렇게 세 번을 수정을 해서 이렇게 책으로 나오게 됐어…
> —이영희 선생의 "대화" 중에서

잊지 마십시오. 최종 제출한 서면에 오탈자가 한 자라도 있으면, 그 서면은 성의 없이 쓴 글로 읽힌다는 것입니다.

다음부터는 '쓰는 이' 자신, 즉 '에토스'적인 요소에 관해 말씀드립니다(#15~). 글쓰기의 근력을 키우기 위해 무엇이 필요할까 하는 것입니다.

#15

"많이 들어라"

법률문서 작성에 앞서 담당변호사들끼리의 킥오프^{kick-off} 미팅, 치열한 브레인스토밍^{brainstorming}이

중요한 이유입니다.

생각의 폭을 넓히기 위한 좋은 방법 중 하나입니다. 나와 같은 생각이거나 다른 생각이거나 어느 경우든 남과 얘기하다 보면 내가 놓치고 있던 것을 알게 되는 때가 많습니다.

많이 들으려면 많이 말을 걸어야 합니다. 토론을 이끌어야 합니다. 고객과의 관계에서도 마찬가지입니다. 고객이 나에게 귀찮게 말을 걸기 전에 내가 먼저 고객에게 귀찮게 말을 걸라는 것입니다.

#16

"많이 읽어라"

독서의 중요성은 아무리 강조해도 지나치지 않습니다.

닐 포스트만^{Neil Postman}의 말입니다.

> 독서가 마음의 습성에 어떤 영향을 끼치는가에 대해 연구한 학자들은 독서는 이성을 고무시키는 과정이라고 결론지었다. 글 읽기에 몰두한다는 것은 사고의 흐름을 좇아가는 것을 뜻하며, 이는 상당한 수준의 분류·추론·판단하는 능력을 필요로 한다. 이는 허위, 혼동, 과도한 일반화를 들춰내고 논리와 상식의 남용을 간파해 내는 것을 뜻한다. 또한 주장을 비교 및 대비시키고 일반화시킨 한 가지를 다른 것에도 연계시켜 보는 식으로, 사고력에 무게를 두는 행위를 의미한다.
>
> −닐 포스트만의 "죽도록 즐기기" 중에서

김원우(작가/교수)도 "작가를 위하여"에서 말합니다.

> … 전공 분야의 '전문성=특별성'을, 그 밑바닥에다 '일반성=보편성'을 깔아놓는 데 있어서 '간접 체험=독서 경향'만큼 소중한 밑천은 없다고 단정해도 좋을 것이다. 그러므로 많이 알수록 '이야깃거리=쓸거리'가 불어나며, 그런 경지의 쉼 없는 개발이 창조력의 근원임은 의심의 여지가 없다. 이제 간단한 도식을 따르면 '독서 체험의 누적=창조력 배가'에 이르는 셈인 것이다.
>
> −김원우의 "작가를 위하여" 중에서

프랜시스 베이컨Francis Bacon의 말도 같은 맥락입니다.

"독서는 완전한full 인간을 만들고, 토론은 준비된ready 인간을 만들며, 쓰기는 정밀한exact 인간을 만든다."

#17

"많이 생각하라"

'legal mind'의 다른 말은 비판적 · 반성적 사고입니다. 끊임없이 의문을 제기하고, 끊임없이 질문해야 합니다.

정조는 사형이 선고된 사건의 형사기록을 이첩받아 직접 검토한 군왕으로 유명합니다. 정조가 이런 말을 남겼습니다.

"이치를 따질 때에는 반드시 깊이 생각하고 힘써 탐구해야 한다. 의심할 것이 더 이상 없는 곳에서 의심을 일으키고, 의심을 일으킨 곳에서 또다시 의심을 일으켜 더 이상 의심할 것이 없는 완전한 지경에 바짝 다가서야 비로소 시원스럽게 깨달았다고 말할 수 있다."

당송8대가 중 한 사람인 구양수歐陽修도 좋은 글을 쓰기 위해 필요한 세 가지로 "多聞, 多讀, 多商量"을 강조했습니다.

#18

"핵심을 꿰뚫어 보라"

법률가에게는 '복잡한 문제에 직면하였을 때 문제의 핵심이 무엇인지 정확히 집어낼 수 있는 능력'이 필요합니다. 신영복 선생이 "담론"에서 말한 "추상력"이 그것입니다. 신영복 선생의 글을 그대로 인용하는 것으로 말씀에 갈음합니다.

> 자주 이야기하고 있듯이 공부는 세계와 인간을 잘 알기 위해서 합니다. '잘' 알기 위해서는 사실과 진실, 이상과 현실이라는 다양한 관점을 가질 수 있어야 함은 물론입니다. 그러나 더 중요한 것은 추상력과 상상력의 조화입니다. 추상은 복잡한 것을 간단하게 압축하는 것이고, 상상력은 작은 것으로부터

> 큰 것을 읽어 내는 것입니다. (중략) 우리가 복잡한 문제에 직면하였을 때 가장 필요한 능력이 바로
> 이 추상력입니다. 문제의 핵심이 무엇인가를 정확하게 집어낼 수 있는 추상력이 긴급히 요구됩니다.
> 장황하게 많은 것을 나열하기만 하는 사람은 "그래서 어쨌다는 거야? 문제의 핵심이 뭐야?" 이런 핀잔
> 을 듣게 됩니다. 진술의 순서에 있어서도 중요한 것을 먼저 얘기하고 그 다음에 그것과 관련된 것들을
> 시간적 순차성이나 중요도에 따라 내놓아야 옳습니다. 물론 여러 요인 중에서 핵심적인 것을 추출하기
> 가 쉽지 않습니다. 문제란 서로 얽혀 있을 수밖에 없기 때문입니다. 그러나 그 많은 원인을 다 열거하
> 자면 결국 "모든 것이 모든 것을 결정한다"는 순환론에 빠지고 맙니다. 우리가 공부하는 것은 핵심을
> 요약하고 추출할 수 있는 추상력을 키우기 위한 것입니다. "문제를 옳게 제기하면 이미 반 이상이 해
> 결되고 있다"고 합니다.

#19

"사소한 것이라고 소홀히 하지 말라"

법률가에게는 사소하게 보이는 것에서 그 속에 담겨 있는 중요한 의미를 읽어내는 능력도 필요합
니다. 신영복 선생은 이것을 "상상력"이라 했습니다. 역시 신영복 선생의 글("담론")을 인용하는 것
으로 말씀에 갈음합니다.

> 추상력과 나란히 상상력을 키워야 합니다. 작은 것, 사소한 문제 속에 담겨 있는 엄청난 의미를 읽어
> 내는 것이 상상력입니다. 작은 것은 큰 것이 다만 작게 나타났을 뿐입니다. 빙산의 몸체를 볼 수 있는
> 상상력을 키워야 합니다. 세상에 사소한 것이란 없습니다. 다만 사소하게 나타났을 뿐입니다. 우리의 일
> 상에서도 사소한 문제라고 방치되는 경우가 얼마든지 있습니다. 단 한 사람의 문제라거나, 일시적인 문
> 제라고 치부하는 경우가 그렇습니다. 한 마리의 제비를 보면 천하에 봄이 왔다는 것을 알아야 합니다.

#20

"정성을 다하라"

"보면 안다."는 말이 있지요. 이 말이 어디서 나왔는지 알지요? '예술인가 외설인가.' 이것을 어떻게
구별할 것인가라는 문제를 앞에 두고, 어느 미국연방대법관이 "보면 안다."고 판결문에 썼습니다.
포터 스튜어트 미국연방대법관입니다. 미국 영화산업이 발달하면서 외설시비가 많았습니다. 1960

년대 말부터 대법관들은 대법원 지하에 마련된 상영실에서 문제의 영화들을 보면서 음란성 여부를 판단했습니다. 서굿 마셜 대법관의 경우 항상 맨 앞자리에 앉아 보기를 좋아했으며 간혹 필름 사본을 요청하기까지 했습니다. 할런 대법관의 경우는 노령으로 거의 실명 단계에 있었는데도 반드시 참석하여 옆 동료 대법관들에게 영화 속에서 벌어지는 장면들을 묘사해줄 것을 고집했다고 합니다. "미국을 발칵 뒤집은 판결 31"(L. 레너드 케스터, 사이먼 정 지음, 현암사 펴냄)에 소개된 내용입니다. "보면 안다." 이 말은 글 읽기에도 그대로 적용됩니다. 글쓴이가 마음과 정성을 담아 글을 썼는지, 그저 사무적으로 썼는지는 글을 보면 금방 알 수 있습니다. 어찌 보면 정성을 다하는 글쓰기야말로 좋은 글쓰기의 시작이자 끝이 아닐까요?

마치면서

지금까지 스무 꼭지나 되는 말을 귀띔해 가면서 제법 길게 글쓰기에 관해 얘기해 보았습니다. 하지만 이런 얘기를 듣는다고 해서 전보다 글쓰기 능력이 바로 느는 것은 아닙니다.

일상적인 글쓰기 공부가 중요합니다. 그 과정에서 스무 꼭지를 되새겨 보기 바랍니다. 아울러 후배들은 선배에게서 서면에 대한 리뷰를 받는 것이야말로 좋은 글쓰기 공부라고 생각하기 바랍니다. 제 경우 초임 배석판사 시절에 부장님으로부터 내가 쓴 판결 초고를 수정하는 1대1 멘토링 수업을 2년 반에 걸쳐 모질게 받았습니다. 이런 경험에 따르면, 혹독할수록 기억에 오래 남습니다. 가혹하게 가르치는 선배의 열정에 감사를 무한리필하기 바랍니다.

법률가의 글쓰기

#1 항상 읽는 이를 생각하라

#2 상대와 차별화된 글을 쓰라

#3 쉽게^{Clear} 쓰라

#4 간결하게^{Compact} 쓰라

#5 정확하게^{Concise} 쓰라

#6 논리적 오류를 범하지 마라

#7 중요한 것을 먼저 쓰라

#8 동문서답하지 마라

#9 섬세하게 쓰라

#10 꼬투리 잡히지 마라

#11 짜임새 있게 쓰라

#12 수사^{修辭,} 레토릭를 창조하라

#13 풍부한 어휘를 구사하라

#14 퇴고하고, 퇴고하고, 퇴고하라

#15 많이 들어라

#16 많이 읽어라

#17 많이 생각하라

#18 핵심을 꿰뚫어 보라

#19 사소한 것이라고 소홀히 하지 말라

#20 정성을 다하라

공저자 약력

강민제	변호사시험 4회	유정한	사법연수원 37기
고세훈	변호사시험 1회	유현정	변호사시험 7회
곽경란	변호사시험 3회	이유진	변호사시험 6회
구자형	변호사시험 3회	이주언	사법연수원 41기
김동현	변호사시험 4회	이준희	서울대학교 국제대학원(박사)
김지형	사법연수원 11기	이지혜	변호사시험 5회
김지홍	사법연수원 27기	임성택	사법연수원 27기
민지영	변호사시험 7회	장 품	사법연수원 39기
민창욱	변호사시험 1회	장현진	변호사시험 6회
박봉규	변호사시험 6회	전상용	변호사시험 8회
박승진	사법연수원 30기	정 원	사법연수원 30기
배기완	사법연수원 37기	지현영	변호사시험 6회
배성진	사법연수원 28기	최명지	변호사시험 6회
송경훈	사법연수원 42기	최초록	변호사시험 5회
신 민	사법연수원 30기	한재상	사법연수원 36기
신용우	변호사시험 1회	허 종	변호사시험 1회
신재형	사법연수원 41기		
안중성	사법연수원 42기		
오승재	사법연수원 43기		
위계관	변호사시험 6회		

법률의 지평 제4호

초판발행   2022년 8월 16일

발행인   김지형 · 박정식 · 양영태 · 윤성원 · 임성택
편집위원장   임성택
지은이   법무법인(유한) 지평
펴낸이   안종만 · 안상준

편 집   배근하
기획/마케팅   조성호
표지디자인   이수빈
제 작   고철민 · 조영환

펴낸곳   (주)**박영시**
                서울특별시 금천구 가산디지털2로 53, 210호(가산동, 한라시그마밸리)
                등록 1959. 3. 11. 제300-1959-1호(倫)
전 화   02)733-6771
f a x   02)736-4818
e-mail   pys@pybook.co.kr
homepage   www.pybook.co.kr
ISBN   979-11-303-4204-7   93360

정 가   20,000원